权威·前沿·原创

皮书系列为

“十二五”“十三五”国家重点图书出版规划项目

图书在版编目（CIP）数据

上海文化发展报告．2017：文化创新的上海实践／荣跃明主编．－－北京：社会科学文献出版社，2017.2
（上海蓝皮书）
ISBN 978－7－5201－0270－4

Ⅰ．①上… Ⅱ．①荣… Ⅲ．①文化事业－研究报告－上海－2017 Ⅳ．①G127.51

中国版本图书馆 CIP 数据核字（2016）第 317151 号

上海蓝皮书
上海文化发展报告（2017）
——文化创新的上海实践

主　　编／荣跃明
执行主编／郑崇选

出 版 人／谢寿光
项目统筹／郑庆寰
责任编辑／陈　颖　王　展

出　　版／社会科学文献出版社·皮书出版分社（010）59367127
地址：北京市北三环中路甲 29 号院华龙大厦　邮编：100029
网址：www.ssap.com.cn
发　　行／市场营销中心（010）59367081　59367018
印　　装／三河市尚艺印装有限公司

规　　格／开　本：787mm×1092mm　1/16
印　张：21.25　字　数：283 千字
版　　次／2017 年 2 月第 1 版　2017 年 2 月第 1 次印刷
书　　号／ISBN 978－7－5201－0270－4
定　　价／79.00 元

皮书序列号／PSN B－2006－059－3/7

总　编／王　战　于信汇

上海文化发展报告（2017）

ANNUAL REPORT ON CULTURAL DEVELOPMENT OF SHANGHAI (2017)

文化创新的上海实践

主　　编／荣跃明
执行主编／郑崇选

社会科学文献出版社
SOCIAL SCIENCES ACADEMIC PRESS (CHINA)

《上海文化发展报告（2017）》
编　委　会

摘 要

《上海文化发展报告（2017）》以“文化创新的上海实践”为主题，聚焦2016年乃至更长时段内上海文化发展的重要问题，在准确把握2016年上海文化发展最新态势的基础上，系统梳理当前上海文化建设面临的新背景，预测展望上海文化发展的新趋势，进而指出未来上海加快国际文化大都市建设，进一步提升上海文化软实力的主要路径和具体举措。全书内容分为总报告、宏观视野、公共文化与文化产业、比较与借鉴等四个部分。

“总报告”在回顾过去五年来上海文化建设工作总体布局、具体举措、取得进展和主要成效的基础上，梳理总结过去及当前文化建设工作中存在的一些突出问题；在把握和顺应国际国内新形势、新变化的前提下，分析文化建设将要面临的诸多挑战，以期为未来上海城市文化建设目标、战略、路径和措施的制定与部署提供借鉴。“宏观视野”提供了上海文化建设的整体性和战略性思考，对城市更新与历史文化保护、上海城市文化空间的打造、上海文艺发展繁荣的路径、中国城市社会基层治理的文化价值取向、上海人文城市发展、城市文化治理等问题进行了深入的探讨。“公共文化与文化产业”在把握文化发展最新态势的基础上，聚焦网络文艺发展、文化教育消费、文化志愿者工作、文化消费生产与供给、文化发展供给侧改革、文化产品和要素市场建设、公共艺术创作等上海文化发展的重点问题，结合较为充分的文化调研及相关数据，提出了各个层面的深入思考和对策、建议。“比较与借鉴”提供了台湾地区城市认同的路径与策略、香港特别行政区文化政策、德国文化政策等文化建设的具体经验，试图在个案分析的基础上，为上海文化的繁荣发展提供及时的借鉴。

Abstract

With the theme of "Practices and Prospects of Cultural Innovation in Shanghai", *Annual Report on Cultural Development of Shanghai* (*2017*) focuses on important issues in regards to Shanghai's cultural development in 2016 and later in the future. Based on a thorough understanding of the latest trend of cultural development in Shanghai, the book provides a systematic review of the new context as well as a prediction of the future tendency. It thus aims to identify the major directions and specific measures which can be taken to develop Shanghai into an international cultural metropolis by strengthening Shanghai's cultural soft power. The book consists of the following four sections: *General Report*, *Macro Perspectives*, *Studies on Public Culture and Cultural Industries*, and *Comparisons and Lessons.*

The General Report reviews the overall plan, implementation, progresses and outcomes of cultural development in Shanghai as well as summaries the prominent problems in past and current practices. Its goal is to provide a frame of reference for setting and implementing the goals, strategies, paths and measures in regards to future urban cultural development in Shanghai based on a clear understanding of the new situation, domestic and international changes, and analysis of multiple challenges. *Macro Perspective* provides holistic and strategic views on Shanghai's cultural development. It covers a wide range of topics, including urban renovation and cultural heritage protection, construction of new urban cultural space in Shanghai, paths of promoting arts and literature in Shanghai, value orientation of grassroots-level governance in Chinese cities, Shanghai as a humanistic city, and urban cultural governance. The third section, *Studies on Public Culture and Cultural Industries*, features the new context of cultural development, and sets the focus on cyber literature and art, consumption of cultural education, volunteers in cultural sectors, consumption and provision of culture, supply-side reform in cultural sectors, cultural products and factor market, and public art creation. The section offers in-depth reflection and suggestions based on examinations of cultural surveys and statistics. The section of *Comparison and Lessons* hopes to provide timely references for the promotion of Shanghai culture by rigorous analysis of individual cases, including the paths and strategies of urban identification of Taiwan district, cultural policies of Hongkong Special Administrative Region and Germany.

目　录

Ⅰ　总报告

Ⅱ　宏观视野

Ⅲ 公共文化与文化产业

Ⅳ 比较与借鉴

皮书数据库阅读**使用指南**

CONTENTS

I General Report

II Macro Perspectives

Ⅲ Public Culture and Cultural Industries

Ⅳ Comparisons and Lessons

总 报 告

General Report

B.1 文化创新的上海实践及前瞻思考

荣跃明　郑崇选 等*

摘　要： 随着上海经济社会发展转型深度、力度的加大，文化成为上海这座国际化大都市迸发创新创造活力的本质性力量，在市委、市政府的坚强领导和有力推进下，上海文化改革发展成就卓著、基础扎实、全国领先。本报告在回顾五年来文化建设工作总体布局、具体举措、取得进展和主要成效的基础上，梳理总结过去及当前文化建设工作中存在的一些突出问题，在把握和顺应国际国内新形势、新变化的前提下，分析文化建

* 荣跃明，上海社会科学院文学研究所所长，研究员；郑崇选，上海社会科学院文学研究所公共文化研究室主任、副研究员；常方舟，上海社科院文学所助理研究员；王韧，上海社科院文学所助理研究员；程鹏，上海社科院文学所助理研究员；袁雁悦，上海社科院文学所助理研究员。本报告在写作过程中得到了上海市文化广播影视管理局资料上的大力支持。

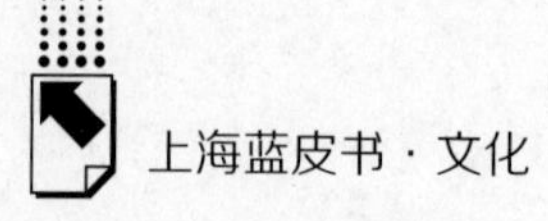

设层面即将面临的诸多挑战，以期为未来上海城市文化建设目标、战略、路径和措施的制定与部署提供借鉴。

关键词： 文化创新 上海实践 城市文化

近年来，上海市在党中央、国务院和中共上海市委的领导下，全面贯彻落实党的十八大和十八届三中全会、四中全会精神，高举中国特色社会主义伟大旗帜，以马克思列宁主义、毛泽东思想、邓小平理论、“三个代表”重要思想、科学发展观为指导，深入学习贯彻习近平总书记系列重要讲话精神，聚焦改革共识，增强道路自信、制度自信、理论自信、文化自信，不断向建设国际文化大都市的战略目标迈进，在文化建设方面取得了卓越的成绩。

一　上海文化发展的创新实践

在推动文化大发展大繁荣的过程中，上海市认真贯彻中央决策部署，形成了文化建设的大思路、大举措、大手笔，以“主体更丰富、环境更优化、法治更健全、形式更多样、人才队伍更壮大”为主要目标，以国际文化大都市建设为抓手，推动文化建设不断取得新进展。社会主义核心价值体系建设扎实推进，全民思想道德水平进一步提升。文化产品创作生产持续活跃，优秀文化精品不断涌现。现代公共文化服务体系建设走在全国前列，服务和产品供给效能显著提升。公共文化设施体系持续优化，服务能力和服务水平明显提高。文化创意产业蓬勃发展，产业规模和实力快速提升。文化走出去步伐明显加快，城市文化影响力不断扩大。文化体制改革取得突破性进展，文化科学发展的体制机制日趋完善。

上海市着眼于文化建设对经济发展和社会进步的支撑作用，直面阻碍上海文化发展的瓶颈因素，准确把握上海文化建设中存在的主要问题，纵览全局，协调各方；不断明确上海文化发展在中国乃至全球所处的位置，研判世界国际大都市的文化发展趋势，坚持立足当下、规划长远，突出重点、抓住关键，使上海文化建设的关键领域都取得了突破性的进展，城市文化软实力得到了极大的提升。

（一）促进文化建设主体多元化的机制创新

强调上海建设主体的丰富性是上海市推动文化建设的核心思路，只有充分激发了各类建设主体的文化创造积极性，才能在多元的碰撞中不断催生真正有生命力的文化产品。上海市各级文化管理部门在摸清全市各类文化主体发展现状的基础上，梳理影响发展的困难，提出具体改革思路和措施。上海建立了更为公平开放的竞争机制，促进国有文化企业与民营文化企业合作共赢，大力发展文化类社会组织，促进各类市场主体良性竞争，各得其所；引导各类文化主体创作生产优秀精神文化产品。上海市政府在融资贷款、税收优惠、资金扶持、工商登记、贸易便利、信息服务等方面更好提供服务，创造丰富各类文化主体的有利条件，营造了良好的社会氛围。

（二）积极推动社会主义核心价值观构建方式创新

将社会主义核心价值观构建作为文化发展的第一要务，探索和运用七种方式构建社会主义核心价值观，力求内化于心、外化于行、固化为制、转化为力。

一是舆论先导。推动各级电台、电视台及新媒体拿出重要时段、开辟专栏专题，广泛传播社会主义核心价值观。依法加强网络社会管理，加强对网络新技术新应用的管理，规范网上信息传播秩序。

二是艺术熏陶。整合全市创作力量，推动创作一批以弘扬社会主义核心价值观为主题的思想性、艺术性、观赏性相统一的文艺作品。进一步完善文化艺术评价体系，严格遵循社会主义核心价值观价值取向标准，对全市文艺作品开展评奖。

三是服务引领。加速建设上海现代公共文化服务体系，确立现代公共文化服务的上海标准和规范。围绕社会主义核心价值观的构建，进一步加强城市 15 分钟公共文化圈打造。坚持以市民的需求为导向，丰富供给内涵，创新供给方式，提高供给效能。

四是传统灌输。以社会主义核心价值观为主旨，加大对文化遗产的保护力度，加强新出台的《上海市文物保护条例》《上海市非物质文化遗产保护条例》的宣传执行。丰富民族传统节日的核心价值内涵，教育、普及优秀传统文化。发挥博物馆教育功能，推动举办一系列反映民族历史、展现民族精神的优秀展览。以传统文化为核心内容，编写“市民文化读本”向市民推荐阅读。

五是活动感染。继续举办好每年一届的市民文化节，丰富办节内涵。挖掘全市各种重要节庆日、纪念日蕴藏的社会主义核心价值观教育资源，举办群众性庆祝和纪念活动。利用中国上海国际艺术节、上海国际电影节等节庆，推动社会主义核心价值观的正效应释放。

六是市场渗透。继续加强文化市场政策法规建设，加强对社会主义核心价值观的刚性表达。在文化产品生产中，重点扶持体现社会主义核心价值观的内容产品。注重发挥各类文化发展基金、专项经费的牵引和保障作用。

七是机制撬动。建立对全市重点领域、重点区域、重点文化载体开展社会主义核心价值观建设的督促检查机制。将社会主义核心价值观构建列入全社会、全行业、全系统重点工作。创新社会主义核心价值观建设考核与文化工作考核同步计划，统筹安排、整体推进。

（三）着力加强文化民生保障政策创新

以保障和改善文化民生为目标，按照公益性、基本性、均等性、便利性的原则，着眼于让市民感到更多的获得感，大力推进以覆盖城乡的公共文化服务体系建设为重点的文化民生建设。

一是设施建设网络广泛覆盖。进一步加强以社区和农村为重点的基层公共文化设施建设。目前，上海共有公共图书馆238个，市区级文化馆（群艺馆）26个，博物馆124个，美术馆32个，社区文化活动中心216个，东方社区信息苑379个，居（村）委会综合文化活动室5245个。城乡一体、纵横贯通、资源共享的市、区（县）、街道（镇）、社区（村）四级公共文化设施网络已经基本建成，15分钟公共文化服务圈日臻完善。

二是内容供给品种日趋丰富。以公共文化“云项目”为抓手，让市民享受一站式公共文化服务，面向城乡的公共文化资源供给体系基本形成。推进公共图书馆、文化馆、博物馆、美术馆、社区文化活动中心等公共文化设施免费开放。在全国率先建立了三级联动的“东方系列”文化资源配送系统，为基层、社区、农村提供各类文化服务，年受益近6000万人次。

三是群众文化创作活力不断激发。上海开展文化创新奖评比，两年共评出创新项目251个。依托文化部“群星奖”评选、“上海之春”新人新作展演、上海市民文化节等平台，广泛发动和聚集全市骨干创作力量，打造出一批具有全国影响的精品力作。2015年，全市群众文化创作作品1000多件，共举办各类文化活动5万余项，总计有2900万群众受益。

四是人才队伍建设不断加强。将文化人才队伍建设放在公共文化工作的突出位置，明确规定社区公共文化设施工作人员的编制数额、编制性质、岗位资格、教育培训、职称评聘等要求。实施上海市公共文化“万人三年”培训计划，培训人员10150名，合格率达97.6%。培育群众文化业余团队，由“东方社区文艺指导中心”负责文艺指导员配送，全市现共有群众文化团队3万多个。

五是财政保障力度不断加大。建立市级财政转移支付机制，对于全市社区文化活动中心的硬件建设，市级财政平均每项补贴250万元，对远郊区县的每项建设另增补贴250万元。建立市级文化发展专项资金，每年投入5500万元，用于全市文化资源配送，并向远郊和大型居住区重点倾斜。加大向社会力量购买服务的力度，出台了《上海市文化广播影视管理局向社会力量购买服务管理办法》。2014年以来，每年向社会发布购买目录70项左右，每年用于购买服务的资金达2500万左右。

六是公共文化管理体制机制逐步健全。在全国率先成立了由15成员单位组成的上海市公共文化服务工作协调小组；出台国内首部聚焦社区公共文化服务的地方立法——《上海市社区公共文化服务规定》；出台《关于加强社区文化活动中心建设与管理的指导意见》，建立了公共文化设施多维监管体系。推进社区文化中心的社会化、专业化管理运行机制建设，委托华爱社区服务管理中心对打浦桥等社区的文化中心进行专业化管理，激活基层公共文化服务机构活力。

（四）注重开展城市文化氛围营造抓手创新

将文化氛围营造列入市政府重点工作推进，制定了《关于上海营造城市文化氛围三年行动计划》，分10类、100余个项目在全市同步实施文化“十进”工程。以下主要介绍6项。

一是文化进地铁工程。自2013年元旦首届地铁公共文化宣传周启动以来，上海推动城市地铁部门利用330个车站、400余列列车的城市公共交通空间，持续实施以建筑艺术、公共文化为核心内容的文化进地铁工程，让地铁更加艺术化、人文化，提高地铁公共文化能见度。

二是文化进小陆家嘴工程。推进小陆家嘴地区的文化氛围营造工作。2013 年 9 月启动并同步推出“成功之路”系列音乐会等 9 个文化活动项目。几年来，月月有项目、月月有亮点，其中包括“东方之光”大型多媒体演出等十大重点项目。

三是文化进广场绿地工程。利用城市主要广场、绿地，举办四季主题音乐会，让市民免费欣赏高雅艺术。2013 年以来，先后 10 多次成功举办上海城市广场音乐会。同时，将演出场地逐渐向周边区县延伸，在全市打造形成一批固定的以森林公园、草坪绿地为平台的高雅音乐户外演出场所。

四是文化进商圈工程。通过建立与上海大商业模式相协调的文化氛围营造格局，加强文化元素在商业领域的植入。选择南京路等商业集聚区，依托各种商业活动及载体，融入美术展览、演艺、非物质文化遗产展示、群众文艺活动等文化内涵。创新“商业 + 艺术”模式，在环球港等大型购物中心，举办经典与大众艺术作品展。

五是文化进机场工程。有针对性地组织全市博物馆资源，重点安排体现上海城市历史文化、海派文化艺术、中华传统文化的系列藏品，在机场适宜空间定期、集中陈列展示。2014 年国内首家机场博物馆在上海浦东国际机场 T2 国际出发候机厅正式开馆，受到旅客欢迎。

六是文化进街头集市工程。在上海中心城区推动建成一批具有亲民特色、创意特质、文化气息的城市艺术集市。推动中福古玩城、闵行九星艺术品交易市场等收藏艺术集市开设双休日专场。重点培育新虹桥绿地、红坊创意园等平民艺术集市。利用同济大学等高校的周边地区，培育面向学生群体的艺术集市。

（五）努力推动文化产业发展路径创新

制定上海文化产业发展规划及行动计划，明确了目标、任务及项目。演艺业、艺术品业等重点文化产业呈现出整体实力不断增强局面。

一是演艺产业发展势头良好。至2015年年底，本市专业剧场数量达到52个，全市可用剧场124个，年演出场次约1.3万场，年演出票房约13亿元。国有及民营院团创作的精品不断，其中市、区两级国有院团每年新创剧节目数量达60个，“十二五”期间民营院团创作剧目达40个。民营院团成为上海演艺业的重要力量，全市有剧团217家，民营院团占90%；全市有演出经纪机构635家，民营演出公司占98%。上海演艺品牌不断提升，先后培育出爵士上海音乐节、世界音乐季、西岸音乐节等10多个特色品牌。演出市场不断拓展，组织了“海上风韵——上海文化全国行”等巡演活动，推动上海交响乐团、上海歌舞团等院团赴海外巡演，成功进入当地主流演出市场。公益文化演出惠及大众，设立每年总额为1500万元的公益演出专项资金，鼓励本市25家剧场定期举办公益专场演出与开展低价票试点，五年间惠民公益票累计覆盖观众达200多万人次。

二是艺术品产业发展稳步推进。至2015年底，全市共有专业画廊360家，文物艺术品拍卖机构72家。艺术博览会发展迅速，全市共有上海艺术博览会、春季艺术沙龙等10个本地博览会品牌。商业展览广受欢迎，各类艺术机构将高端艺术展办在大型商业综合体或公园绿地空间，K11的莫奈作品展、新天地的梵高展等屡获成功。进出口贸易日益活跃，上海已成为国内最为重要的艺术品进出口贸易口岸，2015年经上海口岸进出口的艺术品数量为9369件，贸易总额为4.42亿元。网络交易平台快速兴起，赵涌在线等传统拍卖公司线上平台、Artgogo等新兴网络交易平台迅速发展。艺术金融服务取得突破，上海文化产权交易所年艺术品产权交易额达16亿元，东方典当行、敬华艺术空间与平安银行和上海银行合作，探索艺术品质押融资、分期付款等取得成效。

（六）不断加强文化跨界融合手段创新

在中央“五位一体”的总布局下，上海率先探索实施文化与相关领域融合发展战略，取得了令人瞩目的融合发展成果。

一是文化与科技融合。秉承文化引领科技创新和科技助文宗旨，上海提出了文化与科技融合发展的目标与阶段任务，推动重点打造“一朵云和四个下一代”及数字博物馆群建设、基于数字媒体与舞台装备技术研究与示范应用、三维全息音响（3D 音响）、数字媒体与舞台艺术融合项目、国家文化科技重点试验室、文物复制 3D 技术研发和应用等重点项目。运用科技手段加强文化市场监管，构建长三角文化市场互联、互通共享信息网络，创新上海文化市场十大长效机制。

二是文化与教育融合。上海市文广局与市教委共同制定出台了《上海市文教结合工作三年行动计划》，确定了 29 项文教融合项目。支持本市高校加强与国外知名文化影视教育机构开展不同层次的中外合作办学，2014 年成立了上海温哥华电影学院。探索和完善艺术院校与文化部门联合办学的模式和机制，创建上海音乐学院 - 上海大剧院艺术中心实践基地、上海戏曲学院青年京昆剧团、麒派艺术研习班等。与市教委共同编写适合不同年龄学生的美术教育、乡土教育文化资料包；与上海大学签署“战略合作框架协议”，确定在 30 个文博项目上开展合作；组织开展青少年暑期考古夏令营活动；持续推出“上海学子非物质文化遗产展馆行”活动；举办“高雅艺术进校园”专场演出超过 350 场，组织艺术名家携精品力作进校园演出百余场。

三是文化与金融融合。开展上海文化与金融融合发展顶层设计，提出了政府推动、市场撬动、社会驱动的思路。2013 年 4 月，推动上海银行成立文化特色支行，负责对接上海文化发展基金会相关业务，目前获批项目包括上海时空之旅和文化广场等 6 家单位的 8 个项目，授信金额达9130万元。积极对接企业和金融机构，推动上海东方惠金融资担保公司与上海东方惠金文化产业创新投资有限公司联动，创新开发了以软性反担保条件为主的文创惠八类担保产品组合，截至2015年末，累计为156家文化企业提供7.11亿元的担保。推动上海文化产权交易所为各类文化产权交易搭建专业化市场平台，为文化产业创设投融资新渠道和产业资本退出通道。

始终将国际文化大都市建设作为社会主义现代化国际大都市建设的重要组成部分，积极回应社会各界对上海文化建设的高度关切，坚定不移地坚持中国特色社会主义前进方向，按照社会主义文化强国建设的要求，聚焦改革发展中心工作，将“着力提升社会主义核心价值观感召力、中国特色社会主义理论成果说服力、社会主义意识形态宣传舆论影响力和文化产业竞争力”作为上海文化建设的重中之重。以改革创新为动力，攻坚克难，不仅有力支撑了上海“创新转型”战略的实施、极大促进了上海国际经济、贸易、金融、航运以及具有全球影响力的科技创新中心建设，更为重要的是，上海文化创新活力的全面激发，赋予了上海国际大都市建设的文化之魂，展现了上海城市精神和文化特色。一个文化要素集聚、文化生态良好、文化创新活跃、文化生活多样、文化英才荟萃的社会主义现代化国际文化大都市正在世界的东方冉冉升起。

二　未来五年上海文化建设的背景和趋势

（一）未来五年上海文化建设的背景

未来五年，是世界大发展大变革大调整的关键时期。从全球范围看，世界经济政治秩序进入持续调整期，国际政治格局向多极化方向深入发展；经济全球化进入新阶段，科学技术进步日新月异并持续推进人类生产和生活方式发生结构性变革；经济社会深度信息化全面展开，人类社会正由工业文明向信息文明全面转型；世界城市网络正经历再结构化，新型城市形态的空间演化正在重塑全球城市网络结构；全球范围内意识形态和文化竞争日趋激烈并呈现新的态势。

未来五年，我国经济将全面完成结构调整和发展动力转换，顺利实现全面建成小康社会的第一个百年目标；党风廉政建设和反腐败斗争持续推进；工业化、城镇化、现代化“三化”叠加的社会转型进一步加速，以人为本，促进人的全面发展，将成为经济社会发展的主流价值取向；社会主义文化强国建设进入关键时期，迫切需要在推动我国各地域各民族优秀文化精华融合发展和创新中，形成表现当代中华文化精髓的新形态和新样式；迫切需要在积极扩大开放中推动中华文化走向世界。

未来五年，作为中国经济中心城市和现代化国际大都市，上海经济社会发展将经历深刻转型。经济转型推动人口结构变化，城市外来人口（包括外地来沪人员、在沪工作、学习和生活的境外人士）在城市人口中的比重将进一步提高。作为我国对外开放前沿和国际化程度最高的大都市，古今中外各种思想，将在上海相互激荡、相互交融。新传播技术的广泛应用和新媒体的不断涌现，在加强人们交流沟通和自由表达的同时，也对社会主义主流意识形态舆论阵地带来严峻挑战和巨大冲击，人们的精神文化需求和满足方式更加个性化、多样化。来自不同地域人们的生活方式和文化习俗重叠交融，民间宗教和信仰日趋活跃，农村地区传统民俗活动呈复兴趋势，并随人口流动影响城市文化。城市地区外来文化、流行文化、通俗文化成为时尚——价值冲突和文化碰撞无法回避。未来五年，在全球城市建设背景下，上海城市文化日趋丰富，一方面将给上海城市文化发展带来活力，并支撑上海创新创意创造的持续迸发；另一方面，如果城市文化的多样性缺乏有效整合，将难以形成被广大市民高度认同的城市精神，也难以凝聚起推动和支撑全球城市建设的精神力量。

（二）文化建设已成提升城市竞争力的重要手段

进入21世纪，全球范围的城市发展日益成为国家综合竞争力的竞技场。2008年国际金融危机后，世界各国主要大都市先后启动经济结构调整和发展动力转型，主要发达国家中心城市纷纷提出都市文化发展战略，北美、欧洲、东亚和大洋洲等地区的发达国家中心城市大规模开展文化建设。欧盟启动文化之都评选；2010年韩国实施文化立国政策，率先摆脱国际金融危机引发的经济衰退，并借此完成了经济转型。国际大都市文化发展的最新动态表明，发达国家中心城市的"都市新开发计划"，向城市空间注入文化资源和象征要素，老旧破败的街区、广场、厂房和各种建筑被打造成了新的公共文化活动空间和都市"景观"，极大地丰富了城市的文化资本，很好地展现了城市的独特魅力，有效地改善了城市环境。在全球互联互通的环境下，文化创意产业因其产业要素和产品形态的高度流动性，可以渗透各个行业，日益为各个国家和国际大都市政府所重视。政府积极出台激励政策，全力推进文化创意产业发展，已经成为国际大都市调整经济结构、转换发展动力、推进产业升级的自觉意识和重要工具。

"文化软实力"是以国家或城市的硬实力为支撑，以文化形态和非强制性的方式（主要体现为思想信仰、价值观念、生活方式和人文环境等形态），对人产生的吸引力和影响力。城市文化是城市软实力的重要载体和直接呈现，当今世界城市间的相互竞争正日益趋向于城市文化软实力的直接较量。以文化建设不断提升城市文化软实力，既体现为城市文化的创新性和独特性，又体现为城市文化的开放性和包容性，还体现为城市文化所蕴含的价值追求，贯穿于城市经济社会发展的所有方面。从城市文化软实力的视角看，世界主要国际大都市在文化发展上既有诸多相似点，又各具特色。

纽约是当今最重要的国际金融中心，同时也是世界文化中心和媒体中心。纽约以其雄厚的资本力量，融汇了世界各地的文化风尚，汇聚了世界各地的艺术精华，吸引了世界各地的各类顶尖艺术人才，成功营造了高雅艺术和通俗文化共生融合的文化生态。纽约文化代表了多元文化的时尚潮流，因此也成就了高度发达的文化产业。纽约极其重视版权保护，因此各类文化艺术创作活动得以在此集聚并长盛不衰。纽约文化创意产业的发展，不仅得到政府的重视和支持，也得到各类社会公益慈善机构的支持，形成了良好的产业发展生态和完整的产业价值链。

巴黎是世界艺术之都，是全球艺术风格、审美趣味和文化时尚的标准制定中心。发达的文化产业支撑着巴黎作为世界艺术之都的崇高地位。巴黎文化产业分为三个同心圆，具有完整的产业链：外圈是文化及其相关产业，包括文化遗产、画廊、博物馆、旅游业和通信信息产业；中圈是创意产业，由建筑、广告、创意设计、摄影、表演艺术、服装等行业组成；核心圈是以内容生产为主的文化产业，有广播电视、音乐和出版印刷等行业。巴黎是文化产业与旅游业融合发展的典范，而“时尚”更是巴黎文化的核心与灵魂。巴黎市政府重视文化遗产和民族文化特色的保护，发挥文化产业惠及市民的公共服务职能，包容非主流文化，引入新的文化元素。

伦敦是老牌的世界金融中心，也是全世界公认的文化之都和创意产业之都，还是世界的级综合性文化艺术中心。伦敦文化产业所具有的活力与这座城市在全球经济、金融、教育领域所具有的中枢地位密切关联。伦敦文化产业对城市经济的贡献度，仅次于作为支柱产业的金融服务业，是城市的第二大产业部门。伦敦在全世界率先推进文化产业的数字技术应用，依托数字技术创造文化新需求，并与文化空间、时装零售商、演出场地等紧密互动，以新技术、新业态、新模式推动经济转型，形成“金融服务 + 文化创意”的城市竞争力新特色。伦敦市政府特别注重运用政策来激励文化创意产业发展，系统发布各项文化创意产业政策，为文化创意产业的快速发展提供了有力支撑。

东京是世界动漫之都，也是日本出版、电视、演艺、娱乐等产业的中心。东京不断调整城市空间布局，使其与文化发展相协调，形成了六本木新城等文化地标，调整和重新划分土地权属和功能结构，运用“高层低密度”策略，形成更加人性化的城市空间结构。在文化建设和城市发展中，东京明确提出建设“世界文化都市”目标，强化以动漫产业为主导的文化产业特色，注重在城市空间规划中突出文化主题，成为指导东京文化产业长期稳定发展的政策方向。

（三）京沪在中华文化当代发展中都负有重要使命

现代以来，京派文化与海派文化，既是对北京和上海地域文化及其特色的概括，同时也显示了当代中华文化发展的显著表征。事实上，在中国所有城市中，北京和上海同是国内文化最发达城市，同时也是最具鲜明文化特色的城市。北京文化和上海文化分别代表了当代中华文化的不同倾向和特征，两者既是竞争关系，也是互补关系。无论是历史上的京派、海派之争，还是现实中北京上海文化发展的比较对照，都成为推动各自城市文化发展的内在动力。

新世纪以来，北京确立了建设国家文化中心的目标，大力推进文化创意产业加快发展，全面提升城市文化竞争力和影响力，积极推动北京文化发展形成独特优势。2015 年，北京文化发展各项主要指标位列全国首位或前列，但上海已经在若干指标上后来居上。例如，全国城市文化竞争力的排名中，上海名列第一，北京位居第三。在全国文化产业指数排名中，北京始终位居前列，与上海相比具有较大优势；在城市文化综合指数排名中，上海由 2013 年的第 4 位、2014 年的第 5 位跃升至 2015 年的第 1 位，而北京则由前两年的第 1 位下滑到了2015年的第2位。

自开埠以来，上海一直是中国现代化进程中领风气之先的城市，“海派文化”就是在融合古今中外优秀文化基础上形成的具有上海城市特色的文化。“海派文化”兼容并蓄、海纳百川，是上海城市精神的内在本质和优秀传统。在新的时代条件下，上海有基础、有优势、有责任在中华文化当代融合创新发展中发挥更大的作用。上海应依托文化发展现有基础，包括各种文化设施、文化节庆活动、对内对外文化交流机制、文化产业和文化消费市场等，积极构建中华文化当代融合发展平台，为中华文化的传承创新做出更大贡献。

（四）全球城市建设为加快上海文化发展带来难得机遇

未来五年，上海面临着全面加快文化建设的难得机遇。第一，上海国际金融中心建设、中国（上海）自由贸易试验区建设、上海科技创新中心建设和全球城市建设等一系列改革创新实践，既是上海贯彻落实“改革开放排头兵、创新发展先行者”要求的具体实践，也是上海改革发展在国家整体改革发展中战略地位和重要作用不断提升的具体体现；既现实地诠释了新时期上海城市精神的价值追求，也很好地传承了海派文化的优秀传统。上海改革发展的创新实践正在呼唤更多更好的文化叙事和艺术表达，这必将成为上海文化艺术创作繁荣的活力之源。

第二，上海建设全球城市，将进一步丰富深化上海城市发展的内涵。全球城市应有四个主要特征：一是国际优秀人才集聚中心；二是世界财富管理中心；三是全球信息交互中心；四是世界文化交流中心。上海在构建全球城市功能和特征过程中，将不断形塑城市文化，使其更有魅力和特色，更具影响力和吸引力。

第三，在全球经济重心东移过程中，全球城市作为城市群发展和相互间联系网络的节点，其重要性将进一步凸显。上海建设全球城市，必将加快融入世界的步伐；同时，上海要以中国特色社会主义道路和模式，创造全球城市建设新模式，为国际新型城市体系建设做出新的独特贡献。这必将为上海的文化建设带来新动力，并将在文化建设中不断注入具有中国特色、时代特征和上海特点的精神特质。

第四，全球城市建设将进一步集聚和增强上海的经济、金融、科技、文化和人才要素优势。一方面，人民群众收入水平和生活水平的普遍提高，激发了人们多样化精神文化需求的爆发式增长，尤其是人们对高品质生活的期待、对身体和心灵健康的追求、对物质和精神需求平衡的渴望，都将成为激发文化创意产业加快发展的动力之源。另一方面，上海建设全球城市所具备的基础以及不断增强的要素优势，将使上海在我国文化创意产业新一轮转型升级发展中，成为文化创意产业新技术应用、新产业形态和新经营模式优先选择的重要集聚地。

第五，上海建设全球城市，加速融入世界，将进一步推动上海与世界各国的文化交流，也将使上海直接面临更激烈的全球文化竞争，还将进一步促进上海文化产业的国际化发展，全面提升上海文化产业的国际竞争力，从而推动上海文化产业做大做强。这将为上海全面创新和升级中华文化“走出去”模式创造机遇，即从主要依托对外文化交流开展文化“走出去”全面升级到运用文化交流、文化贸易和文化投资等多种形式，在全球范围布局和构建中华文化的对外传播体系。

三　未来五年上海文化建设的主要瓶颈和突破口

（一）制约上海文化大发展大繁荣的主要瓶颈

文化产业发展对经济社会的贡献度亟须提高。上海文化产业已在新技术应用、产业融合和新业态培育等方面有不少进展，并为推动上海经济结构调整、产业升级和发展转型做出了积极贡献。但从上海经济中心城市和现代化国际大都市的地位来看，特别是与纽约、伦敦、巴黎、东京等世界城市的文化产业规模及其在城市经济中所占份额相比，上海文化产业在规模、产值和竞争力等方面仍然存在巨大差距，文化产业对上海经济社会发展的贡献度亟须提高。

满足多元文化需求的文化产品生产供给能力有待提升。在高度开放的环境中，上海人口结构已经多元化，来自外地或国外的新上海人已占总人口的半数。城市发展转型使就业、收入和阶层出现明显分化，而市民对于城市是否具有认同感和归属感，已经成为影响城市发展的重要因素。城市精神是城市社会共同体的心灵归属，个体市民需要通过丰富多样的文艺作品、文化活动和精神生活，在体验和感受城市精神中形成认同并凝聚成社会共同体，这是影响经济社会发展的重要思想基础。上海城市精神的概括和提出已有多年，但因缺乏丰富多样的文化艺术表达，仍处在抽象表述阶段。要充分发挥城市精神凝聚人心的作用，健康向上、引人向善的多样化文化产品生产能力需要进一步提高。

文化产品的原创力和传播力有待进一步提高。文化产品的原创力和影响力问题一直是上海文化饱受质疑和争议的焦点所在，迄今为止，依然没有找到系统性的解决办法。民众曾将上海的国内外文化交流与辐射功能的特点归纳为“文化码头”。由于需求与原创能力的不足，上海文化的凝聚力也随之降低，即使是长期以来的“文化码头”功能也不断弱化。具体表现为上海文化的辐射能力与存留能力不足，许多优秀的文化人才与产品在上海得到培育，但无法长期存留，而是不断向国内其他区域流转。上海虽然出现了一些文化名人和文化品牌，但未能成为全球文化原创中心之一，也未能出现名列前茅的全球文化品牌。

文化建设多元主体活力有待进一步激活。城市文化是凝聚社会的精神力量和精神纽带，上海城市精神能否最大限度地得到广大市民的认同，是检验上海城市文化建设成败的重要指标。目前看，上海文化发展主体多元化和社会化虽已起步，但国有主体仍占文化发展的垄断地位，各种所有制的社会多元主体参与程度较低。无论是文化需求还是文化供给，因主体单一和社会化程度不高，多样化文化需求因文化生产和服务供给能力的不足而难以得到有效满足，文化建设的活力还有待进一步充分激发。

文化生产和传播能力亟须加强。社会主义市场经济体制建立和文化产业发展，使我国文化生产、传播和消费原有循环过程和格局发生极大变化，尤其是网络信息技术在文化生产、传播和消费中的广泛应用，更加速了文化生产、传播和消费过程的结构重组。从全国范围来看，我国文化市场的培育和发展尚处在初级阶段，全国一体化文化市场还远未形成，文化市场的地区分割比较严重，生产过程中市场配置资源的作用未充分发挥，文化生产、传播和消费效率有待提高。例如，上海拥有丰富历史文化资源，是我国现代文化产业的发源地。从开埠到新中国成立前的上海，集聚了出版、报业、电影、唱片、戏曲演艺、文艺创作等主要文化艺术行业，不仅是中国近代文化中心城市，而且还是具有较大国际影响力的文化大都市。但受制于现行文化管理体制和城市人口规模等因素，上海本地文化市场容量相对有限。要进一步提高上海文化生产和消费在城市经济中的比重，推动上海文化繁荣发展，亟须提升上海文化的生产力和传播力，尤其是要加强上海文化传播体系建设。

文化特色和优势还需进一步凝练。上海建设国际文化大都市已经取得重要进展，但与纽约、伦敦、巴黎、东京等国际文化大都市的影响力相比，仍有相当差距，其原因在于上海文化特色和优势还不够鲜明。一方面，由于城市历史和传统以及上海在我国改革开放中所处的地位，上海建设国际文化交流中心具备良好条件和优势，上海文化发展的国际化程度明显提高，城市形象的国际影响力持续扩大，这一状况有利于上海文化更多吸收外来文化精华，实现建设全球城市的目标；但另一方面，上海作为中国最大的经济中心城市和改革开放前沿城市，上海文化发展要为建构具有世界意义的社会主义文明新形态，提供具有中国特色的文化样式，需要在中国与世界的联系中，加快凝练和形成上海文化的特色和优势。

（二）以深化体制机制改革创新为突破口加快推进文化建设

未来五年，国际环境的不确定因素增多，我国深化改革、扩大开放进入了新阶段，面对外部环境和自身条件的深刻变化，上海发展既面临重大机遇，也面临严峻挑战。上海文化发展必须聚焦核心，即在全球文化竞争日趋激烈背景下，把提升文化软实力作为增强上海综合竞争力的核心因素，深化文化体制改革，全面解放文化生产力，加快文化建设步伐，持续推进国际文化大都市建设。

首先，要提高文化产业竞争力，营造文化产业发展良好生态，着力推进文化体制机制改革创新，争取出精品、出人才、出效益。应重点聚焦制约文化产业做大总量、提升质量的难点问题，加快打造一批龙头企业，增强产业集聚度和集约化水平。通过体制机制创新，一方面盘活存量资源，另一方面注重开发和利用好潜在文化资源，打通文化资源要素跨界流动的梗阻，将各类文化资源转化为助推文化产业做大做强的现实资本，为上海全球城市建设提供新动力，不断增强城市影响力和竞争力。

其次，要激发文化创造力，深化文化体制机制改革创新，积极探索在新时代、新技术、新生活条件下提高上海出品的文化产品原创性的有效途径。要求变出新，创造出思想精深、艺术精湛、制作精致、具有强烈吸引力和感染力、深受人民群众欢迎的精品力作的文化创作目标，与调动和激发人民群众参与文化建设和创造的积极性有机结合，在全社会营造创新激情涌流、创意创造迸发的氛围。进一步优化文化发展的生态环境，为各类文化领军人物发挥才干、展示智慧提供广阔平台。

再次，进一步整合国内文化发展和对外文化传播。既能在开放环境下巩固马克思主义在意识形态领域的主导地位，坚持中国特色社会主义理论、道路和制度，保障中国特色社会主义意识形态和文化安全，又能在广泛吸收外来优秀文化文明因素基础上，积极推进当代中华文化融合创新。不断扩大文化领域的对外开放，培育具有国际竞争力的外向型文化企业，让更多的文化产品通过市场渠道走向全球，扩大在国际文化市场的占有率，提升上海文化的国际传播力和影响力。

最后，大力促进文化资源向文化资本的转型深化，激活上海优秀传统的文明基因，保持上海文化的生命力。上海要在未来的国际城市竞争中保持强劲的动力，必须更加自觉地推进文化建设，继承和创新传统的优秀文化，把上海丰富的地域资源转化为城市发展资本；大力繁荣和发展先进文化，培育与塑造社会主义的核心价值观，不断提升城市文化的创造力、凝聚力、辐射力和竞争力。只有这样，才能建设一个具有开放性、包容性、先进性和创造性，充满魅力和活力的“文化上海”，着力体现上海的历史积淀、文化内涵、地域特色、时代精神和未来召唤。

四　未来五年上海文化建设的思路、目标和举措

未来五年，是上海基本建成国际文化大都市、全面推进全球城市建设的关键时期，要进一步发挥文化建设对上海创新转型及全球城市建设的支撑作用，紧紧围绕国际文化大都市建设目标，不断丰富目标

内涵、优化建设方案和提升工作效率，全力推进上海文化大发展大繁荣。

（一）文化建设的总体要求

未来五年，加快推进上海文化大发展大繁荣，必须牢牢把握“双百”方针和“两为”方向，坚持以人民为中心，按照社会主义文化强国建设的要求，把促进人的全面发展作为文化建设的核心任务，把满足人民群众日益增长的精神文化需求作为文化建设的重中之重。全面聚焦国际文化大都市建设，传承优秀文化传统、吸收世界文化精华，在推进当代中华文化融合创新中，不断丰富城市文化内涵，不断提升城市文明程度，不断凝练海派文化的时代特色和魅力。以先行先试的勇气和决心，全力推进文化领域的改革深化和体制机制创新，将国际文化大都市建设全面融入全球城市建设之中，充分发挥文化建设促进经济建设、社会发展和城市管理的积极作用，以文化魅力激发改革发展的激情活力，以文化创意助推经济社会的创新转型。

（二）文化建设的主要目标

过去五年，上海推进国际文化大都市建设已经完成了阶段性任务。未来五年，面对错综复杂的形势变化，加快推进文化建设，必须牢牢把握全球城市建设对上海文化发展提出的新要求，必须紧紧抓住新一轮技术革命为上海文化发展带来的新机遇。2020 年，上海要基本建成现代化国际文化大都市，应依据当前国内外形势变化趋势，立足于上海承担的国家战略使命，从上海改革发展新实践出发，深化、充实和丰富新形势下上海国际文化大都市建设的目标内涵，进一步体现国际文化大都市建设过程的动态性、可感性和国际可比性。同时，尊重文化发展的积累传承规律，主动对接《2016～2040 年上海城市总体规划》，积极协同全球城市建设，全面谋划2020年以后的上海文化建设中长期方略和构想。

到2020年，以文化发展引领经济建设和社会进步，全面建设和谐、绿色、宜居、人文之城，建成中华文化融合创新中心和国际文化交流传播中心，加快建立具有国际竞争力的现代文化产业体系。在文化场馆设施建设和布局、文化产品生产供给和服务、市民文化分享和参与、公共文化服务质量和水平、文化产业产值和规模、市民综合素质和城市文明形象等一系列具有国际可比性的指标上，达到现代化国际大都市的一流水平，基本建成国际文化大都市。到2025年，上海文化建设要在全球城市建设新起点上，沿着中国特色社会主义先进文化前进方向，着力打造内容精彩、多元多样、创意充沛、活力四射、特色鲜明和魅力无穷的城市文化体系；在区域、国家和全球不同尺度的空间层面上构建上海文化传播体系，进一步提升上海文化的对外辐射力、影响力、吸引力和美誉度，全面建成具有中国特色、时代特征和上海特点的现代化国际文化大都市。

（三）文化建设的主要举措

一是积极发展哲学社会科学，进一步增强上海作为思想学术创新中心的影响力。新形势下，巩固马克思主义在意识形态领域的指导地位，为实现民族复兴中国梦提供思想基础和精神动力，必须充分发挥哲学社会科学的重要作用。以马克思主义中国化、中国特色社会主义政治经济学、中国改革发展和人类发展的前途命运等一系列重大理论和实践问题研究为重点，加快哲学社会科学学科体系、学术体系和话语体系创新；加强高端智库建设，进一步增强哲学社会科学研究认识世界、传承文明、创新理论、资政育人、服务社会的能力；改进和完善哲学社会科学管理、评价和激励体系，发现、培育和集聚哲学社会科学优秀人才，进一步夯实上海思想学术高地的人才基础；积极发挥上海的优势，推进哲学社会科学的国际交流合作，打造高端学术论坛的国际品牌，推进中国思想、中国学术和中华文化的海外传播，推动中国哲学社会科学走向世界。

二是大力推进社会主义核心价值体系建设，巩固和增强全市人民团结奋斗的共同思想道德基础。把培育和践行社会主义核心价值观与弘扬“海纳百川、追求卓越、开明睿智、大气谦和”的上海城市精神有机结合起来，融入国民教育、精神文明建设和党的建设全过程，贯穿于改革开放和社会主义现代化建设各领域，使之成为推动全球城市建设的强大动力。深入实施公民道德建设工程；深入推进“诚信上海”建设，建立健全社会征信体系；深化“做一个有道德的人”主题实践活动和“爱学习、爱劳动、爱祖国”教育，推进志愿服务制度化；倡导健康文明生活方式；深入开展群众性精神文明创建活动，探索构建社会化组织动员机制和多元化社会治理平台，优化精神文明创建评价体系。

三是大力推进优秀文艺作品原创能力建设，展现上海文化的独特魅力。坚持文艺创作以人民为中心，促进市场经济条件下优秀文艺作品的生产、传播和消费等各环节的要素充分流动和合理配置，全面提升上海文艺创作的资源整合和配置能力，充分激发文学艺术的创新、创造活力；以各类文艺评奖、比赛和节庆为载体，确立艺术评价的上海标准，搭建会聚优秀人才和传播优秀作品的平台；充分利用上海在大众传媒（影视作品等）等方面的优势，传播推广体现社会主流价值、反映时代精神追求、符合大众审美期待、展现上海城市特色的优秀文艺作品，使上海出品的优秀文艺作品成为上海的城市名片，以时代精神、全新样式和精湛艺术持续演绎新时期海派文化优秀传统。

四是全面推进文化建设融入经济社会发展的各领域和全过程，构建多元主体共建、共治、共享的文化建设大格局。坚持以人为本，促

进人的全面发展，使文化建设成为经济增长、社会进步和城市发展之魂。积极推进重大文化设施建设东进战略和全市均衡布局战略；加强历史街区、文化风貌区和非物质文化遗产的保护、开发和利用；深入挖掘整理上海城市记忆和历史文脉中的红色资源，强化上海革命圣地形象。充分发挥都市旅游的新经济优势，通过引入文化创意设计，提升都市旅游营运能力和效益，展现、体验和传播上海文化的丰富内涵和鲜明特色。提升体育活动展现城市精神和形象的文化价值，加快体育融入文化建设大格局，广泛开展群众性体育活动，提升人民群众身体素质、健康水平和精神风貌；探索竞技体育专业化、市场化和产业化发展模式，按国际一流标准打造重大体育赛事的上海品牌；积极筹备和申办 2028 年上海奥运会。积极推进群众性文化活动与社会建设和社区治理深度融合，让丰富多样、健康向上、精彩纷呈的文化生活成为上海建设和谐、开放、绿色、安全、宜居和人文之城的精神底蕴。

五是深化文化体制改革，为在更高起点上推进上海文化大发展大繁荣提供不竭动力。深化媒体改革，提升和扩大上海观察、澎湃新闻、界面、看看新闻、阿基米德等重点项目的品牌影响力；探索创办面向青少年群体的社交新媒体；做大做强音视频、财经和服务等各类新媒体；建立传统媒体与新媒体优势互补、一体发展、整体转型、具有内容生产力和品牌影响力的新型媒体传播体系和管理运营体制。切实维护网络意识形态安全，加强网上思想文化阵地建设，创新网络宣传策划机制，着力形成网站、网民、新技术应用“三位一体”的网络管理机制。增强国际文化大都市的文化交流传播功能，加快构建上海对外文化交流体系，动员社会各方力量积极参与全方位文化交流，全面落实《上海国际传播能力建设三年行动计划（2016 ~ 2018 年）》。利用上海外高桥自贸试验区先行先试优势，加快对外文化贸易和投资体制机制改革创新，促进对外文化贸易转型升级；大力推进对外文化投资，为上海文化企业国际化发展和竞争力提升构建海外市场和产品输出渠道；积极参与“一带一路”文化建设，推动中华文化走向世界。加强知识产权保护，建立健全文化产权和艺术版权咨询、评估、鉴证、流通、交易和授权经营等中介服务体系；积极推进上海文化地方立法工作，完善地方文化政策体系，以文化法制保障文化建设。

六是率先建成现代公共文化服务体系，全力保障文化民生。上海应以公共文化共建共享为宗旨，探索政府主导、社会支持、各方参与、群众受益的现代公共文化服务体系运行体制机制；按照标准化和均等化要求，加快形成并不断完善市区 15 分钟公共文化服务圈，积极推进城乡公共文化服务体系一体化发展；完善“东方系列”文化资源市、区、街道、乡镇联动配送系统；建立和完善社区文化中心等公共文化服务设施、机构的社会化、专业化运行机制；积极推进公共文化服务信息化建设，以“文化上海云”等为载体，着力解决公共文化服务供给中的信息不对称和供需不平衡，提升公共文化服务效能；优化和完善公共文化服务评估指标体系。

七是大力推进文化产业做大做强，为上海文化大发展大繁荣提供有力支撑。推动文化与科技、金融、贸易、体育、商业、旅游、农业等行业跨界融合发展，注重文化与科技、金融融合对文化创意产业发展的带动作用，大力提高本市文化创意产业产值、规模和竞争力，打造一批千亿级文化企业，服务上海科创中心建设，促进大众创新和万众创业。不断优化文化创意产业空间布局，坚持“部、市合作”和“市、区联动”，着力推进产业基地、产业园区功能建设和内涵提升，推进“一轴、两河、多圈、金腰带”产业布局，形成文化创意产业产城融合发展新态势。充分发挥市场在文化资源配置中的积极作用，培育发展分类文化市场，加快培育资本、产权、版权、技术、信息等文化要素市场，重点发展图书、数字视听制品、演出娱乐、影视剧、动漫游戏等文化产品市场；积极发展文化市场中介组织，规范和完善文化资源、要素、产品的市场交易秩序；进一步拉动和扩大文化消费，持续拓展各类文化产品的流通渠道和文化服务市场规模，积极拓展国际文化市场，不断完善文化市场管理机制，加快形成开放、竞争、有序的现代文化市场体系。

宏观视野

Macro Perspectives

B.2

城市更新与历史文化保护

郑时龄*

摘　要：城市更新的目标是实现城市未来发展的愿景，是城市的理想、审美和价值的体现，城市更新必须注重历史文化的保护。本文在分析巴黎、柏林、汉堡、罗马、首尔等具体案例的基础上，较为系统地梳理了上海城市更新的主要成绩以及存在的问题，提出了未来上海城市更新与历史文化保护的具体路径：一方面我们要总结历史的教训，努力保护尚存的建筑文化遗产；另一方面也要探索保护的模式、机制，研究保护的技术及工艺，探索符合上海实际的保护模式。

* 郑时龄，中国科学院院士、同济大学建筑与城市规划学院教授。

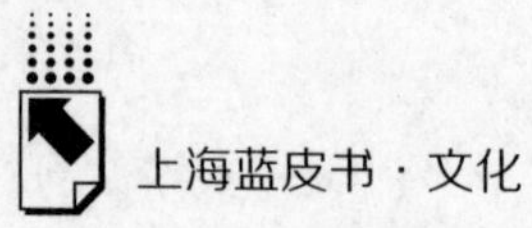

关键词： 城市更新 历史文化保护 城市化

城市更新涉及物质性的更新和非物质性的更新，包括城市结构和城市空间的更新，建筑的更新，城市环境和道路的更新，城市意识的更新。在政治、历史、经济、文化、宗教、伦理、人口等因素的作用下，城市总是处于更新过程中。即使欧洲那些中世纪和文艺复兴时期留存至今的城市，城市空间虽然没有根本性的变化，然而城市依然是在更新中的。城市更新有不同的规模和时间的延续，或者是累积添加城市新开发区域，建设大型的项目；或者是城市的蔓延，新的城市元素取代已经存在的元素，包括拆除和重建；或者是在原有城市空间插入新的元素，将消极的城市空间转换为积极的公共空间。城市更新包括新区开发、旧城区改造、土地的二次开发，用地性质和功能的转换、工业区转型、港区和滨水区的整治和改造，以及近年来的城市生态规划和可持续发展等。城市更新有程度和规模的差异，既有小修小补拼贴式的更新，也有如同巴黎19世纪奥斯曼计划中"一年一个样，三年大变样"那种大刀阔斧的翻新；既有已经实施完成的城市更新，也有停留在计划和设计阶段的城市更新①。

现代意义上的城市更新发生在19世纪下半叶，为了消除工业化带来的影响，推动社会变革，改善交通，改善城市卫生和居住条件，避免城市衰退，开始了城市更新。由于城市美化运动、奥运会、博览会以及其他城市大事件的需要所进行的城市更新成了城市发展的促媒。欧洲许多城市的林荫大道和步行区都是城市美化运动的范例，其影响遍及巴黎、伦敦、维也纳、柏林、莫斯科等城市，甚至一直延续到今天世界的其他地区。欧洲许多城市在第二次世界大战后采用了复

① 郑时龄：《城市更新是理想、艺术与价值的体现》，《上海城市规划》2015年第10期。

建历史城市，重建历史记忆的方法进行更新，德国的法兰克福和波兰的华沙就是典型的例子。就整体而言，发达国家的许多城市的建设可以说已经告一段落。以英国为例，计划于2050年落成的建筑有80%都已完成。城市的发展主要是城市的更新和复兴，城市空间和城市功能的修补和改善。由于我国大规模的建设和快速的城市化已经基本结束，城市发展的主要方面也将转向城市更新、复兴、发展和建筑文化遗产的保护。

欧洲是城市更新的发祥地，在城市更新方面有许多重要的案例，例如英国伦敦的考文垂花园和皇家歌剧院地区、金雀码头项目的改造，法国巴黎的卢浮宫金字塔、中央市场、拉德方斯地区和拉维莱特公园等首都工程的规划和设计，意大利热那亚的港口改造，西班牙巴塞罗那为举办1992年奥运会所进行的城市更新。西班牙的毕尔巴鄂自20世纪90年代启动第二次城市革命，将一个原先作为冶金工业基地的城市转变为重要的文化胜地，为古老的城市带来生机，使城市得到复兴。

德国柏林在东西德合并后有一些具有世界影响力的重大建设项目，例如波茨坦广场、莱比锡广场、总理府、中央车站、柏林新机场等。今天的柏林已经成为德国最具创造力的城市，被联合国教科文组织命名为“设计之都”。波茨坦广场在二次大战前曾经是柏林的中心，战争期间被夷为平地，战后柏林墙的建立使这里成为被废弃的荒地。德国统一后，波茨坦广场成为城市的重点发展地区，1992年德国发起了国际城市设计竞赛，最终决定由德国、意大利、英国和日本建筑师设计这一项目。波茨坦广场规划用地34公顷，总建筑面积为60万平方米，拥有多种功能，项目于1994年启动，1998年建成。

汉堡是欧洲发展最快的城市之一，为加快全球化进程，汉堡进行了城市空间规划，这是大范围城市设计的案例，汉堡提出了“城市中的城市群”的概念。城市空间规划的目标是加快建设城中之城，改造公共空间，使开放空间连成系统，增加公园和绿地，建设生活品质优良的城市空间，促进地区经济成长，致力于培养具有高尚品位的创意城市，将城市中心区和周边地区纳入大都市区的发展。

汉堡海港城是近年来欧洲最大的城市更新项目，海港城自 1997 年启动，2002 年通过总体规划。该规划的目标是将原先的港口区转变为一个全新的城区。海港城规划总面积为 157 公顷，建筑面积为 232 万平方米，预计于 2025 年建成。规划设计体现功能混合，将办公、商业、科研、文化、居住、学校、公园等混合布置。规划将绿化融入大都市，重视空间的密集型利用，设置临水的居住和工作环境，建设文化汇聚的舞台，建设广场、公园和林荫道，发展公共交通，注重城市的生态环境。海港城的发展也大幅提高了汉堡中心城区的城市空间环境和品质，使汉堡的内城面积扩大了 40%，为汉堡未来的发展展示了新的前景。

意大利的城市更新比较注重与历史和文脉的联系。建筑师阿尔多·罗西把城市看成是“集体记忆的场所”，从城市的结构中寻找模式，应用了场所类比，将历史、理论与实践综合形成一个整体。城市与建筑互相依存，城市是一种能在时代中成长的大规模而又复杂的工程或是建筑。另一方面，城市建筑又是城市空间中的一个局部，城市建筑组成具体的、有特性的城市。意大利的港口城市热那亚于 1992 年举办世博会，热那亚自 20 世纪 80 年代中期开始，就对港口地区实施全面的改造和再生计划，目的是建设一个“都市港口花园”，在功能和形态方面使历史城市与海洋连成一个整体。原有的港口建筑——仓库、工厂等经过改造之后，向公众开放。开发公共场所和设施，增建电影院、博物馆、水族馆等休闲设施，使港口区成为城市生活的核心，将古老的城市与海洋重新联结在一起。该改造和再生计划修复了许多历史建筑，以往被掩盖的历史面貌和历史遗迹重新进入人们的视野，使整座城市发生了根本性的变化，甚至改变了热那亚的生活方式。

罗马为庆祝建城 2000 年，同时也是为城市的现代化转型发展，进行了一系列的城市规划和城市设计，包括修缮历史建筑和整治公共空间等。实际上，即使像罗马这样具有 2000 年历史的城市也一直处于变化之中，在不断的修补和拼贴中适应城市的发展，并且始终保持城市的建筑遗产、空间结构和场所精神。

城市的高架铁路和高架道路也是城市更新涉及的领域。巴黎将市区东南部 1859 年建造的全长 4.5 公里的已经废弃的巴士底 - 凡塞纳高架铁路桥改造成巴士底高架步道。纽约将 1930 年建造的全长 2.4 公里的废弃的高架铁路改造成高架公园，于 2006 年起分三期在繁华的市区提供给人们休憩、交往、聚会和举行各种文化活动。波士顿从 1982 年开始计划、1991 开工建设的“大开挖”计划，于 2006 年通车、2007 年最终建成。该计划将原先横亘在城市中心的高架公路拆除，代之以隧道连接城市与机场。“大开挖”计划完成后使城市与海滨通畅地联系起来。首尔在 2002 ~2005 年完成的清溪川工程也是城市更新的典型案例，为了城市的可持续发展，也为了消除高架道路的结构安全隐患，首尔启动了清溪川工程，该工程将城市的东西向高架主干道拆除，恢复为原来的河道。清溪川工程对城市中心地区的复兴，中心城区经济的发展，城市机动车流量的减少，公共交通的发展，城市生态环境的改善，城市空气质量的优化，都具有重要的意义。

城市更新是实现城市未来发展的目标愿景，是城市的理想、审美和价值的体现，城市更新必须注重对历史文化的保护。习近平主席指出：“历史文化是城市的灵魂，要像爱惜自己的生命一样保护好城市历史文化遗产，要处理好城市改造开发和历史文化遗产保护利用的关系，切实做到在保护中发展，在发展中保护。”

我国自 20 世纪 80 年代至今的大规模城市建设，由于不重视对历史建筑和城市文脉的保护，使得相当一部分历史城市因为全面的改造，失去了原有的城市特色。在城镇化的过程中，一方面要注重新城

和新区的发展，另一方面要正视历史城市的保护和更新，在城市更新过程中应注重对历史建筑和城市文脉、空间结构和肌理的保护。我国从20世纪90年代开始重视城市更新的品质，出现了许多优秀的城市空间案例。1999年9月建成的北京王府井商业步行街为城市的主要商业区提供了一流的环境，为北京的城市公共开放空间树立了一个范例。北京的大栅栏地区于2007～2011年经过了整体改造，把街区内的建筑划分为文物修复、保护修缮、风貌整饬、改造整治共4类，使这一地区成为传统风貌历史街区，是重要的城市更新项目。北京为主办2008年奥运会建设的项目也是城市更新的组成部分。

古希腊哲学家赫拉克利特说过："看不见的和谐比看得到的和谐更美好。"城市更新就是努力去营造看得到的和看不到的和谐，这种和谐是现代与历史的共生。上海也创造了城市更新的范例，上海于2015年5月在全国率先颁布了《上海市城市更新实施办法》，上海的城市目标是将上海建设成为卓越的全球城市。雁荡路步行街、吴江路步行街和南京路步行街是国内最早的步行街案例，带动了许多城市的步行街建设。有100多年历史的南京路在原本周末步行街的基础上，于1998～1999年将南京东路商业街建设为步行街。上海自2000年开始的黄浦江两岸滨水空间的转型，将原先工业化时代的生产性岸线转变为公共开放空间，促进了产业类历史建筑和地段的保护与再利用，带动了城市空间结构和产业结构的重构，也带来了2010年上海世博会。世博会启动了黄浦江滨江带的城市更新，目前正在进行的黄浦江两岸45公里滨江带的贯通、苏州河两岸城市空间的缝合将使城市的公共空间品质更为提升。徐汇滨江以及西岸传媒港的建设将形成新的立体城市空间。桃浦智慧城的建设将成为工业区生态更新和产业类的范例，克虏伯不锈钢厂区和耀华地区的更新也将是上海的关注点。新的大型文化设施的建设、上海历史文化风貌区和优秀历史建筑的保护，历史风貌道路的保护也将推动城市更新和国际文化大都市的建设。

不同于其他文物，历史建筑不能只是作为博物馆加以封存，绝大部分历史建筑都应当在使用中保护，但是也需要尊重建筑的真实环境和历史风貌。巴黎为举办 1900 年世博会，修建了奥尔赛火车站。这座火车站在 1939 年被废弃，20 世纪 60 年代曾经动议将其拆除，建一座旅馆。当时的建筑媒体称这座建筑是丑陋的裱花蛋糕，是虚假的建筑。所幸的是新的替代建筑方案没有人赞成。在中央市场被拆除之后，公众的舆论完全改变，奥尔赛火车站在 1973 年被列为历史建筑，终于免遭被拆毁的命运，车站被改为收藏法国 19 世纪艺术品的奥尔赛美术馆。

1980 年以来，我国开始系统地引进西方历史建筑保护理论。1985 年中国加入《保护世界文化和自然遗产公约》；1986 年《威尼斯宪章》被介绍到中国，提出了“文物建筑”的概念；2002 年引进《奈良真实性文件》，也提出了“整旧如故，以存其真”的思想。

对于建筑文化遗产的保护有一个缓慢的认识过程，在这个认识过程中，上海付出了大约 3000 万平方米建筑被拆除的巨大代价，包括一些地标建筑和著名建筑师设计的建筑。经历了 20 世纪 80 年代和 90 年代城市大规模的快速建设阶段之后，城市空间已经彻底改变，上海开始理性地思考建筑文化遗产的保护。上海的历史建筑保护经过近 30 年的探索，已经初步建立了分级保护制度，对不同的建筑类型和保护性质进行区分，同时也建立了保护机构。承认历史的变迁，根据建筑的类型和质量，根据上海的实际情况，采取多元的保护方式，例如修缮、加建、移位、扩建、复建等，形成了基本符合上海历史建筑特点的现实的建筑文化遗产保护机制和方法。

坚持使用与保护相结合，在使用中保护，在历史建筑中植入多种功能，出现了一批优秀的实例。同时建立文物管理、规划管理和房屋管理等政府部门与科研、教学和设计单位的全面配合与协作机制。自 2002 年上海市政府颁布《上海市历史文化风貌区和优秀历史建筑保护条例》以来，上海已经形成了政府管理部门、学术界、设计和开发建设单位、施工单位相协调的建筑文化遗产保护修缮机制和保护模式。近年来外滩源、外滩3号原上海总会大楼、外滩12号原汇丰银行大楼、外滩15号原华俄道胜银行大楼、科学会堂、铜仁路绿房子等一大批优秀历史建筑的修缮与保护，以及正在进行的原总商会大楼、徐家汇教堂的修缮与保护已经成为优秀的保护范例。

由于文化传统、管理机制、建筑法规、建筑技术和建筑材料等因素的差异以及历史形成的现状，上海的建筑文化遗产保护有着特殊的体制和技术问题。一方面我们要总结历史的教训，努力保护尚存的建筑文化遗产；另一方面也要探索保护的模式、机制，研究保护技术及工艺，探索符合上海实际的保护模式。

在上海建筑文化遗产保护中，对于住宅建筑的保护是迫切需要解决的重要问题，对于那些独立式的住宅，目前已经有较完备的保护修缮模式，上海石库门里弄保护对象已扩大至约260处保护街坊，350个保护地块。近年来东斯文里的保护已经引起了社会各界对于保护石库门里弄建筑的重视。里弄住宅在历史建筑中占有相当大的比例，20世纪80年代蓬莱路303弄和252弄的里弄住宅改造只是为了解决居民的居住空间问题，其着眼点并非是历史建筑的保护。目前里弄住宅的保护模式大致可以归纳为：拆除重建转换为商业功能的新天地模式，拆除重建保留居住功能的建业里模式，保留原有建筑并改善居住功能的静安别墅模式，保留原有建筑以及产权结构并转换为商业功能的田子坊模式等。建业里的重建反映出开发模式以及历史建筑保护与管理和设计方面存在的问题，引发了两个需要反思的问题：一是历史建筑的保护能否走出房地产开发的模式，是否应当由政府主导，由非营利性机构实施；二是要探索里弄建筑的保护模式，当年建造里弄建筑时有相当一部分建筑是房地产商市场投机的结果，当初的建筑质量就存在许多问题，再加上在城市建设过程中道路的标高不断增加，使里弄内的地面相对降低，造成雨季积水，使得建筑防潮层的破坏和墙砖的风化现象相当严重，尤其是砖木混合结构的旧式石库门里弄住宅，问题更为突出。这就要求从建筑材料和建筑技术两方面考虑重建的可行性，而不是对旧式石库门里弄住宅简单地采用拆除的方式。此外，采取有效的措施疏解里弄住宅的人口和家庭密度，对于里弄建筑的保护也是十分必要的[①]。

另一方面，由于建设用地的限制，土地资源紧缺，城市的产业发展模式仍然比较单一。一些地区着眼于拆除没有保护身份的建筑，并进行高强度的开发，使保护建筑面临碎片化的状态，这会造成新一轮的城市空心化。为了切实保护历史风貌，应建立容积率银行，进行容积率储备和容积率交易，这有利于保持风貌区和风貌街坊的建筑密度和原有的容积率，也能使开发的资金能得到一定的补偿和平衡。

此外，现行保护方式将历史建筑划分为文物建筑、优秀历史建筑、一般历史建筑、保留历史建筑和可拆除历史建筑等类型的规定需要调整，应当调整为文物建筑和历史建筑两类，系统地加以保护。在国家的层面上，目前的《中华人民共和国文物保护法》不能完全覆盖保护历史建筑，应追加审议通过“中华人民共和国历史建筑保护法”，或通过一部包括文物建筑、历史建筑在内的“中华人民共和国建筑遗产保护法”，明确其利用机制、保护机制、管理机制以及保护、修缮、改造和复建等原则，从而延续城市的历史和文化。

① 郑时龄：《上海的建筑文化遗产保护及其反思》，《建筑遗产》2016 年第 1 期。

B.3

品质文化，优化空间

——上海城市文化空间建设的前瞻理念和打造重点

花　建*

摘　要：　上海应该以迈向2040年的全球城市为长远目标，把城市文化空间建设推向新的历史高度，包括要把文化意义的连续性、审美设计的独创性和空间功能的有效性有机融合在一起；建设具有强大辐射力的超级文化区域，体现后工业化时代的发展动力；打造分类型与复合型的卓越文化空间，包括文化创新空间、文化遗产空间、文化生态空间、文化地标空间等多种类型；突出滨水城市的特色和魅力，把水脉、绿脉、文脉和人脉融为一体。

关键词：　上海　文化空间　品质建设　前瞻理念

一　上海城市文化空间建设的多层次提升

跨入“十三五”阶段，上海应该把建设城市的品质文化、卓越空间作为一项重要任务。这意味着上海应该在吴越文化、江南文化、

* 花建，上海社会科学院文化产业研究中心主任、研究员，长期从事文化产业、创意经济、城市文化研究和决策服务。

海派文化的基础上，以迈向2040年的全球城市为长远目标，把城市文化空间建设推向新的历史高度。它的基本主题是适应全球范围内产业和城市双转型的潮流，以宝贵的城市空间资源配置最重要的创新资源，集聚更多知识型、科技型、创新型的人才、企业和机构，而且能够与智慧城市的建设相衔接，适应科技和产业快速更新的需要。

它需要精明型、紧凑型、智慧型的城市实体空间和实用功能，形成以历史传承、人文想象、艺术审美、多元魅力为特色的城市符号空间，把美丽城市、宜居城市的魅力与创新城市、创意城市的活力结合起来，提供更加有品质的城市生活；它需要根据全球范围内城市生态文明的潮流，根据城市生态环境的承受能力，限制城市规模的无限扩张和人类活动的超密度集聚，而且要强调根据城市自身的自然基础，构建基于自然环境和生态特色的城乡空间结构，形成“江南绿意润城郭，大城小镇皆花园”的整体风貌。

正如美国学者沙朗·佐京在《城市文化》一书中谈到“文化之都”时指出：文化之都的核心是城市特有的人文精神。“把城市空间改造成为‘文化空间’依赖于文化之都两方面的发展：它不仅需要廉价的空间、漂亮的谨视、充足的艺术工作者以及金融业向文化产业的投资这些物质资本，而且也需要视觉符号资本，即视城市为洋溢着艺术、文化和设计氛围的地方。”①

上海作为全球城市应该发展的品质文化、卓越空间，包括城市文化空间的形制构造、文化空间的审美内容、文化空间的精神信仰等。芒福德在《城市发展史：起源、演变和前景》中指出：人类文化的重要载体，第一是语言文字，第二就是城市。城市是人类文明的载体，一个城市的风貌表达了这个城市的价值取向和文化追求。“城市的主要功能是化力为形，化能量为文化，化死物为活灵灵的艺术形

① 沙朗·佐京：《城市文化》，张廷佺、杨东霞、谈瀛洲译，上海教育出版社，2006。

象，化生物繁衍为社会创新”，而随着后工业化时代的到来，知识型和创新型的劳动者越来越成为经济增长的主要动力，所以“城市乃是人类之爱的一个器官，因而最优化的城市经济模式应该是关怀人、陶冶人。”①

城市的文化空间格局是城市文化精神的关键，一座城市的文化精神依赖于城市文化空间格局的设计经营，城市人文空间是城市文化生命所在，一座城市的人文格局并不是一次规划建设就能建成的，文化空间格局具有气脉相通的结构和文化意义的连续性，把审美设计的独创性和空间环境的完整性有机地融合在一起，形成连接历史和未来的活力。具有4500年历史的古城成都，在2010年被联合国教科文组织评为全球创意城市，它约在公元前5世纪筑城，到西汉时已成为中国六大都市之一，它的基本格局和城市中心保持了数千年的稳定性和连贯性，当年的蓉城之心，正是今天的天府广场。又比如福州城作为中国沿海的名城，从清代《福州城图》中可以发现，由南门、狮子楼、鼓楼、衙署、镇海楼组成的城市中轴线，与两侧鼓山、旗山相望，与乌塔、白塔互映，井然有序地构成了特有的人文空间秩序，诉说着岁月的沧桑和文脉的坚韧。

再从上海的情况看，被誉为百年经典的上海外滩，汇聚了20世纪上半叶的代表性建筑，汇聚了当时中国最早的外资银行、中资银行、外资保险公司、中资保险公司、证券交易所等机构，汇丰银行、沙逊大厦、海关大楼等建筑沿黄浦江蜿蜒排列，成为色泽庄重的灰色金融业楼群。而与外滩一江之隔的浦东陆家嘴则代表了21世纪蓬勃崛起的新上海，从东方明珠到上海中心，一系列超高层建筑犹如巨人巍然屹立。一条大江穿城而过，两个世纪代表性的典型建筑隔江而

---

① 芒福德：《城市发展史~起源、演变和前景》，倪文彦，宋俊玲译，中国建筑工业出版社，1989，第6页。

立，这在全世界都是独一无二的城市文化风貌。

上海作为全球城市应该发展的品质文化、卓越空间，与后工业化时代全球城市对知识资本、全球影响、多元包容、创新活力、生态文明等追求密切相关。上海城市文化建设积累了大量的基础设施、战略资源、设备硬件，但并不等于有文化整体实力和竞争力，因为文化竞争力还涉及战略引导、激发创新、集聚人才、优化空间等一系列问题。其中最突出的一个问题，是上海如何以创新为第一资源和第一动力，培育面向未来的生产力，生产出新的文化样式、文化产品和文化财富，这是上海正在面对的一个激烈竞争。

深圳大学经济学院魏达志教授提出："上海不是深圳的对手，这是由上海的所有者结构所决定的，更是由上海这座城市的独特政经氛围所决定的。"上海的所有制结构为央企、地方国企、外企、民企比重为1:1:1:1，最具活力的民营企业比重占上海产业结构的1/4，而深圳则占90%。上海的龙头企业和著名品牌乏善可陈，深圳却崛起了华为、中兴、腾讯、万科、华大基因、大疆、比亚迪、雅昌等一大批全球著名企业。这种逆水行舟，不进则退的警示发聋振聩，上海面向2040年的品质文化、卓越空间建设，必须清醒地意识到这种未来的巨大挑战。城市的空间设计和品质建设，要把文化意义的连续性、审美设计的独创性和空间功能的有效性有机融合在一起，从产品功能和外观设计的层次，上升到工艺和商业模式设计的层次，又上升到产业发展路径设计的层次，再上升到城市和生活形态的层次（见图1），而其核心是对未来挑战的适应性和前瞻性，把宝贵的空间资源向最具有活力的创新主体倾斜，成为中国和世界的创新之城、创意之都、创造之源。

目前国际上有多个对城市创新活力的评估标准，上海尽管在国内名列前茅，但与其他全球城市相比仍有较大差距。上海的文化空间和品质建设，要努力培育出具有世界影响力的文化创意创新集聚区，通

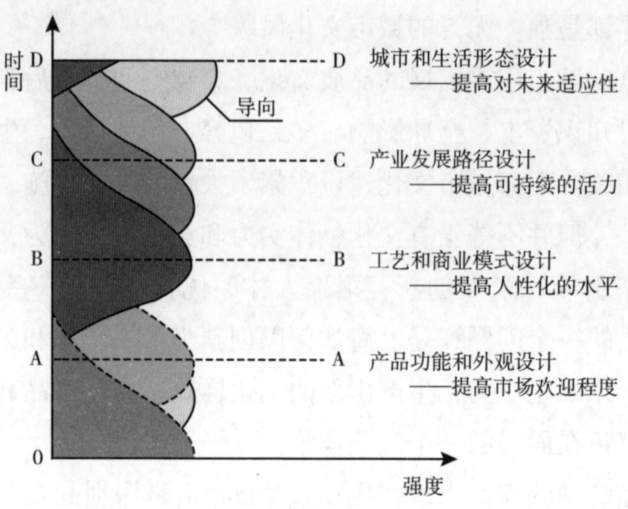

图 1　城市品质文化建设不断上升的螺旋形过程

过多层次的构造触发市民形成富有创新活力的共识和情怀，启发人们更多地投入创新与竞争、超越与升级，同时追求更加美好、更加有成就感、更加有尊严的生活。上海文化就应该在这样一种空间里孕育、传承、创新和发展，这也是上海极富魅力的地方。城市规划建设不仅要重视物质功能和空间形式，更应重视其空间的人文精神内涵，做到物质空间规划与人文精神内涵的融合。

城市更新是一个不断深化和自我升华的过程。推动城市更新，形成品质文化的过程，涉及城市的各个利益群体，这既是一个协调各方、形成合力的过程，更是超越过去的局限性，而不断突破自身认识局限的过程。而随着人类逐步进入到知识经济时代，消费与生产相互融合，知识型和创新型的劳动者越来越成为重要的生产力资源，人们越来越注重创新指标、生活品质、文化空间、绿色生态、幸福指数等内容，这就对城市文化的品质提出了越来越高的要求。上海作为全球城市应该发展的品质文化、卓越空间，要从 6800 多平方公里的全域规划设计出发，不仅要开发市中心的文化项目，也要拓展城市边缘区、郊区和远郊区的文化项目，走向大分散、强集聚、多组团、网络化的文化生产力格局；不但要利用城市的物理空间，更要结合水脉、绿脉、文脉、人脉，深入挖掘和利用城市的感知空间和记忆空间，传承城市的文化密码，以传承宝贵的历史文脉；不但要精心规划传承历史的文化记忆空间，集聚活力的文化创新空间，注重地标的文化博览空间，也要设计应对未来的文化培育和预留空间，构成丰富而流畅的组合，让多元文化融合为充满产业实力、创造活力和人文魅力的卓越品质空间。

二　打造全球城市的“超级文化区域”

在中国崛起成为全球现代化强国的背景下，上海在从“十三五”时期到2040年的这一个历史阶段，将成为中国第一个跨越工业化和后工业化时代的“跨时代文化中心城市”。从工业化到后工业化时代的世界级大城市是一个连续而又跨越的发展过程，工业化推动下的大城市更加追求城市的规模和物质财富，而后工业化时代的全球城市更加追求城市的知识资本、创新驱动、高端服务、资源整合和全球影响。上海跨越了这两个时代，将在拥有中国最大城市资产规模和物质财富的基础上，突出文化领航，更加强调知识型、科技型、创意型、生态型的文化新业态，造就一个兼具物质财富、实物投资、知识投资、全球影响的全球文化之都。上海要融合来自全球的文化资源，完善城市生态的总体格局，形成宜业、宜居、宜乐、宜游的整体环境，创造出更具有前瞻性和包容性的文化体系，成为全球华人与各国人士向往的城市。

作为后工业化时代的全球城市，上海固然要有超级的工业区和经济区，也必须有超级的文化区域。它的重要性不在于面积有多大、体量怎样超群，而在于资源配置的高端化、主导理念的先进性和运作机制的有效性，能够体现文化品质和空间质量的世界效率和上海品牌。美国学者乔尔·科特金在《新地理：数字经济如何重塑美国地貌》中指出：随着数字技术和新经济的崛起，美国的文化经济地貌也在深刻地调整和转换，大都市会融合出版、电影、广告、新媒体、主题公园等产业，形成一种超大型的“文化产业复合体”①。面对上海迈向2040年全球文明城市的远大目标，上海打造品质文化和卓越空间，不但要考虑宏观空间布局，而且要突出创新效益，优化微观机制，使得上海宝贵的空间资源，向最有创新活力、最有市场前景、最能够代表上海水平和国家意志的组团和项目集聚，使得空间资源、项目资源、政策资源、市场资源等获得最有效的空间配置，打造十个以上大型化、体现世界水准和上海活力的“超级文化区域”。

这种“超级文化区域”代表了时代潮流的先进生产力，汇聚了最富有创新活力的文化主体，会对全国乃至世界其他地区都产生广泛的影响力。比如在中国文化产业的宏大版图中，张江具有前瞻的导向意义和自主创新的示范意义。张江是中国在文化与科技融合创新方面产业主体最强大、自主创新成果最丰富、规模化优势最大、融入全球价值链最深入的文化产业示范园区之一。环顾当今世界，创新已经成为文化产业最重要的核心要素和强大引擎。国内外大量事实说明，先进科技对文化产业的促进作用，往往表现为两种形态：一是推动作用，从供给端发力，开发出全新的产业链；二是嵌入作用，从消费端发力，通过终端的改变扩大消费市场。中国要建设全球文化强国，推动文化产业形成核心的创新力，首先要推动文化创造与科技进步的有效融合，培育科技型、智慧型、创新型的文化企业群体，这正是张江为我们提供的宝贵经验。

---

① 乔尔·科特金：《新地理：数字经济如何重塑美国地貌》，王玉平、王洋译，社会科学文献出版社，2010。

有鉴于此，结合上海建设具有全球影响力的科技创新中心的重大战略，张江采用了三位一体、多点推进的方式，促进文化与科技融合。这些方式包括加快核心技术和 IP（知识产权）的研发（创意端）、推动跨界的整合能力（生产端）、精准地对接消费市场（消费端），形成了一个日趋壮大的文化科技企业群体，汇聚了聚力传媒、中文在线、炫动卡通、方正数字出版、盛大文学、雅昌艺术印刷、暴雪娱乐、卓越亚马逊等国内、国际的行业龙头企业，集聚了沪江网、今日动画、河马动画、点击书、创新科技、华师东方、科泰世纪、极视传媒等一大批创新型、科技型的骨干企业，并且形成了可持续发展的良好势头。2014 年底的数据显示，在不足 100 万平方米的区域内，张江文化产业增加值突破 800 亿元，核心层的文化产业增加值达到 293 亿元，这一投入产出的集约化程度和综合效益，大大超过一般工业园区和开发区。张江也因此被评为国家级“文化产业示范园区”“文化和科技融合示范基地”。

这种“超级文化区域”可以有多种组合形态，比如把遗产传承与创新开发、公共服务与规模优势相结合，把本土文脉与国际化相结合等。多年来，上海实际上形成了多种文化区域，即历史文化风貌保护区、公共文化设施集中建设区、时尚娱乐旅游区、文化创意产业集聚区，而且各自取得了不俗成绩。但是这些区域的功能往往相互之间“不搭界”，影响了综合效益。比如有的产业园区，白天精英荟萃，晚上人去楼空；有的历史风貌保护区，投入多多，产出有限。面向 2040 年的上海文化建设，应该大胆尝试把以上四种区域优化组合，形成“四合一”的形态，以提高区域资源的综合文化效益。

这种“超级文化区域”可以有更国际化的多元包容性，比如在世博园内，以中华艺术宫、上海当代艺术博物馆为代表，开始形成经典艺术和现代艺术、民族精品与都市新锐并列的新格局，获得了诸多国际好评。意大利学者马托·巴拉尼等在 1800～2010 年欧洲现当代

艺术博物馆的扩散过程研究中发现，越是文化多元性明显的国家，在其所有艺术博物馆中现当代艺术馆的比例也越大，反之，文化多元性越不明显的国家则越少。比如法国有1300个博物馆，其中的现当代艺术馆有202个；英国有1850个博物馆，其中的现当代艺术馆有94个；西班牙有1125个博物馆，其中的现当代艺术馆有69个；奥地利有370个博物馆，其中的现当代艺术馆有32个[①]。这种对经典艺术和现代创意、精华传承与工业设计同样鼓励、同等尊重、同城展示的氛围，大大鼓励了广大市民的文化参与性和创造热情。上海应该在未来的大虹桥地区、临港地区、迪士尼周边地区等大型文化组团的建设中，更多体现这种多元包容、古今并举、面向世界的布局。

这种“超级文化区域”可以结合城乡一体化，在广阔的上海郊区展开。100年前，英国社会改革家埃比尼泽·霍华德在《明日的田园城市》中提出了著名的“田园城市”理念。这既是人类从工业革命以来对城市化的一种反思，也是对20世纪城市规划的一种前瞻，它的核心为“自然之美、社会公正、城乡一体”。从2010年上海世博会的展示来看，昔日的“田园城市”已经被注入了新的内涵：生态型的生产模式，绿色化的职业生活，高品质的文化创造和享受。上海郊区应该利用国际化大都市的辐射优势，在开发田园城市型的文化创意园区方面有更大的作为，包括吸引各地农耕文化的代表和艺术创作人士汇聚，开发原生态民间文化，把发展文化产业与现代田园城市、江南诗意文化、中华耕读传统、绿色健康体验与生态岛屿建设结合起来，成为上海文化产业空间集聚的又一种新模式。上海郊区是本土文化之根，海派文化之源。仅仅从古文化遗址的角度看，新城镇的主要古文化遗址类型就包括马家浜文化、崧泽文化、良渚文化、广富

---

① Matteo Ballarin，IUAV，Venice、Guido Ferilli，IULM，Milan、Pier Luigi Sacco，IULM，Milan：*Cultural epidemics*：*The diffusion process of modern and contemporary art museums in Europe*，*1800 – 2010*.

林文化、马桥文化等，这些文化遗址集中分布于青浦、金山、松江、奉贤四个区。同时汇聚了古建筑、古遗址、非物质文化遗产等四大类型的文化遗产，是有待于进一步开发的文化创意宝库。正如英国专家查尔斯·兰德利所感叹的："发挥创意并不意味着只关心新事物。伟大的成就往往是新旧的综合体，因此历史与创意得以相辅相成。"推动新城镇和上海郊区的文化建设，打造城乡一体化的卓越空间，是一种精神与物态相结合，传承与创造相结合、理解历史与迈向未来相结合的过程，需要采用复原、激活、移植、再造等多种方式，把历史的遗产开发成为今人能够理解、亲近、沟通和欣赏的文化产品。

三　打造分类型与复合型的卓越文化空间

上海市域面积为6800平方公里左右。而按照生态环保原则及可持续发展规律，城市建设用地规模不宜超过总面积一半，而上海建设用地规模超过了3000平方公里，上海可开发的土地面积正接近极限。有鉴于此，上海必须在文化遗产空间、文化创新空间、文化地标空间、文化景观空间等多样文化形态方面，有全盘的谋划和因地制宜的推动。要结合中心城区的旧区改造、郊区新城和新城镇的建设，结合轨道交通、南北通道、火车站改建等重大项目，全面实施文化空间的优化美化工程。它的重点是通过城市更新，不断地提升卓越品质和审美魅力，把城市空间改造成为"文化空间"，也就是充满视觉符号资本，洋溢着各种各样艺术、文化、创意和设计氛围，成为充满丰富多彩的人文体验和审美魅力的空间。本研究建议在全市建设5类文化空间：①文化地标空间（以重点文化服务设施为主，具有城市文化的标志性意义）；②文化遗产空间（以各类文化遗产的保护传承与活化为主，成为各种遗产资源的富集区）；③文化创新空间（以各类文化创意产业集聚区和文化企业集群为主，成为文化生产力的主要培育空间）；④文化景观空间（以文化生态旅游休闲的体验项目为主，成为具有富有生态文明与人文内涵的卓越空间）；⑤文化预留空间（为未来的文化发展所预留，体现了对21世纪全球城市发展的前瞻性思考），最终形成多层次、多组团的全市文化空间大格局。

在打造分类的文化空间的同时，上海也应该因地制宜地建设一系列复合型的卓越文化空间，比如近年来一个有代表性的案例就是浦东新区陆家嘴金融区，陆家嘴金融区正在逐渐向文化－金融复合型的功能区域转变。自1992年邓小平南方谈话发表以来，浦东开发开放成为上海新一轮城市发展的强大引擎，陆家嘴金融区成为浦东建设的标志性区域。陆家嘴核心的5.96平方公里区域内，不断建设和完善高层次、高品位的现代文化、艺术、科普、娱乐项目，以东方明珠—世纪大道—东方艺术中心—上海科技馆—世纪广场为主轴线，艺术品机构、电影院、演艺剧场、会议展览中心、公共艺术等各种文化配套设施覆盖面进一步扩大。但是，自1990年以来，在加快集聚金融产业的同时，也存在文化创意、休闲旅游等产业资源缺乏；游客和商务人员密集的重要景点和会展区商业配套不足；业态结构不尽合理，尤其是餐饮和休闲娱乐设施偏少；电影院及其屏幕数量较少的现状，这在是一个具有代表性的现象。

经过浦东新区政府、陆家嘴金融区管理机构的统筹推动，诸多专家学者、文创企业、文化机构等集思广益，逐步形成了提升陆家嘴金融区文化功能的共识，即从上海建设国际文化大都市的宏观战略和陆家嘴金融城全面提升功能的总体要求出发，提出打造“陆家嘴文化金融集聚区”。第一是提升区域文化消费，针对陆家嘴金融城从业人员和居民日益增长的文化消费需求，汇聚一大批文化会展、艺术策划和代理、演艺娱乐、商务咨询、互联网信息服务、新闻出版和版权、文化旅游等方面的特色设施和企业主体。通过拾遗补阙、加大投入，提高该地区音乐厅、现场音乐表演场所、酒吧和餐厅、艺术馆、展览馆、画廊、电影院、娱乐场所等文化设施的密度和等级。第二是拓展文化金融服务，充分发挥金融在文化产业发展过程中的动力作用，推动中国丰富的文化资源向货币化、资本化、证券化转化。这包括推动文化资源的资本化，扩大要素的流通；推动文化产权的资本化，加强资本的动力；推动文化产业预期价值的资本化，扩大规模效应等。

从微观空间设计和营造的角度看，陆家嘴文化金融集聚区产业的集聚正在形成四大层次。①立体开发的物理空间，重点围绕“点、线、面”，完善产业空间布局：“点”空间的主要特点是辐射、吸引，“线”空间的主要是特点是流动、连通，“面”空间的主要特点是区域化的集聚；②文化消费的体验空间，重点是集聚各种文化娱乐、画廊、餐饮、演艺、酒吧、拍卖等机构，它们相互穿插和融合，把各种文化时尚的主题展示出来，形成丰富多彩的文化体验空间；③文化企业的集聚群体，重点是集聚文化交易服务机构、文化投融资机构、文化信息服务机构、文化评估和评级机构、公共类文化基金会等；④虚拟空间的网络节点，开展网络文化商店、网络视听、网络文化商店、网络众筹基金（Group Funding）等服务，多渠道筹措文化创意产业发展资金，吸引更多的社会群体参与文化建设，为文化产业的发展提供新的动力。

这种复合型的文化空间建设，同时也伴随着文商旅等多种产业的相互联动。比如在静安区、黄浦区、徐汇区等中心城区，就应该以主要廊道为骨干，结合开发若干条有一定知名度和文化底蕴的支路，形成“非”字形文化街区结构。主要廊道包括南京西路文商旅联动品牌街、陕西北路中国历史文化名街、江宁路国际文化演艺街、愚园路历史名人故居街、山西北路上海百年老街、广中路/灵石路文 + 化创新活力街、福州路历史文化街、淮海路时尚文化街等，结合富有历史特色的建筑群如陕西北路地中海式民居、山西北路石库门等建筑，形

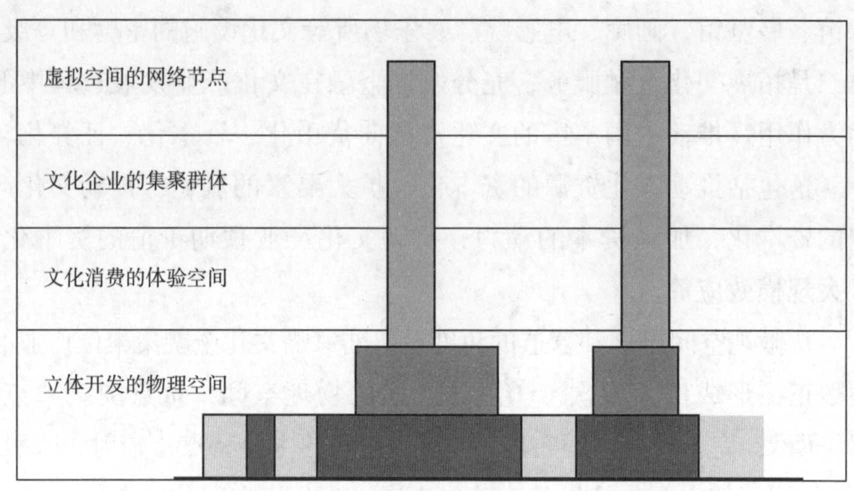

图2 陆家嘴文化金融集聚区产业集聚的四个层次

成旅游主线与支路相互呼应、融合推动的态势。主干道上的大型文化设施，为支路带来一定的稳定消费人群，而支路历史文化风貌的开发，又可以拓展主干道的文化环境，形成具有特色的文商旅主题和丰富的旅游业态。

创新旅游线路是中心城区商旅文体融＋＋合发展的重要抓手，也是整合产业链的重要载体。要从各区的现实基础和潜力优势出发，推动金融、商贸、文创、体育等产业门类，与旅游产业的吃、住、行、游、购、娱6大节点相联结，形成“长藤结瓜、珍珠成串”的优势，引来海内外游客在市区形成“车水马龙，流连忘返”的人气场面，特别是通过演艺旅游、购物旅游、会展旅游、娱乐旅游等方式，逐步解决目前的“主线断裂”“珍珠散落”现象。把文商旅结合的空间组团串联起来，每个组团以3~5个大型楼宇、广场、花园、剧场等为核心，以现代商贸、演艺会展、时尚购物、媒体传播、旅游体验为特色，点缀以景观优美的小品绿化，形成首尾相望、气韵联通的大动脉。

四　突出滨水城市特色，把水脉、绿脉、文脉和人脉融为一体

上海建设卓越的全球城市需要卓越的水岸区域，要把水脉、绿脉、文脉和人脉融为一体。近年来，上海举办了“全球水岸对话2016论坛”等重要活动，以上海沿江、沿河区域为重点案例，展开与纽约滨水地区、伦敦南岸、巴黎左岸、巴塞罗那水岸等国际城市的水岸的对话，探讨如何打造未来的卓越水岸，落实“城市，让生活更美好”的世博理念，实现“上海2040城市总体规+划”确定的“卓越的全球城市”的目标。

世界滨水大城市在水岸发展过程中会遇到相似的问题，因而它们各自的经验会给彼此启发。比如纽约城市规划设计以开放度、细节和人的感觉为指标，把水岸打造成为纽约的文化地标区域，而且在不断更新探索中。在沿哈德逊河的水岸地带，受到广泛好评的曼哈顿西区高架桥即空中花园（High Line Park）就是一个生动的案例。它的前身是一条运送肉类的高架铁路桥，从20世纪30年代建成，一直使用到20世纪80年代。在21世纪初，这座废弃20多年的高架桥变成具有现代美感的“空中花园”。它从甘斯沃特街延伸至曼哈顿西区第30街。人们沿桥散步，可观赏水流宽阔的哈得逊河、自由女神像和帝国大厦等景观。人们对它进行了整体性复原和嵌入式改造，不仅保留了原先纵横交错的铁轨，还保留了桥上生长多年的上百种野花野草，还新建了生机盎然的浅水池。桥上用枕木改造而成的座椅，成为富有纪念意义的符号空间，让人回忆起老一代纽约人的创业时光。伦敦中央活力区，用人性化的步行空间，把艺术、文化、商业、社区串联组合在一起，根据大伦敦市政府颁布的、面向2020年伦敦城市规划，伦敦的开发重点是关注江河与水系组成的“蓝带网络”。滨水空间是伦

敦中央活力区的精华，汇聚了金融、工商、物流、创意等一系列现代服务业机构，是伦敦成为一座可持续发展的世界城市的重要资产。

他山之石，可以攻玉。借鉴世界的经验，融合城市的精华，上海正在打造融合水脉、文脉、绿脉、人脉的卓越水岸。滨水区域的更新是螺旋式上升的必然结果，是一个不断递进的过程；历史文化积淀是滨水区域复兴的关键，文化遗产是战略性的重要资源；抓住时代需求是保持区域活力的关键，必须敏锐带把握未来上海迈向全球城市的重大使命。比如镌满经典的黄浦江东岸，从前滩 - 后滩世博 - 陆家嘴直到杨浦大桥 21 的公里岸线，将全部打通。这里是上海作为全球闻名的“世博之城”“创意之都”“创新之极”最有代表性的区域；也是以金融为代表的高端现代服务业最为集中、效率最高的区域；更是对全球开放，集聚世界中高端经济资源最为密集的区域。浦东黄浦江沿线的开放空间，将建成慢行通道、滨水休憩空间，沿江绿地等，东岸涵盖了浦东未来 20 年所有的重点开发区域，将成为整个上海的黄金发展轴线，成为世界级滨江水岸的精华。

又比如虹桥商务区正在建设成为国家发展战略的重要实践区、国家产城融合的先行示范区、世界会展之都的核心承载区、具有世界水准的新一代商务区。在上海的城市文明史中，虹桥历来就是漕运的必经之地，“一城烟火，半江舳舻”，夏雨后跨塘桥可见西天彩虹，得名“虹桥”。自明朝正德年间开始，处于江南水网地带的虹桥商船如云，店家密集，人流如梭。21 世纪虹桥商务区的建设吸取了全球的有益经验，把商务、文化、交通、生态等板块有机地融合为一体。从全球范围看，商务中心区的建设经历了多个阶段：第一阶段的商务区，强调布局高盈利水平的产业，成为高聚集度的商务空间，如早期的纽约曼哈顿等；第二阶段的商务区，更强调总部经济和高端平台，拥有高度的交通可达性等，如巴黎拉德芳斯等；第三阶段的商务区，更强调空间的网络化、单位面积的高产出率，形成人流和商流在平面联通和垂直流动的结合，如日本六本木等；第四阶段的商务区，更强调全球化时代对世界资源的高端调配与流通整合，强调智慧服务与生态文明、文化内涵等的综合效益。虹桥商务区正是新一代商务区的典型代表，形成了路网高密度、街坊小尺度、建筑低高度、空间高强度、智慧型服务大辐射的特色，体现了交通功能与经济功能、商务功能与社区功能、新城建设与产业发展、配套环境与商务楼宇的四个深度融合。与此同时，虹桥商务区突出现代交通文化、商贸文化、休闲文化，重点推动了产业与文化的交融，依托国家会展中心的建设和运营，让各类文化要素渗透到虹桥商务区的整个空间。根据《虹桥商务区发展“十三五”规划》，到“十三五”末，虹桥商务区年生产总值约为1200亿元，服务业增加值达840亿元，引进世界500强企业累计达20家以上，引进各类企业总部机构100家以上，成为上海总部经济发展的重要区域之一，成为全国集约化程度最高、产业升级最为显著、产出效益最好的商务区之一。

B.4

政府推动文艺发展繁荣路径研究

滕俊杰　方家骏*

摘　要：　2014年10月，习近平总书记在北京主持召开文艺工作座谈会并发表重要讲话，为文艺领域改革发展指明了方向。上海及时出台了《关于推进上海文艺院团深化改革加快发展的实施意见》，着力于扎扎实实把上海文艺工作提高到新水平。为探索符合国际潮流、中国特色、上海特点的文化发展新模式，上海需构建起适应度高、充满活力、富有效率、有利于开放、有利于持续发展的文艺体制，率先在全国范围内为实现文艺体制的创新突破做出努力。创作生产优秀作品是文化建设、文艺工作的核心内容，是政府文化行政部门的主体业务，上海应着力推动艺术创作生产，保留和坚持一些好的机制、好的做法，加快完善其运作。上海文化行政部门搭建了若干服从于整体战略目标、适应于未来发展需求的管理、服务平台，使政府在城市文化发展中处于核心地位和发挥牵引作用。

关键词：　上海　文艺工作　体制改革　创新

---

* 滕俊杰，原上海市文化广播影视管理局艺术总监；方家骏，上海市文化广播影视管理局艺术处调研员。

当前和今后一个时期，我国仍处于重大的战略机遇期，文化对于经济社会的助推作用愈加显现。文艺的发展繁荣，不仅是时代的呼唤，人民的期盼，也是当前政府文化行政的核心内容。本文将结合上海实际、结合文艺工作面临的新形势，为地方政府如何进一步围绕中央文化发展战略，抓好宏观、把好方向、做好顶层设计，提供可资参考的案例；为确立文化在实现“两个一百年”、中华民族伟大复兴中国梦中的重要地位，准确定位实施文化强国战略中的工作目标，以及“十三五”期间文化发展规划的制定，提供可资研究、借鉴的资讯。

一　构建与时代相适应、国情相吻合、地情相匹配的文艺体制，是艺术生产与管理得以顺利运转的基本保障

上海地处改革前沿，是面向全球，高度开放的国际化城市，其文化形态在全国乃至世界文化格局中有着不可替代的地位。在此背景下，如何进一步探索符合国际潮流、中国特色、上海特点的文化发展新模式，已然成为政府文化行政部门所面临的最紧迫、最重要的课题。“十一五”期间，中央对深化文艺体制改革做出全面部署，把顺应时代要求、深化体制改革提升到发展繁荣社会主义文艺的战略高度。多年的改革实践，让我们深切地领悟到，文艺体制改革是文艺事业发展繁荣的必由途径，也是文艺自身发展的内在需求，上海迫切需要构建起适应度高、充满活力、富有效率、有利于开放、有利于持续发展的文艺体制，同时要率先在全国范围内为实现文艺体制的创新突破作出努力。

什么是与我国文艺形态相契合的体制模式？与其说是传统意义上的机构设置、权限划分，是针对相应关系所建立的制度，是形之于外的实施形式，在当下，我们更愿意将它视为一个平台。在这个平台

上，生产力、生产关系、上层建筑相互联系并相互作用。当三者之间的互动产生滞涩甚或是咬合发生错位时，它的润滑矫正作用是及时有效的。它具有相对的稳定性，但多样性和灵活性则是它当下最显著的特点。

上海在构建新型文艺体制、探索与时代相适应的文艺体制格局上作了多年努力，这一努力大致可以划分为三个阶段。第一阶段可追溯到 20 世纪 90 年代前后，其背景是“打破铁饭碗”，解决文艺团体自新中国成立以来普遍存在的“大而全”“人浮于事”的现象，促使艺术生产力得以充分释放。在这一时期，文艺领域一些旧的格局相继被打破，新的体制模式初见端倪。虽然现在看起来，这一阶段的改革带有某种自发的成分，缺乏足够的理论支撑，同时也带来了不小的阵痛，但符合新时期文艺发展的内在需求，动静之大，足以引起全国关注。无论如何，这一阶段的改革打破了文艺领域长期以来的沉闷、闭锁，坚定了文艺事业发展繁荣必走改革之路的信心。

第二阶段为 21 世纪初。当时全国文艺体制改革的形势十分明朗，党和国家对深化文艺体制改革的要求也更为清晰、具体。围绕政府职能转换，这场改革呈现出左冲右突的特点，目的在于突破瓶颈，以创新思维实现政府职能真正从办文化向管文化转移。在这一时期，上海实现了文广合流，同时，进行了诸如文艺院团“资产划拨”“媒体托管”“集团化管理”等一系列尝试。应该说，这一阶段的努力，对正确处理好政府与社会、与市场的关系、加强社会文化组织（机构）发育，起到了积极作用。

第三阶段则是被称之为“改革破冰期”的当下。2014 年 10 月，习近平总书记在北京主持召开文艺工作座谈会并发表重要讲话，为文艺领域改革发展指明方向。为全面贯彻落实习总书记讲话精神，上海及时出台了《关于推进上海文艺院团深化改革加快发展的实施意见》（以下简称《实施意见》），其中的 24 条针对性举措，着力于“扎扎实实把上海文艺工作提高到新水平”，同时，把贯彻中央文艺工作座谈会精神列为全市重点推进和督查工作之一。这场以政府为主导的新一轮改革，在上海凸现出这样几个特点。

1. 注重整体布局，优化体制结构。文化软实力很大程度来源于制度软实力。习总书记的讲话让我们清醒地认识到，文艺领域要形成不断出精品、出人才的生动局面，“深化改革、完善政策，健全体制”是根本保障。《实施意见》针对相关文艺院团，将其划分为讲“世界语言”“民族语言”以及“本土语言”的三大类，制定了明确的分类指导意见，从顶层设计的角度，对上海的文艺体制做出新的、更符合时代特征的布局。上海目前形成的大剧院艺术中心、戏曲艺术中心、文广演艺中心三大演艺板块，其体制构架基本体现了“多措并举”“分类指导”的管理原则，明确了骨干文艺院团的功能定位和发展目标，并以其为引领，其他体制形式则为补充（见图 1）。例如，选择条件成熟的院团，试点推行董事会、理事会“双会”管理体制，

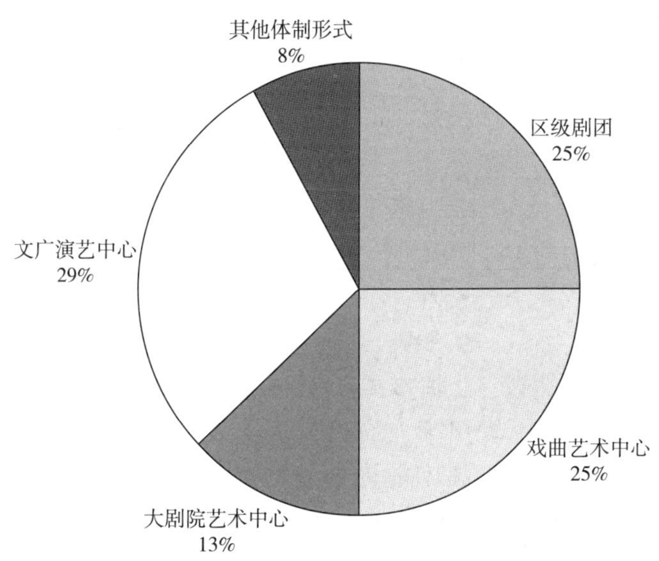

图 1　上海市国有文艺院团（事业、企业）布局

在更深的层面上探索文艺院团的管理模式。例如，对民营文艺团体的扶持政策更为具体，其管理模式和自律机制也更为清晰。

2. 体制机制并重，推行一团一策。构建新型管理体制，既要遵循艺术的一般规律，也要遵循不同文艺样式的特殊规律。在推进文艺院团实现发展目标的过程中，政府不仅要着力解决文艺院团的共性问题，更要花力气分类化解其个性化问题（见图2）。《实施意见》提出，本轮改革将进一步细分，最终将形成“一团一策”，从政策设计上给予了明确的指导。同时提出，到2020年，上海的京剧、昆曲、民乐、歌舞等传承中华优秀文化的团体，要发展成为国内同类院团排头兵，有能力引领本艺术门类的发展；越剧、沪剧、评弹、滑稽戏、淮剧等具有本土文化特色的团体，要进一步落实好国家支持戏曲传承发展的相关政策，建设成为全国地方戏中特色鲜明、剧目一流、流派纷呈、后继有人的优秀院团；交响乐、芭蕾舞、歌剧、杂技等具有国际化艺术标准的团体，要发展成为国内顶尖、亚洲一流、世界知名的院团；话剧、木偶剧、轻音乐、儿童剧等面向特定市场群体的团体要发展成创作活跃、剧目多样、人才梯队完整的院团，并位居国内同行业前列。

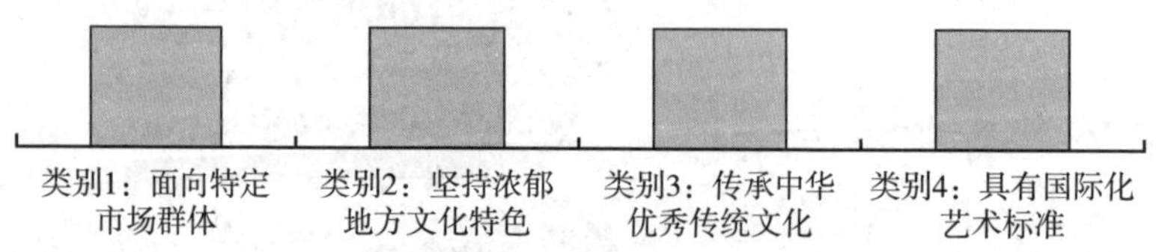

图2　上海市文艺院团分类管理模块

3. 优化人才政策，集中能力智慧。《实施意见》所推行的24条针对性举措，多处体现了以人为核心、以人才队伍为基础的理念，突出了“加大力度做好政府该做的事情，放手让艺术家心无旁骛地从事艺术创作”的工作原则，其中包括以拓展人才通道为主旨的“完善优秀人才培养引进政策”，着力向青年艺术骨干倾斜的“实施艺术和技术岗位职务序列改革”，着眼于老艺术家的“推动戏曲院团健全传承机制”等，并根据不同的艺术门类施行不同的机制。这些机制是以激发、保护艺术家和全体艺术工作者能力、智慧、创造热情为前提的政策性举措。例如，上海歌舞团根据青年演员多的特点，试行“艺衔制”，使青年人才在艺术生涯的巅峰期得到相应的专业认可，这一在用人机制上的创新之举，得到了充分认可并予以推广。《实施意见》明确，“适当提高艺术系列高级职称结构比例”，“高级职称增量主要用于青年骨干”，同时倡导艺衔、技衔向青年艺术工作者倾斜。通过本轮改革，总体要达到这样的目的：艺术周期较长的门类，要让青年人才出得来；艺术生命周期比较短的，要让演员尽快得到艺术积累，包括将来的生活积累。同时要求艺术领域的领导照顾好昨天的“台柱”，珍惜今天的“台柱”，培养好明天的“台柱”，以新的理念、新的机制拓展艺术人才成长通道。

上海昆剧团施行“学馆制”就是在本轮改革中形成的新机制。上海昆剧团拥有国家级和地方非物质文化遗产传承人 15 位，堪为全国文艺院团之最。同时，剧团于最近两年间吸纳了昆曲专业毕业生 35 名，形成了老、中、青演员人才济济、阶梯层次分明的队伍结构。根据这一情况，建立“昆曲学馆”的条件已然成熟，它将把传统艺术“代际传承”纳入制度化、常规化轨道，但在体制模式和具体做法上也存在着不小的难度。“昆曲学馆”于今年 8 月正式开班，政府给予了多方面的支持。剧团通过与传教老师签约，明确传授剧目和教学方式，以保证经典名剧在青年演员身上“拷贝不走样”。“学馆制”既遵循了民族戏曲“活态传承”的基本做法，又体现“宗脉延传、承戏育人”现代理念，在建制上取得了重大突破，在全国尚属首例。政府在其中发挥了重要的推动、保障作用，不仅为昆曲艺术的当代传承发展开辟了绿色通道，也为以突破性思路选择艺术发展路径，提供了一个范例。

文艺体制改革是一项长期的、艰巨的、循序渐进的任务，不能一蹴而就，也很难一步到位，其间贯穿着探索、尝试，而创新思维、勇于破茧、推动发展则是这场改革的精神实质。如上所述，上海在进行体制改革、机制创新、布局调整的过程中，经历了多个阶段，经过了长时间的磨合，有时甚至带来了比较大的震荡，如2000年前后上海施行的“院团划拨”制度，2012年与全国同步的“国有文艺院团转企改制”。以目前的认识看、以研究者的眼光来分析，很难说哪一步是必需的，哪一步是多余的。也许，没有第一步，就没有第二步；没有探索实践，就没有被认识的真理。《实施意见》结合新一轮改革重点，依然把“探索、创新”作为重要课题，依然把“健全、完善”列为主要任务，同时融入了“顶层设计”“版本多样化”“宽容试错”等新的理念，这说明我们的认识也在不断提高，我们面对这场改革更为理性，我们在发展路径的选择上也愈发清醒。

习近平总书记在文艺工作座谈会上明确要求，“各级党委要把文艺工作纳入重要议事日程，贯彻好党的文艺方针政策，把握文艺发展正确方向。”健全完善文艺体制，从大的方面讲，要融合时代脉搏，把握发展方向，反映人民期盼；从区域角度讲，要与国情相吻合，与地情相匹配，要实事求是、因地制宜，而其中地方各级政府的选择、引导、保障将起到关键作用，也就是我们通常讲的“不可缺位”。地方政府选择了符合国情、地情的发展路径后，不仅要全力推动；更要形成各种政策设计，予以保障；还要支持各种体制、机制上的创新。例如上海话剧艺术中心推行的“演员俱乐部制”，上海歌舞团施行的“艺衔制”，上海交响乐团实行的“董事会管理制”，上海昆剧团建立的“学馆制”等，面对这些新事物，政府不仅要主导阶段性总结，开展理论研究，营造健康良好的扶持环境，必要时还要制定相应的配套政策，以确保这些创新成果与政府选择的发展路径并行不悖，高度融合，发挥出表率作用。

二　推动优秀作品创作生产是政府文化行政部门的主体业务，抓对事、找对人、给对钱，有助于激活艺术创作生态链

习近平总书记在文艺工作座谈会上指出，推动文艺繁荣发展，最根本的是要创作、生产出无愧于我们这个伟大民族、伟大时代的优秀作品。习总书记还强调，文艺工作者应该牢记，创作是自己的中心任务，作品是自己的立身之本，要静下心来精益求精搞创作，把最好的精神食粮奉献给人民。

习总书记的讲话使我们深刻认识到，创作生产优秀作品是文化建设、文艺工作的核心内容；努力推动艺术创作，让更多传播当代中国价值观、体现中华文化精神、反映中国人审美追求的优秀作品服务于社会，服务于百姓，是政府文化行政部门无可推诿的历史责任。

新时期以来，上海的艺术创作大体上处于一个健康发展的状态，随着文艺体制改革的不断深入，一批优秀剧目应运而生，在全国范围内产生了广泛影响，其中包括被称之为“尚长荣新编历史剧三部曲”的京剧《曹操与杨修》《贞观盛事》《廉吏于乘龙》，以及昆曲《班昭》《景阳钟》，话剧《商鞅》等。同时，一批音乐舞蹈杂技作品也以独特的艺术风格引领着业界的创作思考，如舞剧《闪闪的红星》《天边的红云》，朱践耳第十交响乐《天地·人和》，大型民族音乐会《锦绣中华》，多媒体杂技秀《时空之旅》等，这些作品不仅在业界赢得了良好口碑，也取得了不俗的市场效益。与此同时，上海的艺术创作坚持两条腿走路的方针，在传承优秀传统剧目以及激活经典方面做出了努力，精华版昆曲《长生殿》、新版越剧《红楼梦》、京剧

《狸猫换太子》、沪剧《雷雨》、实景园林版昆曲《牡丹亭》等，以新的阵容、新的面貌满足了观众多层次、多样化的精神文化需求。

然而，对于发展路径的选择并非一路顺利，毫无干扰；推动优秀作品创作生产的信念也不是一如既往地坚定。曾经一度，在市场经济大潮的冲击下，我们一些最基本的认识发生了偏差，不少艺术团体不顾社会效益、片面强调"市场回报率""投入产出比"，茫然失重，无所适从，甚至遇到了严重的生存危机；一些政府文化行政部门不敢目标坚定地视创作为"中心任务"，不敢理直气壮地说作品是"立身之本"，弱化了政府对文化发展、文艺繁荣的引领职能。

"文艺不能在市场经济大潮中迷失方向，不能在为什么人的问题上发生偏差"，习总书记的讲话旗帜鲜明，振聋发聩，在文化发展的关键时刻起到了正本清源的作用。"一部好的作品，应该是把社会效益放在首位，同时也应该是社会效益和经济效益相统一的作品"，"文艺不能当市场的奴隶，不要沾满了铜臭气"。习总书记为文艺繁荣发展指明了方向，上海及时做出积极回应。《实施意见》的基本思路是：着力推动艺术创作生产，保留和坚持一些好的机制、好的做法，加快完善其运作；积极出台新的针对性举措，把上海文艺工作提高到新的水平。在推动艺术创作方面，上海基本的、可资参考的做法大致有这样几项。

1. 致力于推动艺术创作的顶层设计，完善市"重大文艺创作领导小组"运作方式，支持重大选题、优秀文艺作品的孵化、创作及排演。上海市设立面向全市创作机构的"重大文艺创作领导小组"，体现了积极培育社会主义核心价值观，坚持正确创作导向的行政原则。作为政府层面规划、组织、管理艺术创作的重要抓手，"重大文艺创作领导小组"每年根据需要发布项目选题范围，引领重点创作，近年来在推动"中国梦"主题创作中发挥了十分积极的作用。"选题范围"包括弘扬城市精神、有利于构筑社会公德、反映中华民族历史传统和文化积淀、着眼于中华文化走向世界等方面，应该说是突出了重大、重点、优秀三个准则。凡符合“选题范围”的项目或创作构想，均可通过申报途径申请政府重点支持，这一支持包括创作资金、修改加工、创作资源配置、媒体传播和市场推广等各个层面，各个环节。申请主体既包括上海本市各类体制的演艺团体、制作机构，也涵盖艺术家个人，同时还接纳外省艺术家、创作团队。

这一机制最具亮点的是建立严格的集体评审制度。评审机构由文化行政领导和资深艺术专家组成，共同就申报项目的选题内容、创作构想、剧本质量、创演团队、运作机制等，进行全方位的审议、评估。经过评审机构成员实名投票表决、文化行政部门审定后方可立项。集体评审制度较为有效地避免了艺术创作中少数人“拍脑袋”决策的弊端，避免了艺术作品成为少数人的“政绩工程”，使之得以从艺术发展的大局着眼，充分体现两个效益的统一，充分尊重艺术规律，让优秀艺术作品真正发挥引领价值观、服务全社会、推动繁荣发展的作用。

政府以“分段投入”的方式实施资助，资助后的各项监督措施随之跟进，而项目绩效的最后测评则是重要一环，对项目执行团体和资助机构都是一个很好制约。京剧《廉吏与成龙》《成败萧何》，昆曲《景阳钟》，沪剧《挑山女人》《赵一曼》，话剧《一九七七》《大哥》《生死遗忘》，歌剧《国之当歌》，舞剧《朱鹮》等一批上海创作演出的优秀剧目，都曾获得上海“重大文艺创作”项目支持。

2. 致力于营造艺术创作生态环境，锁定文化建设核心内容，推行题材、版本多样化，进一步形成“深入生活，扎根人民”的长效机制。“推行优秀剧目题材、版本多样化机制”被写进新出台的《实施意见》，是上海文化行政部门切实做好艺术规划，提高艺术创作具有前瞻性、针对性的具体举措，也是在新形势下的新认识、做出的新选择。《实施意见》要求艺术表演院团推出不同版本的演出样式，具体分为经典版、驻场版、巡演版，倡导“以不同版本适应不同演出条件，满足不同观演人群需要”，努力让优秀艺术作品走向大众，亲近大众，让群众共享优秀文化成果。其中巡演版包括“走下去”和“走出去”演出。沪剧是上海的地方戏，上海的人文故事及方言传承，是沪剧的根基。上海沪剧院“沪剧回娘家”活动坚持十数年，将优秀沪剧剧目送到市郊农村，惠及广大农村戏迷。沪剧通过“回娘家”，绵延了城市舞台上的“上海声音”，增进了和本土观众的感情，进一步牢固了地方戏曲传承发展的根基，同时又得以从生活一线汲取创作素材和灵感。上海京剧院创作演出的《成败萧何》曾获得多个国家级奖项，自首演以来，连续参加“京昆百场校园行”“京剧万里行”等“走下去”活动，从普通观众那里汲取加工提高的养分，坚持边演出、边加工、边提高的做法，这一做法不仅符合政府倡导的“要让我们的优秀作品真正面向观众”，同时也是艺术创作获得成功的一条重要经验。

“走出去”则要求艺术院团通过向世界呈现中国元素，讲好中国故事，塑造好国家艺术形象。上海文化行政部门积极扶持和资助“走出去”院团，使“走出去”活动的质量和效益不断提高：作为上海资助的“走出去”重要工程，上海杂技团《十二生肖》2013～2014年在欧洲跨年演出113场，足迹踏遍法国、瑞士38个城市，行程逾20000公里，观众达45万人次，为探索与国际演出商深度合作、创立中国杂技自主品牌，进行了成功的尝试。上海京剧院新编京剧《王子复仇记》的制作成本仅为9万元，但其潜在的文化积淀非常深厚。在政府的支持和力推下，京剧《王子复仇记》先后赴丹麦、德国、法国、英国、加拿大等十多个国家演出，为中国传统艺术与世界文化交流融合做出了积极贡献。上海芭蕾舞团将中国人演绎的《简·爱》带到简·爱的故乡——英国伦敦，开启了中国芭蕾舞剧在欧洲演出市场自主租场、自主推广的纯商演模式，获得成功。原创舞剧《朱鹮》的创排过程始终得到了政府文化部门的全力支持。之后，作为“走出去”迈向国际演出市场的第一站，该剧在日本29个县、市连续演出57场，历时64天。所到之处，当地观众提前两小时在剧院门前排起长队，等候入场，数千人的剧场座无虚席。作品所表现的鲜明的时代主题，让日本观众产生了深深的共鸣。舞剧《朱鹮》为促进中日两国民间交流所作出的重要贡献，受到了国务院新闻办、外交部、文化部的高度赞扬。

作为“驻场演出”的成功范例，多媒体杂技秀《ERA—时空之旅》自2005年首演以来，坚持驻扎“上海马戏城”，每年演出场次超过350场，十年累计已接近4000场，观众逾3500万人次，被《人民日报》评论为“文化演艺的奇迹，文化创新的典范”，并先后获得“国家文化产业示范基地”、文化部创新奖、国家舞台艺术精品剧目、全国文化企业30强、全国优秀保留剧目、全国文化出口重点企业等荣誉。《ERA—时空之旅》所体现的“以内容为核心，以市场为根基”的理念得到了政府的高度重视，并在其体制、机制、艺术、管理、推广等各个方面给予了大力支持。继《ERA—时空之旅》之后，以上海杂技团有限公司为制作主体的两部新作——《十二生肖》《小龙飞天》也在艺术创意、营运模式的探索上取得了新的经验。

继如期完成了国家“京剧经典传统大戏电影工程”拍摄任务后，上海及时启动了戏曲电影拍摄工程，计划用三年时间拍摄完成包括昆曲《景阳钟》、越剧《西厢记》等在内的十部戏曲电影，以新的传播方式彰显民族戏曲的艺术魅力，扩大优秀传统文化的影响力。倘若不是以政府之力，在目前的情况下，这一类任务很难由某个社会组织独立发起，独立完成。这些事例让我们看到，当政府锁定文化建设核心任务和主要目标时，其选择通常和文化战略思考发生关联，此时由政府牵头，其他组织、团体协同推进，形成社会各方面积极参与的局面，是一个既有效率又具有持续效应的好做法。

3. 立足于长远规划，释放政策的牵引作用，精心设计文艺创作荣典制度，形成建设和积累双措并举的良好发展氛围。优秀艺术作品的产生在于精心打造、精心磨砺；良好发展氛围的形成，在于建设和积累双措并举。以责谋位，工于设计，当是地方政府文化部门的行政常态。近年来，上海文化行政部门坚持实施上海市艺术创作“三品工程”，为引领创作导向，推动创作繁荣发挥了极为重要的作用。“三品工程”即在全市全年创作总量的基础上划分出新品、优品、精品三个等级，形成三个台阶，分别给予不同的扶持和激励。上海的“三品工程”和文化部的工作思路、节点以及标准保持高度一致，自实施以来，取得了很好的效果（见图3）。

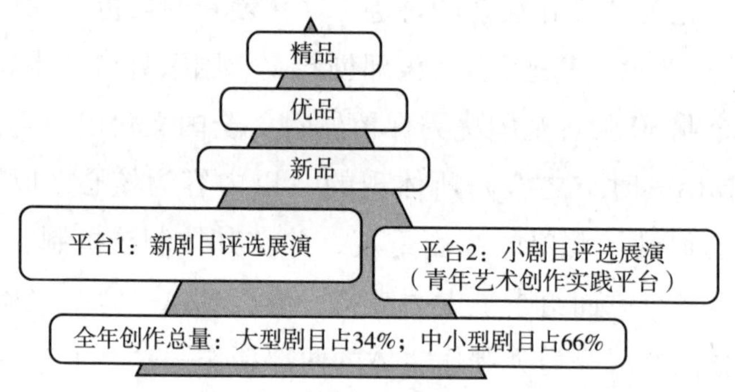

图3　海市艺术创作“三品工程”示意

上海舞台艺术作品的创作总量，全年大致在180～200部左右，其中有34%～35%（约50～60部）为大型舞台剧（含原创、传承、改编），其余为中小型节目（含原创、首演）。以大型舞台剧为例，形成三个台阶的做法以及依循的原则基本为以下几点。

（1）参加当年艺术活动评选的剧目。通过全市性新剧目评选展演活动、新创剧目首演专家观摩研讨、“白玉兰”戏剧表演奖观摩评审等艺术活动，以专家的眼光和观众的反响，遴选出一批基础好、潜力大、有加工提高空间的剧目，列为当年艺术创作“新品”。“新品”

一旦进入政府视线，通过申请可以得到（除前期创排资助以外的）进一步资助，质量跟踪随即跟进，以确保其修改提高工作正常推进，演出活动如期开展。列入“新品”的剧目大致占当年大型新创剧目总量的45%～46%左右，这些剧目也基本具备了申请国家艺术基金的条件。其余市场化程度较高的剧目，则通过市场运作方式进行。文化行政部门通过全市性“新剧目评选展演”等抓手通盘规划创作工作，锁定重点创作。这些剧目同时也形成了参加国家级、全国性艺术活动的能力。

（2）得到国家舞台艺术项目资助、获得全国性艺术活动重要奖项、入选全国性优秀剧目展演活动的剧目。这些剧目大致具备了跨入第二个台阶——“优品”的条件。列入“优品”的剧目大致占当年大型新创剧目总量的20%～22%左右。

（3）被列为艺术创作“精品”的剧目。这些剧目原则上应符合以下条件：产生良好的社会效益并获得国内艺术界充分认可；对推动艺术创新发展、切磋互鉴有重要影响；获得国家级艺术成果重要奖项（如中宣部“五个一工程奖”、文化部“文华大奖”、文化部“国家舞台艺术精品工程”重点资助等）。这一类剧目，作为地方文化行政部门积极打造的标杆，每年有在1～2部左右，占年创作总量的1.6%～3%。这个目标虽然很高，但经过这些年的创作实践，被证明经过努力是可以实现的，这也是地方文化行政部门聚焦“无愧于时代的优秀作品”，打造“高峰”之作所必须付出的努力。

“三品”是动态的，有三个等级可供转换，上海许多剧目，就是通过这三个台阶一步一步走到一个被业界和观众广泛认可的高度，成为比较优秀的作品，如京剧《廉吏于成龙》、昆曲《班昭》、沪剧《挑山女人》等。以沪剧《挑山女人》为例，作为一家仅有15名演职员编制的区级地方戏剧团，要将一部真人真事、农村题材的现代戏搬上舞台，并非一件易事。然而上海宝山沪剧团扎根生活、关注现实、热情表现普通百姓精神境界的创作选择得到了政府的密切关注。市、区两级文化行政部门积极调动创作资源，帮助剧团对剧本进行了重大修改，对主题作了深一步提炼，并在创作资金、演出推广、推荐其参加全国性艺术活动等方面给予了大力支持，帮助这一剧目一步步走得更高、更远，最终走向全国平台，先后获得了“五个一工程奖”、“文华”优秀剧目奖、中国戏曲学会奖、中国戏曲现代戏突出贡献奖等 14 个奖项，并在国家大剧院成功上演。这一事例证明，当创作主体的选择和政府的选择高度契合并形成一种合力后，其发展路径便显得尤为通畅，作品的成活率和成功率也大大提高。《挑山女人》带动了上海地方戏曲的创作演出。《挑山女人》之后，相继出现了《小巷总理》《51 把钥匙》《风雨同舟》等一批讴歌奋斗人生、刻画最美人物的沪剧现代戏新作，为地方戏曲现代戏创作带来了一片新气象，也在基层演出中赢得了广泛的人气。

作为上海的一项文艺表彰活动，政府的文艺创作优品、精品颁奖，每年向当年度获得优异成绩的艺术项目、艺术家个人颁发奖项近百个，其中与舞台艺术有关的奖项占 48.8% 左右，极大地激励了广大舞台艺术工作者的创作热情。同时我们也看到，现行的文艺类别荣誉体系多以奖励成果为主，缺乏对文艺工作的综合评价，有必要构建一种制度化、规范化和科学化的文艺荣典制度来弥补现行奖励制度的不足。为此，2015 年初，上海再度启动了“上海文学艺术奖”，研究制定了严格的评选章程，对多头评选和颁奖的现状进行梳理与整合，将“上海文学艺术奖”颁奖活动作为政府推动文艺发展的配套措施，做了进一步细化。这一精心设计的荣典制度着眼于“贡献”和“榜样的力量”，着眼于上海文艺家的集群效应，正如专家学者对这一活动做出评价时所言：这座城市曾经为现当代的文学艺术贡献过鲁迅、巴金、周信芳、袁雪芬这样的大家，还有王元化这样始终关注国家时代命运的文学家、思想家，今天应该继续贡献一批文学艺术巨匠，彰显文学艺术对于未来的作用和价值。我们要通过文学艺术奖的评选及颁奖活动，让人们看到文学艺术的根本价值是作用于人的精神、灵魂和人格的建设。从这个意义上说，文学艺术奖不仅是一种极高的荣誉，同时也带有极高的示范价值，对后来的艺术家来说具有启示性的标杆作用。

每一个文艺家都有责任记录本时代的文化精神，在历史的长河中，它不一定是最好的，不一定是高峰，但只要真实地反映了这个时代的人文精神和文化内核，并具有一定的代表性，便有其文化价值，便能产生出特定的文化力量。今天我们为打造优秀作品、精品剧目所走的每一步都是培育大师、大作乃至传世之作的一个历史进程，要扩大文艺高原，造就更多高峰，更好地推动文艺繁荣，政府必须具备这种文化自觉和历史担当。

三　聚焦重点领域，搭建管理、服务平台，促进政府行政能级的提升并发挥更大作用，是推动文艺发展繁荣的核心环节

围绕推动文艺发展繁荣的主题，上海文化行政部门搭建了若干服从于整体战略目标、适应于未来发展需求的管理、服务平台。应该看到，这些平台从两个层次体现了政府在城市文化发展中的核心地位和牵引作用：一是以优化政府职能的理念，形成了政府与社会组织共同参与城市文化建设的新模式或者说新格局；二是以优化管理结构的理念，建立起与城市国际化发展相适应的文化管理体系及公共服务功能。本文选择其中部分做法，试就其遵循的理念以及具体操作做研判性表述。

1. 文化发展基金。上海文化发展基金可追溯到 20 世纪 80 年代中期，正式成立基金会并开展常规化运作则是在 1992 年，原始基金

为5500万人民币。上海文化发展基金的设立领先于全国，之后，各地都有类似机构产生。上海在文化资本运作、加大文化投入方面进行了重要探索，发挥了积极作用。如北京文化发展基金会创建于1996年，但原始基金量远小于上海文化发展基金。

上海文化发展基金为公募基金性质，具有为本地艺术领域“造血”的功能，资助范围为表演艺术（含舞台演艺、电影、电视剧）、文学、美术、动漫、群众文化、图书出版等。资助方向侧重于艺术创作生产和文化活动两个方面，基本涵盖创作生产和传播的全过程，贯穿剧本创作、制作（或摄制）、演出交流、展览和评论各个环节。这一资助面向全社会，包括各类体制的艺术创作团体以及个人。

基金在起步阶段基本履行四项功能，即“主导示范功能”“吸纳资源功能”“鼓励创新功能”以及“扩大交流功能”。随着我国文化事业的迅速发展，基金的内涵和外延均有了较大幅度的扩展，在符合国际化惯例，规范资助模式，面向公益文化，推进人才队伍建设等方面做出了重大调整，专设了“大剧院艺术中心艺术发展基金”“戏曲艺术中心艺术发展基金”，以定额、定向方式对特殊艺术门类进行保护性资助。同时，根据本地实际，相继增设了具有针对性的专项扶持，如重大文艺创作专项扶持、艺术人才专项扶持、青年编剧专项资助、改制院团人才培养专项扶持、文艺评论专项扶持等。

上海文化发展基金与政府其他文化专项扶持并行，同时严格遵循不重复资助的原则。如电影精品专项扶持资金、群众文化奖励资金、民营文艺表演团体发展扶持资金、上海市公益性演出专项资金、市级非物质文化遗产保护专项资金、动漫游戏产业发展扶持资金等。上海文化发展基金与文化发展基金在资助层级、资助内容、资助范围上有明确的界定，不产生重叠交错。

基金设立专门的管理运行机构——基金会，负责每年两次的受理申请，并组织评审。基金会建立由北京、上海等地资深专业人士组成的400余人的专家库，每期从专家库随机挑选专家，进入评审程序，开展评审工作。基金会受理的一般项目以“资格认定、评审、审定”三级评审方式遴选项目、确定资助金额，从根本上改变了由行政权力决策的局面，确立了各类专业、专家评估的重要作用。在运作上，实行项目签约制度，以法律手段保证资助金额专款专用，不被挤占或挪用。同时，实行决策、协调、执行与监督适当分离的机制，开展公开、公正、公平的操作程序，充分尊重公众的知情权、参与权，每期资助项目及金额在主要媒体发布公示，以提升管理机构的权威性和公信力。基金接受相关部门的财务监督和审计。

“十一五”期间，上海文化发展基金发放的资助金额接近3亿元。“十二五”期间，上海文化发展基金每年资助金额投放量基本保持在1.3亿~1.4亿元，其中，资助舞台艺术项目约占46.8%左右，在总量中拥有较大份额。2014年基金发放资助金额达到1.56亿元，虽然这个数字目前看来体量不大，但形成了对地方政府常规性文化投入的有效补充，尤其是在解决艺术原创前期投入的资金来源、激活艺术原创力这一点上，基金产生的作用显得尤为明显。

同时，基金还积极募集社会资金，汇聚尽可能多的社会力量来支持上海的文化事业。目前，基金会下设由以艺术家命名、由出资企业进行定向资助、由相关文化单位和部门设立的专项基金。专项基金数量已达数十个，累计募集资金达数亿元，为繁荣上海文化提供了积极的支持。

2014年，国家艺术基金正式设立并启动运作，标志着我国资金管理、资助扶持、引导艺术事业健康发展又有了一个新平台、新渠道、新机制。依托政府资金支持目前仍然较为薄弱的文化领域，这一做法目前在国际上也颇为通行，它将保护艺术生态环境、构筑艺术高峰、推动艺术的全面发展。

2. “文教结合”平台。2013年，上海市建立“文教结合”组织领导和协调机制，由市政府相关领导亲自牵头，宣传、教育、文化、新闻出版、财政等市级政府行政部门共同参与，形成了一个全市性的协同工作平台。实施三年来，“文教结合”彰显出十分积极的效应，其影响力和辐射力在持续增强。

“文教结合”的概念是上海市政府针对当下体制局限所提出的一个创新型工作思路，目的在于弥合宣传文化系统与教育系统之间的管理缝隙，厘清两个领域之间的交错点，形成紧密衔接。同时，这也是地方政府在城市发展进程中做出的路径选择，其大胆之处在于勇于突破现有的行政围墙，形成资源共享、优势互补、合作共赢的发展局面。“文教结合”产出的效应，不仅在于文化或者教育领域，它对城市软实力乃至综合实力的提升，都将形成有力的支撑。

“文教结合”的交汇线和融合面呈多层级、多角度，对于艺术发展的助力作用则大致体现在这样几个方面。

一是加快培养紧缺人才。依托文化、教育两方面资源，联合推进实施紧缺艺术人才培养计划，其中包括：针对性培养高层次编剧、导演人才以及戏曲作曲、戏曲技导；着力培养适应当前需求的文化策展人、文化经纪人、院团经理人以及舞台艺术的高技能一线操作人才；加快培养文化营销、文化创意、版权贸易、网络出版等新兴领域人才。文化、教育供需双方共同拟定紧缺人才培养种类、规模、标准乃至途径及相关工作机制，共同承担培养责任。

二是引进留住高端人才。文化、教育深化融合，强调协同，共同搭建高端文艺人才的发现、识别、引进平台；支持高校及文艺院团通过互建大师工作室等方式，多渠道引进和留住具有国际化视野的海内外顶尖艺术人才；扶持“海漂”（指生活在上海的外地人）人才的成长发展，促成“海漂”人才为上海文艺贡献能力、智慧；进一步探索“产、学、研一体化”模式，形成高端文艺人才的聚合区。

三是共建一流艺术高地。集结优势，共同建设拥有专业剧院、专业舞团、专业院校的“上海国际舞蹈中心”，打造国内领先、国际一流的舞蹈艺术基地；支持上海交响乐团、纽约爱乐乐团、上海音乐学院强强联手，打造“上海乐队学院”，培养高层次乐队演奏人才；共同建设上海美术学院，构筑集教学、创作、研究、设计、展览为一体的美术高地；共同建设“上海温哥华电影学院”，牵引和带动“环上海大学”国际影视园区及周边相关影视产业发展。

四是政策借势，用活资源。用好上海相关人才政策，建立文艺院团与高校教师客座互聘机制，鼓励双方通过双聘、互聘、联聘、返聘、短聘等灵活方式，解决资源空置、人才浪费现象，力求人才效能最大化。突破政策瓶颈，健全相应的专业技术职务聘任、晋升及薪酬制度，形成文艺创作、演出与文艺人才培养之间的“绿色通道”，实现双向联动、合作共赢。

五是推进主流文化进校园。双向统筹，整体设计，长效规划，做强做精主流文化进校园活动，保障交响乐、歌剧等国际化艺术，京剧、昆曲等世界级非物质文化遗产，沪剧、越剧等地方戏曲每年在校园巡演400场以上；扶持一批国内外名团、名剧走进校园，让学生充分体验优质文化、一流艺术的魅力；依托上海国际艺术节、上海国际电影节、“上海之春”音乐节、夏季音乐节等重要活动，举办校园开放日；推行针对青少年学生的低价票政策，吸引更多青少年学生亲近艺术、走近经典，培育更多艺术类师资，不断提升人文素养。

六是做实艺术实践基地。依托文艺院团、品牌剧院、艺术院校挂牌设立艺术实践基地，解决育人单位和用人单位供需脱节以及青年艺术人才“回炉深造”等问题，为后备人才快速成长提供更多机会；利用双方资源建设一批“非物质文化遗产”传艺中心、民族艺术传承基地、民族文化教育品牌，推行“一校一‘非遗’计划”，引导参与、加深体验、活态传承，做实做活艺术实践、艺术传承项目。

七是打造文化创意联盟。整合文艺院团、文化机构及高校资源，扶持校园文艺创作和文化创意活动，支持文化、教育专家打破围墙开展艺术创作，支持文艺类“高峰”学科点和“高原”学科群建设；通过“大学生话剧节”“中国校园艺术节”“鲁迅青少年文学奖”评选以及“永不落幕创意展”“校园创意扶持计划”等活动，形成原创作品孵化机制、艺术创意实验体系，以文化创意联盟的构架，为提升城市原创力及创意产业发展提供智力支撑。

第一轮“文教结合”三年行动计划实施以来，上海市政府每年投入约1.5亿元支持既定重大项目的推进实施。目前，结合文化、教育“十三五”规划的制订以及面临的新形势、新任务、新要求，新一轮三年行动计划已经形成。新三年计划将在组织保障和工作机制上做进一步完善，“文教结合”的深度和广度也将得到进一步提升。与此同时，文经结合、文商结合、文旅结合、文体结合等多元融合机制也正在积极推进或酝酿中，这将为文化发展提供更多的路径和更多的可能性，文化的地位和作用也将得到进一步提升。

3. 文艺院团考核。2015年上海出台《实施意见》，再次明确要加强艺术院团管理，完善对院团的绩效考核。作为政府实施艺术管理的抓手，长期以来，上海坚持国有文艺院团考核制度，按年度对国有文艺院团进行绩效评估，同时始终没有放松健全、完善文艺院团评价体系的工作。这项工作的重心，定位在如何设定并细化文艺院团评价指标，以体现政府的管理要素，凸现“把社会效益放在首位，实现两个效益统一”的原则。

上海作为全国文艺体制改革先行先试城市，构建文艺院团评价体系的工作起步较早。在长期的探索实践中，经历了多次调整，其调整重点和方向是：如何使作为独立实体而存在的文艺院团与外部大环境紧密衔接，以适应快速发展的形势，切实承担起提供精神产品、传播思想信息、担负文化传承的责任和使命；如何突出测评、考量的主体，以合理的权重分配体现“把社会效益放在首位，实现两个效益统一”的目标原则，以任务要求引领院团的管理，充分表达发展愿景；如何与发展战略的核心思想对位，以精准的、概括的、可量化、有说服力的指数、指标体现业绩标准；如何借鉴现代化管理经验，推行现代化又普遍适用于不同体制、不同规模、不同责任使命、不同服务对象的文艺院团的管理模式。

为提升考核工作的可操作性，在评价体系建设中，上海文化行政部的思考基于以下三个层面。

一是文艺的意识形态属性决定其评价指标不能等同于普通企业，文艺院团评价标准的抽象表述将会以一个显要特征而存在，精准度，可量化指标有可能不具涵盖性。由此需要有更明确、更缜密、更严谨的方法来诠释其战略目标，着力于具有“战略制导”意义的模块设计，尽可能将抽象表述转化为具象标准。

二是在经营性文化企业与公益性文化事业单位并存的大环境下，文艺院团的服务性特征和营利性特征并非以单纯的方式得以呈现，而是有其特殊性。无论是何种体制的文艺院团，都同时兼有实现社会效益、完成服务宗旨和实现盈利目的的三重责任。简单说，一个事业单位建制的文艺院团，不能够只做服务而不产生经济效益；反之，一个文化企业也不可能单纯以盈利为目的，而不负担社会文化责任。“始终把社会效益放在首位，实现社会效益和经济效益相统一”是我们的既定目标，因此，我们在文艺院团评价体系的建模阶段就必须充分体现文化例外要求，将“特殊性”转化为“可能性”。

三是在以上两个前提下，当前的文艺院团围绕战略布局，形成了三种走向：一种更接近于现代企业制度，一种较多地负担起文化公益责任，一种更具有标杆作用（也就是体现国家文化地位、代表国家形象、具有国际化水准的艺术表演团体）。这三种走向，也可以被称为三种模式，“你中有我，我中有你”，各有侧重，互为参照，并行不悖。针对这一现象，我们所建立的评价体系，必须立足于从“个性”中寻求“共性”，采用将“个性”转化为“共性”的建模方式，使其更适合于我国现行的文艺体制。

根据上海文艺院团的特色，评价体系在以下七个方面做出设定，并以量化指标做出考量。（1）能否始终坚持正确的政治导向，不断向目标群体输送高品质的艺术作品，对本地区乃至国家文化发展做出卓越的贡献。（2）能否发挥出与时代精神相吻合的创新活力，创新活力是现代文艺院团生存发展的基本要素。这个创新活力不单指创作能力和生产动力，还包括参与度、活跃度和感知能力。（3）能否有效地传承、扩展本艺术门类的感召力，能否以剧种优势、剧团品牌以及艺术家个人的影响力领跑整个行业。（4）能否建立起科学、有效的内部管理制度，不断提升队伍的德、艺品质，形成可持续发展的内在动力。（5）能否合理占有一定的市场份额，能否使自身的受众人群的保有率和扩展率逐年稳步提升。（6）能否有效提升院团经济能力，保持财务平衡，实现经费自给率逐步攀升，达到占比50%左右，使自身的可利用资源长期处于一个合理水平。（7）能否有效控制人力成本，将管理风险设定在人力成本超越经费总支出的60%（见图4）。

上海在评价体系建模直至基本形成其操作流程的过程中，始终体现了这样一个原则，即“政府保证提供必要、合理的保障”以及“院团保证完成国家任务指标”的“双保原则”。同时，对以下一些关系给予了充分关注：（1）短期目标与中、长期目标的高度一致；（2）结果性标准和过程性标准的紧密衔接；（3）滞后指标反应机制作用于先行指标矫正机制；（4）个人绩效在团体绩效中得到充分反映；（5）外部关注与内部诉求、资产与智力、财务指标与非财务指标之间的有机结合和相对平衡。准确地说，在考核院团“执行力”的同时，对政府文化行政部门的“保障能力”也是一种检测和考察。

上海实施国有文艺院团年度考核，每年下达的奖励金额约为

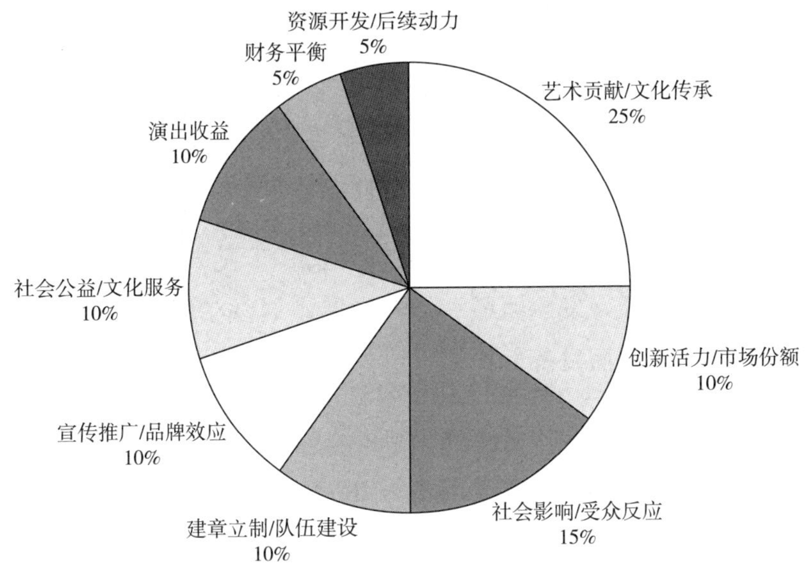

图4　上海文艺院团评价体系

1000万~1300万元，虽然这个资金量十分有限，但起到的推动和激励作用十分重要。

根据本报告的调研：有66.2%的调研对象认为，政府提出具有前瞻性、引领性、全局性、操作型的发展目标是文艺发展繁荣的重要前提；有51.9%调研对象赞同由政府搭建新型管理、服务平台，并认为此举是文艺发展繁荣的必要条件和基础路径；有47.4%的调研对象认为在新一轮发展中，需要建设一批高质量、示范性的文化项目，从而带动整体性发展和体现阶段性发展态势。由此我们可以看到，在推动文艺发展繁荣的进程中，目标－平台－项目，三者是地方政府文化行政不可或缺的基本要素，同时也表现出层级分明的特征。在未来文化发展的总体格局中，谋什么、做什么、如何做，什么是地方文化特征或区域性文化优势，文化行政部门应当有战略性思考和前瞻性判断。以信念谋位、以作用占位、以成效拓位，实事求是地选择发展路径，在文艺发展繁荣的进程中充分发挥引擎效应，政府应具备这份自信和能力。

2016 年 9 月，中央政治局会议《关于繁荣发展社会主义文艺的意见》再次强调，“党的领导是文艺繁荣发展的根本保证”，“各级政府要把文艺事业纳入经济社会发展总体规划，落实中央支持文艺发展的政策，制定本地支持文艺发展的具体措施”。随着“十三五”规划的编制，如何选择好发展路径、做好发展规划，在价值引领、文化凝聚、精神推动三方面发挥好作用，已然成为地方文化行政部门面临的重大课题。

B.5

业主委员会与居委会：中国城市社会基层治理的文化价值取向

朱鸿召*

摘　要：住宅小区业主委员会与居委会存在尴尬状态，其隐含的深层问题是，在社会主义公有制基础上发展私有制市场经济带来的日常生活领域的社会文化价值取向困惑。业主大会和业主委员会的制度设计，简单照搬西方城市社会基层治理模式，完全漠视或忽略了新中国成立以来城市社会基层治理中的有效经验，从而带来社区治理过程中的种种乱象。及时总结实践中的成败得失，正视矛盾背后的深层制度理论问题，廓清文化观念上的认识是非，可以更有效地促进具有中国特色、上海特点的社区治理。

关键词：业主大会　业主委员会　社区治理　文化价值

业主委员会与居委会，是中国城市化进程中基层社会治理领域出现的代表两种不同文化价值取向的社会组织。改革开放以来，其法律定位与功能发挥程度，深刻影响着居民生活品质和社区治理水平，反映着城市社会基层治理模式选择所面临的深层思想理论问题和文化价

* 朱鸿召，文学博士，中共上海市委讲师团副团长兼办公室主任。

值观念困境，需要从理论上加以研究探讨，在文化观念上加以廓清，从而推进中国城市基层社会有效治理。

一　尴尬现状

改革开放以来，城市住房私有化、商品化、市场化的改革，带来住宅小区物业管理问题。依据《中华人民共和国物权法》和《物业管理条例》的有关规定而成立的业主大会及其执行机构业主委员会（简称“业委会”），成为城市社会基层治理的一种新的组织形式。

房屋的所有权人，也就是房屋产权证或不动产权证上的权利人，被称为业主。一个商品房小区建成后，最初的物业管理由建设方负责先期物业管理。等到小区“房屋出售并交付使用的建筑面积达到百分之五十以上，或者首套房屋出售并交付使用已满两年的，应当召开首次业主大会会议，成立业主大会”。[①] 小区物业管理由建设方移交到业主大会，再由业委会授权委托物业管理服务专业机构负责小区物业管理。由于上海住房市场化程度高，很少有单位集体建设的职工集中居住小区，所以业委会的成立与运行管理情况明显高于全国平均水平。据上海市住房和城乡建设管理委员会统计，截至2015年底，上海市约有住宅小区1.21万余个，住宅物业面积近6.2亿平方米，约占全市建筑总量的50%。其中，实施物业管理的住宅小区约为1.06万余个，已经成立主业大会的小区有7669个，占符合成立条件的住宅小区总数的82%，占实施物业管理住宅小区总数的72%，业主大会组建率居全国之首。[②] 虽然上海业主普遍感觉满意的小区，仅占

① 上海市人民代表大会常务委员会法制工作委员会编《上海市住宅物业管理规定》，载《上海市地方性法规汇编》，上海锦绣文章出版社，2012，第511页。

② 上海市住房和城乡建设管理委员会：《关于本市贯彻实施〈上海市住宅物业管理规定〉情况的报告》，2016年5月31日。

8%，但还是远远高出于全国平均0.35%的水平。2014年中共上海市委主持开展“创新社会治理，加强基层建设”课题调研，随后推出有关城市基层社区治理的“1+6”系列文件，[①] 有力推进了城市住宅小区物业管理工作。目前，上海城市小区物业管理情况总体感受，物业管理比较好的所占比例较一年前大约上升10个百分点，达到20%；物业管理情况一般与存在矛盾问题的，大约各占40%，物业管理总体运行情况呈现出明显向好趋势。

本研究参与上海市人大关于住宅物业管理规定执法检查活动，经调查、走访、接访和电话咨询，总结发现当前小区物业管理比较好的成功经验中，制度的因素固然重要，但是人的因素比制度的因素更重要。

业委会主任是关系到小区物业管理水平和质量的关键人物。按照有关规定，小区业委会成员是通过全体业主大会选举产生的，然后在业委会成员中推举产生业委会主任。要成为一名优秀的业委会主任，首先要有政治意识、大局意识，秉持公道之心，处事公正、为人正派、不存私心；其次要有足够的智慧和群众工作经验，这是最基本的工作能力，该说理时说得清理，该拍桌子时敢拍桌子，该打官司时能上法庭；再次要有充分的时间和精力倾注于小区公共事务，熟悉小区物业管理情况，倾听每位业主诉求，妥善处理小区公共事务。如果一个小区有了这样一位优秀的业主委员会主任，且得到政府有关部门的信任和支持，经过两三年的努力，可以将小区各项事务理顺，逐步达到有序管理，和谐善治；如果没有这样一位优秀的业委会主任，大约

① “1+6”系列文件是指2014年12月中共上海市委、市政府关于创新社会治理，加强基层建设的一份意见和六个文件，具体是《关于进一步创新社会治理加强基层建设的意见》，深化本市街道体制改革、完善居民区治理体系、完善村级治理体系、组织引导社会力量参与社区治理、深化拓展网格化管理、提升城市综合管理效能、社区工作者管理等6个实施意见、管理办法。

只需半年时间，小区各项事务就将陷入混乱。公道心、能力强、有时间，这绝非一般的品质和能力。这样的能人，每个中等规模的小区，大约500~1000个住户，1500~3000位居民中，应该是有可能存在的。问题是，绝大多数能人不愿意参与小区物业管理，相反是那些存有私心的人，千方百计想挤进业委会的人。所以，那些主要依靠业委会主任个人能力发挥而实现小区善治的先进典型，不具备复制模仿的可能性。

如果说住宅小区是一种城市家园，那么，幸福的家园都是相似的，不幸的家园各有各的不幸。因为，小区业委会运行过程中，对于物业维修基金存储利息、小区公共部位的停车收费、广告收费，以及其他收入等，都可以产生不可小觑的灰色经济利益。如果业委会成员与物业服务企业串通起来，沆瀣一气，以权谋私，就可以蚕食小区公共利益和业主共同利益。而在当前执法形势下，极少出现对小区业委会成员贪腐行为的认真追究或法律制裁。很多业委会存在贪腐行为的小区，业主们的感觉是投诉无门，或投诉没有下文。

这些状况体现了业委会存在的尴尬局面。一方面，很多人以为业委会是业主自治组织，是一种城市社会基层自治组织，可以通过票选，表达民意，实现小区自治，从而寄托过多的理想愿景。另一方面，急速城市化进程中的陌生人环境，来源复杂的业主公共意识参差不齐，暗藏私心者从中作梗操纵票选，有公道心有能力者往往因为时间精力不济，低调回避参与小区事务，致使小区业委会运行状态不佳，物业管理水平不尽如人意。

在以住宅产权为依托的业委会纷纷扰扰的过程中，原来就存在的城市居民基层自治组织——居民委员会（简称“居委会”），却因为其成员不一定具有所在小区房屋产权资格，处于另一种尴尬状态：对业委会的事情管也不好，不管也不好。

几十年的社会实践证明，业主大会和业委会制度设计简单照搬西方城市社会基层治理模式，完全漠视或忽略了新中国成立以来城市社会基层治理中的有效经验，在已有群众自治组织居民委员会的情况下，另立一个同样属于群众自治组织的小区业主委员会。业委会与居委会之间工作边界不清，职责功能泛化，甚至出现互相拆台的恶劣现象。

二 制度悖论

改革开放以来，城市社区业委会与居委会存在的尴尬状态，源自其背后两种制度之间的悖论，以及制度设计与执行理解过程中的文化价值取向矛盾。

近代以来我国城市社会基层治理模式，经历过从散漫无序到管理有序的衍变过程。民国时期，城市社会主要依靠警察管理，分区划片，居民基本处于一种自由散漫流动的状态。抗日战争时期，汪伪政权在民国政府警政管理制度的基础上，移植农村地区广泛使用的保甲制度，强化细化对城市居民的管理。抗日战争胜利后，民国政府接管并延续了警政加保甲制度的城市基层管理制度，以调动更多社会资源，应对国内战争环境所需。新中国成立后，伴随计划经济体制建立，城市居民物质生活资源实行配给制、供给制，广泛推行城市居民委员会制度，逐步实现城市社会基层有效管理。

居民委员会自20世纪50年代产生以来，在维护城市基层经济社会生活、保障人民民主权利、完善社区治理等方面发挥了积极作用。1954年12月，为加强城市街道居民组织工作，全国人大常务委员会审议通过《城市居民委员会组织条例》，明确规定居民委员会是群众自治性的居民组织。1990年颁布实施的《中华人民共和国城市居民委员会组织法》明确将居民委员会定性为城市居民自我管理、自我服务、自我教育的基层群众性自治组织。而且，居民委员会的组织构成、职能职责、运作方式等都在法律法规上有清晰明确的规定。《中华人民共和国宪法》第一百一十一条规定，“城市和农村按居民居住地区设立的居民委员会或者村民委员会是基层群众性自治组织。”因此，居民委员会的成立拥有法律依据和保障，其民事诉讼主体资格在法学理论和法学实践中都毋庸置疑。

值得注意的是，居民委员会的主要职责为：（1）宣传宪法、法律、法规和国家的政策，维护居民的合法权益，教育居民依法履行应尽的义务，爱护公共财产，开展多种形式的社会主义精神文明建设活动；（2）办理本居住地区居民的公共事业和公益事业；（3）调解民间纠纷；（4）协助维护社会治安；（5）协助街道办事处做好与居民利益有关的公共卫生、计划生育、优抚救济、青少年教育工作；（6）向街道办事处反映居民的意见、要求和提出建议。居委会理论上具有“自治”和“行政”双重性特点，[①] 实际运行中，居委会是国家政权组织在城市治理中的末梢神经元，主要承担着传达政府指令，执行执政党和国家意志的职责。所谓“上有千根线，下有一根针”。所以，在城市居民的普遍认知中，居委会虽然在国家法律上被定性为基层群众性自治组织，但在实践层面更接近于政府的派出机构，在自治性背后更多地承担着行政性的管理职能，存在自治性与行政性的双重属性。

业委会是改革开放发展社会主义市场经济的产物，最初于20世纪80年代出现在深圳，尔后逐渐向全国普及。1980年深圳经济特区设立后，房地产事业发展迅速。1981年原深圳特区房地产公司成立深圳市物业管理公司，“借鉴和移植香港屋村的管理经验和模式

① 成宇飞、井奕杰、周高雅：《居民委员会与业主委员会的比较探析》，《管理观察》2016年第22期。

对该公司开发的两个涉外商品房住宅区进行管理”,[①] 从而对境内销售的商品房，采取“谁开发、谁管理”的方式。1987 年深圳市房产局根据市物业管理公司的管理模式和经验，提出“谁受益、谁出钱”的管理原则，推行物业管理有偿服务，推进物业管理公司社会化、企业化、专业化的综合管理模式。1988 年，深圳特区开始住房制度改革，出现越来越多的私有房产。经过反复调研，广泛征求意见，1994 年 6 月《深圳经济特区住宅区物业管理条例》经深圳市第一届人民代表大会常务委员会审议通过。该条例第十六条规定，“管委会（即“业委会”，引者注）经市政府社团登记部门依法核准登记后，取得社团法人资格。社会团体法人登记证签发日期为管委会成立日期。”[②] 1995 年 11 月，深圳市民政局颁布《关于对业主管理委员会进行社团登记管理有关问题的通知》；1996 年 1 月，深圳市住宅局发布《关于住宅小区（大厦）业主管理委员会注册登记的通知》，先后对业主管理委员会的社团管理登记程序、手续、条件、要求等进行具体规定和说明，以便于业主委员会办理自治手续。

香港屋村的物业管理模式和经验，源自英国，是建立在完全私有化基础上的住宅物业管理制度规定。深圳作为经济特区，在改革开放之初，作为一种先行先试，对住宅物业管理进行探索，引进移植了香港的物业管理模式。

但是在 1999 年 6 月，深圳市第二届人民代表大会常委会对《深圳经济特区住宅区物业管理条例》进行修订，删除了原条例第十六条内容，修改为“业主委员会及其成员名单应当自选举产生之日起

① 杜志文：《〈深圳经济特区住宅区物业管理条例〉诞生记》，《中国物业管理》2011 年第 3 期。

② 《深圳经济特区住宅区物业管理条例》，1994 年 7 月 11 日深圳市第一届人民代表大会常务委员会发布。

十五内，报所在地的区住宅主管部门备案。”[①] 该条例将住宅物业管理主管部门，由民政局归口为住宅局，或房地产管理局，实际上取消了业主委员会作为一种社会自治组织的法律依据。然而在实际运行中，全国多地都出现过关于业主委员会是否具有独立法人资格的争议。

2003 年 10 月建设部制定颁布《物业管理条例》；2007 年 3 月，全国人大常委会审议通过《中华人民共和国物权法》；2007 年 8 月，国务院颁布新的《物业管理条例》。这些条例法规都回避了关于业主大会和业主委员会是否可以作为一种社会自治组织的问题。

2012 年 4 月，中国法制出版社法规应用研究中心编辑出版的《〈中华人民共和国物权法〉关联规定（注释应用本）》，对《物权法》第七十五条关于设立业主大会、选举业主委员会注释为："业主大会是指全体业主成立的、管理其共有财产和共同生活事务的自治组织。业主大会是业主的自治组织，是建筑物区分所有人团体的最高意愿决定机关。……业主大会不具有法人条件，系非法人团体，不具有权利能力，并非权利主体，它所实施的法律行为系业主所为的行为，由业主承受法律效果。"[②] 该书注释认为提出业主大会是一种自治组织，又对这种自治组织的属性加以限定，是特指建筑物区分所有人团体，即一个住宅小区全体业主组成，管理其共有财产和共同生活事务的自治组织。这是经济生活领域里的一种业主自治组织，不能等同于政治生活领域里的社会自治组织。"从根本属性看，物业服务应该明确定义为经济活动，而不是社会活动。"[③]

---

① 《深圳经济特区住宅区物业管理条例》，1999 年 6 月 30 日深圳市第二届人民代表大会常务委员会第三十三次会议审议修正。

② 《〈中华人民共和国物权法〉关联规定（注释应用本）》，中国法制出版社，2012，第 37 页。

③ 白大杰：《加拿大物业管理经验及其对我国的启示——李国庆先生访谈录》，《和谐社区通讯》2010 年第 2 期。

三　深层问题

业委会与居委会概念内涵、外延与实际运行过程中扮演的客观角色之间出现的矛盾悖论现象，隐含着的深层问题，是在社会主义公有制基础上发展私有制市场经济，带来的日常生活领域的社会文化价值取向困惑。

从经济层面上来说，中国城市化发展进程中的住宅商品房，作为一种市场经济环境下的商品，其所有权可以理解为一种私人房产物权与国家所有土地公权相结合的混合权利，不是一种无限的绝对私权。城市商品房住宅，是在土地公有制基础上建设的住宅商品，其土地使用权限目前约定在50～70年之间。这种房屋产权的混合属性，决定了在产权制度规定上的复杂关系，房地产交易是社会主义市场经济框架范围内的经济行为，物业管理不可能照搬照抄土地私有制国家或地区的房产物业管理法条和政策。

从法律层面上来说，住宅小区业主大会和业主委员会不是独立法人，但具有民事主体资格。《民事诉讼法》第四十九条规定，公民、法人和其他组织可以作为民事诉讼的当事人。法人由其法定代表人进行诉讼，其他组织由其主要负责人进行诉讼。根据最高人民法院关于适用《民事诉讼法》若干问题的意见，“其他组织”是指合法成立，有一定的组织机构和财产，但又不具备法人资格的组织。业主大会和业委会就属于此类组织。所以，“业主大会、业主委员会都是法律地位、职责权利都很明确的民事主体，不能因为其不是法人，就否定其独立的民事主体资格”。[①] 并且，业主、业委会、业主大会，以及物业管理服务企业，都是平等的民事主体，都可以独

① 刘生敏：《谁说“业主大会、业委会的法律地位不明确”?》，《现代物业》2007年第10期。

立承担法律责任。

与此相关的是，业主大会和业委会在组织属性上，可以明确为一种经济利益、民事权利，而不是一般的社会利益、政治权利。业主组织是由房屋之间存在共同关系的业主设立的，其涉及的只是其房屋所有权、土地使用权等民事权利的行使、保护等问题。业主作为住宅所有权人，其对自己的财产依法享有“占有、使用、收益、处分”的权利，至于如何行使权利主要是各个业主之间的事情。“其为行使自己的民事权利而设立的组织，主要是私人领域的问题，民法上的问题，无须法律的特别授权。”也许，正因为如此，现有各种法规条文都没有对业主大会和业委会的法人资格问题做出专门规定。“业主大会只是业主为了行使其所有权而设立的。其设立的目的也主要是为了方便业主与物业管理（服务）公司之间订立、履行物业管理（服务）合同，其是公民行使民事权利的一种形式。”①这样，业主大会、业委会组织定位和功能就被严格限定在经济生活领域和民事权利范畴。

从社会治理上来说，将业主大会和业委会纳入城市基层综合治理体系，坚持走党的领导、人民当家做主依法治国有机统一的中国特色社区治理道路，充分发挥社区党组织的核心堡垒作用，实现业委会与其他多种社会资源共同治理，是住宅小区物业管理运行状况良好的充分必要条件。

住宅小区的物业管理，表面上是对于小区物业的管理，实质上是业主之间利益关系的协调。无论是对业主之间共同利益的维护和发展，还是对个人利益纠纷的冲突和化解，都需要基层政府的有效干预，积极作为，妥善引领。目前，上海市区街道普遍建立社区物业管理工作联席会议制度，由居民区党支部负责组织领导，居委会、业委

① 王利明：《业主组织不属于新的“自治制度”》，《中国物业管理》2003 年第 2 期。

会、物业服务公司和社区民警等参加，把小区物业管理纳入社区综合治理体系，成效比较明显。[①] 比如上海市长宁区茅台新苑小区，属于1990年代初建设的次旧小区，1997年成立业主委员会，至今有近20年的运作经验。现任业委会主任鲁文虎认为，“业主委员会虽然是业主自治组织，但必须要在街道办事处、居民区党总支、居委会的指导下开展工作，否则会是一个不服从各级领导管理的无政府组织”。[②] 该小区物业管理硬件条件较差，但物业管理水平和质量都比较令业主满意，其主要经验是在居民区党组织的领导下，由居委会、业委会、物业公司、社区民警、志愿者团队共同配合，有核心又有职能，有分管又有联合，较好地实现社区善治。该小区先后获得长宁区党建银奖单位、市级文明小区和市级平安小区等先进荣誉。徐汇区宏润花园小区是2000年代初建设的商品房小区，该小区于2007年成立业委会。2012年换届选举第二届业委会以来，物业管理情况良好。现任业委会主任涂正安明确表示：“业委会主任必须摆正业委会、居委会、物业公司三者之间的关系，只有坚持党的领导，尊重社区党总支领导，才能凝聚人心，激发正能量。”宏润小区物业管理的具体做法是业委会、居委会、物业公司相互协调合作，形成小区治理“三驾马车”，创建自治家园。

良好的治理结构，必须通过实际问题的妥善解决才能赢得广大业主的信任。茅台新苑小区四幢高层建筑电梯老化严重，需要更新设备。小区业委会在居委会、物业公司的协助下，积极争取到上级有关部门的支持，将电梯更新方案提交业主大会讨论通过，最终在有179户业主存在维修资金倒挂的情况下，采取上门收集的办法筹

① 参见苗正华《上海龙柏街道“插手”物业管理见成效》，《社区》2007年第2期（上）。感谢苗正华先生赐教，并收集提供相关资料。

② 鲁文虎与上海市人大代表物业检查组座谈发言记录，2016年6月29日，上海长宁区茅台新苑小区。

集到这部分业主的电梯更新经费，顺利实现了小区电梯更新，进一步提高了小区业主委员会的威信[①]。宏润花园小区停车位与业主车辆之间矛盾突出，2013 年新一届业委会上任后，在调查研究的基础上，决定将小区公共空间地面停车位由原来的固定车位改为临时车位，每天先到先停，最大限度发挥停车位使用效率。此项决定受到个别既得利益者的反对，甚至有一位业主采取极端行为，将车辆停放在小区出入口达 20 天之久。业委会坚持原则，坚持维护大多数人利益，经过多方面开展协调说服工作，排除障碍，使得更合理的小区停车方案得以实施。小区业主在这些具体的实际工作中，感受到业主委员会的公正立场和坚决态度，增加了对于业委会工作的信任和支持。

从文化价值上来说，以邻为友，讲信修睦，守望相助，和谐安宁，是中国特色社会主义社区治理的理想目标。如何在城市社会基层治理中兼顾国家、集体、个人权利和意愿，增进社区文化认同，提高生活品质，提升文明素养，共建共享社区家园，是业委会、居委会共同努力的方向。改革开放近 40 年来，中国在城市化发展观念上有重经济轻文化，重硬件轻软件，重形象轻品质的倾向。相对于对城市道路、高楼大厦等硬件设施建设所取得的成就，在人口集聚、文化认同、社区治理等软件环境建设方面欠账太多。特别是在商品房小区，只要有钱购房，拿到房产证，就是业主，从购房、装修到入住，几乎没有人过问，也不用过问别人。业主之间，形同路人。这样，表面上看起来同在一个小区的业主，有物质形态的共同属性，实际上彼此都是陌生人，没有任何精神上的沟通交流，更妄谈文化价值认同。彼此陌生、没有信任，怎么凝聚共识？所以，应该鼓励、支持一切有利于增进小区业主人际交往，有利于增进社区文化认同的文化艺术活动和

① 陈颖婷：《物业费难收，维修基金难征，业委会难管》，《上海法制报》2016 年 9 月 27 日。

居民志愿者活动。特别是对发掘、整理、提升本社区文化资源，宣传弘扬中国优秀传统文化和先进时代文化的文化活动，要大力扶持，积极引导。在急速的城市化进程中，有房产不等于有家园，有财富不等于有尊严，差别在于文化价值取向。只有对自身文化自信，才能过好自己的日常生活，创造属于自己的社区善治模式。

B.6
上海人文城市发展现状研究

朱宁嘉*

摘　要：　城市的阶段性发展，由政治型向经济型向人文型转型过程中，基于地区性差异，上海率先步入人文城市建设。本文旨在从物质、精神与创新三个方面着力，收集涵盖物质、制度与文化相关的品质、品格、品相和品位四方面的数据，结合相关事件与数据，考察上海人文城市发展现状。累积性的物质文明建设，为上海人文城市发展奠定了坚实的基础；福利保障和文化教育的不断完善，是精神文明建设的着力之处；汇聚并激发城市各种创造力量，是上海人文城市创新创意的特色。

关键词：　上海　人文城市　精神文明

一　引言

在过去的二十多年里，中国城市发展迅速，形成了“京津冀”“长三角”“珠三角”等众多城市群，崛起了北京、上海、深圳、广州等特大城市。在传统的思维中，人们通常只关注城市 GDP 增速，

* 朱宁嘉，上海交通大学媒体与设计学院文化产业管理系副教授；谭香苹、史欣，上海交通大学媒体与设计学院文化产业管理系 2015 级学生。

关注一个城市的经济实力。但当一系列环境问题凸显甚至严重影响到人们的正常生活以后，人们才开始意识到，城市发展不仅要关注经济发展，更要关注其人文精神的发展。在 2016 年 3 月出台的国家“十三五”规划中，提出要统筹经济、政治、文化、社会、生态文明建设。“五位一体”的发展理念，为人文城市建设提供指导思想。人文城市的核心是“以人为本”，包括一个城市的精神涵养、文化的保护与传承、城市制度建设、人力资源素养、文化的开放度、包容度、共享度等一系列与城市文化紧密相连的要素，是一种“以文化资源和文化资本为主要生产资料，以服务经济和文化产业为主要生产方式，以人的知识、智慧、想象力、创造力等为主体条件，以提升人的生活质量和推动个体全面发展为社会发展目标的城市理念、形态与模式。”①

在城市发展进程中，上海以轻工业发展起家，在很长一段时间里，纺织业都是上海的支柱性产业，之后随着对外开放程度加深，上海的城市定位也在不断改变：由港口城市到经济、金融中心再到创新城市，这些变化也表明政府的关注重心开始由城市经济发展向城市人文发展转移。上海市 2016 年颁布的《上海市城市总体规划（2016 ~ 2040）》，对上海的建筑用地、交通轨道、公共交通、对外交通、创新能力、文化服务、制度建设等多方面提出规划，希望把上海打造为更具魅力与活力的人文城市。

上海的人文城市建设顺应时代发展的总体需求，上海市政府积极响应国家关于城市的统筹建设与“五位一体”的人本发展理念，率先在政策层面提供支持。这些年来经济的累积性发展、民众观念的转变、现实状况的倒逼等，推动全社会对城市未来发展的人本关注。上

① 刘士林：《关于人文城市的几个基本问题》，《“人文城市建设”是新型城镇化战略的点睛之笔》，网址：http：//www. sh. xinhuanet. com/2014 ~ 04/15/c_ 133263102. htm，最后访问日期：2016 年 12 月 19 日。

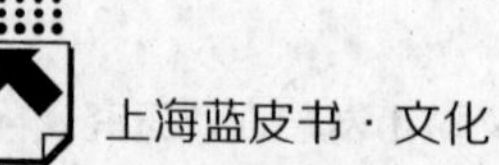

海已经步入人文城市发展的初始阶段，研究上海人文城市发展将为其他城市的人文转型，提供经验借鉴。

本篇研究报告采用上海交通大学城市科学研究院制定的“四品”——品相、品格、品位、品质——来寻求并概括上海人文城市发展现状。品相主要关注上海的人居环境，包括空气质量、用水质量、基础设施建设等；品格主要关注上海的社会服务、社会保障、社会制度现状；品位主要关注上海现有的文化资源；品质则主要关注上海的医疗、教育、住房。“四品”标准的确立，是基于文化的三个层级：物质、制度与文化。品相更多的是关于城市人文建设的物质基础内容，品格更多的是关于民生的制度建设内容，品位与品质与城市文化建设密切相关。“四品”指标的设定既具有层级性，又有交叉性，从而涵盖了物质、制度与精神等方面。

二　研究方法

本文采用定量与定性相结合的研究方法。以收集到的品相、品格、品位、品质为一级基础数据，又收集下设的二级、三级指标数据作为一级基础数据的补充，依从文化内涵的物质、精神、创新三个角度来阐述上海人文城市发展现状。精神创造体现了制度与文化；创新涵盖了物质生活与精神生产，是以人为核心的未来人文城市发展的重要推动力。将制度与文化归并为精神，把创新从文化内涵的制度与文化中独立出来，最大限度地利用“四品”数据，分析上海人文城市发展现状。

此外，本文还通过分析与城市人文发展相关的事件等资料，对由数据得出的结论进行补充分析。定量研究解决“是什么”的问题，定性研究解决“为什么”的问题。两种研究方法的结合，使本文分析和结论更具说服力。

对于上海人文城市发展现状的关注，发现上海在人文城市建设过程中的得失，可以为上海人文城市未来发展提供参考，同时又为其他人文城市的发展提供借鉴。

三　上海人文城市发展现状

（一）物质文明建设：为人文城市发展奠定坚实基础

物质环境是人文城市建设的基础，是人们高品质生活的保障。上海已经经历经济城市发展阶段，开始向人文城市转变。在这个转变的过程中，城市的环境状况、公共交通、通信状况、医疗状况成为人文城市物质文明建设的重要内容，这些也是广大民众对一个城市最直接的印象。与民众生活息息相关才更容易引起关注、受到重视。因此，本文首先从城市物质文明建设的角度出发，考察上海城市发展或转型的物质文明体现。

1. 绿地面积与空气质量

以环境为发展代价，是经济城市发展阶段的重要特征。向人文城市转化的首要体现，就是在发展中谋求绿色与生态。城市绿地面积和空气质量是一个城市环境状况最直接的反应，城市“看起来怎么样”和“呼吸起来怎么样”成为城市的一个重要标签。城市的绿化状况和空气状况作为城市人文建设的重要物质基础，也越来越受到人们的关注。

提起上海，人们首先想到的是其高度发达的经济、便利的交通、多元的文化，在自然环境问题没有凸显的时候，人们对上海的关注点总是很自然地偏向经济方面，但当人们切实地感受到上海环境质量的下降后，整个社会都开始关注上海的自然人居环境建设。2013 年 12 月一场大范围的雾霾笼罩多座城市，上海 PM2. 5 严重爆表，人们出行、呼吸受到巨大干扰，在“不敢呼吸”的威胁下，从政府到民众都意识到城市建设的根本目标是让生活更美好，城市发展应该走自然、经济、社会、文化相互协调的道路。

绿地面积和空气质量的改善，能让民众享受更好的人居环境，为人文城市建设奠定良好的物质基础，舒适的人居环境能推动人文城市精神文明建设和创新创意发展。从2009年到2014年，上海人均绿化面积、城市绿化覆盖率都有一定提升，但是全年空气优良天气天数却明显减少（见图1）。

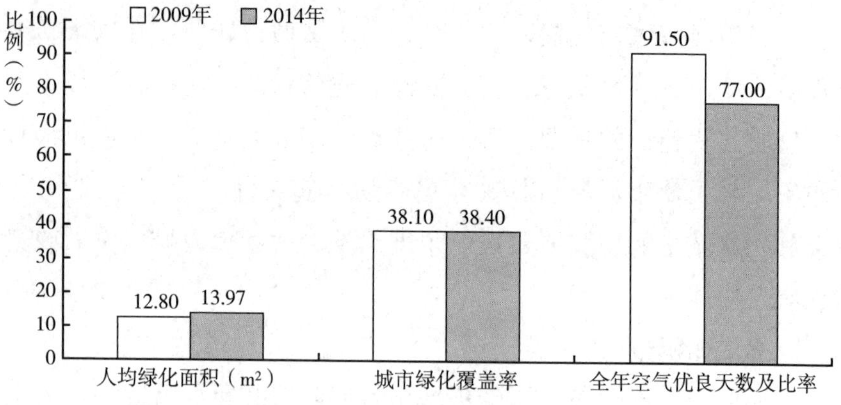

图1　上海人均绿化面积、城市绿化覆盖率和全年空气优良天气天数

数据来源：2010、2015年《上海统计年鉴》。

目前上海城市环境建设遭遇的一个巨大问题是统计层面的绿地覆盖面积提升并没有改善城市的环境质量。这表明，一方面，尽管环境的改善不能完全用绿地面积来衡量，但绿地面积确是影响城市环境的一个重要指标；另一方面，改善城市绿色生态的步伐赶不上由社会经济发展带来的污染速度。这与上海正处于以经济发展为驱动向人文城市转型的起步阶段相适应。污染的源头有企业、有个体，污染的治理需要政府、个体和企业的协同。

从政府层面来讲，为什么投入了大量的资金却没有取得很好的治理效果？在城市的建设规划中，绿地面积的增加能否提升环境调节效果？在“城市让生活更美好”的发展理念下，绿地面积的增加，是否仅仅是政绩工程？空气质量的下降是否是缺乏治理勇气的后果？

从个体层面来讲，经济条件的改善，民众的物质需求得到不断地满足，同时也不断膨胀，而环境承载力的有限性使得无限的需求与有限的资源之间的矛盾日益加剧。在环境保护部2015年公布的数据中，上海的首要污染源是流动源，主要指机动车排放，其次是工业生产；排再次是燃煤和扬尘。从2009年到2014年，上海市民用汽车拥有总量从210.42万辆变为224.75万辆，私家车的增长不仅加重了环境污染问题，也加重了交通拥堵等问题。如果个体不充分发挥主体性，不主动抑制过度的物质需求，那么政府采取的政策措施的效果就会大打折扣。

从企业层面来讲，工业生产成为上海第二大污染源，与企业的污染生产和排放有重要关系。虽然上海市政府努力推动产业结构优化升级，推动转变经济发展方式，但如果企业只是被动地接受整改，那么政策的治污效果同样会大打折扣。因此，城市作为一个有机整体，要充分发挥各个主体的主动性，这样才能真正推动城市的进步。

2. 污水和生活垃圾无害化处理

污水和生活垃圾是每个城市必然会面临的环境问题。污水和生活垃圾无害化处理，不只是污染产生后的治理，更是城市居民生活与生产质量的保证。城市污染治理，需要统筹兼顾，只有既治标又治本，才能收到治理成效。

上海在污水处理和生活垃圾无害化处理方面都取得了较大成效（见图2）。从2009年到2014年，上海市污水集中处理率从78.9%上升到87.5%，生活垃圾无害化处理率从82.3%上升到95.0%。这些成效的取得与政府在这方面采取的许多行之有效的方法相关，如向排水单位和个人征收污水处理费，2016年3月出台的《上海市污水处理费征收使用管理实施办法》正式将排水费改名为污水处理费。在生活垃圾无害化处理方面，政府遵循“谁污染，谁付费”“多污染，多付费”的原则，对不同单位采取不同收费标准，逐步形成科学合理的垃圾处理收费机制。在民众环保意识提高后，相应的环保措施和政策更容易得到支持，民众也更愿意花钱换取高质量的环境。此外，随着“科技改变生活”观念的推广，政府更乐意用科技手段提高环境治理效果。从2009年到2014年，上海科研经费投入从431.98亿元增加到703.23亿元，上升了大约63%。虽然这些科研触及社会方方面面，但不可否认的是，科技已经在今天的环境治理中发挥着越来越重要的作用。

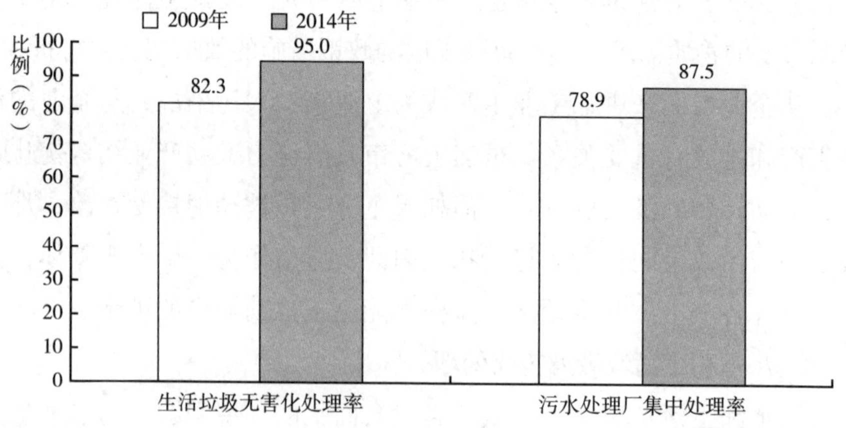

图2　上海生活垃圾无害化处理率、污水处理厂集中处理率

数据来源：2010、2015年《上海统计年鉴》。

3. 便捷交通

交通包括运输和通信两个方面。交通运输业在国民经济中起着推动作用，对于一个城市而言，交通业的发展决定着生活在城市中的人们的出行方式，影响着人们的出行便捷程度，出行舒适度，甚至这个城市的环境状况。交通的发展，不只为城市经济发展提供基础的物质保障，同时，城市在交通问题上的选择也体现其发展的人文程度。上海在人文城市建设的过程中为交通的发展付出了很大努力，但在发展的过程中也不可避免地产生了一些问题。本部分将从公共交通的发展以及个人民用车辆数量的变化来分析上海城市人文转变的状况。

在收集到的数据中，我们比较了2009年与2014年上海公共汽车拥有量的数据变化情况（见图3）。

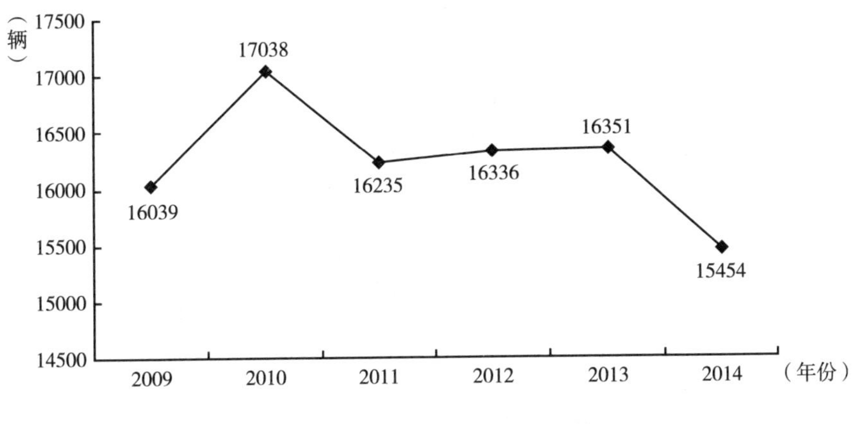

图3　上海公共汽车拥有量

数据来源：2010～2015年《上海统计年鉴》。

2009年上海市公共汽车拥有量为16039辆，而2014年上海市公共汽车拥有量为15454辆，数量下降了3.7%，虽然下降的幅度并不是很明显，但2009年至2014年公共汽车拥有量整体呈不断减少的趋势。是什么因素造成了公共汽车拥有量的减少？本文认为地铁的建设发展以及个人民用车辆的增加对公共汽车的拥有量产生极大的影响，是造成其数量减少的两个重要原因。

上海的地铁建设不断完善，截至2014年，上海已开通14条地铁线路，线路总长548公里，排名全国第一。地铁作为一种公共交通工具，拥有较高的性价比，再加上其准时、不堵车等优点，受到人们的广泛欢迎，它的快速发展，对公共汽车拥有量的减少有一定的影响。这一数据变化，对城市绿色生态发展，改善空气质量具有一定作用。

个人民用车辆的增加也对公共汽车拥有量的变化产生了较大影响。从 2009 年至 2014 年个人民用车辆数量变化来看（见图 4），其数量在 2012 年有一个明显下降，同时在这一年公共汽车拥有量有一个小幅上升。在这之后，个人民用车辆数量就整体呈一个上升趋势，这一变化也解释了公共汽车拥有量减少的部分原因。

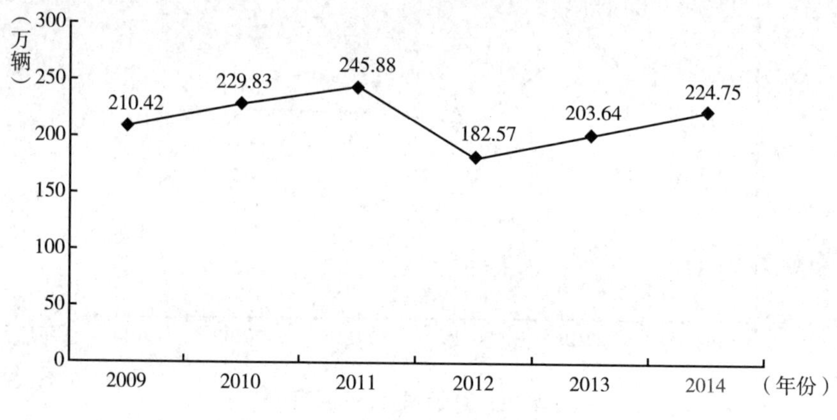

图 4　上海个人民用车辆拥有量

数据来源：2010 ~ 2015 年《上海统计年鉴》。

公共汽车拥有量的变化以及其背后的两方面原因，反映出上海交通方面的发展：出行方式多样化、可选择性增加，出行更加灵活便利。但是，交通的发展却引发了空气优良率下降。上海的空气优良率从 2009 年的 91.5% 下降为 2014 年的 77%，空气优良率的这一大幅变化也说明了个人民用车辆的快速增加会污染城市的空气，也会加剧城市交通拥堵状况，背离了人文城市的理想状态。

面对这一问题，政府也已采取了措施。2013 年上海市政府就制定了《上海市清洁空气行动计划（2013 ~ 2017）》，该行动计划针对交通方面提出了“坚持公共交通优先战略”“加强步行、自行车系统建设”“严格控制机动车保有量和使用限度”等规划，可见政府对加强交通建设以改善空气质量这一问题的重视。在以后的人文城市建设中，如何更好地发展公共交通使其舒适快捷，以及如何控制好个人民用车辆的数量以避免环境破坏和交通拥堵，都是上海需要认真解决的问题。最近，在“互联网 +”的网络思维影响下出现了“摩拜”单车，可见科技可以助推上海人文城市的发展。

4. 畅通通信

交通的第二个部分是通信。通信在现代人们日常生活中不可或缺，通信事业的发展对人们加强交流沟通、拓宽信息获取渠道都具有重要意义。另外，在信息化时代，发展通信事业的意义更加广泛。当移动终端联手互联网，通信作为一种手段和工具，不只推动一些先进、绿色理念更广泛地传播，更为解决城市发展中其他物质、精神、创新方面的问题产生积极影响。上海在建设人文城市的过程中，也对通信事业的发展给予了高度关注，下面将从上海移动电话拥有数量以及互联网宽带接入用户数量两部分来分析通信事业的发展情况以及这些发展给上海人文城市的建设带来的意义。

数据显示，2009 年上海移动电话用户为 2106. 32 万人，至 2014 年用户已达 3292. 74 万人，增长了 56. 3%，增长幅度非常大。移动电话用户数量的快速增加，意味着人们之间的通信方式更加多样化，不再仅是写信或者拨打固定电话。移动电话的普及使得通信的效率大大提高，更加方便人与人之间的交流。对于建设人文城市来说，通信设备的改善，不只是加强人们之间的交流，密切人们之间的关系，为市民作为城市主体参政议政提供发声渠道，为城市经济发展和科技进步搭建交流平台，还为人们实现感情的自我表达和达成对城市的文化认同提供了畅通的手段与工具，进而提升市民生活的幸福感，从而更加喜爱这座城市。这也是城市向人文迈进的重要内容。

根据《上海统计年鉴》数据，上海互联网宽带接入用户数量从

2009 年的 470.32 万户增长到 2014 年的 551.1 万户，增长了 18%，远高于全国平均增长幅度，这表明在上海互联网被越来越广泛地应用。互联网极大地丰富了人们的生活，首先，互联网上各种音频、视频、新闻使人们的生活更加丰富多彩。其次，网络提供丰富的学习资源，为人们提升自我的智力、能力提供知识资源。再次，通过网络与移动终端，城市居民可以将闲暇时间充分利用起来，在流动的学校进行线上的自我学习，这样的方式能够促进教育。最后，在互联网上可以看到关于全世界的消息，这是我们在没有互联网的情况下难以实现的。通过互联网，了解其他国家的各种信息，包括经济、社会、文化等，这是一个城市开放性的体现，也有助于在世界范围内取长补短。城市居民文化素养的提升与国际化视野的拓展，无疑极大地促进了上海人文城市的发展。

5. 健康医疗

医疗作为民生的核心问题之一，是衡量一个城市基础设施的重要标准。上海在医疗卫生事业的建设中，不仅拥有相对完备的医疗基础设施，还拥有其他地方难以企及的医疗资源，医疗水平排全国前列。本部分从婴儿死亡率、每千人医生数量两项指标来分析上海目前的医疗状况。

根据上海统计年鉴数据显示，上海 2009 年婴儿死亡率为 2.89‰，至 2014 年死亡率为 4.83‰，增长 1.94 千分点；全国在 2009 年婴儿死亡率为 13.80‰，至 2014 年下降至 8.90‰。这些数据似乎表明上海的发展在变缓，但当我们来关注从 2009 年至 2014 年整体发展情况时，就会发现，上海婴儿死亡率还是基本稳定在 5‰这个水平，远低于全国平均水平（见图 5）。由此看来，上海的婴儿存活率还是很高的。通过积极发展医疗卫生建设，更好地保护婴儿出生成长，使得生活在上海的各个家庭都能够让自己的孩子健康成长，对于居住在这座城市的人而言，是一件非常幸福的事。这既是上海在建设人文城市中引以为豪的成绩，也是推进城市人文发展的重要基石。

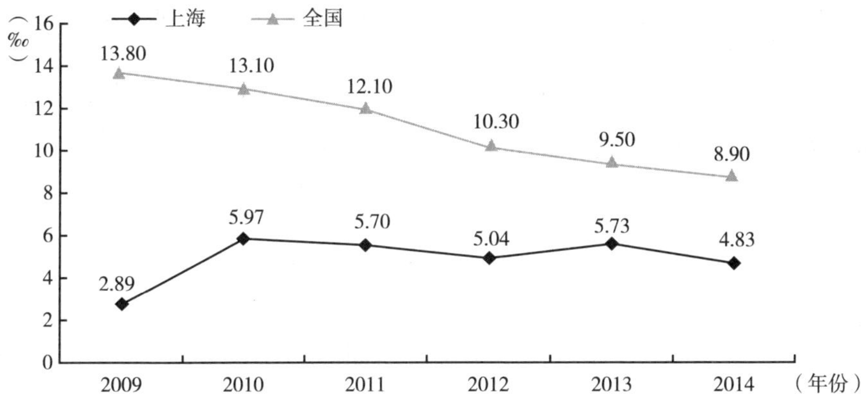

图5　上海婴儿死亡率

数据来源：2010～2015年《上海统计年鉴》。

据统计，2009年上海每千人医生数量为2.7名，至2014年为2.5名，而全国每千人医生数在2009年为1.75名，至2014年为2.12名。据国际统计年鉴2010年数据统计显示，高收入国家每千人医生数为3.0名，中等收入国家为1.3名，而上海2010年则为2.2名。由此看来，上海还是远超中等收入国家平均水平，也超过了全国的发展水平，这表明上海在医疗卫生建设上做出了极大的努力。与此同时，我们也看到，虽然上海是我国医疗事业的翘楚，但是与高收入国家的平均水平相比，每千人医生数量依然有着不小的差距，所以在医疗卫生建设方面，上海依然要加强建设，更好地保障生活上海市民的身体健康，成为发展人文城市的重要保障。

由婴儿死亡率以及每千人医生数量来看，上海的医疗卫生建设发展情况良好，但是我们也不能忽略其医疗卫生建设方面的一些问题。上海市卫生和计划生育委员会主任邬惊雷在第十二届中国健康产业高峰论坛提出了上海医疗建设方面存在的不足：一是大医院与基层医疗机构的发展不平衡，二是公立医院与私立机构发展不平衡。

（二）精神文明建设：福利保障和文化教育不断完善

物质基础是精神文明建设的有力保障，精神文明建设的发展又能推动物质基础建设，两者之间存在着良性的互动关系。城市经济为城市污染治理和公共事业发展奠定强有力的物质基础，城市环境和公共事业作为城市物质基础的一部分，又为城市文化建设打下基础。在物质生活得到保障后，人们才能毫无后顾之忧地谈人文城市建设。因此，城市精神文明建设与物质基础建设同等重要，在改善人民生活品质、建设人文城市上扮演着重要角色。本文认为城市精神文明包括文化公共设施建设、文化保护与传承、社会福利与社会保障、科学教育事业发展。

1. 文化公共设施建设

文化公共设施是民众开展各种文化活动的基础，没有足够的文化设施，民众相应的文化需求也无法得到满足。在由个体构成的社会中，如果个人基本的文化需求都无法满足，又何谈人文城市建设呢？从2009～2014年，上海的博物馆、纪念馆数量从111个变为103个，藏品或展品从283.05万件变为235.91万件，群众艺术馆和文化馆（站）由242个变为238个，举办展览场数由2483场变为3423场，公共图书馆由29个变为25个，总藏书由6593.43万册变为7362.61万册，每百人公共图书馆藏书从298.31册变为303.53册（见表1）。

表1　上海公共文化设施指标

指标＼年份	2009	2014
博物馆、纪念馆(个)	111	103
藏品或展品(万件)	283.05	235.91
群众艺术馆和文化馆(站)(个)	242	238
举办展览场数(场)	2483	3423

续表

指标 \ 年份	2009	2014
公共图书馆(个)	29	25
总藏书(万册)	6593.43	7362.61
每百人公共图书馆藏书(册)	298.31	303.53

从以上搜集的数据中可以看到，博物馆、展览馆、公共图书馆个数在减少，但是上海举办展览个数、总藏书、每百人公共图书馆藏书均有增加。伴随人们对空间功能观念的拓展，许多公共场所及商业空间，也拓展为艺术展示空间。例如“漂流图书”活动，将地铁看成了流动图书馆，图书的阅读与交流活动从原来特定与静态的地点拓展到城市更广阔的流动的空间中。因此，虽然依据传统的统计标准统计，上海公共文化设施数量在减少，但是上海人均享有的资源却在增加，文化生活的空间和质量却得到提升。这一变化从某种程度上来说，也是城市发展理念转变的体现。文化设施数量越多并不能证明民众获得的文化服务越多、文化需求满足程度越高。但是文化设施质量的提高却一定能增加民众对城市文化建设的满意度。从另一个角度来说，只追求数量的工程建设很可能造成资源浪费，由数量到质量的转变可以节约一定的资源。

2. 文化的保护和传承

与公共文化设施的人文基础设施的建造不同，文化的保护与传承更关注文化的积淀与创新。固有的文化积淀是一个城市不可复制的宝贵财富，对于人文城市建设具有特别重要的意义。在这个机械制造时代，如何保护城市的文化肌理，让城市的文化积淀成为城市独特的文化记忆，在人文城市建设中变得尤为重要。民众对城市的文化认同和热爱，大多与城市独特的文化记忆相关。在人文城市建设过程中，仅靠政府的政策是不可行的，只有发挥广大群众的力量，激发民众在文化保护中迸发的创造力，把他们对城市文化的热爱内化为人文城市的建设的推动力，才能让人文城市的建设过程充满生机与活力。

上海作为一座历史文化名城，是中国传统文化和外国文化融合的城市，有城隍庙、朱家角古镇这样具有典型中国特色的文化景点，也有外滩万国建筑群这样极具多元文化特征的景点。截至2014年，上海拥有世界遗产项目/国家遗产项目已12个，拥有国家级历史文化名城、名镇、名村、街区9个。丰厚的文化积淀增强了民众对上海的热爱，同时，也带动了上海旅游业发展，为上海创造了许多经济收入。在2016年9月份发布的《2016年中国旅游城市吸引力排行榜》中，上海位居第一。文化带动经济发展，经济为文化发展提供坚实的物质基础，文化与经济就是在这样的互动中不断前进。

3. 社会福利和社会保障

据《解放日报》报道，2015年上海老年人口超过400万，迈入深度老龄化城市行列，老龄化程度位居全国之首。2015年上海残疾人数量超过40万，约占总人口的1.2%。人文城市的核心是以人为本，而社会福利和社会保障是关系人民生活福祉的重要因素。老年人和残疾人作为社会弱势群体，其权益受到保障是城市“以人为本”的重要体现。社会福利制度很早就被引入上海，上海对于社会福利制度的认识较深刻，对社会福利制度的建设也相对完善。本文以养老保险参保人数和残疾人全年接受社区服务比（在档人数/接受服务人数）作为切入点，分析上海社会福利和社会保障现状。从目前搜集的数据来看，2009～2014年，上海养老保险参保人数、残疾人全年接受社区服务比都有明显上升，老年人和残疾人社会福利建设取得显著成果。2009年养老参保人数约占上海常住人口的41%，2014年比例已上升至57%，政府致力于用社会养老保险方式推进上海老年人福利建设（见图6）。

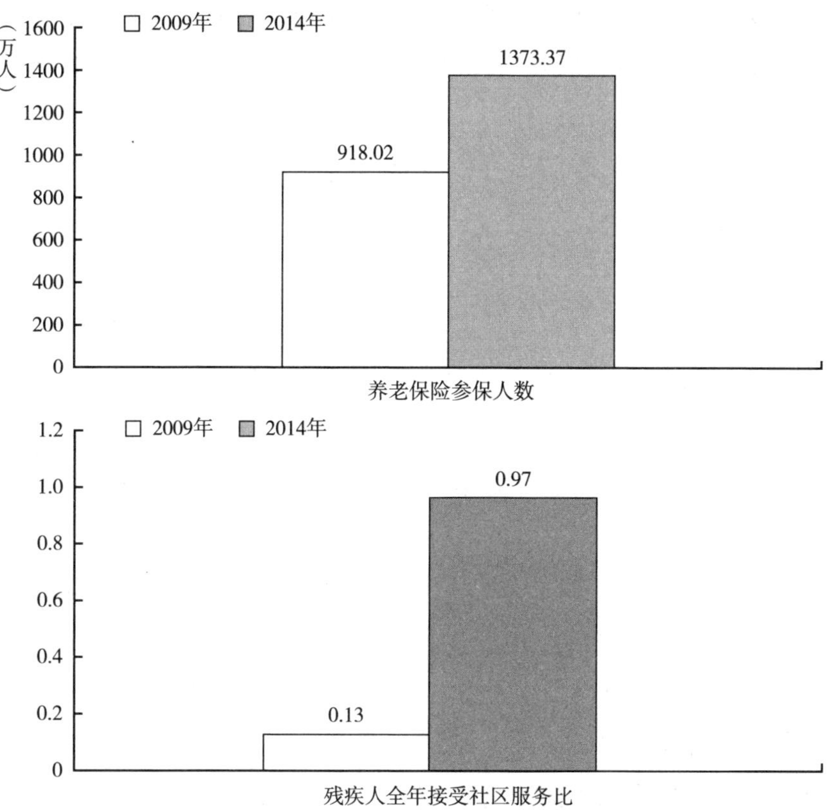

图6　上海养老参保人数、残疾人全年接受社区服务比

数据来源：2010、2015 年《上海统计年鉴》。

在保障残疾人权益方面，政府的理念也发生了转变。在很长一段时间里，中国残疾人服务集中于民政部门和残疾人就业单位，上海市现在将残疾人服务逐渐转移到社区。这样有利于残疾人接受更加细致和个性化的服务，有利于残疾人权益得到更加全面的保障。这也反映了上海对整个城市弱势群体的关注在逐渐提升，体现了人文城市“以人为本”的发展理念。

4. 科学教育事业

教育是提高人民思想道德素质和科学文化素质的基本途径，是发展科学技术和培养人才的基础工程。科学教育事业为城市精神观点的社会化普及、为城市精神建设发挥着引领作用，为人文城市建设提供方向性指导。人文城市的建设主体应该是广大民众，因此个体的思想道德素质和科学文化素质提升也就显得尤为重要。从 2009～2014 年，一方面，上海市教育占财政支出比重从 11.6% 上升为 14.5%，科研经费投入从 431.98 亿元上升为 703.23 亿元。从这些数据的变化中可以看出上海市对科学教育事业越来越重视。教育会为城市提供高素质的人才；科技能助力城市环境污染问题、交通医疗问题、文化保护、建设、传承问题的解决，提升整个城市的创新能力，这一变化趋势将成为持续推动上海人文城市建设的活力。另一方面，上海每万人在校大学生人数从 2009 年的 232 人下降到 2014 年的 209 人，上海外来人口从2009～2014 年增加了 291.17 万人，但是大部分外来人口都是普通的打工族，这就使在计算每万人在校大学生人数时，统计学上出现下降，这反映出上海科学教育事业存在巨大问题，需要通过制度创新来提升外来流动人口的素质。科学教育事业作为提升城市素质的重要途径，能传达积极的思想观念，塑造全新的上海人文城市精神，上海作为一座开放、包容的城市，更应该关注各方群体的利益。

（三）创新创意建设：汇聚并激发城市各种创造力量

拥有物质基础发展的保障、精神文明建设的支撑，创新创造事业才能不断发展。同时，一个城市创新创造能力的提高，也将为其物质基础建设、精神文明建设提供新的方式和指引，为解决在物质和精神建设中产生的新问题提供新的对策。上海在建设人文城市的过程中，在物质基础建设层面产生了许多问题，如空气污染、交通拥挤等，除了提高民众意识之外，更需要通过加强创新的方式来解决这些城市发展的负面影响。在精神文明建设层面上，文化设施发展从数量到质量的转变、教育事业中创新意识的培养等都是城市创新创意发展后能带来的进步。创新是发展的不竭动力，也是未来城市发展的核心，这是发展的必然，也是时代的脉搏，城市必须紧跟这一发展理念，才能在人文之城建设的道路上走得更好更远。上海对创新创意方面的发展给予了高度关注，本部分将从科技创新与文化创新两个层面分析上海创新创意发展情况。

1. 科技创新

科学技术是第一生产力，当今科技的发展是迅猛的，只有不断创新科技，才能保持先进生产力。创新作为“十三五”规划中提出的五大理念之一，充分体现科技创新在当今发展中的重要意义。规划中强调实施创新驱动发展战略，包含强化科技创新引领作用、构建激励创新的体制机制、实施人才优先发展战略等具体措施。这些措施有利于加强科技创新在经济发展中的作用。除此之外，科技创新的发展也有利于建设和谐宜居的城市，与人文城市的发展目标不谋而合。本部分通过上海专利授权量、人才引进政策来分析上海科技创新方面的发展情况。

上海每万人专利授权量从 2009 年的 15.8 件增长到 2014 年的 20.8 件，增长了 31.6%。北京每万人专利授权量由 2009 年的 12.32 件增长到 2014 年的 34.7 件，广州每万人专利授权量由 2009 年的 10.7 件增长到 2014 年的 21.5 件，增幅分别为 181.7% 和 100.9%（见图 7）。北京和广州 2009 年的每万人专利授权量都低于同一时期的上海，然而在短短五年里，两座城市的每万人专利授权量增幅却分别是上海的 6 倍和 3 倍。由此可见，上海在代表科技创新能力的专利发展这一方面，虽有努力，但仍有许多不足。要通过教育事业的发展来增强民众的创新意识，也要通过加强人才引进、激励创新机制的构建来形成良好的创新氛围。

科技创新的意义不仅在于促进经济的增长，同时也为城市发展中产生的各类问题提供新的解决途径，改善民众的生活，促进城市的发展。上海在利用科技创新改善生活方面有出色表现，例如近期出现在

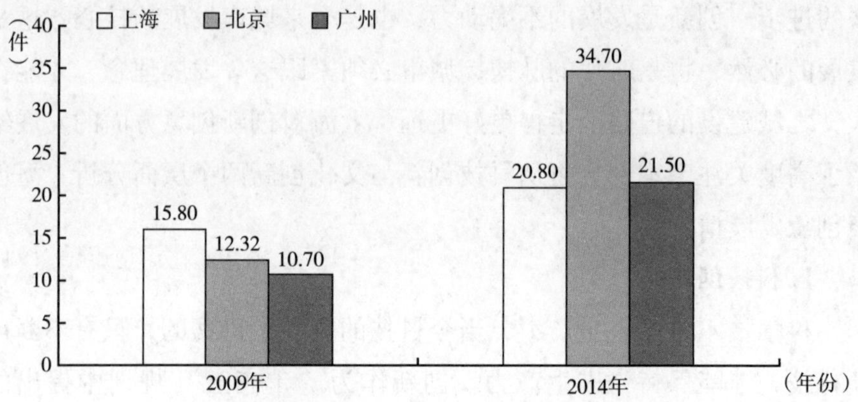

图7　京沪穗三地每万人专利授权量

数据来源：2010 年和 2015 年的《上海统计年鉴》《北京统计年鉴》《广州统计年鉴》。

上海街头的“摩拜”单车。“摩拜”单车是由北京摩拜公司开发的一款利用智能手机快速租用的自行车，这个项目落户的第一个城市就是上海。“摩拜”单车利用移动互联网技术，使用 App 和二维码进行快速租借，摈弃传统公共自行车的固定车桩，利用嵌入式芯片、GPS 模块、SIM 卡进行定位，这是对传统公共自行车租赁方式的一种极大突破。上海在面对这一新型出行工具的推广时当机立断，率先引进，旨在为民众提供更便捷的出行方式，同时也改善空气污染、交通拥挤等城市问题。利用科技创新服务民众，改善生活，上海需要采取更多这样的政策来打造人文城市。

2. 文化创新

文化创新和科技创新一样，是创新创意不可缺少的部分。文化创新能够促进文化的繁荣，也能为城市物质层面建设提供文化的价值引领；而科技创新在受到文化潜在规约的同时，又能为文化的创新提供新的技术支持，并在新的技术之上建立新的文化：二者互为影响与依存。文化创新包括文化内容创新，文化生产、传播方式创新等，上海的文化创新项目包括建设张江国家级文化产业示范园区和举办“城市空间艺术季”活动，前者代表文化创新形成的产业发展，后者代表全社会广泛进行的文化创新活动。本部分将从这两大举措着眼，通过两个不同的角度，分析上海文化创新发展现状。

2004 年上海张江高新技术园区率先在园区内建立了文化科技创意产业基地，重点发展科技与创意含量高的网络游戏、动漫、数字内容、新媒体四大领域，2011 年该园区被文化部评定为“国家级文化产业示范园区”，成为全国八大国家级示范园区之一。

张江文化产业示范园区的发展离不开政府资金的支持与政策的推进，但文化方面的创新不单是资金与政策可以直接促成的，关键还要有对数字化时代的思考成果。园区文化产品的生产，是吸纳国际与国内的文化创意主体的力量，结合数字技术的创新，是科技与文化融合的创新。对时代文化本身的思考和探索与数字化的艺术生产方式结合，实现产业的转型升级。在适应数字艺术的融合与创新过程中，张江文化产业示范园区集聚并吸纳新兴文化生产的各种力量，在打造新兴文化产业与创造文化产品过程中，实现文化、科技和产业的融合。文化产业园区内文化产品的创作、生产与传播，主要基于同一优秀创意开展多方的合作。园区内不同的企业或个人，作为创造主体，围绕创意集聚，各显其神通。分享、合作与协同，既是互联网思维对新兴产业的要求，也是新兴文化科技产品转化为现实的自觉要求。上海集中力量，在 21 世纪初就通过打造文化产业园区的方式积极探寻新型文化的创新之路，探寻支撑文化创新的文化产业的发展方式，利用文化产业推动经济发展，通过文化创新促进城市发展，体现出其在人文城市建设中的高远目光与务实追求。

“城市空间艺术季”是上海通过艺术活动，在尽可能广阔的范畴内吸纳、集聚并激发个体参与城市建设，为普通人的智慧提供平台。上海自 2015 年开始举办两年一届的城市发展活动。活动会邀请全球知名的策展人、规划师、建筑师、艺术家共同参与，介绍国际城市发展经验，宣传上海城市发展最新理念。活动开展了上海“100 个最美城市空间”评选以及“100 个城市空间塑造案例”评选，吸引了多元社会主体和艺术家去发挥创意，进行城市空间的艺术化塑造和文化氛围的营造，把平日寻常不起眼的城市空间通过改造成适宜人们诗意栖居流连的艺术空间。作为城市“微空间”的一些公共场所越来越成为市民生活不可或缺的“人文空间”，规划师、设计师利用城市的“灰色空间”开展城市文创活动。活动事实上搭建了一个文化创新的交流平台，让不同的思想观念在此交汇。这一平台或方式，不仅呈现出艺术家的创新理念，更形成一种文化创新的氛围，汇集、激发起市民的艺术创造力，推动上海城市建设中人文之美的进一步发展。

四　总结

上海作为中国的经济、金融中心，其人文城市建设将为全国其他城市的发展提供经验。良好的物质环境为人文城市发展奠定坚实基础；不断完善的精神文化建设，不断迸发的城市创新创意力量，让上海在人文城市建设中迈出了坚实的步伐。有价值、有意义、有梦想的生活方式成为未来城市追求的目标。上海目前的人文城市建设现状有得有失，从“得”中我们能看到政府、民众的努力；从“失”里能看到目前存在的问题及需要不断改进的地方。上海在经济城市时代获得了举世瞩目的成果，这也让我们有理由期待上海会在未来人文城市的建设中取得更显著的成就。

B.7

文化治理视域中的当代城市文化建设问题

李亚娟*

摘 要： 现代城市的核心竞争力是文化。虽然文化建设已被列入国家战略，各个城市的文化建设也进入快速发展阶段，但城市文化的过快发展也暴露出许多问题。这些病症与中国城市文化发展的制度设计关系密切。城市领导者需要也必须认识到文化治理的优势，转变文化治理的思维方式，推动文化发展范式的革命，只有这样才能真正使得文化成为文化力，实现城市治理现代化。

关键词： 城市治理 文化建设 文化治理 文化力

当前中国，“城市的核心竞争力是文化”的观点已被越来越多的人所认同。那么如何践行城市文化建设？如何在现代城市治理的命题下展开一个具体城市的文化建设？就一个城市来说，它首先必须承载历史，反映城市的过往历史及其蕴藏的文化积淀；其次，要展现城市

* 项目基金：中国浦东干部学院年度课题“国际文化大都市建设背景下的市民修身与城市发展研究”（CELAP2016～YJ～019）阶段性成果。

李亚娟，中国浦东干部学院教学研究部副教授，主要从事中国近代文学与文化、城市文化发展战略研究。

的文化个性，没有文化特色和风土特点的城市就没有差异，也就无法成就独有的竞争优势；再次，这个城市要有“有影响力的文化事业”和“有竞争力的文化产业”做载体，来承载该城市的文化内涵；最后，要能传承城市文脉，昭示未来，古为今用，弘扬创新，发展创造专属于一个城市的“新文化”。

早在1997年的十五大报告中，中国就提出“文化是综合国力的表现”，这个观念的提出，对于后续整个中国的文化建设起到了关键性的指导作用。虽然十七届六中全会以来，文化建设被列入国家战略，城市文化建设与之前相比也进入快速发展阶段；全国各个省市也认识到了城市文化对于城市建设和城市长远发展的重要性，也渐次提出了诸如“文化强省”“文化强市”的战略目标，但是，中国的城市文化建设，也积累了诸多矛盾、暴露出许多问题。我们如果不抓住机遇总结问题，进一步认识现代城市文化建设问题及文化治理优势，将会为之后的中国社会发展留下隐患。

一 当前城市文化建设中存在的问题

第一，城市文化建设中最核心的问题就是文化发展中的“经济思维模式”。人们已经认识到文化大发展大繁荣对于经济社会转型与提升软实力的重要性，但是，当前中国许多城市，却错误地将“文化强市”战略过多局限在“文化产业”的发展壮大这一单线条思路上，把“文化强市”战略简单化为发展壮大文化产业。究其原因，一方面是经济思维作怪，只认识到城市的竞争力在于经济，只看到文化产业对GDP的拉升作用，只重视文化建设的经济效益而忽视文化建设的社会效益，没有看清城市的核心竞争力在于文化。另一方面，这也是没有对文化理论本身进行研究，没有吃透“社会主义文化强国建设”的精神实质，对文化的本质规律没有清醒的认识。这造成许多城市把文化发展等同于经济发展，把文化建设等同于经济建设，甚至提出要像抓经济建设那样来抓文化建设，并且相信套用发展经济的方法，就能实现文化的大发展大繁荣。这种文化发展中的经济思维模式，轻则造成国家的文化战略无法落地生根，成了无源之水，重则会使文化彻底地沦为刺激经济增长的兴奋剂。

第二，城市文化建设趋同化。许多城市不顾文化发展的特定规律和城市自身的实际情况，没有经过比较研究就都打出文化的旗子，提着近乎相同的口号。战略相似、目标相似、措施也相像，盲目铺大摊子，上马大项目、大工程，不管有没有条件，就一哄而上地搞文化产业园、创意经济区，要发展动漫、要建影视基地，出现文化发展的扎堆现象。这种忽略社会经济背景所制定的文化政策，必定造成城市文化建设严重趋同化、文化建设虚浮空洞、城市之间恶性竞争。其结果必然是城市文化特色陷落、文化品牌坍塌，城市成为一个没有灵魂的容器。

第三，城市文化建设重硬件轻软件。在一些城市的文化强市战略的表述中，我们往往会发现一个有意思的现象，但凡涉及硬件投入，相关文件的阐述都不厌其详。例如，从文化馆、博物馆、图书馆、纪念馆、美术馆的数量统计到新增展品数量，包括该城市年度举办展会的次数、天数，举办艺术节、艺术表演的场次都有明确的指标设定。可是，一旦涉及文化建设的软性内容，像精神文化生活、核心价值观普及、文化创意发展等内容时，其文件的目标表述、计划拟定，或语焉不详或一笔带过。当然，建设文化强市，在硬件上下功夫是十分必要的，尤其是对一些公共文化设施比较落后、场馆场地等基础设施仍亟待完善的城市来说。但硬件毕竟是载体，更重要的要看它所承载的内容。因此，城市文化建设的重点是在软件上下功夫，要想方设法、创新思路来在文化服务上出新招、在创意提升上找对策，只有这样，才能真正地实现文化建设“硬件更硬、软件不软”。

第四，文化产业与文化事业发展不平衡。与纯粹的商品不同，文化的意义生成和价值追问要求文化具有双重属性（意识形态属性和商品属性），并随之产生两种效益（社会效益和经济效益），并且在这种一体两用中更加关注前者而非后者。在实际的文化建设中，文化事业和文化产业并非对等，文化的意识形态属性和社会效益应该也必须优先于经济效益。文化产业首先是一种文化行为，其次才是商业活动，文化建设始终要把社会效益放在首位。进而言之，发展文化产业，可以改善城市 GDP 百分比，提升 GDP 增长总量，也能给商家带来利润，吸引再次投资，但同时，文化产业也必须从正面满足人民群众对文化的需求，产生正能量。在文化产业与文化事业二者关系中，文化事业虽然没有文化产业见效快，但是却是文化建设的根本，为文化产业提供资源储备、成长土壤及价值导向。可是，目前许多城市在对能产生经济效益的文化产业与政府要花钱投入的文化事业的发展上更偏爱前者，从而使得一些城市基本的公共文化服务体系不健全，大大滞后于人民群众的文化需求。究其原因，就是一些城市的领导者并没有将文化事业放到比文化产业更重要的地位来谋篇布局，没有将文化的发展放到一个全局的、战略的高度来看待。

第五，文化活动重活动形式轻文化内涵。城市在进行文化建设的过程中，不可避免地要开展各种形式的文化活动。一些城市的艺术节、读书节已经成为该城市的文化品牌，这些城市的文化节或文化活动对推动城市文化的健康发展和社会协同共建都起到了积极的促进作用。但最近几年，一些城市里各种文化节遍地开花、处处逢春，甚至一些与文化压根毫无关联的活动也美其名曰“××文化节”，诸如“啤酒文化节”“睡眠文化节”“性文化节”。这种行为使得文化在这些活动中彻底变味。“文化”二字对这种所谓的文化活动而言，不过是无关紧要的花边和点缀，文化的严肃性和价值叩问早已被扭曲和异化。著名文化学者冯骥才一度对这类现象痛心疾首，他说，以前过分注意经济建设，现在不是矫正和纠偏，而是以更隐晦的手法在利用文化。他指出“继续拿文化搭台、经济唱戏，可能又进入新的一轮怪圈，产生的危害可能要10年以后才能看到”[①]。也就是说，在最初的锣鼓喧天之后，经过时间的淘洗，那些缺乏文化内生性增长潜力的文化节必然会被淘汰，将有不少文化节庆活动会面临尴尬收场的局面。这样的活动会浪费资源和累积文化负能量。

产生上述现象的重要原因是经济思维作祟。不可否认，这些文化病症也与当前中国城市文化发展的制度设计关系密切。城市文化的政策制定和实施，与公共政策规范性、合理性、科学性、公共性的要求还有一定的差距。

二　文化治理的优势

今天的社会已经进入了以文化论输赢的新时代。文化发展将成为经济社会发展新的着力点，文化已经深深融入经济、社会、人文等各个领域、各个层面的发展之中，成为发展的轴心，成为衡量一个社会经济发展、政治文明、人民幸福、生态和谐等的重要指标。遗憾的是，部分城市在推进文化建设中，对文化发展的认识还停留在与经济、政治并列的社会层级结构中，没有意识到文化将成为新的“发展范式”[②]。

（一）文化治理体现城市整体发展观

文化具有社会治理的功能。人类创造和生产文化不仅为了实现人的全面发展，也为了更有效地克服和解决人与社会之间出现的矛盾。

---

① 冯骥才：《不要再用文化搭台经济唱戏了》，《中国青年报》2009年3月5日。

② 张志勇：《发展范式的革命——十七届六中全会以来文化建设的哲学思考》，《天府新论》2014年第4期。

“文化治理”理念的形成，与领域分化有着重要关系。随着文艺复兴以来政教分离，市场经济体制的全面建立和现代化的全面推进，人类社会分化并稳定为政治、经济、文化三大领域。文化独立衍生出文化需求、文化权利，文化公共事务的日益繁多，文化产业的兴盛发展，使得对文化领域进行有效治理成为完善现代国家治理体系的重要要求。于是，党的十八届三中全会明确提出，完善和发展中国特色社会主义制度，推进国家治理体系和治理能力现代化。文化建设是国家治理体系的重要组成部分，而城市领导者制定的文化制度、实施的文化政策及其所能达到的效果和高度则综合反映了国家的文化治理能力。

在城市文化治理观念更新上，上海也经历了从政府主导的文化管理到政府引导的文化治理的转变。20 世纪 80 年代，上海城市文化项目多由政府投资，政府既是投资者又是管理者。20 世纪 90 年代，社会力量逐步进入上海城市文化建设领域，政府也逐渐借助社会力量进行文化项目建设。上海的公共文化服务体系建设可为这方面的典型代表。

改革开放以来，上海一直在探索“小政府，大社会”的模式，早在 1996 年，在中国几乎所有社会文化都是由政府管理的大环境下，上海市浦东新区社会发展局就探索出一条社区公共服务设施的托管模式。此后，上海从未停止在各个层面进行政府购买服务的分类试点。当其他地方政府还困惑于为何在公共文化服务上投入了高昂的成本，却难以换来令人满意的回报；困惑于如何开展受居民欢迎、满意度高的文化活动；困惑于如何调动社区居民参与文化建设的积极性；困惑于如何盘活已有文化资源的时候，上海的公共文化服务体系建设已经遥遥领先了。这种领先和政府秉承的文化建设理念息息相关。

以上海打浦桥街道社区文化活动中心为例，该中心就在上海良好的文化生态环境中走出了一条“委托社会组织管理社区公共文化”探索之路。

打浦桥街道社区文化中心于 2005 年由打浦桥街道办事处投资建

立。2005 年，打浦桥街道办事处与上海市采矿机械厂签订合同，长期租赁场地，并投入 1700 万元，将 5600 平方米的旧厂房整合改建成社区文化活动中心，街道担负实体运行的日常费用以及人员费用。2005 年以招投标的方式，与上海华爱社区服务管理中心达成契约，以每年签订服务合同的方式，委托其对该中心进行文化运营和管理。打浦桥文化活动中心以无偿和低收费的服务方式，为居民提供综艺剧场、影视厅、健身房、社区学校、老年茶室、数码钢琴室、声乐室、图书馆、阅览室、青年阁、亲子园，名师工作室等 37 类公共文化服务。委托社会组织管理社区公共文化之后，打浦桥街道社区文化中心着力打造贴近实际、贴近生活、贴近群众，适应不同人群参与的项目和活动，经过时间的检验，该中心的文化品牌逐渐树立起来。目前，该中心平均每天的人流量都保持在 1700 余人左右，年均服务人次已达 60 万人次。从琴、棋、书、画到歌舞、影视，每天几十项活动精彩不断，每周有 3～4 场社区大剧院，每年组织大型活动 240 余场。该中心既有完备的设施、丰富的活动，也有专业的老师；服务群体覆盖从蹒跚学步的婴幼儿到八九十岁的耄耋老人以及残障人士；服务区域也从本社区辐射至周边各街道，乃至全上海，打浦桥社区文化活动中心已经成为上海远近闻名的区县文化的新地标。近几年来，无论是在街道每年两次召集的由辖区人大、政协、团队、居委会、市民代表和党代表对文化活动中心的管理运作状态和群众满意度评估中，还是在市、区各级部门开展的各种类型的“专项调研”“综合性问卷调查”和“市民巡访团调查”中，打浦桥社区文化活动中心都得到了群众的高度肯定，在上海市文明办组织市民寻访团对全市 193 家社区文化活动中心进行的暗访测评中，名列全市第一。

可以说，打浦桥社区文化活动中心在实践探索和制度创新的路上，逐步构建和完善出了契合文化治理理念的公共文化服务模式，即“需求导向、政府主导、社会参与、专业运作”的公共文化治理模式。在激励各方社会力量和社会资本积极参与公共文化建设，探索实践委托或部分委托社会组织和社会力量管理运营公共文化设施，完善效能评估等方面积累了经验，具有一定的示范性。为此，2014 年 12 月 22 日打浦桥社区文化活动中心被中国文化馆年会组委会、文化部授予了“2014 全国优秀文化站”称号。

从这个案例中我们能够看出，文化治理的特征是通过主动寻求一种创造性文化增生的范式实现文化的包容性发展①。文化治理的主体是政府，政府发挥主导作用，社会参与共治；文化治理的对象是政治、经济、社会和文化；文化治理的过程是城市领导者通过一系列的制度安排和政策措施，借助和融合文化的力量来解决问题，实现协同发展。文化治理的能力和效能，表现为高度的吸引力和认同感，以及由此形成的对内在精神生活质量的满足和对外在物质生活状态的满意。

就中国而言，文化建设和国家发展正在实现从“管理”到“治理”的全面转变，文化建设的着力点正从强调政治思想教育转变为满足人民群众的基本文化权益和文化需求。文化治理正成为新型城市发展观的重要部分，成为指导城市总体规划转型探索的出发点和发展目标。也正因为如此，文化治理不仅是分析和观察现代城市发展观的绝佳视角，更体现了一个城市的整体发展观。

（二）文化治理体现文化自觉

文化治理最重要的是要在文化和政治、经济、社会以及生态文明的建设发展中正确处理好政府、市场和社会三者的关系，而对于城市领导者来说，这其中最核心的问题就是文化自觉的树立。随着全球文

① 《实现国家文化治理能力现代化——访上海交通大学教授胡惠林》，《中国社会科学报》2014 年 1 月 8 日。

化发展战略的兴起，政府利用文化政策对文化发展相关的社会公私行为做出约束和指引以促进文化发展，是当今许多国家和地区的普遍选择。在国际国内形势深刻变化和中国经济社会发展进入新常态的背景下，以什么样的视角认识文化，以什么样的态度对待文化，以什么样的思路推动文化繁荣发展，是中国文化建设也是文化治理领域不能回避的重大课题。文化自觉，主要指一个民族、一个政党在文化上的觉悟和觉醒，包括对文化在历史进步中地位作用的深刻认识，对文化发展规律的正确把握，对发展文化历史责任的主动担当[①]。文化自觉是一种内在的精神力量，是推动文化繁荣发展的思想基础，一个政党的力量，很大程度上取决于文化自觉的程度。一个城市的未来怎样，在很大程度上取决于城市领导者是否具有高度的文化自觉，在这个城市的文化建设规划上是否用强烈的文化意识来做根本指导，文化自觉是文化治理能否有效进行的先决条件。

20 世纪 80 年代中后期，中共中央在以经济建设为中心的同时，逐渐认识到社会主义现代化建设不仅是经济发展的过程，同时也是文化发展的过程。为此，必须物质文明建设与精神文明建设同时并举，开始制定“两个文明”一起抓的战略。当时全社会普遍兴起的文化热也使城市管理者及学者开始关注城市文化的发展。1985 年 3 月，上海市率先开展“城市文化发展战略”研讨活动，其目的是通过深入的研讨，“引起全社会对文化发展的关注，并且遵循客观规律，从实际出发，制定上海城市文化发展的战略”。此时，上海对“城市文化”的讨论是基于“文化为经济服务”的立场，文化问题是基于上海的经济发展战略而提出的，“上海若想成为贸易、科技、金融和信息四大中心，就一定要成为文化中心。如果上海形成不了一个文化中

① 刘云山：《文化自觉，文化自信，文化自强——对繁荣发展中国特色社会主义文化的思考》，任仲文编《大跨越：文化体制改革迈出关键步伐》，人民日报出版社，2011。

心，那么其他四大中心也难以形成”[①]。为此，上海市委宣传部组织了上海市各高校、社会科学研究机构和政府工作部门的专家学者以及宣传文化系统的同志，共计400多人的研究队伍，经过近一年时间的调查研究，提交了一百多篇、约一百二十万字的研究论文和调查报告，结合上海市的历史和现状，研究和探索了改革开放后的新的文化问题和文化情况，提出了上海城市文化发展战略的指导思想、方针及任务等。[②]

上海是中国的中心城市，文化自觉一直是上海这座国际化大都市能够始终迸发活力的本质性力量。城市不仅要创造财富，还要为人们提供和谐共处的文化环境。

现阶段，文化治理的观念已日渐深入人心。那么我们讲文化自觉，就要更进一步、更深一步，不仅要有满腔的热情，更要有理性的认识，要贴合时代背景、贴合本城市特点对本城市的文化发展规律进行科学把握。譬如，如何进一步厘清政府与市场、企业、社会组织、个人的关系，如何在进一步简政放权的理念下立于主导地位，如何正确处理文化事业与文化产业的关系，如何在城市整体布局下处理好文化建设与经济建设的关系。文化治理要求文化自觉，没有文化自觉的文化治理和文化建设只是一种下意识的行为。文化行为不能由被动转化为自觉，社会发展就不会获得持续的、强力的发展。

（三）文化治理是系统性的综合治理

前文已述，城市文化建设既是城市建设中的一个独立领域，又渗透并影响着其他领域的建设。在城市的经济、政治、市政、环境、治安等各方面的建设中，无不展现着城市的文化理念和文化目标。因

---

① 黄安国：《开展“上海城市文化发展战略”研讨活动的动因》，《社会》1985年第6期。

② 吴云溥、黄安国等：《制定“上海城市文化发展战略”的思考》，《社会科学》1986年第5期。

此，城市文化建设是一项复杂的系统工程，加强城市文化建设，需要从战略的高度给予综合全面地考虑。应着力抓好以下几项工程：一是以社会主义核心价值观为引领，创作出既凝聚中华文化精神，又反映中国审美追求，集思想性、艺术性、观赏性于一体的优秀文艺作品，推动中华文化走出去；二是以基本公共文化服务标准化、均等化为抓手，构建覆盖城乡、便捷高效、保基本、促公平的现代公共文化服务体系；三是全面提升文化产业发展的质量和效益，建立健全现代文化市场体系，推动文化产业成为国民经济的支柱性产业；四是加强优秀传统文化传承体系建设，尤其是加大文化遗产工作力度，全面推动中华优秀传统文化创造性转化和创新性发展。

文化治理不但强调政府与市场的协调与合作，而且寻求政府、社会与市场三者之间的合作与互动，寻求一种通过调动各种力量和资源来妥善治理公共文化事务的方式。文化治理是各种利益相关方对公共文化事务的共同治理，是政府、市场、社会组织等多元主体一起进行的治理，而不仅仅依靠一种力量。

三　结语

政治是现代城市的骨骼，经济是现代城市的血肉，文化则是现代城市的灵魂。文化建设本身的目的就是要通过孕育发展一种文化引导人们去追求真善美，通过各种方式方法引导人们达成真理性认识。文化发展建设的最终价值目标，就在于促进人类自由而全面地发展；加强社会主义文化建设，就是为了不断满足人民群众日益增长的精神文化需求。

同时，文化是一种综合力量，日益成为衡量综合国力和社会文明程度的重要标志。对于发展中国家来说，文化也是在综合国力竞争中维护自身经济安全必不可少的精神武器。中国是世界上最大的发展中国家，要想在激烈的国际竞争中立于不败之地，就必须把文化建设作为社会主义现代化建设的重要战略任务，牢牢把握先进文化的前进方向，大力弘扬民族精神，为国家发展和建设提供正确的方向保证、不竭的精神动力和强大的智力支持。

最后必须牢记，文化只有落地生根才能被赋予生命，才能形成文化力。党的十八届三中全会指出要推进国家治理体系和治理能力现代化，文化治理也是国家治理现代化的重要组成部分。因此，城市文化建设不仅是文化建设落地生根、产生文化力的过程，也是考验国家治理能力现代化的试金石。高效的文化治理方式是政府治理能力和水平的集中体现，是国家治理体系和治理能力现代化的重要方面。

文化对于塑造城市日益发挥着重要作用，只有文化内涵深厚、不断创新开拓、发展潜力强大的城市才是魅力无限、活力的无穷城市，也只有这样的城市才能保持政治、经济、文化良性互动，协调发展。中国未来城市发展亟须加强文化治理，引导、规范和推动各种社会关系沿着正确的路径前进。

B.8 上海网络文艺发展的调研与思考

胡劲军*

摘 要: 在网络文艺繁荣发展的时代机遇下，上海呈现出网络文学发展迅速，网络影视发展繁荣，网络舞台多姿多彩等发展现状。但在上海网络文艺繁荣发展的同时，也存在着作品质量参差不齐，缺乏复合型人才，过度娱乐化和商业化，监管不足等亟待解决的问题。在全国网络文艺发展的大趋势下，上海要大力发展网络文艺，积极推动网络文艺发展；有效推动网络影视发展；扎实推动网络舞台繁荣；持续推动网络公共文化发展；大力推动网络美术发展。

* 胡劲军，上海市委宣传部副部长。

关键词： 上海 网络文艺 网络文化

网络文艺的黄金时代正在到来。网络文艺充满活力，发展潜力巨大。上海是一座拥有2400多万人的特大型城市，上海的网络文艺体量大、结构优、门类多、覆盖广、影响大。要落实好中央《关于繁荣发展社会主义文艺的意见》精神，一个重要而紧迫的任务就是坚持建设和发展、管理、引导并重的方针，大力发展网络文艺，将网络文艺提高到一个新境界。努力推动上海网络文艺发展在全国保持领先地位，这是摆在宣传系统、文化系统面前的一项重要课题。

一 发展现状

（一）网络文学快速发展

上海是我国网络文学的发源地，是全国最早成立网络文学组织的地区，也是集聚全国网络写手、文学网站最多的地区。在全国有重大影响的“盛大文学”和国内最大的原创网络文学网站“起点中文网”，都在上海诞生并发展壮大。上海网络文学占中国原创文学市场的比重为90%。2015年3月，盛大文学与腾讯文学合并组建阅文集团，总部设在上海，阅文集团现有注册用户2.9亿人，作品数突破1000万部。整合后的阅文集团拥有多家原创网络文学网站，目前阅文集团拥有原盛大文学旗下的七家网站（起点中文网、红袖添香网、言情小说吧、晋江文学城、榕树下、小说阅读网、潇湘书院），占全国市场份额的72.1%，总计注册作者有200万人，其中上海地区从事网络文学创作的作者占作者总数的6.86%，排在全国各城市第一名。业内位居第二的创世中文网占20%的市场份额，注册作者约为10万人，上海地区作者占一线作者的5%。此外上海作协主管的华语文学网、云文学网也凝聚了一批优秀网络作者。上海网络作协自去年成立以来，发展迅速，从开始的75名会员，发展到如今的200多人，一批具有代表性的网络作家先后加入。

（二）网络影视日趋繁荣

2014年，全网共上线网络剧205部、2918集、50996分钟，上线网络综艺节目约150档。2015年1~9月，全网上线网络剧247部、3334集、50017分钟，网络剧制作呈现井喷式增长。2015年1~7月，主要视频网站新上线网络综艺节目数量突破60档，其中大型季播节目接近20档。《晓说》《侣行》等网络综艺节目已反向输出到电视台播出。

一是互联网公司踊跃在沪布局内容业务，2014年合一集团电影制片主体“合一影业”落地上海；2015年盛大文学与腾讯文学合并组建阅文集团，总部位于上海。二是影视制作机构积极储备、开发网络IP。如克顿集团较早地购买了晋江网驻站作家顾漫的小说改编权，2014年改编完成热播电视剧《何以笙箫默》《杉杉来迟》；2015年，慈文传媒购买晋江网作家果果的同名小说改编权，制作了热播电视剧《花千骨》。三是视频网站不断提升网生内容创作能力，土豆网、PPTV、哔哩哔哩等上海视频网站持续发力UGC、PGC等网生内容创作。2015年上半年，PPTV聚力联手白一骢制作的网络剧《执念师》在搜狐网、PPTV双平台取得4.3亿的点击量。四是移动互联网音频业务全国领先，上海广播电视台推出的基于移动互联网的广播社区平台阿基米德FM于2014年8月上线，目前节目总数已经超过4000档。2014年建立的中国网络剧微电影创意创业中心积极打造自制、PGC、UGC等互联网时代文化娱乐系统，立呈文化、互相动画等纷纷入驻基地。

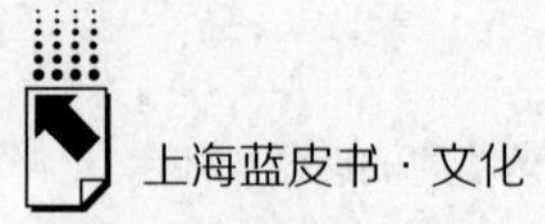

（三）网络舞台多姿多彩

网络舞台目前主要有在线演出直播、在线互动视频直播、网络众筹演出、网络音乐等4种形式，在线演出直播主要以在线演唱会直播为主。据统计，目前推出直播版块的视频网站有乐视网“Live生活音乐会”、腾讯视频“Live Music”、爱奇艺“音悦Tai”、优酷土豆“音乐最现场”、PPTV“热力现场”、芒果TV直播等，直播内容涵盖国内外大型演唱会、音乐颁奖典礼、室外音乐节、歌友会等。除乐视网推出收费场次外，其余网站均为免费直播。在线互动视频直播表演内容多为演唱、脱口秀等。《2015年中国互联网演艺平台发展研究报告》数据显示，2014年互动视频直播平台市场规模达54.3亿元，用户规模1.79亿人，从城市分布看，以三线及以下城市用户为主，占比高达66.0%，其次是二线城市，占比为25.5%，一线城市用户占比仅为8.5%。目前较为主流的互动视频直播平台有六间房、9158、YY直播、来疯、BOBO娱乐。网络众筹演出尚处摸索阶段，项目多为小众音乐人在各城市的巡回演出，由此衍生出一批音乐众筹服务平台，如乐童众筹、5SING众筹、大麦众筹等。网络音乐方面，2014年网络音乐用户规模为4.78亿人，取得网络音乐经营资质的企业有1034家，其中2014年新增企业339家，增长率为49%，新增企业主要来自北京、广东、上海、四川等网络音乐经营企业较为集中的地区。

（四）网络公共文化便民惠民

公共文化是政府主导、社会参与的公益性文化服务，不以营利为目的，主要保障群众的基本文化权益，满足基本文化需求。目前，网络公共文化主要有三种形式。一是由政府主导的公益性文化机构运营的网站、客户端、微信公众号，如正在建设的文化上海云平台，集合了市、区（县）、街（镇）以及社会主体的文化内容，为市民提供一站式文化服务，又如上海市群众艺术馆与沪江网合作开展的千门市民艺术网络课程等。二是网络文化企业提供的免费或者低收费的文化内容，主要形式包括网络文学、网络剧、微电影、网络音乐等，由于网络文艺有其天然的草根性，创作主体的门槛低，使得全民都可以参与网络文艺创作，表达自己的情感，而其接受和传播又具有很强的娱乐性，网民自发转发分享，传播力强。这些网络文化企业为社会提供了大量免费或者低收费的公益性文化产品，影响面十分广泛。三是大量的文化社会组织不断发育，依托互联网平台进行推广，提供公共文化内容。如荆棘鸟书会、魔法童书会、上海市华文创意写作中心等。从总体上看，网络公共文化近年来呈快速增长趋势，而且发展势头迅猛，以魔法童书会为例，从2014 年5 月注册至今，粉丝数量已接近5 万人，其开展的少儿家庭阅读活动，吸引了全上海 6000 多户家庭参与，拥有广泛的社会影响。

（五）网络美术亮点凸显

近年来，网络艺术家平台这一新模式发展迅速，注册艺术家数量增长迅猛，培养了一大批美术爱好者，逐渐成为艺术家推广和宣传、网络营销的重要载体。腾讯网以 60 余万注册艺术家的数量遥遥领先，认证注册的艺术家每天有 1. 2 张原创作品上传，作品周点击率最高达到 3. 1 亿。雅昌艺术网共收录 32999 位艺术家，今年专设“美院毕业展”板块，与国内八大美院合作。99 艺术网整合资本、艺术行业专家等资源，打造 100 亿互联网营销、交易平台。网易、搜狐等门户网站也设有“艺术家”板块。数字美术馆方面，目前上海国有市级美术馆已基本完成数字美术馆建设。中华艺术宫率先在国内试点推出数字美术馆，通过对藏品的高清采集、提供文字介绍，以及所有展览的 360 度全景浏览等形式，实现从藏品展示到藏品研习、从参观浏览到互动体验、从向观众开放到为观众服务的转型。

推出微信公众号和客户端，功能错位、体验互补。微信服务集信息发布、在线导览、预约互动等各种功能为一体，成为信息传播的便捷平台；App 则以数字三维导览地图为重点，逐步解决大型场馆导向复杂的实际问题。上海当代艺术博物馆优化自媒体，目前开通微信服务号、微信公众号、微博、豆瓣、Facebook 等自媒体平台。上海中国画院数字博物馆不仅以特殊的高科技手段通过高清图片展示自成系列、数目庞大的院藏藏品，而且用户可以上传自己的作品，请上海中国画院的专家进行点评，实行互动交流。

二　发展瓶颈

（一）精品缺失

网络传播的便捷化特点，导致网络文艺作品传播门槛低，质量参差不齐。以“以点击率为王”的网络文学为例，网络文学“轻内容”的现象较为严重，“海量”与“质量”存在落差，“速成”与“速朽”并存。作品意义构件上的价值缺失，在点击率直接与经济效益挂钩的利益驱使下，类型化写作膨胀，网络文学精品不多。在网络影视方面，上海网络影视制作原创能力有限，创意不足，内容和质量的评价体系不完善，缺乏高质量、高水平的剧本策划和作品。近年来，搜狐视频、爱奇艺、优酷等北京视频网站网络剧、网络综艺数量多、质量高，涌现出《万万没想到》《屌丝男士》《盗墓笔记》等 IP 网络剧和《奇葩说》《大鹏嘚吧嘚》等网络综艺节目。反观上海，精品网络剧、网络综艺不多，富有精神内涵、具有时代感召力的高品质作品更是缺乏。从 1998 年国内网络小说《第一次的亲密接触》算起，在不到 20 年的时间里，中国网络文学作品创作数量井喷式发展，但这种起初只为消遣时间的快餐式写作与阅读方式，既有精品，也有糟粕。热门网络小说《鬼吹灯》被拍成《九层妖塔》《寻龙诀》等影片，其中已公映的《九层妖塔》遭网友猛烈吐槽，在一些网站打分极低。

（二）人才匮乏

当前，上海网络文艺发展面临缺少专业人才的困境，而既懂互联网信息技术又懂运营管理的复合型人才尤为奇缺。技术人才和文艺人才纷纷“北漂”，造成上海当地网络文艺人才稀缺，制约了行业发展。以视频网站为例，2011 年，北京视频网站爱奇艺招募到央视制片人、导演马东任首席内容官，著名导演张纪中的女儿张语芯任市场总监，很便捷地与传统媒体和影视剧制作领域结缘。而上海视频网站 PPS 的首席内容官出身旅游媒体，市场总监则来自内部经理团队。这使得双方在影视剧投资、原创 IP 开发等方面差距越拉越大，爱奇艺凭借原创内容确立品牌，进而提高广告单价，PPS 却始终不能摆脱靠流量提收入的境地。最终，PPS 被爱奇艺并购。网络文艺从业者素质也亟待提升，网络文艺从诞生之日起就具有“草根化”、大众化特性，大多数作者都是业余写作，受教育程度在高中以下的作者不在少数，缺乏专业培训、人才资质认证。

（三）引导缺位

近年来，对市场的过分迎合，使网络文艺出现过度娱乐化和商业化的倾向。依托互联网融合而成的新兴文化是高度自主的文化。尤其是对于青少年而言，互联网已经成为价值传播的重要载体和平台。网络上各种思潮并存，要引导受众形成正确的判断力和是非观，对信息进行有选择性的筛选和运用就显得至关重要。以网络文学为例，由于人们把网络小说看成文化的快餐，这就要求写作者不得不去适应、迎合自己那部分读者的阅读口味，把读者尽快地拉入到自己的故事里面去，因此必须对网络文艺的健康发展加以积极引导。

（四）监管不足

对于瞬息万变的互联网来说，信息的更迭速度难以控制，传播形式又多种多样，演出内容一旦出现问题，互联网的传播力和覆盖面都将放大由此引发的负面影响。传统的管理办法容易出现死角和盲区，需要更为及时有效的管理手段。虽然近年来，文化部、国家新闻出版广电总局先后发布了《网络文化经营单位内容自审管理办法》等规定，文化部于2015年8月公布了120首网络音乐产品“黑名单”，但总体而言，目前的法律法规还不能很好地适应互联网迅速发展变化的特点。目前互联网文化主要依靠政府的重视和推动，缺乏相应的法律支持，网络文艺执法暂时处于无法可依的局面。另外，随着互联网的快速竞争发展，版权保护、网络文艺从业人员的合法权益保护问题日益突出，迫切需要加强文化立法，使网络文艺发展纳入法治化轨道。

三　积极推动网络文学发展

网络文学是一种新生事物，发展网络文学是大势所趋，需要因势利导、扬长避短、综合治理。治理的前提是加强顶层设计，建立管理平台，转换发展理念，用核心价值观和互联网思维引导网络文艺又快又好发展；治理的核心是创新机制管理，依靠社会管理，用新的方式分类管理，使网络文艺纳入法制化发展轨道；治理的关键是完善政策体系，注重发展质量，实现网络文艺发展的社会效益和经济效益相统一；治理的根本在于创设良好的生态发展环境，努力为网络文艺快速发展提供人力保障、财力保障、权益保障等环境支撑。

（一）着力引导网络文学产品的创作生产

坚持以人民为中心的创作导向，以核心价值观为牵引，以签约作家和重点创作扶持等形式，鼓励网络作家为人民抒写、抒情和抒怀，创作出更多种类、有更大影响的优秀网络文学作品，成为积极向上的社会精神文化力量。发挥作家协会和网络作协的作用，建立网络文学评论家队伍，逐步建立起符合网络文学发展规律的理论评论体系，形成适合网络文学特质和读者特点的审美标准，对网络创作和阅读进行有效的引导。

（二）创新文学组织机制

加大对网络作协的扶持，凝聚更多网络作家，发挥引导、联系协调和服务的作用。积极开展经验交流、创作扶持、书稿推介、作品研讨等活动，为网络作家的成长提供良好环境。发挥作家权益保障中心作用，运用法律武器，维护好网络作家权益。创新机制，搭建生活资助平台，引导和组织网络作家深入基层、到上海改革开放前沿体验生活。

（三）加强网络文学阵地建设

引导和鼓励上海纯文学网站承担更多的文学责任，重点支持以青年作家培养为重心的上海云文学网和面向全球华语文学原创并以传统纯文学数字出版为重心的上海华语文学网做大做强。发挥知名商业网站的作用，支持起点中文网和创世文学等网站发展，引导其为繁荣社会主义文学贡献力量。推动传统文学品牌的电子化，鼓励《收获》《萌芽》《上海文学》《小说界》等知名刊物运用微博、微信、移动客户端等载体，促进优秀作品多渠道传播、多平台展示、多终端推送。加强对以报告文学为主的新电子刊《上海纪实》和以文学评论为主的电子刊《海上文坛》的扶持。

（四）积极挖掘优质作品的衍生价值

用互联网思维发展网络文学，推动网络文学向“互联网文学+”转变，为网络游戏、电影、电视以及动漫等文化产业提供丰富的素材。通过加强与作家协会、企业、出版社、刊物、媒体、网络、院校等单位合作，探索经纪人机制，为文学作品的影视版权等文学衍生行业提供专业服务。推进数字出版工程，搭建打造符合数字化时代特点的创作、出版、宣传、推广平台，增强上海网络文学的影响力。

（五）按照文学规律加强网络文学队伍建设

打破对非上海户籍作家申请入会的限制，吸引越来越多的网络作家和自由撰稿人向作家协会集聚。在申报居住证、社会保险、公积金、专业技术等级认定等方面修订并完善相关政策，为“海漂”的优秀网络作家解决在上海落户的问题。改革完善作家稿酬征税政策，降低征税起点，重新制定作家的个人所得税征收标准。推进网络文学人才扶持计划和签约作家制度，拓展文学人才培养、挖掘渠道，努力促进青年文学人才脱颖而出。加强网络文学作者、编辑队伍的教育与培训，提高他们的素质与能力。

四　有效推动网络影视发展

（一）加强网络影视艺术发展政策引导

综合运用规划引导、政策撬动、评奖评优、节目展播、资金扶持等手段，大力推动网络影视艺术繁荣发展。利用上海市网络视听产业专项资金，加大对优秀原创网络视听节目的支持力度，每年重点扶持一定数量的网络剧、网络综艺等网络视听节目。聚焦中国梦主题，组织开展弘扬社会主义核心价值观、共筑中国梦主题原创网络视听节目的征集推选和展播等活动的组织、申报、参评工作。

（二）打造“双创”内容高地

以中国网络剧微电影创意创业中心为平台，打造中国互联网影视内容高地，优化上海互联网产业布局。吸引龙头企业，推动合一集团内容业务在双创基地发展壮大，吸引苏宁文化等大型内容公司入驻。打造特色企业，助力“复兴路上”工作室拓展新兴内容业务。支持喜马拉雅 FM、蜻蜓、万合天宜等新兴企业开展内容制作业务。汇聚小微企业，借助合一集团青年导演扶持计划和“土豆映像季”等品牌活动，扶持小微企业发展。依托上海市网络视听行业协会，开展项目路演。依托双创中心周边的大专院校，开展大学生创业孵化。

（三）推动网络影视艺术创作

以影视制作机构为载体，大力推动网络影视艺术原创，将核心价值观活灵活现地体现在网络影视作品中，努力创作一批有筋骨、有灵魂、有温度的网络影视艺术精品。创办创作沙龙，定期举办网络影视创作交流活动。坚持社会效益与经济效益相统一，加强创作评估，推动创作由“高原”向“高峰”的突破。建立项目储备机制，按照“推出一批、储备一批、谋划一批”的思路，建立上海网络影视艺术创作剧目题材库。

（四）加强网络影视艺术人才孵化

探索培育机制，研究制定网络影视艺术人才引进和培育办法，逐步形成产、学、研、用的良性互动体系。建立网络影视艺术领军人才、青年人才数据库。加强与业界知名企业、人才的沟通互动，做好在外地发展知名制作机构联系服务工作，鼓励它们来沪开展创作，助力提升上海网络影视制作机构提升内容原创水平。以提升网络影视业主的能力素质为重点，指导上海市网络视听行业协会做好网络视听艺术发展相关培训工作。

（五）优化网络影视艺术管理机制

建立宣传、文化部门主抓力推，社会参与的网络影视管理网络，强化网络影视艺术内容把关，不断探索网络影视管理机制，创新网络视听管理制度，逐步形成科学有效的内容监管体系。建立信息获取机制，利用文广影视监测中心平台，及时掌握网络影视艺术行业动态，做好精准分析研判。加强文艺管理立法，加强保护知识产权，切实保障网络影视艺术作家及从业人员的合法权益，推动网络影视艺术管理纳入法治化轨道。

五　扎实推动网络舞台繁荣

（一）鼓励网络舞台作品创作生产

建立内容引导机制，制定面向社会开放的网络舞台作品重大选题规划，重点支持体现中国梦主题、弘扬社会主义核心价值观、唱响爱国主义主旋律、传承中华优秀传统文化的精品佳作，鼓励创作紧跟时代发展、内容健康向上、人民喜闻乐见的流行文化。建立主体举手机制，推动国有文艺院团大胆试水网络舞台艺术原创，鼓励传统戏曲、戏剧、音乐、舞蹈等门类在互联网时代的艺术创新，营造一视同仁的环境，激发民营演艺团体及制作机构开展网络舞台作品创作的主动性与积极性。建立创新激励机制，在导向正确的前提下，允许和支持各种形式的网络演艺内容创意与载体创新，使网络舞台成为各类演艺类人才的创新与创业平台。建立舆论引导机制，发挥知名艺术家、文艺评论家、青年艺术人才及资深文艺爱好者的影响力，组织对网络文艺作品开展积极有益的艺术批评，提升网络文艺的审美情趣与审美水平，有效抵制网络舞台艺术趋利媚俗之风。

（二）支持网络演艺传播平台建设

充分利用上海传统演艺产业资源与市场优势，鼓励各类互联网文化经营企业特别是网络视听企业开展在线演出直播、转播、点播及线上线下互动业务，重点支持腾讯视频、乐视网、爱奇艺、优酷土豆、PPTV、芒果TV等骨干企业的已有网络演艺品牌建设，推动在沪形成网络演艺内容制作与传播基地。鼓励淘宝、微票、大麦、格瓦拉等网络票务平台建设，丰富在线传播内容与样式，扩大在线收看收听人群覆盖范围，探索众筹、娱乐宝等网络舞台演艺产品运营新模式。探索网络演艺要素市场和消费市场建设，使网络舞台真正成为各类演艺资源广泛集聚、上下游及跨界合作更加频繁、市场消费需求精准对位的重要集成平台。

（三）加强网络舞台演艺人才队伍建设

主动适应网络演艺发展需求，借鉴科创及高层次文化人才引进政策，研究制定网络舞台人才培养办法，建立网络演艺领军人才、骨干人才、青年人才数据库和阶梯式培养计划。发挥腾讯、乐视等网络平台对“海漂”演艺人才的平台吸附作用，形成有利于网络演艺人才脱颖而出的环境和机制。发挥演出行业协会作用，加强对网络舞台表演人才、管理人才、营销人才等培训。

（四）创新网络舞台内容管理机制

立足网络舞台发展特点，导入“互联网＋”理念再造网络舞台管理流程和管理举措，建立及时准确的信息获取渠道、科学准确的风险研判机制与快速有效的管理处置方法。同时，充分发挥行业协会的协调作用与骨干企业的垂范作用，形成依法管理、行业自律、企业内控、社会治理多合一的管理新格局，营造规范有序的网络舞台生态环境。

六　持续推动网络公共文化发展

（一）打造网上市民文化共享平台

落实《上海关于贯彻落实中共中央办公厅、国务院办公厅〈关于加快构建现代公共文化服务体系的意见〉的实施意见》，秉持政府主导、社会支持、各方参与、群众受益的办节理念，创新机制举办网上市民文化节。以人民“需要不需要、喜欢不喜欢、满意不满意”为标准，充分依托全市各类网络文艺主体，全方位加强对每年一届的上海市民文化节内容的网上推送，线上线下互动，让市民自编、自导、自唱、自演，自主参与、自得其乐，不断激发广大网民利用网络途径参与市民文化节的热情。

（二）实施市民艺术素养提升工程

加强对新型网上艺术业态、网上艺术形式创意品质和内涵的引领，着力培养一批被广大市民认同和喜欢的新型网上艺术品种、网上艺术项目、网上艺术样式。加大对优秀网上公共艺术产品的推介力度，向社会和市民推广一批网上高雅艺术精品、通俗艺术名品、民间艺术优品与酷艺术新品。利用上海国际艺术节、上海国际电影节和上海电视节等渠道，持续开展优秀网上公共文化内容供给。通过网络途径，开展公共艺术产品进社区、进校园、进小区、进郊区、进外来人员集聚区活动，网上公共艺术作品推荐阅读品鉴活动，让市民共享网络公共文化成果。

（三）大力营造网上艺术氛围

鼓励全市专业、业余作家加强网上大作及微文学创作，努力为网民提供可读性强的网上文学作品。推动全市国有、民营院团多生产适合网上传播的舞台艺术精品，让网民与一流艺术近距离接触。支持全市各级各类重大文化活动主体积极开展网民所喜欢节目的网上供给，让网民实时享受重大文化活动成果。推动全市各级各类美术机构加强适合网民口味的视觉艺术生产与展示、展览，让网民通过电脑、手机等终端及时获得美术大餐体验。引导全市各主流媒体及各类影视制作机构，积极履行网上艺术生产责任，着力为网民提供高品质的影视艺术服务。依托“1+17”公共文化供给网络，推动各相关网络主体开展剧场演出的网上同步直播，让网民在第一时间看到精彩的演出。

（四）拓展网络公共服务新空间

充分利用公共文化云平台，加快推进网络公共文化服务数字化建设，统筹实施全市文化信息资源共享、数字图书馆、数字博物馆、农村数字电影放映、数字农家书屋、城乡电子阅报屏等项目建设，在基层实现共建共享，免费或者低价为市民提供健康优质的网络公共文化服务。丰富网络公共文化主体，鼓励和支持更多的网络文艺主体参与提供网络公共文化服务。推动网络文艺主体与公共文化机构融合发展，以需求为导向，以核心价值观、优秀传统文化、非物质文化遗产等为主要内容，联手加强网络公共文化产品供给，不断满足市民的网络文化需求。

七　大力推动网络美术发展

（一）推动网络美术创作

打造网络艺术家平台，以核心价值观为引领，鼓励网络艺术家创作更多积极向上的国画、油画、版画、雕塑、书法、壁画、摄影等传统视觉艺术精品，以及动漫、影像、装置、新媒体、当代水墨、行为艺术等新兴艺术门类美术创作新品。重点推动腾讯“原创馆”、雅昌艺术网“艺术家”、99 艺术网“艺术家”等网络美术主体发展壮大。建立网络原创美术评论机制，建立评论家队伍，利用传统媒体和网络媒体等载体，加大对网络美术作品的评论力度，以评论促进网络美术原创力的提升。

（二）创新网络美术发展模式

推进刘海粟美术馆与腾讯“原创馆”合作办展，设立网络艺术家专题展厅，采用线上、线下即时互动的模式，加强观众与艺术家的交流。加大与雅昌艺术网、99 艺术网等专业媒体的合作，鼓励国有和民营美术馆为优秀网络艺术家提供展示空间，推进网络美术传播。加强与本市美术类高校合作，发挥现有网络展示平台的传播优势，举办本市美术类高校毕业生网上作品展。推动重大美术创作工程、大型美术展览向网络延伸，打造网上专题展厅。

（三）加强数字美术馆建设

实现本市美术馆数字化联网，并与世界各大主要美术馆实现数字化联网。进一步发挥数字美术馆的信息导向作用，加强美术展示方式的创新发展。加快推进美术馆藏品数字化录入工作，打造微信、微博、移动客户端等多载体展示平台。创新青年网络美术板块，专门展示视频、动漫等新兴艺术门类。整合完善数字美术馆年报制度，将数字美术馆建设列入美术馆年度考核重要指标。

（四）推动人才队伍建设

建立网络美术创作、评论、策划等领域的领军人才、青年人才数据库，实时掌握网络美术人才信息。为优秀年轻艺术家搭建实体创作与展示平台，鼓励外地青年艺术家来沪设立工作室，积极为他们提供相关政策保障。实施优秀网络美术人才培养计划，举办网络艺术家、网络策展人、网络美术评论家等培训班。加强本市国有、民营美术馆，美术创作机构与网络美术人才的合作与交流，吸引优秀网络艺术家参与本市美术创作工程。

（五）拓展网络美术空间

依托国家“一带一路”战略、上海文化“走出去”项目、国家驻外文化中心（特别是比利时文化中心），推动上海网络美术走向世界，扩大上海在世界文艺大格局中的影响力和话语权。延伸联系手臂，完善工作机制，创新组织方式，做好团结、引导、服务新的网络美术组织和网络群体工作。联合宣传、文化和文联等部门，在项目申报、教育培训、评比奖励等方面为新的网络美术组织和群体创造条件，为他们在发展会员、职称评定等方面提供便利。

（六）优化网络美术管理机制

用网络美术教育、美术熏陶、美术体验等方式，加强对社会思潮的引领。创新网络美术常态化管理机制，多渠道掌握网络美术行业信息，有效把住网络美术内容关口。关注艺术家、评论家、策展人的布展动态，关注新兴美术样式和职业的变化，加强综合研判与应对。加快建立艺术品、藏品版权保障制度，切实保障网络艺术家和美术馆的合法权益。

B.9
上海文化教育消费相关态势分析与增长空间测算

王亚南*

摘　要：本报告基于1994～2014年的相关增长数据，以扩大消费需求和促进城乡共享为目标，检测2014年上海城乡文化教育消费需求总量的“应有”空间：消除负相关测算1477.22亿元，最佳比例值测算1865.75亿元，最小城乡比测算1953.48亿元，弥合城乡比测算2031.12亿元，城乡无差距测算2001.10亿元，而2014年上海实际总量仅为801.51亿元。

关键词：文化教育　扩大消费　文教消费

2016年，全国扩大文化消费试点工作由局部推展开来。此项工作势必面临的复杂问题在于，文化消费增长不足的“应然差距”到底在哪里？扩大文化消费需求的“应有空间”究竟有多大？这些问题首先需要检测清楚，否则，从哪里着手加以扩大？向何处着力进一步扩大？本文以上海为例，展开相关态势分析与增长空间测算。

多年以来，我国公开出版发布统计数据时，对于城镇居民人群的

* 王亚南，云南省社会科学院研究员、文化研究中心主任，中国人文发展研究与评价实验室首席科学家，主要研究方向为文化发展、民生发展量化分析检测研究。

文化消费与教育消费是有区分的，但对乡村居民人群的文化消费与教育消费未予区分，而笼统视为“文化消费”。实际上，乡村居民“文化消费”比例很低，视之为“教育消费”更为合适。因此，本文反过来取城镇文化消费与教育消费之和，针对整个“教育文化娱乐”消费分类统计项进行综合分析。为了表达的方便，按照日常用词简称“文化教育消费”或“文教消费”。

按照经济社会一般发展的内在逻辑联系和当今中国发展的现实状况，本项检测体系提取出三对数据组，分别形成特定的相关性比值：（1）居民收入与产值的相对比值，以考察民生基础层面；（2）居民非文消费占收入的相对比值，以考察民生消费层面；（3）居民文化教育消费与非文消费剩余的相对比值，以考察文化需求层面。其中后两项比值分析前所未见，是本项测评从中国现实出发，创制出的独到构思设计，完全没有以往经验和现成数据可供参照，于是既往事实生成的历年统计数据成为第一手参考依据。这三项比值的历年最佳值成为相关增长协调性分析的应然参考值。

“城乡比”倒数演算和“地区差”指标演算更是本项研究评价的独创方法，用以检测全国及各地在民生基础层面、民生消费层面、文化需求层面上城乡差距、地区差距的发展缺陷。本文同时检验上海既往年度这三个层面的“城乡比”变动态势，并提取三项“城乡比”历年最小值，作为城乡之间相关增长均衡性分析的应然参考值。另外，本文特地展开“文化教育消费”综合分析，这样得出的“城乡比”指标分析结果将更加准确，由此测算缩小以至消除“城乡比”的应然增长和理想增长目标也更加合理。不过，本文仅为上海一地单独分析，“地区差”指标暂且搁置不用。

必须强调，城乡差距、地区差距是中国历史遗存于社会结构“非均衡性”的最深刻鸿沟，改朝换代的动荡爆发于城乡鸿沟，割据分裂的动乱爆发于地区鸿沟，这就是“中国历史周期率”的深层社会体制根源。时至今日，我国政治、行政高度统一，经济、社会、民生方面政策在各地却有不同。最基本的公共服务和社会保障领域只有各地标准的“同城待遇”，而无“国民待遇”。因此，凡是涉及全国及各地大范围经济、社会、民生发展考量，城乡差距、地区差距分析必须作为“中国特色”最重要的检测指标，倘若无意遗漏或有意规避，那么势必严重脱离中国历史和现实，几乎无法厘清任何全局性问题。

一　文化教育消费增长及其相关背景态势

（一）1994 ~2014年城乡文化教育消费增长状况

文化教育消费需求总量是文化教育产业生产总量实际进入民众日常生活消费的具体表现，也是文化教育建设和文化教育生产的发展成果实际转化为居民文化教育消费需求的具体体现。不过，总量数值演算会产生较大误差，这是因为在既有年度统计数据里，各地各类总量数据之和并不等于全国总量，本身就存在误差。此外，由于历年人口增长基数不同，人均值增幅演算更具可比性。因此，本文主要基于人均数值展开分析测算，仅在开头和结尾处提供总量分析演算数值，以利于把握总体态势。

20 年来，上海城乡文化教育消费总量和人均值增长态势见图 1。囿于制图篇幅限制，其中前几个五年时段末年直接对接，文中分析历年增长变化态势时，运用数据库后台演算功能，检测结果包含图中省略年度（后同）。

1994 ~2014 年，上海城乡文化教育消费总量由 44. 12 亿元增至 801. 51 亿元，增加 757. 39 亿元，20 年间总增长 1716. 66%，年均增长 15. 60%。最高增长年度为 1996 年，增长率为 68. 93%；最低增长

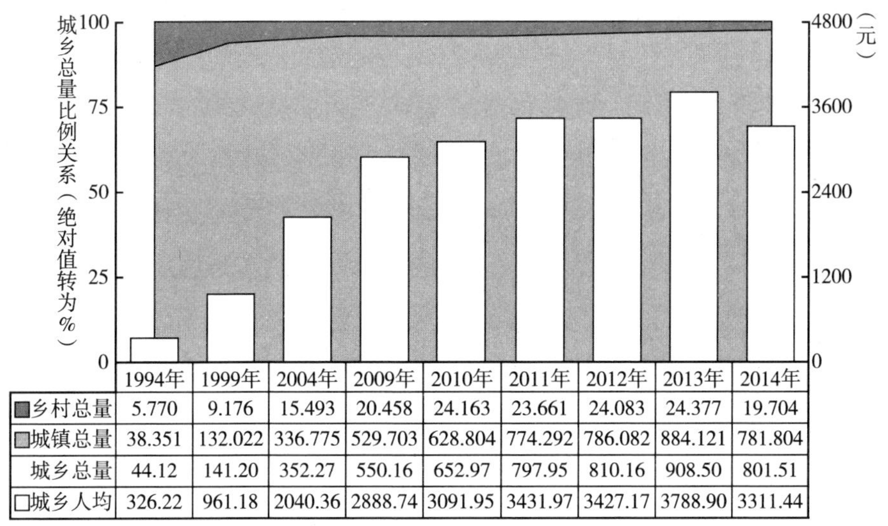

	1994年	1999年	2004年	2009年	2010年	2011年	2012年	2013年	2014年
■乡村总量	5.770	9.176	15.493	20.458	24.163	23.661	24.083	24.377	19.704
▨城镇总量	38.351	132.022	336.775	529.703	628.804	774.292	786.082	884.121	781.804
城乡总量	44.12	141.20	352.27	550.16	652.97	797.95	810.16	908.50	801.51
□城乡人均	326.22	961.18	2040.36	2888.74	3091.95	3431.97	3427.17	3788.90	3311.44

图 1　上海城乡文化教育消费总量和人均值增长态势

说明：左轴面积（亿元转换为%）：上海城乡文化教育消费总量，城乡间历年变动呈直观比例，二者（取 3 位小数）之和为城乡总量；右轴柱形（元）：上海城乡人均文化教育消费。数据演算来源为国家统计局《中国统计年鉴》相应年卷。

年度为 2014 年，负增长 11.78%。其中，第一个五年（1994～1999 年，后同）年均增长 26.19%，第二个五年（1999～2004 年，后同）年均增长 20.06%，第三个五年（2004～2009 年，后同）年均增长 9.33%，第四个五年（2009～2014 年，后同）年均增长 7.82%。各五年时段相比，上海城乡文化教育消费总量第四个五年年均增幅低于第一个五年 18.37 个百分点，低于第二个五年 12.24 个百分点，也低于第三个五年 1.51 个百分点。

同期，上海城镇文化教育消费总量由 38.35 亿元增至 781.80 亿元，增加 743.45 亿元，20 年间总增长 1938.59%，年均增长 16.27%。最高增长年度为 1996 年，增长率为 73.72%；最低增长年度为 2014 年，负增长 11.57%。其中，第一个五年年均增长 28.05%，第二个五年年均增长 20.60%，第三个五年年均增长 9.48%，第四个五年年均增长

8.10%。各五年时段相比，上海城镇文化教育消费总量第四个五年年均增幅低于第一个五年19.95个百分点，低于第二个五年12.50个百分点，也低于第三个五年1.38个百分点。

同期，上海乡村文化教育消费总量由5.77亿元增至19.70亿元，增加13.93亿元，20年间总增长241.42%，年均增长6.33%。最高增长年度为1996年，增长率为28.78%；最低增长年度为2014年，负增长19.17%。其中，第一个五年年均增长9.73%，第二个五年年均增长11.03%，第三个五年年均增长5.72%，第四个五年年均负增长0.75%。各五年时段相比，上海乡村文化教育消费总量第四个五年年均增幅低于第一个五年10.48个百分点，低于第二个五年11.78个百分点，也低于第三个五年6.47个百分点。

在此期间，上海城乡综合演算人均文化教育消费由326.22元增至3311.44元，增加2985.22元，20年间总增长915.09%，年均增长12.29%。最高增长年度为1996年，增长率为65.17%；最低增长年度为2014年，负增长12.60%。其中，第一个五年年均增长24.12%，第二个五年年均增长16.25%，第三个五年年均增长7.20%，第四个五年年均增长2.77%。各五年时段相比，上海城乡人均值第四个五年年均增幅低于第一个五年21.35个百分点，低于第二个五年13.48个百分点，也低于第三个五年4.43个百分点。

20年以来，上海城乡文化教育消费需求增长显露出两个不利态势：（1）城镇总量增量高达乡村增量的8.03倍，而城镇人均值年均增长幅度高出乡村年均增幅5.85个百分点，城乡差距显著扩大；（2）后10年年均增长幅度比前10年明显下降，无论是总量，还是人均值，情况都是如此。

在前后时间段之间、城镇与乡村之间进行增长对比只是一种表层比较，文化教育消费需求态势分析不能局限于自身范围内孤立进行，有必要放到经济增长、民生增进的社会背景当中展开相关各方面的系统考察。鉴于用人均数值演算更为精确，以下采用人均值进行后续分析。

（二）1994 ~2014年经济和民生背景增长状况

本文后续各图表将逐步展示上海相关背景各方面历年增长数据，此处先把各项绝对值转换为年度增长百分指数，每个年度皆以上一年数值为100，形成上海人均产值、城乡人均收入、消费（分为非文消费与文教消费）和积蓄增长态势（见图2），图2以具有典型性的2000 ~2010 年为例。

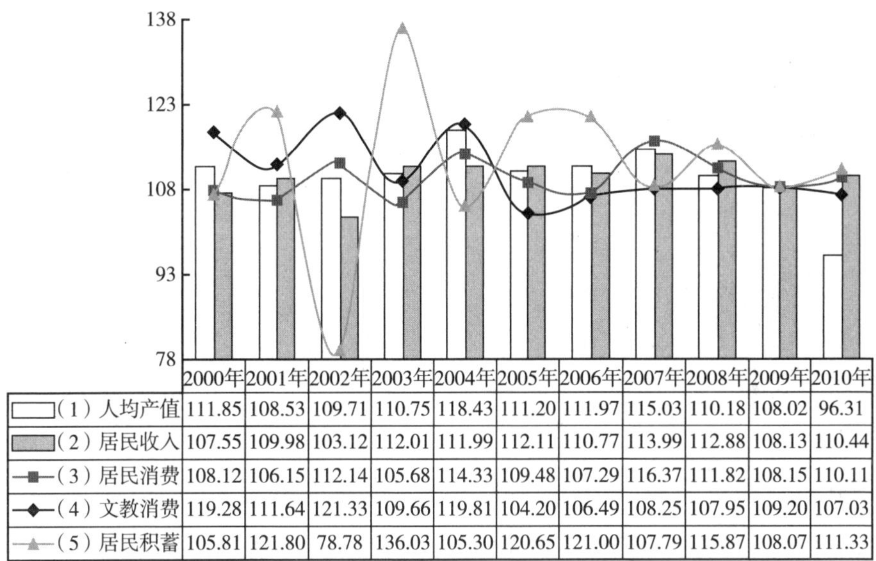

	2000年	2001年	2002年	2003年	2004年	2005年	2006年	2007年	2008年	2009年	2010年
（1）人均产值	111.85	108.53	109.71	110.75	118.43	111.20	111.97	115.03	110.18	108.02	96.31
（2）居民收入	107.55	109.98	103.12	112.01	111.99	112.11	110.77	113.99	112.88	108.13	110.44
（3）居民消费	108.12	106.15	112.14	105.68	114.33	109.48	107.29	116.37	111.82	108.15	110.11
（4）文教消费	119.28	111.64	121.33	109.66	119.81	104.20	106.49	108.25	107.95	109.20	107.03
（5）居民积蓄	105.81	121.80	78.78	136.03	105.30	120.65	121.00	107.79	115.87	108.07	111.33

图2　上海人均产值、城乡人均收入、消费和积蓄增长态势

说明：左轴：年度增长指数（产值、居民收入为柱形，其余为曲线）：上年=100，小于100为负增长。2000 ~2010（后台检测1994 ~2014）年增长相关系数：（1）与（2）为0.2247（极弱正相关），与（4）为0.3384（极弱正相关）；（2）与（3）为0.2021（极弱正相关），与（4）为 -0.6220（很强负相关）；（4）与（5）为 -0.6644（很强负相关），其中2000 ~2013年长时段为 -0.6430（很强负相关），2000 ~2004年极值为 -0.9144（极强负相关），形成横向镜面峰谷对应水中倒影。文教消费需求的“积蓄增长负相关效应”显著，而与产值增长相关性甚微，与居民收入增长相关性逆反。

在各项连续性年度增长指数中，依据地区产值增长→居民收入增高→非文消费（设定为“必需消费”）占收入比重降低→必需消费之外余钱增多→“非必需”精神文化消费需求增进的内在逻辑联系，选取几组具有特定相关性的数据项。

数据项标号（1）左侧柱形系产值年增指数，（2）右侧柱形系居民收入年增指数，（4）带圆形曲线系文教消费年增指数。（1）与（2）相关系数为0.2247，即历年增长保持22.47%程度同步，其间历年高低对比可见当年增长同步关系；（1）与（4）相关系数为0.3384，即历年增长保持33.84%程度同步，其间相关性甚微。

数据项标号（2）居民收入年增指数，（3）带方形曲线系居民消费年增指数，（4）文教消费年增指数。（2）与（3）相关系数为0.2021，即历年增长保持20.21%程度同步；（2）与（4）相关系数为负值0.6220，即历年增长形成62.20%程度逆向同步，其间相关性逆反。

数据项标号（4）文教消费年增指数，（5）带三角形曲线系居民积蓄年增指数，二者相关系数为负值0.6644。分时间段继续考察，其间“负相关”程度在2000～2008年为71.33%，2002～2009年为72.75%，2000～2006年为77.63%，2005～2010年为79.87%，2000～2004年为91.44%，构成显著的逆向互动关系，即日常所说的“成反比”。就上海城乡人均积蓄与文教消费二者历年增长的相关性而言，不妨简单理解为，在前者增长幅度持续上升的同时，后者增长幅度反而逆向下降，只不过不同时间段上逆向变动程度有所不同而已，反之亦然。若在正相关关系中，这样的相关程度并不算高，但在负相关关系中，这样的相关程度已经极高。

对比图中上海城乡人均积蓄与文教消费两条年度增长曲线，大部分年度大致呈现横向镜面峰谷对应水中倒影负相关关系。其中，2002年、2004年、2000年人均积蓄年度增长跌入低谷，甚至呈现为负增长，与之对应的是人均文教消费年度增长出现高峰；2002年、2003年、2006~2007年人均积蓄年度增长形成高峰，与之对应的是人均文教消费年度增长陷入低谷。二者之间存在着不可忽视的“负相关”关系，上海城乡文教消费需求的“积蓄增长负相关效应”显著。

这就是本项研究多年以前揭示出来的，并不断补充后续年度数据一再加以证实的一个重要发现——中国文化消费需求动向体现出“积蓄增长负相关效应”。本研究认为其社会背景因素在于，完善市场经济体制建设必须辅之以健全社会保障体系相配套，而我国社会保障体系建设严重滞后，广大民众不得不更加注重积蓄以求“自我保障”，譬如建立“家庭购房基金”“子女教育基金”“个人病老基金”等。加大“必需积蓄”势必抑制消费，中国经济增长长时期面临内需不足的困扰，其根本原因就在这里。刚性的必需消费难减，“非必需”的精神文化消费自然会受到挤压。

二　民生基础增长的协调性、均衡性检测

本研究以“民生基础系数”定义国民总收入（产值为其近似值）与居民收入的关系，直接反映“初次分配”状况，居民收入增加正构成民生增进的基础（就业不在本项研究直接检测范围之内）。由于“国民总收入”组成中“国外净要素收入”部分甚微，本项研究把“国内生产总值”视为“国民总收入”的近似替代数据。在本文里，该项系数值体现为居民收入与产值的相对比值，以数值大为佳。文中以此系数来检验经济增长带动居民收入增高的变动态势，作为其间增长协调性分析的依据；并提取既往年度历年最佳比值，作为测算当前增长差距和未来增长目标的应然参考值。

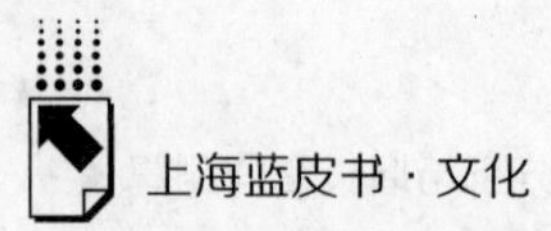

（一）民生基础系数的增长协调性检测

20 年来上海城乡人均收入、产值绝对值及其比值变动态势见图 3，图中将居民收入、产值绝对值转换为图形面积比例，二者历年之比形成民生基础系数变动曲线。

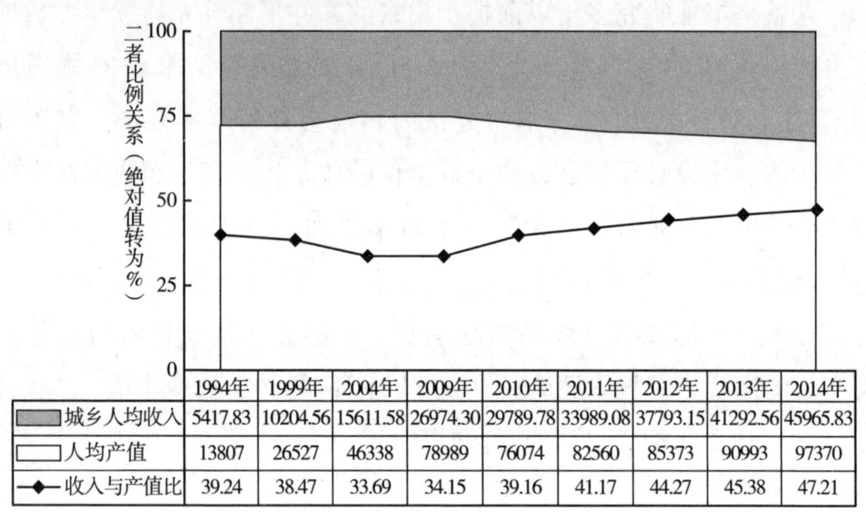

	1994年	1999年	2004年	2009年	2010年	2011年	2012年	2013年	2014年
城乡人均收入	5417.83	10204.56	15611.58	26974.30	29789.78	33989.08	37793.15	41292.56	45965.83
人均产值	13807	26527	46338	78989	76074	82560	85373	90993	97370
收入与产值比	39.24	38.47	33.69	34.15	39.16	41.17	44.27	45.38	47.21

图 3　上海城乡人均收入、产值绝对值及其比值变动态势

说明：左轴面积（元转换为%）：城乡人均收入、产值，二者变动呈直观比例；左轴曲线（%）：相互间历年之比形成民生基础系数。

1994～2014 年，上海城乡居民人均收入年均增长 11.28%，人均产值年均增长 10.26%，人均产值增幅低于居民收入增幅 1.02 个百分点。其中，第一个五年，居民收入年均增长 13.50%，产值年均增长 13.95%，高于居民收入增幅 0.45 个百分点；第二个五年，居民收入年均增长 8.88%，产值年均增长 11.80%，高于居民收入增幅 2.92 个百分点；第三个五年，居民收入年均增长 11.56%，产值年均增长 11.26%，低于居民收入增幅 0.30 个百分点；第四个五年，居民收入年均增长 11.25%，产值年均增长 4.27%，低于居民收入增幅 6.98 个百分点。各五年时段分别考察，二者增长差距在第一个五年略微加大，在第二个五年显著加大，在第三个五年明显减小，在第四个五年反向扩大。最近两个五年期居民收入增长反超产值增长。

20 年间，上海城乡居民收入与产值比的最低值为 2007 年的 33.30%，最高（最佳）值为 2014 年的 47.21%。逐年考察，除了 1995~1998 年、2000 年、2002 年、2004 年、2006 年、2007 年出现回落以外，上海的此项比值逐步上升，由 1994 年的 39.24% 提高至 2014 年的 47.21%，处于 31 个省域里第 4 位。民生基础系数呈现出增高趋势，意味着在经济增长的同时“人民共享发展成果”程度逐渐提高，说明 20 年来上海经济增长带动居民收入增多的实际成效明显。本项研究将此变动态势作为一项检测指标，按照已经取得的“协调增长”实际进展继续推演测算。

（二）民生基础层面的增长均衡性检测

20 年来上海乡村与城镇人均收入绝对值、城乡比变动态势见图 4，图 4 将乡村居民与城镇居民收入绝对值转换为图形面积比例，城乡间历年之比形成收入城乡比变动曲线。

1994 年~2014 年，上海乡村居民人均收入年均增长 9.52%，城镇居民人均收入年均增长 11.16%，高于乡村增幅 1.64 个百分点。其中，第一个五年，乡村居民收入年均增长 9.50%，城镇居民收入年均增长 13.17%，高于乡村增幅 3.67 个百分点；第二个五年，乡村居民收入年均增长 5.49%，城镇居民收入年均增长 8.82%，高于乡村增幅 3.33 个百分点；第三个五年，乡村居民收入年均增长 12.05%，城镇居民收入年均增长 11.57%，低于乡村增幅 0.48 个百分点；第四个五年，乡村居民收入年均增长 11.17%，城镇居民收入年均增长 11.11%，低于乡村增幅 0.06 个百分点。各五年时段分别考察，城乡收入增长差距在第一个五年较明显扩大，在第二个五年较明显扩大，在第三个五年略微缩小，在第四个五年略微缩小。

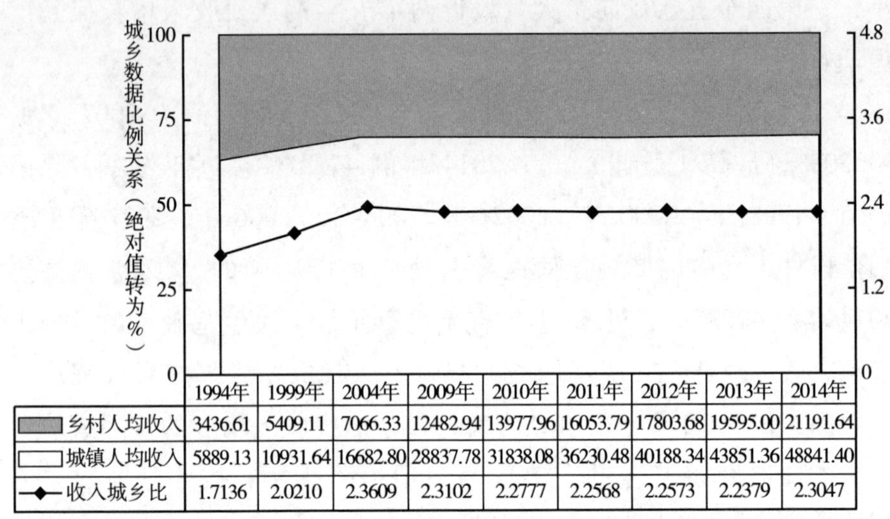

	1994年	1999年	2004年	2009年	2010年	2011年	2012年	2013年	2014年
乡村人均收入	3436.61	5409.11	7066.33	12482.94	13977.96	16053.79	17803.68	19595.00	21191.64
城镇人均收入	5889.13	10931.64	16682.80	28837.78	31838.08	36230.48	40188.34	43851.36	48841.40
收入城乡比	1.7136	2.0210	2.3609	2.3102	2.2777	2.2568	2.2573	2.2379	2.3047

图4　上海乡村与城镇人均收入绝对值、城乡比差变动态势

说明：左轴面积（元转换为%）：城乡人均收入，城乡间历年变动呈直观比例；右轴曲线：收入城乡比（乡村=1）。

作为城乡差距的衡量指标，20年间，上海人均收入城乡比的最小（最佳）值为1997年1.5992，最大值为2004年2.3609。逐年考察，除了1995~1997年、2002年、2005年、2009~2011年、2013年出现缩减以外，上海此项城乡比逐步扩增，由1994年的1.7136扩大至2014年的2.3047，处于31个省域里第7位。居民收入的城乡差距呈现出扩增趋势，意味着在民生基础层面城乡之间“共享发展成果”的程度有所降低，表明20年来上海经济增长带动居民收入增多的实际成效在城乡之间有失平衡。本项研究将此变动态势作为一项检测指标，推演测算由此而来的城乡“均衡发展”应然差距。

由此推演出若干假定测算：（1）上海城乡2014年居民收入与产值比为最佳值，演算结果不变；（2）如果在最佳比值基础上再实现1997

年人均收入最小城乡比，那么城乡人均收入应为46938.22元；（3）如果进一步弥合城乡比实现均等，那么城乡人均收入应为48841.40元。

三　民生消费增长的协调性、均衡性检测

本项研究以“民生消费系数”定义居民收入与必需生活开支的关系，类比于极致放大的“恩格尔系数”关系，市场经济条件下的必需消费正涵盖整个基本民生范畴。在本文里，该项系数值体现为全国及各地居民非文教消费（设定为必需消费）占收入的相对比值，以数值小为佳，反转过来看即以非文教消费剩余比重增大为佳。文中以此系数来检验经济增长、居民收入增高带来必需生活开支之外余钱增多的变动态势，作为其间增长协调性分析的依据；并提取既往年度以来历年最佳比值，作为测算当前增长差距和未来增长目标的应然参考值。

（一）民生消费系数的增长协调性检测

20年来上海城乡人均非文教消费、收入绝对值及其比值变动态势见图5，图5将非文教消费、收入绝对值转换为图形面积比例，二者历年之比形成民生消费系数变动曲线。

1994～2014年，上海城乡居民人均非文教消费年均增长10.60%，人均收入年均增长11.28%，高于非文教消费增幅0.68个百分点。其中，第一个五年，非文教消费年均增长11.08%，居民收入年均增长13.50%，高于非文教消费增幅2.42个百分点；第二个五年，非文教消费年均增长8.07%，居民收入年均增长8.88%，高于非文教消费增幅0.81个百分点；第三个五年，非文教消费年均增长11.22%，居民收入年均增长11.56%，高于非文教消费增幅0.34个百分点；第四个五年，非文教消费年均增长12.07%，居民收入年

均增长11.25%，低于非文教消费增幅0.82个百分点。各五年时段分别考察，二者增长差距在第一个五年显著加大，在第二个五年较明显加大，在第三个五年略微加大，在第四个五年较明显减小。

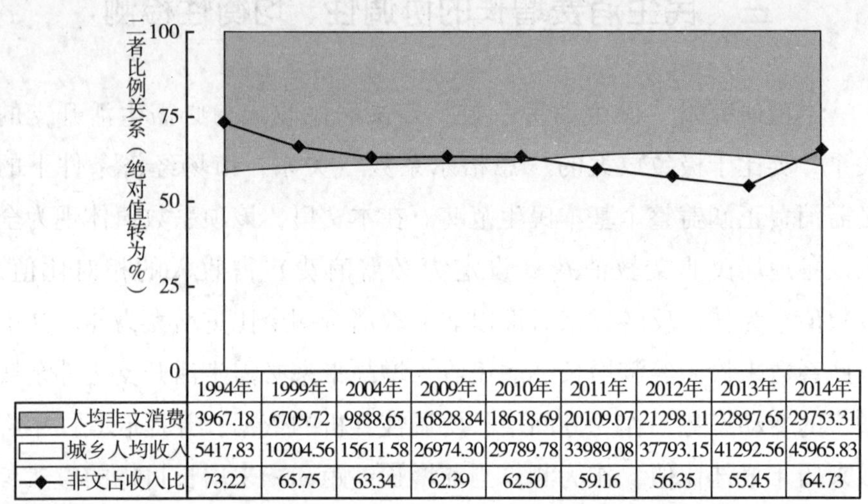

	1994年	1999年	2004年	2009年	2010年	2011年	2012年	2013年	2014年
人均非文消费	3967.18	6709.72	9888.65	16828.84	18618.69	20109.07	21298.11	22897.65	29753.31
城乡人均收入	5417.83	10204.56	15611.58	26974.30	29789.78	33989.08	37793.15	41292.56	45965.83
非文占收入比	73.22	65.75	63.34	62.39	62.50	59.16	56.35	55.45	64.73

图5　上海城乡人均非文教消费、收入绝对值及其比值变动态势

左轴面积（元转换为%）：城乡人均非文教消费、收入，二者变动呈直观比例；左轴曲线（%）：相互间历年之比形成民生消费系数。

20年间，上海城乡居民非文教消费占收入比的最高值为1995年的74.96%，最低（最佳）值为2013年的55.45%。逐年考察，除了1995年、2002年、2004年、2007年、2010年、2014年出现回升以外，上海城乡此项比值逐步下降，由1994年73.22%降低至2014年64.73%，处于31个省域里第14位。民生消费系数呈现出减低趋势，亦即必需消费之外余钱占收入比重增高，意味着从“基本小康”到“全面小康”建设的民生效应日益得以显现。这是本项研究的独有设计带来的一个发现，说明20年来上海居民收入增长，保证必需消费后余钱增多的实际成效明显。本项研究将此变动态势作为一项检测指标，按照已经取得的“协调增长”实际进展继续推演测算。

2. 民生消费层面的增长均衡性检测

20 年来上海乡村与城镇人均非文教消费绝对值、城乡比变动态势见图 6，图 6 将乡村居民与城镇居民非文教消费绝对值转换为图形面积比例，城乡间历年之比形成非文教消费城乡比变动曲线。

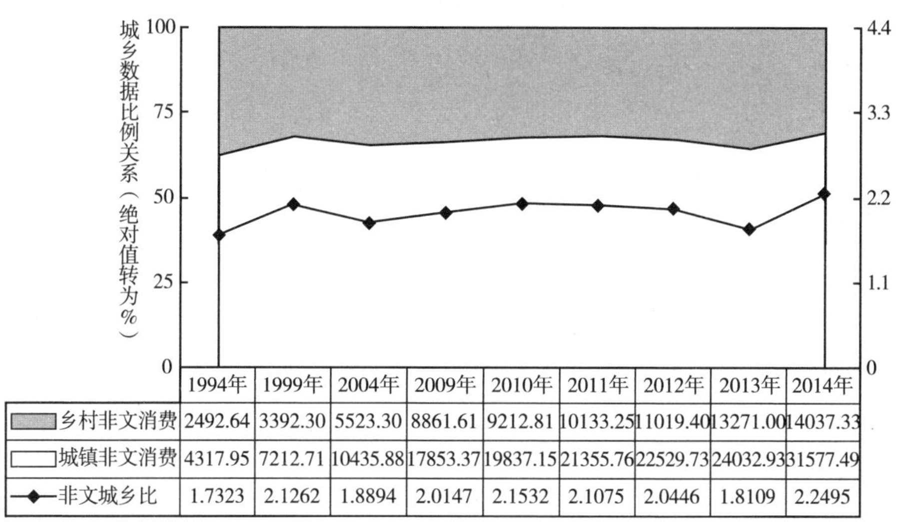

	1994年	1999年	2004年	2009年	2010年	2011年	2012年	2013年	2014年
乡村非文消费	2492.64	3392.30	5523.30	8861.61	9212.81	10133.25	11019.40	13271.00	14037.33
城镇非文消费	4317.95	7212.71	10435.88	17853.37	19837.15	21355.76	22529.73	24032.93	31577.49
非文城乡比	1.7323	2.1262	1.8894	2.0147	2.1532	2.1075	2.0446	1.8109	2.2495

图 6　上海乡村与城镇人均非文教消费绝对值、城乡比变动态势

说明：左轴面积（元转换为%）：城乡人均非文教消费，城乡间历年变动呈直观比例；右轴曲线：非文教消费城乡比（乡村 =1）。

1994 ~2014 年，上海乡村居民人均非文教消费年均增长 9.03%，城镇居民人均非文教消费年均增长 10.46%，高于乡村增幅 1.43 个百分点。其中，第一个五年，乡村居民非文教消费年均增长 6.36%，城镇居民非文教消费年均增长 10.81%，高于乡村增幅 4.45 个百分点；第二个五年，乡村居民非文教消费年均增长 10.24%，城镇居民非文教消费年均增长 7.67%，低于乡村增幅 2.57 个百分点；第三个五年，乡村居民非文教消费年均增长 9.92%，城镇居民非文教消费年均增长 11.34%，高于乡村增幅 1.42 个百分点；第四个五年，乡村居民非文教消费年均增长 9.64%，城镇居民非文教消费年均增长

12.08%，高于乡村增幅2.44个百分点。各五年时段分别考察，城乡非文教消费增长差距在第一个五年明显扩大，在第二个五年较明显缩小，在第三个五年略微扩大，在第四个五年较明显扩大。

作为城乡差距的衡量指标，20年间，上海人均非文教消费城乡比的最小（最佳）值为1997年的1.5826，最大值为2014年的2.2495。逐年考察，除了1995～1997年、2001～2003年、2005～2006年、2011～2013年出现缩减以外，上海此项城乡比逐步扩增，由1994年的1.7323扩大至2014年的2.2495，处于31个省域里的第20位。“必需的”非文教消费的城乡差距呈现出扩增趋势，意味着在民生消费层面城乡之间“共享发展成果”的程度有所降低。这也是本项研究的独有设计带来的一个发现，表明20年来上海居民收入增多带来必需消费之外余钱增多的实际成效在城乡之间有失平衡。本项研究将此变动态势作为一项检测指标，推演测算由此而来的城乡“均衡发展”应然差距。

由此推演出若干假定测算：（1）如果上海城乡居民非文教消费占收入比保持2013年最佳水平，那么2014年城乡人均非文教消费应为25489.09元，取上一类最佳比值叠加测算，城乡人均非文教消费应为25489.09元，收入与之差即非文教消费剩余增至20476.74元；（2）如果在至此两项最佳比值基础上再实现1997年人均非文教消费最小城乡比，那么城乡人均非文教消费应为26016.10元，收入与之差即非文教消费剩余增至20922.12元；（3）如果进一步弥合城乡比实现均等，那么城乡人均非文教消费应为27051.82元，收入与之差即非文教消费剩余增至21789.58元。

四　文化需求增长的协调性、均衡性检测

本项研究以“文化需求系数”定义必需生活开支之外余钱与文

化教育消费需求的关系，间接涉及“二次分配”状况，必需消费之外余钱正属于“非必需”精神消费的前提。在本文里，该项系数值体现为全国及各地居民文化教育消费与非文教消费剩余（必需生活开支之外余钱部分）的相对比值，以数值大为佳。文中以此系数来检验各地居民收入增高、必需生活开支之外余钱增多是否带来文化教育消费需求增进的变动态势，作为其间增长协调性分析的依据，并提取既往年度历年最佳比值，作为测算当前增长差距和未来增长目标的应然参考值。

（一）文化需求系数的增长协调性检测

20 年来上海城乡人均文教消费、非文教消费剩余绝对值及其比值变动态势见图 7，图 7 将文教消费、非文教消费剩余绝对值转换为图形面积比例，二者历年之比形成文化需求系数变动曲线。

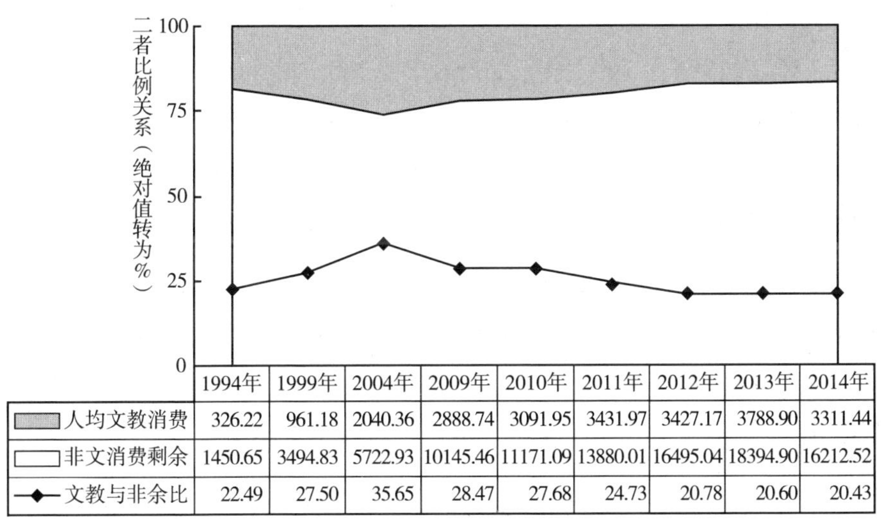

	1994年	1999年	2004年	2009年	2010年	2011年	2012年	2013年	2014年
人均文教消费	326.22	961.18	2040.36	2888.74	3091.95	3431.97	3427.17	3788.90	3311.44
非文消费剩余	1450.65	3494.83	5722.93	10145.46	11171.09	13880.01	16495.04	18394.90	16212.52
文教与非余比	22.49	27.50	35.65	28.47	27.68	24.73	20.78	20.60	20.43

图 7　上海城乡人均文化教育消费、非文教消费剩余绝对值及其比值变动态势

说明：左轴面积（元转换为%）：城乡人均文教消费、非文教消费剩余，二者变动呈直观比例；左轴曲线（%）：相互间历年之比形成文化需求系数。

1994~2014年，上海城乡居民人均文教消费年均增长12.29%，人均非文教消费剩余年均增长12.83%，高于文教消费增幅0.54个百分点。其中，第一个五年，文教消费年均增长24.12%，非文教消费剩余年均增长19.23%，低于文教消费增幅4.89个百分点；第二个五年，文教消费年均增长16.25%，非文教消费剩余年均增长10.37%，低于文教消费增幅5.88个百分点；第三个五年，文教消费年均增长7.20%，非文教消费剩余年均增长12.13%，高于文教消费增幅4.93个百分点；第四个五年，文教消费年均增长2.77%，非文教消费剩余年均增长9.83%，高于文教消费增幅7.06个百分点。各五年时段分别考察，二者增长差距在第一个五年显著减小，在第二个五年显著减小，在第三个五年显著加大，在第四个五年显著加大。

20年间，上海城乡居民文教消费与非文教消费剩余比的最高（最佳）值为2002年的37.64%，最低值为2014年的20.43%。逐年考察，除了1995~1996年、2000年、2002年、2004年、2007年、2009年出现回升以外，上海城乡此项比值逐步下降，由1994年的22.49%降低至2014年的20.43%，处于31个省域里的第22位。文化需求系数呈现出减低趋势，意味着“非必需”的文教消费需求依然受到“积蓄增长负相关效应”的反向牵制。这还是本项研究的独有设计带来的一个发现，说明20年来上海居民必需消费之外余钱增多后文教消费需求并未随之增长。本项研究将此变动态势作为一项检测指标，推演测算由此而来的“协调增长”应然差距。

（二）文化需求层面的增长均衡性检测

20年来上海乡村与城镇人均文化教育消费绝对值、城乡比变动态势见图8，图8将乡村居民与城镇居民文化教育消费绝对值转换为图形面积比例，城乡间历年之比形成文化教育消费城乡比变动曲线。

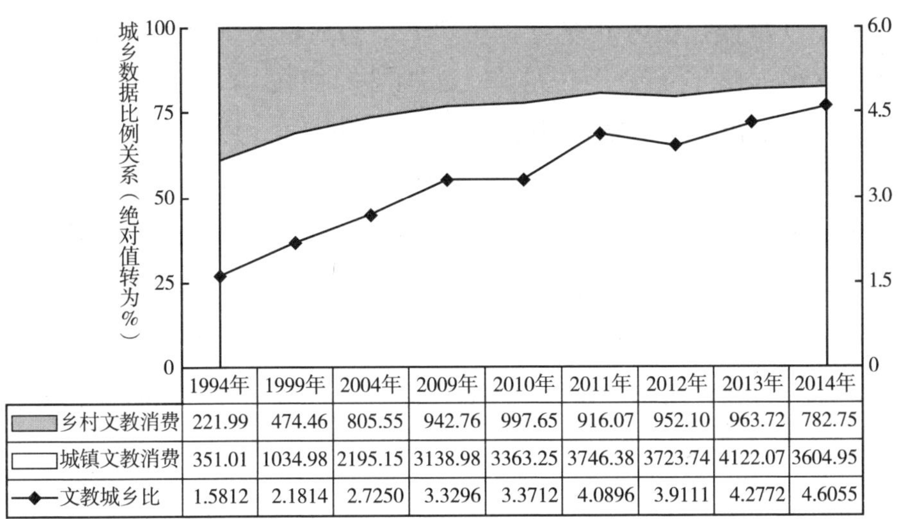

	1994年	1999年	2004年	2009年	2010年	2011年	2012年	2013年	2014年
乡村文教消费	221.99	474.46	805.55	942.76	997.65	916.07	952.10	963.72	782.75
城镇文教消费	351.01	1034.98	2195.15	3138.98	3363.25	3746.38	3723.74	4122.07	3604.95
文教城乡比	1.5812	2.1814	2.7250	3.3296	3.3712	4.0896	3.9111	4.2772	4.6055

图 8　上海乡村与城镇人均文化教育消费绝对值、城乡比变动态势

说明：左轴面积（元转换为%）：城乡人均文教消费，城乡间历年变动呈直观比例；右轴曲线：文教消费城乡比（乡村 =1）。

1994 ~2014 年，上海乡村居民人均文教消费年均增长 6.50%，城镇居民人均文教消费年均增长 12.35%，高于乡村增幅 5.85 个百分点。其中，第一个五年，乡村文教消费年均增长 16.41%，城镇文教消费年均增长 24.14%，高于乡村增幅 7.73 个百分点；第二个五年，乡村文教消费年均增长 11.17%，城镇文教消费年均增长 16.23%，高于乡村增幅 5.06 个百分点；第三个五年，乡村文教消费年均增长 3.20%，城镇文教消费年均增长 7.41%，高于乡村增幅 4.21 个百分点；第四个五年，乡村文教消费年均负增长 3.65%，城镇文教消费年均增长 2.81%，高于乡村增幅 6.46 个百分点。各五年时段分别考察，城乡文教消费增长差距在第一个五年明显扩大，在第二个五年也明显扩大，在第三个五年又明显扩大，在第四个五年仍明显扩大。

作为城乡差距的衡量指标，20 年间，上海人均文教消费城乡比的最小（最佳）值为1994年的1.5812，最大值为2014年的4.6055。逐年考察，除了1997~1998年、2001年、2005年、2009年、2012年出现缩减以外，上海此项城乡比逐步扩增，由1994年的1.5812扩大至2014年的4.6055，处于31个省域里的第30位。文教消费需求的城乡差距呈现出扩增趋势，意味着在文化需求层面城乡之间“共享发展成果”的程度有所降低。这仍是本项研究的独有设计带来的一个发现，表明20年来上海城乡之间文教消费需求增长有失平衡。本项研究将此变动态势作为一项检测指标，推演测算由此而来的城乡“均衡发展”应然差距。

由此推演出若干假定测算：（1）如果上海城乡文教消费与非文教消费剩余比保持2002年最佳水平，那么2014年城乡人均文教消费应为6103.15元，总量可达1477.22亿元；（2）如果取至此三类最佳比值叠加测算，那么城乡人均文教消费应为7708.40元，总量可达1865.75亿元；（3）如果在三项最佳比值基础上再实现1994年人均文教消费最小城乡比，那么城乡人均文教消费应为8070.85元，总量可达1953.48亿元；（4）如果进一步弥合城乡比实现均等，那么城乡人均文教消费应为8391.64元，总量可达2031.12亿元。（5）如果至此三类城乡比同时实现无差距理想，按上海城镇三类比值历年最佳值演算，那么城乡人均文教消费应为8267.59元，总量可达2001.10亿元。

五　文化教育消费假定增长目标的差距测算

至此，上海城乡文化教育消费需求相关方面的增长差距一目了然：一方面在于经济增长与基本民生、文化民生增进的协调性差距；另一方面在于城乡之间民生与文化民生增进的均衡性差距。在面向“协调增长”“均衡发展”预期的假定目标测算中，将取上海民生基础系数、民生消费系数、文化需求系数的历年最佳比值，上海民生基础层面、民生消费层面、文化需求层面城乡比的历年最小值，乃至民生基础层面、民生消费层面、文化需求层面的城乡之间无差距理想值，测算得出上海城乡文化教育消费需求应然增长目标。

有必要补充说明，以上就民生基础层面、民生消费层面、文化需求层面逐一开展单独分析，类似于设置一种“实验室”提取程序，分别针对这三个层面之一的相关性比值、城乡差距变化独立进行演算，而暂时搁置其他层面相关性比值、城乡差距变化的互动影响。然而实际上，这三个层面的相关性比值、城乡差距变化恰恰密切联系在一起，因此最终必须综合在一起进行统一分析演算。综合以上分析演算，2014 年上海城乡文教消费人均实际值与增长差距测算见表 1。

表 1　2014 年上海城乡文教消费人均实际值与增长差距测算

<table>
<tr><th rowspan="2">数据类别</th><th colspan="4">相关各类数据的测算人均值(元)</th></tr>
<tr><th>居民收入</th><th>非文教消费
（消费与文教消费之差）</th><th>非文教消费剩余
（收入与非文教消费之差）</th><th>文化教育消费
（文化与教育消费之和）</th></tr>
<tr><td>2014 年城乡实值</td><td>45965.83</td><td>29753.31</td><td>16212.52</td><td>3311.44</td></tr>
<tr><td>最佳比例值测算</td><td>45965.83</td><td>25489.09</td><td>20476.74</td><td>6103.15</td></tr>
<tr><td>最佳比叠加测算</td><td>—</td><td>25489.09
（两项最佳比叠加）</td><td>20476.74</td><td>7708.40
（三项最佳比叠加）</td></tr>
<tr><td>最小城乡比测算</td><td>46938.22</td><td>26016.10</td><td>20922.12</td><td>8070.85</td></tr>
<tr><td>弥合城乡比测算</td><td>48841.40</td><td>27051.82</td><td>21789.58</td><td>8391.64</td></tr>
<tr><td rowspan="2">城乡无差距测算</td><td>48841.40</td><td>26767.74</td><td>22073.66</td><td>8267.59</td></tr>
<tr><td colspan="4">按产值→城镇居民收入→非文教消费→非文教消费剩余→文教消费三项最佳比值叠加测算,由计算机数据库在后台处理,演算模型及其程序与稿面城乡综合演算方法及过程描述完全同型同构,因难以在文中各图里同时显示,只好在图文中略而不叙</td></tr>
<tr><td>2014 年城镇实值</td><td>48841.40</td><td>31577.49</td><td>17263.91</td><td>3604.95</td></tr>
</table>

最后，汇总2014年上海城乡文教消费总量、人均值增长差距测算见图9，增长目标检测包括“消除负相关”“最佳比例值”“最小城乡比”“弥合城乡比”“城乡无差距”5类。

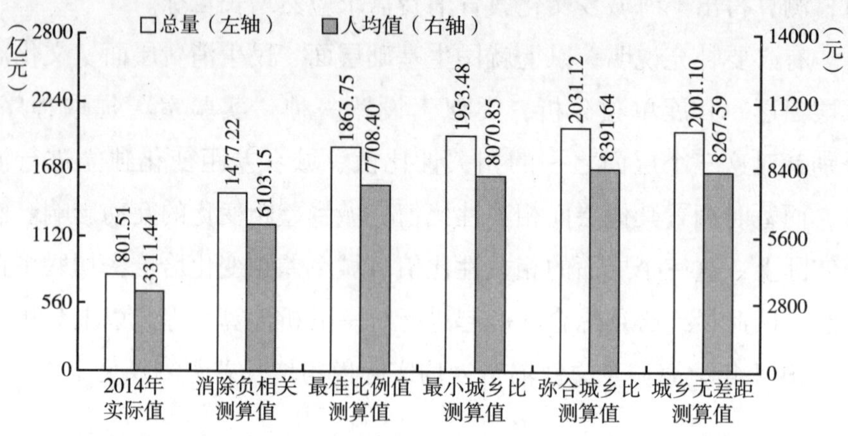

图9 2014年上海城乡文教消费总量、人均值增长差距测算

说明：实线为2014年实际值，本文定稿时2014年数据仍为国家统计局已出版年鉴并发行见书公布的最新年度数据；虚线为目标测算值。消除负相关测算：假设文教消费增长不受积蓄“负相关律”牵制；最佳比例值测算：假设上海产值→城乡居民收入→必需（非文）消费→必需消费剩余→文教消费之间均实现历年最佳比值；最小城乡比测算：假设在最佳比值基础上实现历年最小城乡比；弥合城乡比测算：同上一项假定而弥合城乡比；城乡无差距测算：假设城乡人均收入→必需（非文）消费→必需消费剩余→文教消费消除差距，以城镇历年最佳比值计。

（1）消除负相关目标：假定城乡居民文教消费增长不再受到“自我保障”所必需的积蓄增长的“负相关效应”牵制，取1994年以来居民文教消费与积蓄之间历年最佳比值测算，上海城乡文教消费人均值应为现有实际值的184.30%，达到6103.15元，总量应达到1477.22亿元。

（2）最佳比例值目标：假定上海人均产值→城乡居民人均收入→必需消费（设非文教消费为必需消费）及其剩余→文教消费之

间均实现1994年以来的历年最佳比值，以三项最佳比值叠加测算，上海城乡文教消费人均值应为现有实际值的232.78%，达到7708.40元，总量应达到1865.75亿元。

（3）最小城乡比目标：假定上海在三项最佳比值叠加测算目标的基础上，同时实现1994年以来居民人均文教消费历年最小城乡比，以多项多类检测差距叠加测算，上海城乡文教消费人均值应为现有实际值的243.73%，达到8070.85元，总量应达到1953.48亿元。

（4）弥合城乡比目标：假定上海在三项最佳比值叠加测算目标的基础上，同时实现城乡之间居民人均文教消费绝对值持平，以多项多类检测差距叠加测算，上海城乡文教消费人均值应为现有实际值的253.41%，达到8391.64元，总量应达到2031.12亿元。

（5）城乡无差距目标：假定上海城乡之间居民人均收入→必需消费及其剩余→文教消费绝对值全面消除城乡差距，以城镇三项最佳比值叠加测算，上海城乡文教消费人均值应为现有实际值的249.67%，达到8267.59元，总量应达到2001.10亿元。

假定情况增长差距前3类属于“应然目标”测算，可谓“既然曾经做到，当前也应做到”；后2类属于“理想目标”测算，期待在“全面建成小康社会”最后攻坚阶段取得明显进展，在共和国百年之际得以最终实现。

B.10 上海市重大文化艺术类活动文化志愿者工作状况调研

殷瑛　潘缨*

摘　要：本文以2015年上海全市基层常态化文化志愿者工作为基础，通过总结开展文化志愿服务的意义、调查上海文化志愿者的服务现状以及借鉴国内外文化志愿者的状况，分析认为上海文化志愿服务存在服务资源未整合，长期服务难坚持；队伍壮大显松散，服务激情不太高；社会评价没确定，激励机制未完善这三大问题。本文针对发展现状及存在的问题对上海文化志愿服务提出了利用现代互联网探索文化志愿者服务平台、加强文化志愿者工作的顶层设计以及应积极地探索科学的文化志愿者管理机制这三大建议。

关键词：上海　文化志愿者　公共文化

2015年1月，中共中央办公厅、国务院办公厅联合印发《关于加快构建现代公共文化服务体系的意见》，明确提出要“大力开展文化志愿服务工作”，文化部把2015年定为“文化志愿服务制度建设年”。

---

* 殷瑛，上海艺术研究所所长；潘缨，上海市文广局人才培训交流中心项目研发策划主管。参与本课题调研的还有武云君、沈宇翔、徐唯唯等上海市文化广播影视管理局人才培训交流中心工作人员。

文化志愿者是指那些不以物质报酬为目的，利用自己的时间、文艺技能等自愿为社会和他人提供公益性文化艺术服务和帮助的人，具有较强的文化专业技能。文化志愿者是弘扬社会主义核心价值观的生动写照，是践行上海城市精神的一道亮丽风景线，是上海的文明使者和城市名片。城市需要文化、文化需要氛围，上海建设国际文化大都市需要鼓励群众参与文化建设，增进文化认同，营造文化氛围，共享文化发展成果。

本项调研的基础是2015年全市基层常态化文化志愿者的工作，调研内容是2015年全市重大文化艺术类活动的文化志愿者工作情况，调研对象是2015年全市文化志愿者使用方、管理方和文化志愿者本人。本调研通过问卷调查、现场座谈、实地走访等形式，摸清基层文化志愿者工作现状、活动对文化志愿者的使用要求、文化志愿者的来源构成、招募培训管理激励等机制，探索重大活动的文化志愿者工作的顶层设计方向，从而为制定重大文化艺术类活动的文化志愿者招募、培训、使用、管理、保障、评价和激励办法，为规范全市文化志愿者工作提供科学依据。

一　开展文化志愿服务的意义

（一）弘扬民族精神，传递社会正能量

习近平总书记曾经强调，要大力加强思想道德建设。法国思想家托克维尔在《论美国的民主》中也指出，“人只有在相互作用之下，才能使自己的情感和思想焕然一新，才能开阔自己的胸怀，才能发挥自己的才智”。

上海是一座充满鲜活文化元素、具有独特文艺气息的城市。文化是城市的脊梁，上海在创新驱动转型发展中，需要交响乐、芭蕾舞、

歌剧的融入，也需要民俗、京剧、昆曲的传承。文化志愿服务作为一个强有力的纽带，把城市建设核心价值落于实处，融入多元化的文化节奏，营造积极向上的文化氛围，通过对他人、对社会的帮助，确保民族文化遗产的稳健发展，让更多的人了解上海、喜爱上海。让民族精神在文化志愿服务身上展现，让社会正能量在文化志愿者手中传承。

（二）助力文化发展，引领文化风向标

文化事业的发展是城市文化思想、文化沉淀、文化品格、文化标志的必然表达，是城市精气神本质释放、演绎和溢出效应的外在呈现，而文化志愿者正扮演着推进城市精神文明建设，提升城市文化内涵的重要角色。文化志愿者根据自身的特长、结合服务岗位和业余时间，将展示的平台从家庭单位走向社会大众，形成统一规范的文化产业链，将人与人之间的活力、城市与城市间的感召力充分展现，散发出强大的凝聚力和精神源泉。以文化志愿服务推动文化建设，以文化建设助力城市发展，提升城市软实力。

（三）公共文化服务体系建设的重要载体

大力推进国家公共文化服务体系建设，是保障群众基本文化权益的主要途径。这既需要政府部门和有关单位的不懈努力，也需要社会力量的广泛参与。实践证明，开展文化志愿者服务活动，有利于推动群众文化发展，丰富精神文化生活，激发群众参与积极性。文化志愿服务形式多种多样、方式灵活便捷，具有宽覆盖、广渠道、多层次的特点，是对公共文化服务领域的拓展创新。大力弘扬文化志愿者服务精神，是坚持志愿服务与政府行政职能相结合，是规范各类社会文化组织，构建机制健全的文化志愿服务体系，创建优秀的文化人才队伍的必要因素。随着文化事业的不断发展，文化志愿者将逐渐成为公共文化服务体系建设中的重要支撑。

二 上海文化志愿者的现状

（一）基本概况

上海文化志愿者主要分布在全市各区（县）文化馆、图书馆、美术馆、博物馆、艺术馆、社区文化活动中心以及全市范围内其他文商、文旅等文化产业相结合的公共场所，现有注册志愿者 180 万人。文化志愿者们以利用寒暑假和周末为团队提供持续性的服务为主。

上海文化志愿者队伍的志愿者文化水平较高，根据注册人员分析：志愿者队伍以大学生为主，占总人数的 66%；中青年白领文化志愿者为辅，占总人数的 31%；其他占 3%，本科以上学历的占 83%。

上海文化志愿者大致可以分为三种类型：专家型文化志愿者、技术型文化志愿者和服务型文化志愿者。专家型文化志愿者是指从事文化艺术类相关工作与研究，具有相当理论知识的学者、教师、演职人员和文艺爱好者等，可以为文化志愿者、市民提供丰富的文化、艺术知识传授、培训和指导，为文化志愿服务事业提供理论研究和学术保障。技术型文化志愿者是指从事文化艺术类表演的一线演职人员或具有相当水准的文化艺术爱好者，可以直接提供文化艺术表演、展示等志愿服务。服务型文化志愿者是指利用自己的时间、体力为文化志愿事业提供服务的文化志愿者。现阶段，服务型文化志愿者是相对人群最多、招募最方便的，从事的都是相对较为简单的现场志愿服务，如引导、问询、讲解、维持秩序等。

（二）问卷调研

本问卷调查以积极参与 2015 年上海电视节、上海国际电影节、市民文化节、上海国际艺术节的市民和部分文化志愿者为主要对象。共发放问卷 330 份，收回有效调研问卷 302 份，其中文化志愿者管理使用方问卷1份、市民问卷143份、文化志愿者问卷158份。

经归纳，市民对文化志愿者的服务大多表示肯定，对文化志愿者承当起的文化服务，例如讲解、宣传、引导、维持次序、教学示范等工作大概知晓，认为大多文化志愿者具备了良好的道德素养以及奉献精神。

在调查问卷中，有78%的调查人群更愿意通过网站、微信、微博、QQ群等多渠道互联网方式，了解和参与志愿服务活动。在参与文化志愿服务的目的上，有77%的受访者表示，参与志愿活动是为了提升文化知识积累，有75%的受访者是为了加强自身道德修养，有72%的受访者是为了累积社会经验，有54%的受访者是为了改善自我沟通能力以及扩大社交圈等，几乎所有受访者都认同通过形式多样的文化参与，可以展示城市精神面貌、弘扬文化艺术、影响更多的人参与文化志愿服务。在奉献爱心服务社会的同时，也满足了精神需要。现在的文化志愿服务，正成为一种生活方式、社交平台和文化氛围营造的重要组成部分。

对文化志愿者工作提出不足：一是有71%的文化志愿者对相关知识不了解；二是有62%的文化志愿者对服务内容不明确；三是有54%的文化志愿者表达不清晰；四是一些文化志愿者着装标识不清晰，存在在场馆内找不到文化志愿者等问题。

对文化志愿者工作提出建议：一是建议可以适当加强文化志愿者的培训，例如传统文化知识、礼仪规范、沟通技巧、志愿者通识、道德素养、展品活动内容介绍、公共安全知识和现场急救等基本应用知识；二是加大对文化志愿者的宣传、表彰和激励。

三　国内外文化志愿者状况借鉴

（一）国外地区

韩国政府规定，在校中学生必须每年从事志愿服务活动，累计一定时间后，可作为升学、选拔的参考依据。在美国，参加“为美国服务的志愿者”项目满一年，可在志愿服务期满的本学期内获得两个学期的奖学金。泰国政府对已参加一年以上志愿服务的大学毕业生，放宽了就业条件。在英国，志愿者一年内累计志愿服务时间超100小时以上的，可得到英国政府颁发的青年就业证书，超200小时以上的，将会得到由就业部部长和教育部部长亲笔签名的证书，而此证书可作为上大学或参加工作的重要资质。

（二）台湾地区

台湾志愿服务工作涉及所有领域。目前有超过15500个志愿服务者（也称为“志工”）团队，志愿者总人数近73万。每年志愿服务总量超过5900万小时，1.6亿人次。

台湾的学校课程规定，社会服务是中学生必修课程，每学期至少要做8小时志愿服务，如课业辅导、病房陪伴、募集善款、导游解说、回收垃圾等，而有的公司规定，职员必须是带薪担任一定时间的义工。

1988年，台湾制定“表扬文化机构绩优义工实施要点”；2000年颁布“表扬文化机关（构）绩优义工办法”；2001年颁布“台湾志愿服务规定”，对志愿服务予以规范、保障，该规定阐明了文化志愿者的招募、训练、管理、考核等规定，在保障文化志愿者合法权益的同时，也是对文化志愿者服务水准的评定与制约。之后又相继颁布了“志愿服务证及服务记录册管理规定”“志工伦理守则”“志工服务绩效认证及志愿服务绩效证明书发给作业规定”“志工申请志愿服务荣誉卡作业规定”“志愿服务奖励办法”“内政业务志愿服务奖励规定”等相关配套法规和政策，这些政策和规定的出台，使志工从招募、训练、管理、保障、补贴到奖励都有保障。

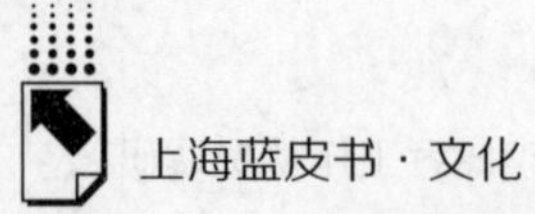

（三）香港特别行政区

香港作为中国比较典型的全民义工型城市，义工发展局的资金主要来自于政府拨款和社会援助，每年政府通过社会福利署拨给义工局的工作经费达1000多万港元，除此之外的组成部分来源于社会各界的捐款。为什么会有那么多的社会捐赠信任义工组织，甚至是并不富裕的家庭，也或多或少会捐款给香港义工组织，这里可以借鉴香港乐施会的运营经验。乐施会是香港知名的义工组织，在香港的知晓率几乎达99%，从1942年运营至今，一直秉承着科学严谨的资金管理方式。严格控制行政费用和筹款开支，并运用“乐施米”等自主营销方式，减少中间环节，获取纯利润公益资金；设立独立账户，不与任何行政账号合并使用，收支明细清晰；每年由香港公众人士组成董事会，审核义工年度计划、财政预算、全年及中期财政报告，监管管理实施流程。这样的资金运营机制，不仅保证了每一笔公益基金花费有来龙去脉，更赢得了市民信任并促使市民主动为公益组织捐款。

四　上海文化志愿服务存在的问题

（一）服务资源未整合，长期服务难坚持

每年上海的大型文艺演出，会招募大量的文化志愿者，例如2015年上海电视节、上海国际电影节、市民文化节、夏季音乐节等，大规模的招募看似拥有了庞大的文化志愿者队伍，但很多文化志愿者仅参加过一两次志愿服务后便离开团队，组员流失率高。究其原因，一方面是受条件限制，许多文化志愿者因为交通不便或缺乏必要的经费补贴，存在长期的时间、精力付出和倒贴钱做志愿服务的情况，让某些文化志愿者感觉很“累”；另一方面是有许多在职艺术工作者和

高校文化艺术类专业学生，由于时间的约束，虽对服务工作有热情，却没有充裕的时间和精力，导致平日文化志愿者人数紧缺，甚至是文化志愿者的直接流失。

（二）队伍壮大显松散，服务激情不太高

上海作为一座国际化大都市，文化志愿者的队伍正在不断壮大，但总体框架结构略显松散，与全国数千万文化志愿者总数相比，文化志愿者的年龄层次也比较简单：寒暑假以在校学生为主，平日以社区老党员、退休人员为主，一些有才干、有文化艺术类专业知识、技能的中青年参与度不高。

通过调研了解到有些文化志愿者，往往会为了志愿而志愿，例如寒暑假，志愿服务只是寒暑假的作业之一，开展志愿服务是完成学校任务，导致的结果就是虽然参加了志愿服务活动，但服务的热情没有唤醒，志愿服务自然没有持续性，志愿者流失率也会很高。而有些教育机构，特别是国外学校，非常看重社会实践经验，志愿服务时间可直接与学分和奖学金挂钩，所以会出现一批只参加社会知名度高的志愿服务的志愿者。目前上海文化志愿者的社会责任感和主动服务意识有待加强，需要提高文化志愿者宣传力度和文化志愿者内涵建设。

（三）社会评价没确定，激励机制未完善

上海的文化志愿者团队在不断扩大，报名参与文化志愿服务活动的人数也在逐步上升，不少市民对文化志愿者的服务有一定要求的。

现有的文化志愿者考核机制主要是以文化志愿者个人时间累计为唯一标准的评判，以及其他以比赛、投票形式为主的，针对志愿服务项目、队伍的评判。但是目前以服务时间为唯一标准的评价、考核机制饱受争议。比如，不少文化志愿者认为专业文化志愿者和普通文化

志愿者在相同服务时间内的服务价值和个人精力投入上差别很大，不同岗位的文化志愿者工作量也大不相同，不能单一地用服务时间来评判文化志愿者的付出和考核标准，需要细分。

五　对上海文化志愿服务的若干建议

（一）探索文化志愿者服务平台

以上海市文化志愿者总队建立、文化志愿服务站点建设为切入点，以项目、活动为核心，培养文化志愿者队伍，开展多层次、多样式的文化志愿服务活动，吸引有专业特长的文化志愿者或团队加入。

通过网络、微信、微博、QQ 群等现代互联网形式搭建文化志愿者服务平台。平台与市志愿者协会网站联网，建立全市统一的文化志愿者数据库和协调管理系统。文化志愿者可以建立自己的个人账号，根据推送的服务项目和近期文艺演出动态，报名参与文化志愿者服务项目。

上海文化志愿者服务团队可以通过网站、微信、甚至客户端，随时发布志愿服务项目、搭建信息交流平台、定期展示服务成果、普及文化艺术知识，让文化志愿者、服务项目成为网络的主推内容，并可通过这些网络平台自主交流、学习，促进文化志愿者推广，用互联网思维构建文化志愿者信息沟通平台。让一些文化爱好者、文艺工作者和文化单位更多关注文化志愿服务平台，建立健全文化志愿者库，包括文化志愿者、管理骨干、专业表演人才、培训师资等。

（二）加强文化志愿者工作的顶层设计

加强对文化志愿服务工作的顶层设计、指导和宣传，建立以文化馆、图书馆、美术馆、博物馆和社区文化活动中心为主的文化志愿者服务基地，成立文化志愿者骨干库和人才库，加大文化志愿者宣传力度，吸引更多有文化专长的人士成为文化志愿者，服务市民。

通过城市文化志愿服务站点建设，普及文化志愿服务理念宣传，以站点为基地，建立文化志愿者招募、培训、项目对接平台，让文化志愿服务更贴近市民。通过电视、广播、报纸、公共设施、文化场馆、互联网等媒介，加强文化志愿者、项目宣传。加强对文化志愿者的培训及宣传，满足市民对文化艺术的需求，突出文化内涵，营造良好的舆论氛围和社会环境，提升全社会对文化志愿服务的认同感，引导市民尊重文化志愿者的服务，积极参与到文化志愿服务活动中来。征集上海文化志愿者标识，通过全面参与，从来稿中选出优秀作品，接受群众评议和投票，并邀请专家和作者对作品进行修改、完善，达到宣传和提升社会影响力的效果。

注重设立为文化志愿者开展系统、长期、稳定的文化艺术类专业培训机构和培训课程，提升文化志愿者的素养、满足文化志愿者的自我追求和对文化艺术的兴趣爱好，营造良好的社会文化氛围，从而影响更多的人加入文化志愿者，形成良性循环。

（三）探索科学的文化志愿者管理机制

建立科学的文化志愿者管理机制，通过政府引导、宣传，社会组织、企事业单位、社区、街道、学校等大力普及，提升群众参与文化活动、志愿服务的积极性，使文化志愿服务真正走向常态化、社会化、长效化。通过上海市文化志愿者总队、文化志愿服务站点的项目开展、活动推广和文化志愿者招募、培训、评优、激励等方式，使普通大众认可、参与志愿服务。

B.11

上海文化消费生产与供给现状分析

上海市文广局法规处课题组

摘　要：　本文就上海文化消费生产与供给现状进行调研分析，通过数据搜集比较发现：上海文化消费模式在日益国际化的同时，在文化消费资源建设上还存有空间；上海文化消费结构越来越合理化，但总的来说，精神文化的需求和消费的整体规模偏小，未达到应有的比重；上海文化消费的内容形式越来越多样化，但消费的样式还略显单调；上海文化消费呈现出鲜明的个性化、多元性特征，但文化消费活力不足，市民未养成主动进行文化消费的习惯；上海文化消费市场虽呈现出快速繁荣发展的态势，但文化消费仍受制于消费价格、消费者受教育程度等多方面的影响；上海文化消费生产与供给大体保持均衡，但供给总量仍有很大扩展空间。

关键词：　上海　文化消费　文化生产

中国社科院等单位联合发布文化蓝皮书测评文化消费需求增长趋势及潜在空间，上海相关指标测评结果在全国处于领先地位。对上海文化消费增长目标暨文化产业发展空间的测评结果显示，在2000～2012年省域间实际增长排名中，上海历年年均增值测算排第16位；在

2012~2020 年省域间目标距离排名中，上海支柱性产业测算排第 1 位，消除负相关测算排第 13 位，最佳比值测算排第 2 位，城乡无差距测算排第 1 位。报告也同时披露我国文化产业已出现低水平结构过剩。

上海文化消费生产与供给现状究竟怎样，是供不应求、供大于求？还是供求匹配、大体均衡？对此我们做了以下调研分析。

一 上海文化消费能级快速攀升但消费资源建设空间仍然很大

在文化设施供给方面，目前全市共有各级各类图书馆、美术馆、博物馆、文化馆、社区文化活动中心等公共文化设施近 6000 个，总面积约为 300 万平方米。有剧场、娱乐场所、网吧等各类经营性文化设施 4300 多个，总面积约为 320 万平方米。在文化产品与服务供给方面，2012 年，上海广播电视台与上海各区县广播电视台共转播及制作播出广播电视节目 315250 小时，覆盖全市 627 万户有线电视用户和 178 万户 IPTV 用户。2015 年，全市各级各类公共文化设施举办公益性文化活动 40 余万场，参与人次 8000 万，其中，110 家博物馆（纪念馆）与 29 家美术馆（含民办美术馆）举办展览 616 场，吸引观众人次为 1897 万；111 家剧场举办营业性演出 1 万余场，吸引观众人次为 620 万；192 家电影院放映电影近 96 万场，吸引观众人次达 3154 万；卡拉 OK、电子游戏游艺、游乐场等娱乐场所接待消费人次约 1500 万。分析表明，近年来，上海文化消费模式在日益国际化的同时，在文化消费资源建设上还存在空间。从硬件上看，上海市民人均占有公共文化设施与经营性文化设施的面积总和只有 0.13 平方米；以每百万人拥有剧场数为例，纽约有 420 家，巴黎有 353 家，伦敦有 214 家，东京有 230 家，上海只有 111 家；以每百万人口拥有银幕块数为例，纽约有 61 块，巴黎有 85 块，伦敦有 73 块，东京有 25

块，上海有28块。从软件上看，文化产品的总供给量在增加，但高水平、精制作的优秀影视剧、舞台艺术等作品还比较少，热门领域文化产品同质化现象比较严重，满足多元文化需求的文化产品还显不足。

二　上海文化消费结构趋于合理但文化消费整体规模仍然偏小

2012年，上海城市居民家庭人均可支配收入为40188元，年人均消费性支出为26253元，年人均教育文化娱乐服务支出为3724元，除去教育支出，年人均文化娱乐服务支出为2482元，占当年居民家庭人均可支配收入的6%，占当年家庭人均消费性支出的9.4%。在文化消费支出构成上，2012年，上海城市居民家庭人均文化娱乐服务支出的2482元中，有1565元直接用于消费文化产品和购买文化娱乐服务，如看电影、看演出、玩网络游戏等，约占总支出的63%；有917元用于购买消费文化产品必需的物品，如电视机、照相机、影碟机、平板电脑等，约占总支出的37%。统计表明，上海城市居民家庭人均文化消费位居全国首位，自1999年上海城市居民家庭人均可支配收入过万元以来，居民家庭人均用于文化娱乐方面的支出呈现出增长势头，特别是2009~2011年，城市居民家庭人均用于文化娱乐方面的支出年增幅保持在12%~13%之间。2012年城市居民家庭人均用于文化娱乐方面的支出已接近2500元。但总的来看，上海文化消费整体规模还是偏小。国际经验表明，人均国内生产总值达到6000美元时，人民群众的精神文化需求和消费将呈井喷之势。2012年上海人均生产总值达到1.34万美元，当年居民消费总额达到7387亿元人民币。按照业界认可的发展中国家文化消费占消费总额比重均值为18%计算，上海文化消费总额理论上应该达到1329亿元人民币。但根据2012年上海城市常住人口2380万，非农业人口占

89.8%，城市居民家庭人均文化娱乐消费支出2482元，农村居民家庭人均文化娱乐消费支出1088元等数据实际测算时，2012年上海城市居民用于文化娱乐方面的支出总额为530亿元，农村居民用于文化娱乐方面的支出总额为26亿元，总计556亿元，与理论上应有的文化消费总额还存在很大差距。

三　上海文化消费内涵日益丰富但文化消费样式仍然有待发育

从文化消费内涵排名看，根据抽样调查，综合年龄、学历、职业、收入、区域等因素，最受上海市民欢迎的文化消费内涵排名由高到低依次是：看电视（72%），看电影（66%）、看演出（47%）、上网玩游戏或看视频（47%）、去KTV（28%）、台球室（28%）、棋牌室（28%）。最受上海市民欢迎的公共文化活动排名由高到低依次是：去图书馆（46%）、文化馆（46%）、美术馆、博物馆（46%）、参加群众歌会/舞会（25%）、参加文化培训（18%）。从文化消费特点看，据抽样调查，在消费投入上，个人每年投入文化消费在100~300元的占36%，300~600元的占24%，600~1000元的占10%，1000~1500元的占9%，1500~2000元的占5%，2000元以上的占8%，没有投入的占8%。在投入方式上，自己花钱的占51%，部分自己花钱、部分别人请客的占29%，别人赠票的占13%，基本上由单位出钱买票的占7%。在消费渠道上，以东方艺术中心观众调查报告为例，互联网已成为市民获取文化消费信息的主要渠道，占比达到55.6%，其次是报纸（38.7%）、海报/宣传单（36.6%）、微博（26.6%）、电视（25.8%）、杂志（21.41%）、亲友推荐（16.8%）、电台（14.2%）、出租车/楼宇移动电视（4.1%）等。东方艺术中心演出的网上订票比例达到68.3%，手机订票比例达到27.9%。2013年第九届中国动漫游戏博览会（CCG）开幕前2天，网上出票已达到3万张。从新媒体消费情况看，上海市民的各类媒介普及率按由高到低排序依次是：电视（97.9%）、手机（78.4%）、报纸（73.5%）、杂志（51.0%）、网络（48.4%）、广播（37.0%）。其中，市民平均每天上网时间仅次于电视，约为105.2分钟。网民对网络功能使用率前五位从高到低分别是：浏览门户网站新闻（87.6%）、使用搜索引擎（82.6%）、使用网上即时通信工具（76.3%）、在线观看或下载电影电视剧（75.9%）、收发电子邮件（74.0%）。分析表明，上海文化消费内涵在不断丰富的同时，文化消费的样式还略显单调。据市统计局公布的“2012年上海市民休闲状况调查报告”，82.5%的在岗工作的市民拥有国定节假日一半及以上休闲天数，但无论是在工作日、双休日还是在国定节假日，市民首选的休闲方式都是看电视。其余位居前列的休闲方式依次为上网、锻炼、短途旅游、外出聚会、逛街购物、参与兴趣爱好。即使是在国定节假日，市民选择率最低的还是参观展览、看戏，占比为抽样调查总量的1.5%左右。

四　上海文化消费个性化、多元性特征明显但文化消费活力依然不足

从不同年龄结构文化消费看，20~30岁年龄段的受访者最喜欢上网或利用手机看视频、玩游戏、进影院看大片、进剧场看时尚演出；30~40岁年龄段的受访者最喜欢看电视、看电影、看经典演出、出国文化游；40~50岁年龄段的受访者喜欢影视、演艺、展览、娱乐的高端产品服务以及参加文化主题论坛；50岁以上的人群倾向于在图书馆、文化馆、美术馆、博物馆、社区文化活动中心等享受到更多公益文化产品与服务。从不同学历层次文化消费看，硕士及以上高学历人员最喜欢上网或利用手机看新闻、看视频、进剧场看大师级经典演出；大专及以上学历人员喜欢看时尚电视节目、与朋友去唱卡拉

OK、双休日在家上网玩游戏等；高中学历及以下人群更愿意在家看电视剧、偶尔进影院看电影、上网玩游戏等。从不同区域人员文化消费看，中心城区市民最希望每年能到大剧院等标志性文化场所观看演出，能在艺术节等重大活动期间享受更多国外艺术大餐，能在社区看到名人、名家、名师的讲座、能看到更加多元多样的电视节目。郊区城镇村民最希望能看到反映普通老百姓生活的电视节目和电视剧、每月看一场公益性电影、在社区文化活动中心享受公益文化产品与服务。从不同收入群体文化消费看，收入在2000～5000元的群体文化需求更具公益性特点，希望能在政府充分保障下更多地享受文化资源，包括高品质的电视节目、有机会进大剧院等标志性场所观看演出、能在家门口的社区文化活动中心享受文化服务。收入在5000～8000元的群体希望电视节目中有更多国际水准的精品节目、能在影院看到更多国外大片、能更加深入地参与国际艺术节等重大文化服务、能全时段地享受更加丰富优质的网络文化服务。收入在8000元以上群体的文化需求则更加多元多样与国际化，希望能感知国际大都市文化的传承、引领、包容与自信，能在文化特色街、艺术廊、创意园区内享受更加个性多元的艺术样式，能在不同平台上参与国际文化交流。从外来务工人员、本市无业人员及特殊群体文化消费看，外来务工人员希望能更多参加文化艺术类讲座、看到进工地的文艺演出和公益电影以及希望图书馆、文化馆、美术馆、博物馆、社区文化活动中心为子女提供求知、求趣、求乐环境。本市无业人员希望能提供更多优质的电视节目、免费或优惠享受文化行业类的就业培训、享受政府提供的文化消费补贴。特殊人群希望享受政府文化补贴优惠，得到更贴心的特需文化权益保障。

分析表明，上海人文化消费观在不断求新、求异、求变的同时，文化消费的活力依然不足。数据显示，与人均每天看电视168.7分钟、人均全年参加公益性文化活动3.4次相比，2012年，上海市民人均每年进影院观看电影仅为1.3次，人均每年进博物馆或美术馆观赏展览仅为0.8次，人均每年进剧场观看演出为0.3次，人均每年在文化娱乐场所参与休闲娱乐活动为0.63次。上海市民文化消费潜在需求旺盛，但大部分市民尚未养成主动消费的习惯，缺少主动消费的动力。

五　上海文化消费市场呈现快速繁荣态势但文化消费仍然受制于消费价格等因素

突出表现为四个影响。

（一）文化消费价格过高的影响

演出的最高票价、平均票价占上海城市居民家庭人均可支配收入比例过高，是制约市民走进剧场看戏的瓶颈。以上海大剧院近两年演出票价为例，2011年柏林爱乐乐团在上海大剧院演出最高票价为2280元，占当年上海城市居民人均月收入的75.5%；2012年上海大剧院的平均票价为256元，占当年上海城市居民人均月收入的7.6%；上海大剧院公益场最低票价为50元，占市民月收入的1.49%。相比之下，纽约大都会歌剧院最高票价近500美元，平均票价在156美元至174美元间，最低票价20美元，分别占纽约市民月收入的12.5%、4.1%和0.5%。

（二）消费者受教育程度不足的影响

消费者受教育程度是制约文化消费层次和水准提升的重要因素之一。根据抽样调查，上海市民中从未去过上海大剧院、东方艺术中心、世博艺术中心的人数占比达到49%，高中以下学历的市民极少进剧场看戏。2012年有近九成市民一年没有读过一本书，他们大多也是低学历人员。由于长年来艺术教育特别是对当代艺术教育的脱节，大多数上海市民缺少必要的鉴赏能力与欣赏需求，市民走进博物馆、美术馆、画廊参观的比例远低于世界主要发达城市，更不要说花钱购买艺术品。

（三）文化消费便利性的影响

与以社区文化活动中心为骨干的15分钟公共文化服务圈相比，本市的主要剧场、博物馆、美术馆等大型高端文化设施仍集中在中心城区，随着中心城区居民数量的日益减少，城市副中心以及郊区县文化设施的优化布局问题已成为制约文化消费的因素。此外，缺少广覆盖、便捷化的渠道让市民及时知晓文化活动信息、购买文化产品与服务，也在一定程度上影响了市民的消费行为。

（四）其他消费样式分流的影响

作为国际化大都市，上海一直处于时尚消费最前沿，文化消费也容易受到其他消费样式分流的影响，如近年来蓬勃兴起的境内外旅游热潮。旅游支出的增加势必带来市民在文化消费支出上的紧缩。此外，尽管演出、展览等传统文化消费样式具有无可替代的引领作用，但年轻人似乎更追捧具有互动体验性的休闲消费方式，从前些年的桌游到近两年的真人版密室逃脱，吸引了大量年轻人，这些经营活动并非是文化市场管理规定所规范的经营行为，但从一个侧面反映出传统文化娱乐消费样式亟待内容与样式创新。

六　上海文化消费生产与供给大体均衡但供给总量仍然有待扩大

在设施建设上，应允许外资在自贸区以外的上海地区设立独资演出场所与娱乐场所；明确国有标志性文化设施的经营属性，研究制定配套扶持政策；对民间资本改造现有剧场、影剧院、老厂房、老仓库等存量设施资源，兴办博物馆、美术馆、民间收藏馆等增量文化设施给予部分资金补贴；对民间资本在大型产业园区、商业综合体及人流量较大的城市空间配套建设文化设施，特别是体现文化创意与高科技相结合的引领性文化项目给予税收优惠扶持。

在主体丰富上，应鼓励民营资本以投资、参股等多种形式参与国有文化事业单位改革，以委托经营、承包租赁等方式参与国有文化机构和文化设施的运营管理，鼓励民营资本兴办各类文化团体（含非营利性社会团体），并给予税收优惠扶持。适度降低民营文化创意企业、机构与团体的专业人才引进标准。

在资金投入上，应整合市、区两级文化专项资金，对传承中华优秀传统文化、具有较高艺术水准及市场占有率和覆盖率的文化产品给予适当奖励；在政府搭建的公益性文化服务平台及政府指导的大型品牌文化活动中，优先采购民营文化企业的原创文化作品与文化服务；对经营性文化设施为民营文化机构与艺术工作者提供演出、展览等场地给予部分补贴。

在管理创新上，应逐步推广“先照后证”的文化企业设立审批制度；在条件成熟领域试点取消文化经营主体许可证，允许同一空间多业态共生经营；放宽企业工商登记条件，允许将改造后的厂房、仓库等作为文化企业注册经营场所，允许将民用住宅作为小微文化创意企业及非营利性文化机构工商登记住所。

在载体建设上，应加快推动下一代广播电视网（NGB）建设，实现城镇化地区 NGB 全覆盖和基础网络能级提升；加快三网融合推广，实现有线高清数字电视全覆盖；加快推进全市文化设施无线局域网（WLAN）热点建设，接入能力应达到 20Mbps，实现从信息查询到购票入场的全流程电子消费服务；加快推进公共文化服务云平台建设，实现公共文化资源与文化消费信息服务进楼入户；支持 OTT 机顶盒、智能电视、智能网关等数字家庭智能终端产品研发与产业化，加快在智能电视核心技术、内容、播控、增值业务、支付等环节形成优势。

在内容建设上，应鼓励发展交互式网络电视（IPTV）、手机电视、有线电视网宽带服务以及依托游戏终端的家庭客厅娱乐、网络视听传播等融合性业务，重点支持高品质的网络/手机游戏、动漫、演艺等互动娱乐新产品研发，重点在网络剧和微电影领域形成千万级用户规模，鼓励开展演艺、艺术品等文化电商业务，构建在网在线以及网上线下相结合、不受时间与空间限制的文化消费新样式。对文化企业经营上述业务特别是在上述领域研发新技术新产品，作为文化融合的重点项目给予专项资金补贴及税收优惠扶持。

在消费方式上，应扩大文化产品与服务的消费主体。制定公益性文化与经营性文化供需对接、有利于激发消费愿望的引导政策。与银联合作发放“文化消费卡”，以政府采购与补贴文化产品与服务提供者的方式，将选择权交给市民，让市民负担得起并进而愿意主动进行文化消费。以政府采购方式，鼓励社会力量打造信息集成、业务开放、支付便捷、服务多元的上海城市文化艺术门户网站、官方微博、微信与 App 应用，提供全天候一站式文化消费信息服务。利用移动通信网络向来沪中外游客免费推送重要文化活动信息，打造多屏互动平台扩大宣传推广覆盖。构建全市“1 + 17 + 203”三级公共文化服务内容配送网络体系，鼓励非营利机构携高品质、低价位的营业性演出、展览等活动进入社区文化活动中心巡演巡展，并给予资金补贴。鼓励旅游机构将文化设施纳入线路设计，在旅游过程中实现文化消费。

B.12
上海电影创作的体制机制创新研究

饶先来*

摘　要：　电影是一个国家文化产业的入口，是一切艺术部门中最重要的文化及意识形态部门。电影创作体制机制创新是推动上海文艺创作体制机制创新的关键抓手。人才短缺、院线资源分散、支撑体系不完善、核心竞争力不强是制约上海电影发展的瓶颈。只有进一步撬动电影创作瓶颈、集聚创作人才、引导创作方向、激活创作能量，才能推动上海电影创作向着思想更高、艺术更精、力量更强、数量更多的目标发展。

关键词：　电影　文化产业　体制改革

近年来，上海在推动创作、激发文艺创作活力方面取得了可喜的成果，在文学、影视、美术、音乐和舞台艺术等各个领域，都推出了一批思想性、艺术性、观赏性相统一的精品力作。但也应看到，上海在文艺创作方面所取得的成绩与市民群众的期望，与上海国际文化大都市的建设要求尚有差距。上海曾是文艺创作的重镇，是文艺名流汇聚之地，在全国一直占有重要地位。但现在上海在文艺创作方面叫得响、记得住的精品佳作不多，具有国际影响力、体现上海原创能力的产品还不够丰富，缺乏代表上海特点和时代特征的品牌内容，“现象

* 饶先来，上海社会科学院文学研究所副研究员，硕士生导师，研究方向为文化政策、文艺批评。

级”的文艺作品不多，文化传播和影响力有限。制约上海文艺创作发展的主要短板是原创和人才，这已成为业界的共识。要突破这些瓶颈和短板，进一步繁荣上海文艺创作，必须根据鲜活的事实和现实的需求来创新文艺创作体制机制。

电影作为一门综合艺术，是文学、美术、戏剧、音乐、摄影等多种文化艺术的汇流，在很大程度上已成为其他文化形式的熔炉和舞台，可以形成多种文化形式的大市场，对国民经济拉动效应明显（见图1、图2），这是很多国家从政府到企业最关注的问题。电影是

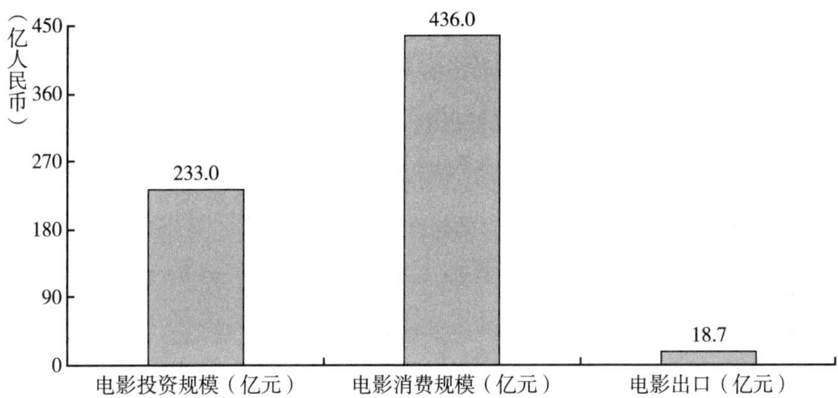

图1　2014 年电影产业整体规模

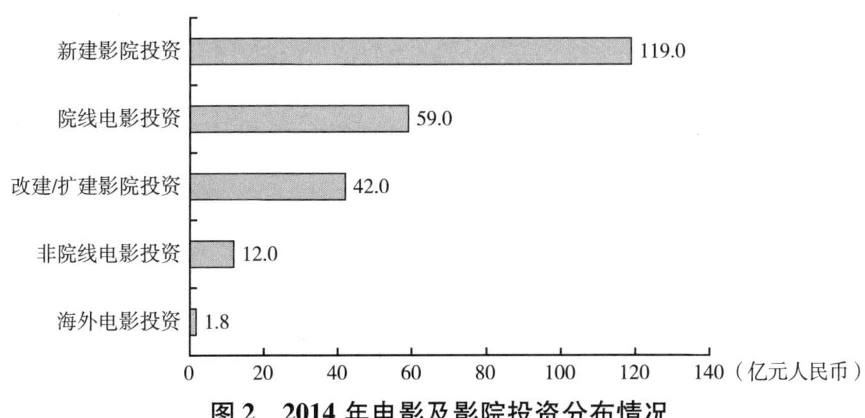

图2　2014 年电影及影院投资分布情况

一个国家文化产业的入口，是“一切艺术部门中最最重要的”文化及意识形态部门。电影作为传播能力最强的文化载体，关涉面最广，创作最为复杂。因此，以电影创作的体制机制为切入口来深入探讨如何创新文艺创作的体制机制，推动上海文艺创作的繁荣发展，显然具有典型样本意义。

电影创作的体制是指对电影产品的生产、运行的制度安排，以及一套维系制度运转的文化软实力。改革开放以来，中国电影创作体制在两个方面有了新的转变：一是在生产制度上，从国营制片厂转向生产资金多元化，消费方式上从行政化发行到市场化的院线制；二是主流意识形态从艺术片、商业片和主旋律的分裂到主流大片的融合。与20世纪50年代至70年代社会主义制片厂和统购统销发行网络，及八九十年代体制内有限度的市场化改革不同，当下中国电影体制源自21世纪初广电总局为应对WTO的挑战，在“电影股份制、集团化改革”的基础上启动的产业化改革。建立院线制的发行放映体制，进一步降低准入门槛，吸引更多民间资金和境外资本投资电影行业。通过开放社会资本进入院线建设，电影产业自身的结构出现了显著变化，原有的电影体制受到了巨大冲击。因此，电影创作的相关政策设计和体制调整应该基于这些新鲜的事实和实践。

目前我国电影消费势头迅猛发展①，但也面临着叫好不叫座、叫座不叫好的尴尬境地。政府对电影创作的资助力度不能说不大，但真

① 据国家新闻出版广电总局电影局2016年1月1日通报，2015年中国电影总票房为440亿元，比上年增长近一半，国产电影保持主导地位，值得关注的是国产影片的表现。根据通报，2015年国产影片票房为271.36亿元，同比翻倍，占总票房超六成。全年票房过亿影片共计81部，其中国产影片47部。数据显示，自2012年以来，中国电影市场每年保持30%左右的增幅；电影银幕相比2008年，已近翻倍。此外，观影主力人群正在向二三线城市迁移，互联网正介入电影工业，成为票房催化器。观众的年龄结构在变化，平均年龄二十多岁上下，他们喜欢看一些当代题材的，能引发他们一代人共鸣的影片。

正既具社会效益又有经济效益的影片不多，创作活力仍显不强。很多商业片大受市场欢迎，但娱乐化过度；政府扶持的、获奖的一些主流影片，又不太受市场欢迎。在电影创作资助上，甚至有的钱花了，剧本却没有写出来。究其原因，主要是电影创作的体制机制与现实的发展需求不相适应，需要进一步优化。

新的产业环境和市场形势给今天上海的电影创作带来严峻的新挑战。一是中国电影市场快速增长，自 2012 年超过日本成为全球第二大市场之后，在不久的将来超过美国成为全球第一大市场是大概率的事情。电影产业中心的北移已是事实，上海在这一格局中扮演何种角色，如何在这一轮市场快速扩张中抓住机遇，脱颖而出，甚至重塑中国电影产业的新格局，是一个值得研究的重要问题。

二是 2017 年进口片配额进一步放宽后，美国电影进入中国市场的门槛越来越低，国产影片无疑会受到不小冲击。“商业性 + 类型化 + 高科技”是美国电影未来发展的新趋势，倚重大荧幕视觉效果的独特表现力，这又将在一定程度上影响中国电影创作发展的方向。在这轮新挑战中，上海电影创作如何才能出奇制胜，突出重围？

三是技术的升级，互联网大平台的介入，大数据的极致应用，让行业游戏规则正在被改写，这将导致电影全产业链出现颠覆性变化[①]。对电影业而言，互联网公司的介入不仅带来雄厚的发展资金，也为融资、营销、发行和后期制作提供配套服务。互联网思维还深度影响传统电影的制作、发行、放映以及衍生产品的开发机制，催生电影观念的革命，重塑电影产业的新格局。

四是 IP 项目牵引推动电影创作生产机制的嬗变。IP 是指知识产权，狭义上多指网络文学。IP 对于影视项目的价值，在于故事基础

① 最近阿里巴巴收购优酷土豆是一个标志性的事件。这是马云战略布局视频网站的重要一步，也是他进入电影业的信号弹，因为谁拥有了视频网，谁就能引领影业的发展方向。

和经过一定市场检验的人气。当下整个影视行业兴起了IP热，网络IP俨然要压倒一切成为影视市场主流。随着百度、阿里和腾讯三大互联网公司对整个文化娱乐业布局的完成，其对大IP的版权运作，也日渐由销售转向自主孵化开发再到主导所有产业开发，基本形成了内容源头（网络文学）+制作（影视娱乐公司）+宣传（微信、微博等）+播出销售平台（视频门户和猫眼等网络售票平台）+衍生开发（游戏、电商等）的完整产业链。他们一统了网络文学江湖，也主导了视频门户前三强：优酷土豆（阿里）、爱奇艺（百度）、腾讯视频（百度）。他们以大IP来贯通产业的上、中、下游，也依靠产业链来掌握行业游戏规则的主导权和话语权。在这个工业化链条里，造成了"IP为前端、编剧为后端"的新局面，编剧沦为电影标准化、工业化生产中技术性因素的一环。

一 发展繁荣上海电影创作的形势与任务

对比国际和国内，上海的文化发展应树立"两列"目标，即"走在全国前列""走在国际文化大都市行列"。电影是文化体制改革的关键领域，也是文艺领域中最重要的部门之一，上海电影在全国的电影界也应是改革创新的"排头兵"、"领头羊"，应始终走在全国的前列，进而具有较好的国际声誉。

目前，上海电影创作面临的形势和任务是以下几点。

一是要进一步发挥优势、挖掘潜力、激发活力，努力创造出更多具有中国特色、上海特点、时代特征的精品力作。上海是一个拥有深厚文化底蕴和经济发展成就的城市，是一个拥有深刻革命历史和先进思想精神的城市，是一个拥有强烈改革开放精神和丰硕当代人文成果的城市。这些都决定了上海电影创作理应创造更大的空间、达到更高的高度。要通过统筹、规划、组织、激励等机制和手段，鼓励创作大批融思想性、艺术性与观赏性为一体的作品，努力挖掘和弘扬上海历史人文精神和时代创造精神，将“海纳百川、追求卓越、开明睿智、大气谦和”的上海精神与“公正、包容、责任、诚信”的上海价值取向体现在一部部鲜活形象的影视作品之中。

二是要进一步解放思想、转变观念、开拓创新，积极探索出一条激发原创力、促进电影精品力作大量涌现的工作规律。根据广大电影工作者的需要，不断改革、创新和完善管理体制、运行机制、组织形式、具体手段，用发展的眼光、科学的理念、有效的行动，切实解决阻碍影视作品原创活力的突出问题。电影能“丢掉喜剧的拐杖”，却不能“丢掉文学的本原”，要通过创新体制机制激发电影创作的活力，在培育青年导演、发展现代类型电影，提高发行对制作和放映的支配作用等方面提供更大推力。

三是要进一步反映现实、贴近社会、服务群众，充分发挥电影创作在构建社会主义核心价值体系中的重要作用。将激发影视原创活力的成果充分而又及时地纳入公共文化服务体系，化为人民群众的精神养分。当前上海文化惠民工作成效显著，社会公共文化服务体系的硬件已经基本形成并领先于全国水平，下一步需要将更多更好的影视原创成果，充实到公共文化服务的软件之中，满足人民群众精神文化需求，提高人民群众思想道德水平，为构建社会主义核心价值体系发挥应有的作用。

二　制约上海电影创作发展的问题与瓶颈

2009 年以来，随着中国电影市场的快速发展[①]，上海电影业呈现

① 根据国家新闻出版广电总局的统计数据，2014 年全国电影总票房 296.39 亿元，同比增长 36.15%，其中国产片票房 161.55 亿元，占总票房的 54.51%；2014 年中国共生产故事影片 618 部，同比减少 20 部；全年票房过亿影片共计 66 部，其中国产影片 36 部；国产影片海外销售收入 18.7 亿元，同比增长 32.25%；全年城市影院观众达到 8.3 亿人次，同比增长 34.52%。

出蓬勃发展的态势。“十二五”期间，上海电影市场取得了良好的经济效益，五年内，上海电影票房每年以两位数的幅度保持高速增长，2014 年全年票房突破 20 亿元、年增幅高达 30% 以上，放映场次达 161 万场，观影人次达 4502.22 万人次（见表 1），分别比同期增长 49.6% 和 28.29%。在电影制片方面，2014 年上海拍摄电影的公司有 147 家，在上海备案的电影有 192 部，出品完成 36 部，分别比同期增长 15%、96% 和 39%。正式上院线放映的影片有 16 部，票房收入近 4 亿元。[①] 特别是动画系列的电影在全国继续保持首位，票房收入占全国国产动画票房的 1/4。

表 1　2014 年中国内地城市票房排行榜

城市	场次	场均人数(人)	人次(万)	平均票价(元)	票房(亿元)
北京	1637058	37.73	5195	44	22.85
上海	1610732	28.81	4502	44	20.26
广州	1172383	27.59	3234	40	12.86
深圳	1246889	23.56	2938	42	12.26
成都	1198445	24.62	2951	35	10.17
武汉	836108	32.19	2691	34	9.06

数据来源：赢商网（www.fj.winshang.com）。

然而实事求是地看，上海电影的繁荣主要表现在发行和放映两个环节上，而在电影创作和制作上还存在明显的缺失。在电影创作与制作方面，近年来政府的政策扶持力度不可谓不大，每年也都有数十部甚至上百部电影在上海备案立项，可是又有多少真的可以说是打上上海的烙印的呢？出自上海的导演、编剧、演员又有几个？除了上影集团系统外，具有品牌效应的电影公司又有几家？

① 截至 2015 年 6 月底，上海市共有电影院 199 家，共有银幕 969 块，座位 15.65 万个，5 厅及以上多厅影院达到 112 家。

约略看来，制约上海电影创作繁荣发展的瓶颈和问题主要有以下几个方面。

其一，整体文化氛围还不浓郁，本土电影创作人才大量流失，一线专业人才和高端人才严重短缺。上海电影曾经数度辉煌，培养出一批又一批优秀的电影创作人才。文化体制改革后，电影人才的流动性增大，一些优秀人才受各种因素影响或转行，或流失。一是电影编剧层面上的基础性人才普遍短缺。剧作家队伍结构存在问题，一方面是老龄化日趋严重，另一方面是年轻人的写作不够稳定（其中也有待遇、机制等因素的影响），原创面临后继乏人的窘境。二是电影制作层面上的各类人才情况不容乐观。由于电视对电影的冲击效应，不少电影人才进入了电视制作领域，还有一些人进入了广告制作拍摄领域。三是养成层面上的挖掘和培养力度不够，为青年电影创作人才提供发表、制作、展映的机会和平台尚嫌不足。四是电影的产业化市场化程度最高，需要大量的懂金融、精通营销、会经营管理的高端人才。这些高级优秀人才的严重短缺是一个瓶颈性的问题。

其二，上海影院院线资源分散[①]，竞争激烈，导致影院“做短”项目的持续时间以获取最大利润，损害了产业其他环节的利益（见表2）。随着电影价值在以院线为主的零售市场上的实现，“短周期”通过零售商的采购行为开始规范片商生产符合这种商业模式的产品，顺势而为的片商又将“短周期”塞给了投资者，以拍电影是个“短周期”过程诱惑他们的投资。将电影项目持续时间“做短”，迅速收割一个项目的回报，已成为从产业链上游的生产投资一直贯穿到末端零售影院的一种利润压力。“短周期”的做法事实上牺牲了产业除了

① 上海2014年共有十六家院线，除了联和、大光明、弘歌等三家上海本地院线，还有如万达影院等全国性或区域性的十三家院线进入上海市场。

影院外全部业务部门的利益，特别是导致电影制作被影院挟持不得不“短周期”，实质性地影响了电影创作的质量。

表2　2014年全国院线排行榜

名次	院线名称	票房收入(亿元)	院线数量(家)
1	万达院线	31.61	142
2	上海联和院线	18.83	208
3	中影星美	18.38	229
4	大地院线	15.90	381
5	中影南方新干线	15.43	205
6	广州金逸珠江	15.41	196
……			
25	上海大光明	1.62	不详
44	上海弘歌	0.06	不详

数据来源：赢商网（www.fj.winshang.com）。

其三，国有影视企业核心竞争力不强。上影集团多年来一直跻身于全国文化企业三十强行列，产业链条较为完善，产品开发能力较强，特别是旗下拥有丰富的品牌资源，如上海美术电影制片厂、上海译制片厂，等等。近年来其主导拍摄的《高考1977》《建国大业》《西藏的天空》等影片获得较好的口碑和经济效益。但也面临着严峻的挑战：从内部看，一是体制机制变革不够彻底，企业的市场主体地位没有真正确立，总体上的活力和动力不够足。就外部而言，二是华谊兄弟、万达影业等一批具有市场竞争力的民营企业和来自境外的梦工厂、迪士尼等企业，体制机制相对更加灵活。三是中国加入世贸组织的电影保护期限将到，进口影片份额或将进一步放开，好莱坞大片将不再受目前配额限制而长驱直入，国产电影和国有电影集团将经受生死攸关的考验。四是随着互联网时代的到来，电影在融资、营销、观影模式等方面都产生了新变化，对传统电影产业正在产生不小的影响。

其四，促进电影工业发展的相关配套支撑体系尚待健全和完善。电影生产是一个资金密集型、人才密集型的工业化生产过程。类型化、流程化、体系化是电影工业形成的重要特征。但凡形成电影工业，是可复制的、可量化的，可进行标准化、工业化生产，操作流程的规范化和产业功能的系统化是好莱坞类型片成功的决定性因素。上海电影创作由于受制于文化体制的制约，难以放开手脚学习好莱坞，长久以来类型篇的建设一直是原地踏步甚至是畸形发展。

其五，“叫得响、记得住”，“思想性、艺术性和观赏性统一”的精品力作依然较为缺乏。在电影创作上，作品的数量与质量并未能完全形成正比，“既多又快、不好不坏”的现象依然存在。有的作品缺失思想深度、缺乏现实底蕴、缺少艺术品位，难以让人的心灵受到感动和震撼，更无法让人的思想得到净化和升华，未能体现文艺作品在思想审美上的意义和推动事业繁荣发展的作用；有的创作单纯为了献礼、评奖，创作者缺乏对生活的感悟和创作的激情，题材体裁雷同撞车，失去了主旋律作品在思想、艺术和欣赏价值上的平衡；有的创作单纯追求市场效益，单纯追求娱乐效果，缺乏思想深度，缺乏独特的思想、敏锐的感受，从内容到形式的“克隆”“跟风”现象严重，质量平平、影响淡淡。还有部分电影创作者过分崇拜高科技、过度依赖大制作，反而阻滞了自身的精神投入以及审美能力、艺术水平的提升。

三　创新上海电影创作体制机制的思路与建议

一是要确保主流价值的倡导和引领，实现思想感召、市场推动和艺术震撼的动态平衡。首先，从根本上加强电影创作者的思想道德建设，大力倡导“爱国为民、崇德尚艺”的电影界核心价值观和职业道德精神，帮助他们树立理想、坚定信念，明确肩负的历史使命和社会责任，加深对电影艺术事业的理解，提高道德修养和技艺水平，用自己的文艺创造报效民族和国家、服务引导人民大众。其次，加强电影评价体系建设，将“弘扬主旋律，提倡多样化”切实落实在提高和完善评审、评奖的机制和措施中去，为创作者提供正确的方向。其三，加强对主流思想价值作品的宣传推广工作，为其扩大社会影响、提升市场份额提供帮助。尤其是要发动和团结大众媒体齐来抵制“三俗”的出现和蔓延。其四，针对青年创作人才，定期举办创作骨干培训班，通过道德和业务的双重培训激发他们对文化的敬畏和热爱之情，不断提高道德修养和业务技能。

二是创新政府资金扶持方式，加大资源投入。电影产业高速增长和市场扩容、文化大众化，这样的创作环境堪称中国电影创作的“黄金时代”，这意味着可以探索更多新的可能性。建立合理的政府资金扶持方式是保障电影产业有序快速发展的必要条件。落实“上海电影产业发展专项资金”，重点扶持弘扬主流价值观、具有较高艺术质量和市场价值的重大原创作品、新人新作和票房佳作。进一步创新电影产业扶持资金的扶持方式，除继续采用评审资助等方法外，针对不同环节、不同发展阶段的不同扶持对象，采用更为灵活、更有针对性、更便利的扶持方式。研究通过政府资金设立电影产业创投种子基金、统筹设立文化企业贷款风险补偿准备金等形式，促进中小电影企业的发展。撬动社会资本扩大对电影产业的投资。联合文化创意产业各部门形成合力，推动重点产业发展，加大对电影等重点发展领域的政府资金扶持力度。加强电影产业资金扶持过程管理，细化风险控制管理，引入市场竞争机制，防止利益寻租。落实完善有利于电影产业发展的专项政策，加大财政资金对电影产业的必要投入，进一步优化电影产业发展的综合环境，推动上海电影产业加速发展。

三是要系统完善人才培养计划和实施细则。电影创作主要靠人才，必须有系统化的电影人才的培养计划。加强梯队人才培养，通过个性化培养和滚动选拔，完善人才培养机制，加大对人才队伍，尤其是青年后备人才的轮岗、挂职锻炼工作力度，促使他们全面成长、加速成长。继续实施“青年电影创作人才扶持计划”，为电影创作不断注入新的活力。聚焦发展重点，优先培养制片人才。选派优秀人才到美国哥伦比亚大学等海外知名高校进行两年制的学历教育。重点培养制片人才，推荐选送到迪士尼等美国知名制片公司进行专业见习。结合车墩影视基地的建设，积极培养技术人才。用好青年电影制作人员的片场实习制度，使青年人才在片场得到熏陶和历练，积累实操经验，加快成才步伐。通过与温哥华电影学院合作，培育更多剧本创作、制片、舞美设计、数字化技术、后期制作等方面的人才。

四是以电影内容生产为突破口，提高上海国有电影企业原创能力和品牌影响力。以内容生产为根本，始终坚持以提高原创能力，确保多片种繁荣为核心竞争力，并以世界一流影业集团为标杆，遵循电影产业发展与艺术创造的双重规律，按照国际化标准，实施体制再造，打造适应市场的经营主体和运行体系。一是建立“1 + X”的制片格局。重组上海电影制片厂作为重要制片主体。激活上影天马、上影海燕等品牌，提升上影电通、上影寰亚、上影投资、海上影业等公司地位。二是实施重点作品创作规划。坚持“坚守主流影片，确保商业价值，支持艺术探索”三足鼎立的制片路线，推动故事电影、动漫电影、译制电影、电视剧等多片种的创作和繁荣。三是开发新型影像产品。适应互联网时代“多屏”需求，利用上影集团雄厚的片库和制片能力，运用创作和“编制”等手段，建立以永乐文化传播公司为主体的新媒体影像产品制作商和以东方电影频道为核心的综合影视媒体平台，开展多媒介的内容生产。

五是要向国外同行学习，促进类型片的创作，进一步健全完善电影生产的工业流程和工业体系。美国电影的优势在于它的商业化、类型化、全球化和贴近观众，即便是发生在美国的事，也能引起其他国家观众的共鸣，这种类型化电影创作模式是世界上任何其他国家无法比拟的，这也是美国电影赢得市场和观众的原因。与美方合作拍片是学习编剧技巧和模仿类型片创作的最好途径，但现阶段合拍片经常是美国的脑、中国的手，核心经验和核心资源难以累积，技能和品牌依然短缺。有机模仿，创新是关键，在此方面韩国可以给予我们很好的启示。韩国电影的成功绝大程度上正是得益于电影人出色的学习和模仿能力，而韩国电影人师从的老师正是被他们视为头号敌人的好莱坞，实际上，从当年那不在韩国本土击沉"泰坦尼克号"的《生死谍变》开始，韩国电影就旗帜鲜明地走上了"向好莱坞看齐"的创作道路。但韩国电影不是简单地拿来，而是在拿来之后，经过自己的消化借鉴吸收，尽可能地变成自己本土的东西。从商业片到文艺片再到小众文化片，各式各样的类型电影陆续问世，韩国电影类型片的建设无疑走在了亚洲各国的前列。

六是要着力推动本土题材的规划和创作。上海的历史是电影创作取之不尽的源泉，但到现在为止，电影创作没好好挖掘。应着手对上海本土历史人文题材和当代现实题材进行规划、梳理，创作更多具有国际影响力、体现上海原创能力，打上上海烙印的电影优秀作品，代表上海特点和时代特征的品牌内容。要加强对上海本土历史、现实社会的宏观研究力度，认真总结属于上海文化的品格与风格，并在原创过程中有意识地加以追求和弘扬；要更多地培养本地原创队伍，增强外来创作者对这座城市的理解和情感，从而创作出真正反映上海历史和当代风貌的作品；要对上海本土历史人文题材和当代现实题材进行规划、梳理，通过专门的创作会议抓好宏观规划工作，配置创作队伍、相关资源和营销手段，有计划、有系统地推出"上海制造"的作品，追求社会效益和经济效益双丰收。

七是要着力营造激发原创的环境和氛围。政府的主要精力应放在修改和制定改善市场环境的政策上，遵循电影创作规律，创造一个宽松的电影创作、发行环境。在内容创作环节要尊重艺术家的创作个性和创造性劳动，营造有利于文艺创作的良好环境。政府对文艺创作的前端可以通过设置底线、设计有效的筛选机制来引导创作，尽量不干预艺术家的创作。政策扶持资助的主要着力点宜定位于帮助好的作品走向观众，实现作品与消费者需求的有效对接。建设容错机制，在科学研判和民主决策的前提下，对电影创作过程中的失败采取宽容态度，积极帮助创作者寻找问题、调整振作、争取成功。

基于上述思路，我们提出，要在充分发扬成功经验的同时，积极借鉴相关省市和国外做法，紧密结合上海工作实际，在创作引导、评价激励两方面进一步撬动电影创作瓶颈、集聚创作人才、引导创作方向、激活创作能量，推动上海电影创作向着思想更高、艺术更精、力量更强、数量更多的目标发展。具体建议包括以下几点。

（1）加强电影创作规划，创新电影剧本筛选机制。电影产业的特性决定了电影创作必须超越本地区区域界限、本地区文化局限，必须具有国际的思维、全球的眼光和世界的市场，加强科学规划对推动电影创作发展尤为重要。上海电影创作要取得突破性发展，实现弯道超车的目标，应进一步加强顶层规划。电影产业是以市场化的方式来运作的，电影制作方必然是以利润为首位。在现阶段的中国电影市场，观众具有文化消费的决定权。因此，科学务实的电影创作规划可以引导电影创作的走向，而不是一味地讨好迎合观众而导致电影内容的庸俗化和过度娱乐化。电影创作作为最前端的环节，分寸拿捏最复杂，风险最大，政府在科学规划和设立基本底线的前提下最好不干预或者少干预，通过设计有效的机制来进行筛选（比如艺委会、行业协会审核等）。电影创作要依靠和强化艺委会的作用，国有电影企业要健全确保艺委会制度，并吸纳外单位的影评家和相关领域专家参加艺委会，确保选题的质量。可以试行通过筛选出一些既有观赏性又有思想性和艺术性的“网络 IP”，给予选题立项，注入正能量主题，进行主流化包装推广。美国的电影和周播剧也重视 IP，例如《冰与火之歌》就是来源于著名奇幻小说。但是，重视到什么程度、是否到了空前泡沫化接近“无 IP 不行”是有区别的。美国周播剧的工业化是要创作人先写项目案和样集剧本，被平台通过后，再组建团队拍 1 集试播集，试播集播出并得到广告商和观众认可才下 1 季订单。剧本也才会由自由创作变为按照试播集标准化、工业化生产。通过与发达国家制片方合作拍片，学习和模仿类型片的创作，积累核心经验和核心资源，打造电影工业化生产的技能和品牌。此外，上海应建立有关阅读文学原创作品、推荐优秀选题的机构，把优秀文学作品（包括网络文学作品）作为电影二度创作的基础。将文学和影视进行嫁接，开发其版权经纪、版权交易、版权保护等方面的功能。

（2）加大扶持力度，丰富电影创作的融资方式和融资渠道，活跃制片机制。一是政府牵头促成建立多层次的投资基金管理机构，为投资电影的大小风险投资资金提供系统专业的指导、管理和服务。制片商即可通过销售发行权和版权获取投资，也可主动争取一些风险资金和大企业的投资，或向银行贷款、抵押版权融资，甚至利用互联网众筹的方式募集社会资金来拍摄电影。二是政府通过基金会发放电影扶持资金，主要发放对象是青年导演和进行独立电影制作的导演，一般商业电影则不在资助之列，但可以申请无息或低息融资贷款的方式“借钱”。多样化的融资方式活跃了制片机制，促进中小电影企业的繁荣，推动整个电影市场专业化格局的形成。三是推动电影行业适时引进“以制片人为中心”的制度，改变以往以导演为中心的电影创作机制，加大对独立制片人的扶持力度，释放电影创作活力。

（3）整合院线资源，创新发行运作机制。鼓励实力雄厚的院线企业通过收购、兼并和加盟的方式形成 1 ~ 2 个大型院线管理公司进行高效运营。2014 年上海共有 16 条院线，院线很散且乱，对影片发行冲击大，而且有一些院线眼光狭隘，在排片上形成定式和偏见，很多艺术含量较高的影片排不上好档期，甚至没有上映的机会。可利用联和院线和大光明院线为平台逐步整合上海院线资源，建设强大的放映网络，通过院线整合提高艺术品质高的主流影片，以及那些将电影作为探索艺术创新载体的中小成本影片在排片方面的话语权，来提升上海电影的创作质量和艺术含金量。

（4）注重电影专才的培养，加大引进高端优秀人才的力度。电影创作作为一个人才密集型的集体创作过程，人才是竞争力的核心要素。一是培养和留住本土人才，制定本土青年人才培养计划，在电影创作的各环节、各阶段采取梯队式培养方式。二是落实《关于促进上海电影发展的若干政策》等一系列政策，大力引进和使用外来人才，特别是吸引高端优秀人才来沪创业和工作。通过上海国际电影节节庆、创作项目，吸引海内外人才来沪体验生活、创作交流。吸引财经、金融、科技等领域的优秀人才进入电影产业领域，注重引进海外电影创意、研发、管理、营销等方面的高端人才。三是制定“电影新人新作扶持计划”，设立“青年编剧奖”“青年导演奖”“青年制片人奖”“青年舞美奖”“青年视觉特效奖”等，对从其中脱颖而出的真正有实力、有潜力的年轻人给予长期跟踪和重复机会，形成冒尖人群，形成创作高峰。四是建立青年原创作品试映机制，对实力相对弱小的、实验性的原创作品进行适当政策倾斜，不断促进青年创作人才的成长成熟。可借鉴韩国的成熟经验，对电影产业园区集聚的年轻剧本创作者给予免税优惠，通过专业机构的审核对青年的电影制作项目申请发放一定的制作基金。五是建立电影产业研究与人才培训基地。与上海温哥华电影学院、美国杜比公司等合作，协同建设集产、学、研一体化的高端影视人才培养、多学科技术研发和成果转化的电影产业研究和人才培养基地。参与数字电影技术研发中心的建设，抢占电影技术制高点。

（5）以现代技术为核心，打造具有国际竞争能力的“现代片场”，提高电影制作水平和服务能力。一是利用上影车墩影视基地的扩建，与国际最著名片场经营机构——英国松林公司合作，对上影影视基地进行重新规划和二期改造，形成全国最重要的都市景观拍摄基地。二是建立具有国际水准的影视特效制作基地。与国际著名影视特效企业合作，将国际先进技术资源与产业转型升级相结合，致力于建立具有国际水准的影视特效及后期制作服务基地，进行高新技术格式影片制作，提升价值链。三是创新娱乐产品体验的新模式。努力持续提升影院观影环境，全方位提升观众观影体验。引进和吸收国际领先的激光放映技术，打造“东方巨幕”品牌，实现高保真3D巨幕观影体验环境，发展高品质沉浸式影厅放映技术。四是推动成立若干个电影创意设计公司，拓展电影产业服务功能。电影创作是工业化生产，要特别强调创意设计，鼓励制片人或导演寻求与优秀的电影创意设计小组的积极合作，充分整合上海的优秀创作资源和创意设计资源，合力打造精品，培育上海电影品牌。

（6）要充分利用好民族文化资源，提高电影创作竞争力。世界电影产业强国强调以本土文化为元素开发文化商品，致力培育文化输出载体。印度孟买的宝莱坞致力创作鲜明特色的本土电影，已发展成为印度最美丽的一张名片，在世界影坛大放异彩。韩国电影成功之处也在发挥本土优势，使用本土演员、本土资金，不断发掘国际市场。一是要挖掘民族文化精华，结合现代高科技技术打造民族电影品牌。立足于中华民族审美文化心理特征，深入研究和整理加工传统文化中的神话故事、民间传说，搬上银幕，推动中华民族文化身份的重塑。二是要有计划地推进上海开埠以来历史题材作品创作。包括红色革命题材、文化名人题材、近现代工商业题材、改革开放以来城市变迁题材等，鼓励支持文联、作协搭建一些以原创设想为主的讨论交流平台，助推重大题材创作。

B.13

深化供给侧改革，提升上海文化产业创新力

王海冬*

摘　要：　创新力是文化产业的核心，只有提升创新力才能从根本上提高文化产业的国际竞争力。上海在文化产业上存在的主要问题是创新潜力释放不足。本研究在论述文化产业供给侧改革的主要任务与所需的国际视野基础上，提出了“文化产品知识产权在世界传播要独辟蹊径”“文化产品要融入‘一带一路’的‘民心工程’”“提升文化产业创新力要提供制度性保障”“社区居民参与‘全民创业、万众创新’需要新的体制机制”“进一步发挥在沪外国侨民的文化创新力”“进一步发挥长三角地区的文化创新力潜力”等几方面的思考与建议。供给侧改革是一次社会创新，要将管理方式从组织管理转变为战略管理，这是我们提出上海文化产业应该通过供给侧改革来提升创新力的出发点。

关键词：　文化产业　供给侧改革　创新力

创新力是文化产业的核心，只有提升创新力才能从根本上提高上

---

* 王海冬，上海社会科学院文学研究所副研究员。

海文化产业的国际竞争力以及国际影响力。这种创新力主要是文化产业的创新团队经过艰苦的精神劳动创造出来的。上海市文化产业公开的数据表明，上海文创产业在2014年的总产出为8386.21亿元，比上年增长8.7%，在2014年中国盛世文化产业排行榜中获文化产业"影响力指数"第1名，但是"驱动力指数"则处于第10位。此外，纽约文化创意人才占都市人才就业人数总和的比例约为12%，伦敦为14%，东京为15%，而上海仅有0.1%。高端人才的匮乏使文化产业在创新上失去了核心竞争力，是文化产业发展动力不足的主要原因。这说明上海文化产业落后于纽约、伦敦、东京等世界城市的根本原因是高端人才的匮乏，而文化产业的创新团队是高端人才的主体。

上海文化产业存在以下问题：文化产业管理体制及法律法规不健全，文化产业存在条块分割、多头管理、政企不分的问题；文化产业主体数量多，但是集约化程度不高，没有形成规模效应；空置率高，导致艺术产业园区的链条无法整合；文化产品传播方式较为落后，市场拓展能力不强，缺乏具有全球引领性的文化创造力、文化影响力与辐射力。本报告认为，只有通过科学合理的供给侧改革才能逐步解决这些问题。因为供给侧改革可以为上海的文化产业营造公平、开放、透明的市场环境，加强政府的服务创新，增强市场主体的创新动力，发挥市场配置资源的决定性作用。只有这样，才能扶持相关行业协会、文创园区、龙头企业、高校及科研机构共同建立文化创意设计人才培养基地，推进上海文化产业领域创新成果的产业化，营造出创新人才充满活力的众创环境。本研究报告将论述文化产业供给侧改革的主要任务与所需的国际视野，分析上海文化创新力相关领域的现状、存在的问题，并提出改进建议。

一　文化产业供给侧改革的任务与国际视野

据上海市创意产业协会公布的2015年数据，到2015年"十二五”末，上海完成了10多个国家级文化产业示范基地、工业设计示范基地、50多个文化产业园区和100多个创意产业集聚区的建设，成为联合国创意城市网络的重要节点，提前实现了上海市文化创意产业发展“十二五”规划的预期目标，产业竞争力、影响力和经济贡献度获得显著提升。2015年上海文化创意产业增加值增幅快于服务业平均值，文化创意产业生产值比重占全市生产总值的12%左右。2015年的数据表明，上海的文化创意产业已经取得了一定的成绩，为供给侧改革提供了必要的基础，也为进一步培育文化创新潜力提供了必要的土壤。

目前世界各国根据自己的发展特点，赋予了文化产业不同的内涵，英国、新加坡、印度等叫创意产业，西班牙叫文化休闲产业，韩国叫内容产业，美国叫版权产业。不同称谓下，各国文化产业的内涵和外延也不完全相同。所以国际上尚无统一的文化产业概念，也没有世界公认的全球文化产业统计数据。我们只能根据世界知识产权组织公布的数据分析全球文化产业状况。该组织最新数据显示：2013年全球文化产业增加值占GDP的比重平均为5.26%，约有3/4的经济体在4.0%~6.5%之间。其中，美国最高，达11.3%，韩国、巴西、澳大利亚、中国、新加坡和俄罗斯均超过6%，加拿大、英国、中国香港、南非和中国台湾则分别达到5.4%、5.2%、4.9%、4.1%和2.9%。中国文化产业增加值占GDP的比重大约只有美国的一半，美国的GDP比中国大了许多，那么中国的文化产业远滞后于美国是很明显了。中国文化产业增加值占GDP的比重低，但文化产业某些领域的产能过剩和库存积压却非常严重。如我国每年出品的电视剧有一半以上成为库存，全年在影院上映的国产影片只占总产量的31%。一些公司账面资产虽然可观，但其中很大一块为待售商品。这些没有卖出去的库存已没有变现的可能，只是很多有关企业不愿意核减其账面资产而已，这是对其产品中凝聚的知识产权的极大浪费。

上海文化产业也面临着同样的问题：一方面不受消费者欢迎的文化产品大量积压；另一方面是有市场前景、多样性的文化产品却供给不足，或者根本没有形成健全的产业链。如上海海派文化中的土山湾手工工艺品、海派旗袍、海派木偶戏、海派连环画、海派黄杨木雕、海派面塑、吹塑纸版画、余天成堂中药、钱万隆酱油、六神丸、亨生奉帮服装、海派玉雕、海派绒线编结、海派剪纸、奉贤山歌剧等，都有鲜明的地域文化上的唯一性与特殊性，应该成为当下上海建设国际文化大都市中文化产业产品的重要组成部分。但可惜的是，这些文化产品大部分没有形成产业化，其生产技艺、工艺甚至连传承都后继无人。另外，非物质文化遗产保护缺乏世界眼光，没有把“非遗”保护项目和地方特色文化产业联系起来，这种偏颇明显地体现在上海文化产业的整体布局上。上海近年来已成立了 100 多个文化创意产业园区与文化产业园区，但将 90% 以上的文化园区建在市区，如 2009 年上海首批正式挂牌的 15 家文化产业园区分布情况为：浦东新区的动漫谷文化创意产业基地、黄浦区的田子坊、静安区的现代戏剧谷、杨浦区五角场的 800 艺术基地等都在市区，其中包括与网络、数字多媒体等新兴技术相关的 7 家文化产业园区、2 家“民族、民俗、民间”文化传承与创新的园区也在市区；郊区只有 3 家文化园区。郊区应该是“非遗”保护项目的重要传承地，因为上海至少有百年历史以上的“非遗”保护项目大部分是农耕文明的产物，如松江顾绣、奉贤滚灯、嘉定竹刻、金山农民画等不仅源于农村，现在主要仍然在郊区传承，而越剧、沪剧这些城市“非遗”保护项目根基也在郊区。可见当时的文化园区布局并没有很好地与上海的“非遗”资源相结合。

遗憾的是，过了 7 年，这种状况仍然没有改变。据市文创办公布的第三批上海市文化创意产业园区的目录分析：博大汽车公园、上海木文化博览会、上海世博城市最佳实践区、上海国际时尚中心、半岛湾时尚文化创意产业园等 22 个文化创意产业园区中，只有金山国家绿色创意印刷示范园位于郊区。可见上海的大部分“非遗”保护项目并没有转化为当下有地方特色的民俗文化产业，这涉及上海作为成长中的世界城市给国际文化市场提供什么样的文化产品，也涉及上海有关文化创新团队如何对待本土资源的问题。这些问题产生的原因有很多就是缺少文化创新力，只有通过供给侧改革才能逐步解决。提升创新力和供给侧改革应该是相辅相成的。

上海要通过供给侧改革提升文化创新力还需要有国际视野。G20杭州峰会上中国已经成为世界自由贸易的旗手，这是因为中国早已跃居世界第一贸易大国，不仅在过去的几年里一直努力推进多哈谈判，而且持续主动地向所有贸易伙伴降低贸易壁垒。中国也为搞双边贸易和区域自由贸易制定了“一带一路”规划，寻求更加开放的竞争环境，中国正在成为一个拥有全球利益的国家。而中国要当好世界自由贸易旗手，首先要搞好本国国内经济的稳定与可持续发展，这是发挥国际作用的基础和前提。文化产业和相关产业融合是发达国家文化产业的特征，这个特征在经济学上叫产业关联度。美国、日本的关联度都在50%～60%，中国到目前为止还没有超过20%，亟须通过供给侧改革和发挥创新力使其提升上去。

二　文化产品知识产权在世界传播要独辟蹊径

当下文化产业的知识产权（IP）市场欣欣向荣，很多文化企业都在落实“超级IP”战略。只要有一个好故事或好形象，就是一个好的IP，就能实现图书、电影、电视、游戏、主题公园等全方位的互动娱乐运营，打造出全产业链的优质产品，实现IP的全内容开发。实现全产业链的通路是传统创作人员版权、著作权的延伸。

我们需要回顾一下美国迪士尼公司米老鼠品牌与上海的一段知识产权公案：1948年，上海ABC糖果厂老板冯伯镛设计了一个“米老鼠”糖纸包装，很快成为国内最畅销的奶糖。后来更名为“爱民糖果厂”，最终并入了上海冠生园，其主要产品就是“米老鼠奶糖”。“米老鼠奶糖”商标由广东一小糖果厂抢注20年后，美国迪士尼公司以4万美元买下了米老鼠商标。后来，迪士尼公司允许冠生园继续以米老鼠作为商标使用但要求每年分成总利润的8%。因冠生园不堪美国迪士尼公司知识产权的高昂费用，“米老鼠奶糖”从此在中国市场消失。

企业知识产权缺失引发更严重后果的事例比比皆是。《西游记》是中国四大名著之一，是属于中国的优秀文化历史遗产。目前国内关于《西游记》的网络游戏就包括《大话西游》《梦幻西游》《快乐西游》等多款游戏。尽管小说《西游记》是中国的四大名著之一，但网络游戏使用却要先取得日本人的同意，这一切都源于《西游记》游戏商标（知识产权的一种重要方式）被日本的巨摩公司抢注在先。日本在世界的游戏领域中处于领先地位，除了善于把高科技和文化产业紧密结合外，知识产权保护也是其在世界传播的原因之一。日本光荣公司于2002年抢注《三国志战记》后，又于2004年相继抢注了《三国志驰骋沙场》《三国志无双》等8个系列商标，还抢注了《孔明传》等商标；巨摩公司于2004年申请《西游记》商标，又于2004年抢注了《西游记》《水浒传》《巨摩三国志麻将》等商标。这意味着中国动漫企业面临被诉侵权甚至被全面封杀的厄运。目前，中国传统的四大名著除《红楼梦》外，《水浒传》《三国演义》《西游记》等均被日本企业抢注为商标，但这些还没有引起我们足够的重视。2006年3月是日本公司抢注中国古典名著《三国志》系列游戏商标三个月异议期限的最后时刻，但我们国内动漫产业界对此事件无动于衷，最后竟然是靠“局外人”中山市欧卡曼制衣贸易有限公司挺身而出，阻止了这一事件，拯救了优秀的中华文化遗产。

在文化资源的利用上，中国的低能低效，致使大量文化资金流失在外。虽然中国四大名著早就过了知识产权保护期，但我们对中国这一重要的文化资源在世界的传播要另辟蹊径。比如把其中可能应用的基本形象先画出来，并且及时到版权局登记其知识产权，也就是说，要把企业可能应用的文化资源纳入到当代知识产权期限之内。实际上，这是美国、日本等西方经济发达国家早已做到的事。如品牌授权已成为美国迪士尼利润的重要来源，中国企业要成为迪士尼的品牌授权商，一般需要交纳200万元至500万元的授权金；除此之外，迪士尼还能从销售收入中进行提成。授权合同一般是一年或者三年，到期之后，如果续约需要再谈判，则重新再交纳授权金，此时的授权金通常会有上浮。在授权商的管理上，迪士尼形成了一个分类型、分产品、分品牌的立体授权架构。品牌授权这是知识产权产生企业利润的有效方式之一。

中国文化产品知识产权要具备全球视野。英国仅《哈利·波特与混血王子》在中国的销售就超过1000万元。2015年，中国国产影片的国内票房达271.36亿元人民币，海外销售收入仅27.7亿元人民币；国产电影《狼图腾》的英文版权仅仅卖了10万美元。在国内人气极高的电影《捉妖记》，在北美上映的票房却只有3.2万美元。这说明中国许多文化产品在国际文化市场的占有率十分低，既然中国的经济是全球性的，那么中国的文化产品亟须加速向世界传播的进程。

三　文化产品要融入“一带一路”的“民心工程”

“一带一路”战略要打造国际命运共同体，文化应是其重要的精神组成部分，是其民心相通工程的主要内容。上海的文化产品要主动为“一带一路”战略服务，要进一步完善上海的“一带一路”和国际产能合作体制，加强与“一带一路”相关国家发展战略对接，深化境外投资管理制度改革。本研究认为，上海的特色文化产业是“一带一路”的突破口，因此我们要研究各国各种文化背景下的消费需求和风俗习惯，细致入微地分析研究境外不同受众群体的文化传统、价值取向和接受心理，有针对性地开展适销对路的文化产品和服务，形成上海的文化名牌。比如影视作品要想走出国门，过去我们在制作的时候，并没有太多考虑海外观众的欣赏习惯，只是单纯地按照我国观众的口味来设计，这是我们的影视作品海外市场低迷的主要原因。只有根据受众的喜好创作出的作品，才有更广阔的生命力、成为有价值的作品，才会得到市场的认可。要有能够体现中国核心价值的艺术品，就要在充分挖掘“一带一路”的历史文化遗产的基础上创新，引导和动员上海的民间力量开展丰富多样的文化交流活动，积极探索国际文化市场的发展规律，并主动投入文化产品全球化的实践，使“一带一路”国家战略建设成为上海文化产品开拓国际市场的重要契机。

四　提升文化产业创新力要提供制度性保障

半个世纪以来，由于经济形势倒逼，世界上有不少国家进行了供给侧改革，有失败的教训，也有成功的经验。比较值得我们借鉴的是德国的供给侧改革经验。其主要做法是：德国政府始终奉行制造业立国的理性定位，对市场保持适度干预，尤其注重长期人力资本投资；同时通过税收优惠扶持中小企业创新以及产学研结合，为制造业创新带来源源不断的动力；与此同时，政府同步进行需求侧理性管理，通过官方主动实现货币贬值拉动出口，以低汇率为中小制造企业的发展创造了根本条件，使德国成为欧洲第一经济体。

美国里根政府实行的供给侧改革对上海也很有借鉴意义。美国在20世纪80年代成立了国家的产业竞争委员会，请了定位学派的教授——哈佛大学的教授迈克尔·波特为主席，用他的定位理论来规划国家竞争战略。二十年发展下来，随着硅谷的崛起，带动美国整个互联网集群的崛起。其主要的成功经验是：减少政府干预，通过税收优惠鼓励企业再投资和创新，降低个人赋税，提升劳动积极性，保持稳定货币供给等；同时通过高效、规范的直接融资体系为孵化互联网、生物科技等新兴产业铺平道路。结果是美国经济盘活存量，激活流量，奠定了其25年繁荣的基础。

鉴于国外一些成功经验，上海亟须为提升文化产业创新力提供制度性保障，本研究认为可以从进一步完善以下法律法规做起。

1. 健全非公有制经济的市场准入制度。摈弃对非公有制经济企业的政策限制，需要进一步放宽非公有制经济文化市场的准入标准，鼓励民营企业参与国有文化企业的改革，鼓励发展非公有资本控股的混合所有制文化企业，为全面放开文化市场提供制度性保障。

2. 完善产权保护制度。借鉴国际上把文化产品的知识产权保护视为重中之重的经验，通过政治、经济手段与别国政府加强谈判，以寻求共同治理和国际立法。派出海外机构来加强对知识产权侵权的监测和打击力度。从文化资源知识产权的国际传播视角，来制定相关的地方法规。

3. 建立“僵尸企业”的退出机制。要健全有利于去产能、去库存、去杠杆的新体制机制，迫使某些“僵尸企业”及时退出。

4. 建立文化创新投资管理方式和投融资机制。打破科技与人文不能融为一体的旧传统，改革行政主导和部门分割的现状，建立主要由市场决定技术创新项目和经费分配、评价成果的机制。

5. 规范文化创新领军人物权利和义务。要明确文化创新领军人物在财物支配权和技术路线决策权等范围内的权利和义务，逐步增加以知识价值为导向的分配政策，提高科研人员由成果转化而分享收益的比例。

6. 建立新的境外人才管理体制。以调动境外人才参与中国大陆有关的文化产业，发挥多元文化的潜力。

7. 健全市场公平竞争保障机制。开展文化市场准入的负面清单制度试点，制定出公平竞争审查制度，完善产业政策与竞争政策的协调机制，让国有和民营的文化企业能在同一起跑线上。

8. 健全金融机构，促进文化产业发展。进一步开展国有商业银行制度性的改革，放宽民间资本进入银行业，发展普惠金融和绿色金融，规范发展互联网金融。创新文化小微企业信贷风险分担模式，建立政府、银行和担保机构、保险机构合作的机制，设立国家融资担保基金，为上海文化产品产业知识产权的世界传播提供资金保障。

9. 促进外商投资体制改革。建立投资负面清单管理模式，扩大开放外资文化产业的服务领域、简化外资企业设立程序。

10. 建立完善的现代文化市场体系。在资本、产权、人才、技术、信息等文化生产要素市场发展中，进一步打破条块分割、地区封锁、城乡分离的传统文化市场格局，打破按管理部门、按行政区划来分配文化资源的传统体制，建立健全、统一、开放、竞争有序的现代文化市场体系。

五 社区居民参与“全民创业、万众创新”需要新的体制机制

居民是社区文化的创造者、体验者，每一位居民都是文化创新力的源泉。近年来，上海的社区在逐步改变观念，让居民在社区建设、管理和精神文明创建工作中充分发挥积极作用，以推动社区工作整体健康的发展。但目前上海的社区建设存在的问题主要是：居民对当地文化遗产保护与传承的关注和参与不够，没有树立将当地的文化遗产资源及时转化成特色文化产业的理念。当下，“全民创业、万众创

新”成为我国经济新增长的主要动力引擎，因此，上海的文化产业链要迅速补上居民这重要一环。要从根本上使社区干部和群众树立起将本地文化遗产及时转化为地方特色文化产业的观念，切实为提升上海的文化创新力出一份力。

当下上海对社区街道干部的年度考核中没有“非遗”保护的硬性标准，如《静安区国民经济和社会发展第十二个五年规划纲要》中的社区工作部分指明了基层自治和社区共治是实现理想的途径。但在这条路上，却没有提及社区作为主要“非遗”保护地的功能。如果社区对本地“非遗”保护这一主要使命没有充分重视，那么在此基础上发展文化产业也无从谈起。

上海社区居民在“非遗”保护及“非遗”文化产业方面缺失的另外一个原因是把社区的老年居民仅仅看成是照顾的对象，没有充分发挥他们的作用。事实上老年居民不光是本地“非遗”的见证者，而且大部分都有一技之长，他们在保护“非遗”并在此基础上设计和提出社区文化产业项目中可以发挥主力军作用。如此才可能使社区成为文化遗产的守护者与文化产业创新的源泉之一。现在上海街道、乡镇对其辖区的青年人普遍设立了创业或就业的有关经济激励政策，但对老年人却一分钱也没有，建议街道、乡镇普遍设立创新基金，对所有成员一视同仁。

六　进一步发挥在沪外国侨民的文化创新力

历史上，上海作为中国最大的移民城市，曾经有为数众多的外国侨民，他们在这里工作、生活，对上海这座城市的演变产生了广泛而深刻的影响。海派文化的特点就是中西文化的融合，这里有历史上在沪的文化创新力的贡献，现在上海要建设世界城市，亟须进一步发挥在沪的文化创新力。

上海改革开放近40年来，在沪的境外人员与日俱增。居住在上海的外籍人员数量居全国第一位，改革开放以来，在沪外国侨民对中国的经济发展做出了重要贡献，上海政府为他们专门设立了白玉兰奖。但当下上海仍缺少如国际基金会、GPO等多样化的社团组织与文化机构，尚未形成如纽约、伦敦、东京等国际文化大都市那样具有多元文化象征代表的唐人街、印度区，犹太区，意大利区，南亚区等集聚区。随着外国居民在沪居住的比例正在不断提高，所以，上海要为外国侨民在沪居住创造更多的城市文化空间，发挥多元文化的魅力，激发在沪外国侨民的文化创新潜力。

七　进一步发挥长三角地区的文化创新力

到2020年，要建成上海和长三角地区大分散、强集聚、多组团、网络化的“超级文化区域”建设，上海应以海派文化为抓手，建构长三角地区文化产业一体化格局。

东京的内容和媒体产业在日本占主导地位，包括出版、印刷、媒体等机构。东京依托市内和城际的快速交通干道，依托卫星城来形成大小不等的组团和高效的文化产业链。建成这种“超级文化区域”的关键不在于面积特别大，而在资源配置的科学性、主导理念的先进性和运作机制的有效性。比如上海世博园以中华艺术宫、上海当代艺术博物馆为代表，开始形成经典艺术和现代艺术、民族精品与都市新锐并列的新格局，获得了国际上诸多好评。上海在大虹桥地区、临港地区和迪士尼乐园地区等大型文化集聚区的建设中，需要更多体现这种多元包容的文化布局。

海派文化虽然是近代在上海形成的，但也是长三角地区人们共同努力的结果。历史上，海派文化对上海周边，尤其是长三角地区的经济文化发展起到过持久的影响，因此今天仍然可以以此作为发展文化产业一体化的具体抓手。在这个历史过程中，会进一步发挥长三角地区的文化创新潜力。

对区域发展来说，行政壁垒始终是一体化进程中的最大障碍，对长三角区域来说也不例外。国务院颁布的《长江三角洲地区区域规划》，对长三角地区各主要城市重点产业布局如何错位发展，进行了非常清晰、详尽的表述，提供了最重要的政策保障。

长三角要改变服务业比重过低、外贸依存度过高的经济结构，形成以服务经济为主、内外需协调拉动的经济结构，就要大力发展文化产业。政府、行业协会、民间组织一起推动交通、金融、人才、社会福利等方面的长三角共享平台。在近年的联席会议上，批准深化了长三角医疗保险合作、长三角金融合作、长三角会展合作等3个合作专题，新设了长三角园区共建专题和长三角异地养老合作、长三角现代物流业整合和提升等课题：这些都为文化产业一体化创造了基本条件。从文化产业布局上来说，区域一体化要求从整体上来考虑问题，不能各自谋划、一哄而上，要明确长三角区域的比较优势，避免重复建设。要考虑自身优势与劣势，以避免出现产业同质化的弊端，将文化传统与时尚结合起来，让传统文化和科学技术结合形成新的文化创新力。

综观上海文化产业相关领域的现状，有可喜的成绩，也存在着相当多的问题，虽然本报告提出了几个方面改进建议，但毕竟不能穷尽。不过，我们要认识到供给侧改革是一场社会创新，管理方式要从组织管理转变为战略管理。遵循这个理念，我们将在实践中不断完善、巩固、创造出新的路径和措施。面对当前世界经济的风险和挑战，我们要继续加强宏观政策的沟通和协调，发扬同舟共济、合作共赢的伙伴精神，凝聚共识、形成合力，促进世界经济强劲、可持续、平衡、包容增长。

B.14

加快发展上海文化产品和要素市场问题研究

——以演艺市场为例

冯　佳*

摘　要：上海演艺市场的发展在演艺场馆、表演团体、经纪机构、市场等方面还存在诸多问题，有必要在其取得成绩的基础上，对存在的问题进行认真梳理，并借鉴国外成功经验，在构建演艺场馆设施体系、创新文艺院团发展模式、健全演艺市场中介服务、推动全民参与文艺欣赏等方面采取一系列举措，繁荣上海市演艺市场。

关键词：演艺市场　演艺产品　市场要素

作为“东方百老汇”，上海致力于打造东方乃至全球的文化中心。演艺市场以其内容范围广泛、品种形式多样、文化内涵丰富、文化影响广泛等特点，在一定程度上成为衡量上海文化产业发展水平、文化事业繁荣程度的代表性指标。党的十八届三中全会指出，要“建立多层次文化产品和要素市场，鼓励金融资本、社会资本、文化资源相结合”，并且鼓励发挥市场和社会的作用。在此背景下，本研究聚焦上海演艺市场，希望能够把握机遇、应对挑战。

* 冯佳，上海社会科学院文学研究所助理研究员。

一　研究要素及重要意义

演艺市场是指生产者、经营者、消费者构成的市场关系，而剧场作为演艺市场不可或缺的重要载体，所有文艺演出均要以此为依托。因此，演艺市场涉及的文化产品和要素应包括文艺表演团体、演艺经纪机构、观众及文艺表演场所。围绕这些研究要素，演艺市场作为一个整体，涉及演出产品的生产、经营和消费。对此进行研究，对推动上海市文化产业又好又快发展、打造国际文化大都市具有极大的现实意义。

一是文化体制改革发展的要求。国有文艺院团转企改制是新世纪以来我国文化体制改革的重要内容和文化建设的重要目标。国有文艺院团通过体制改革释放出巨大的创作生产力，并在大力扶持民营院团发展基础上，使国有专业艺术院团和民营院团一道，共同参与市场竞争，激发了市场竞争活力。对上海演艺市场中各类演出团体遇到的问题进行实践探索和研究，有助于推动上海演艺市场不断繁荣发展。

二是政府职能转变的要求。转变政府职能是文化体制改革的重要任务。政府应鼓励发展和完善演艺市场的经纪、代理机构，打破演艺市场中介机构的垄断地位，提高文化产品和服务供给的市场化程度，加强政府对文化市场的监督，创造公平竞争、优胜劣汰的市场环境。

三是实现城乡一体化，提升全民文化素养的要求。演艺市场的文化产品和要素在全市范围内合理流动，有利于科技、资本、人才等优秀文化资源在上海全市的演艺市场中优化配置，充分利用各系统的文化设施，建立以中心城区为中心、以远郊地区为配套，贯通全市的演艺网络，促进全市演艺产业协调发展，并通过覆盖城乡的演出，全面提升全市居民的文化素养。

二　上海演艺市场取得的成绩

上海演艺市场是上海文化市场的重要组成部分，在当今全球一体化的大背景下，开放的国际演艺平台使原先散落分布在世界各地、风格迥异的演出机构得以汇聚在上海这座多元文化相互碰撞的大都市中，形成了独具上海特色的演艺市场。

（一）注重市场品牌建设

上海市以建立一流的文化要素市场配置体系、一流的文化市场氛围体验、亚洲演艺中心为目标，加强品牌、品种和样式的创新设计，从传统文化与现代文化相结合的层面，丰富演艺市场品牌的独特内涵，促进文化市场品质提升和结构优化，推动上海演艺市场品牌建设。通过中国上海国际艺术节等综合性艺术节庆活动，以及电影、电视、音乐等各领域的专门大型国际节庆活动，使重大活动的整体魅力不断迸发，涌现出一批优秀的民营演出主体，包括上海萧雅、金星舞蹈团、勤怡沪剧团、樟树儿童剧团等，相继培育出一批优秀的演艺经纪公司，如现代戏剧谷、时空之旅、上海白玉兰文化艺术发展有限公司、上海开思文化艺术有限公司等。上海的演艺舞台有了这样一批具有广泛影响的品牌活动，才变得异彩纷呈、璀璨夺目。

（二）探索市场联动发展

为响应中央关于加快发展区域一体化进程的号召，深入落实国务院《关于进一步推进长江三角洲地区改革开放和经济社会发展的指导意见》，上海市与苏浙两省联手扩大长三角地区文化消费市场，鼓励文化集团跨区域经营，为上海文化企业赴苏浙主要城市布点、苏浙文化企业进驻上海发展创造条件。首先，通过苏浙沪演出业务洽谈会和长三角国际演出项目交易会，成功构建起了长三角的文化市场功能圈。其次，探索建立统一开放的文化产品、技术、产权、人才等要素市场，促进文化市场要素跨区域流动，发挥市场在文化资源配置中的基础性作用。最后，强调文化中介和文化经纪人的培育，合作推进文化市场经济代理、推介咨询、鉴定评估等服务的发展①。

（三）重点扶持民营主体

近年来，上海市重点对自主经营且自负盈亏的民营院团给予了特殊扶持政策，并为增强政策的针对性和有效性，通过“倾听企业”系列座谈会的形式，为民营院团排忧解难。为鼓励民营主体发展，设立民营表演团体演艺优秀奖、创新奖、原创剧目贡献奖、演出贡献奖、文化旅游贡献奖和展演参演奖等奖励项目；为考核民营主体质量，特制定民营院团发展绩效考核机制；为规范市场行为，在政策法规框架下淘汰劣质民营院团；为增强经费投入，不仅设立演艺业等文化市场发展奖励基金，还协调相关部门调整文化娱乐等税收政策，加强市场引导，为上海市演艺市场发展提供融资保障。

（四）团校人才联袂培育

上海市演艺市场专业人才的培育以上海戏剧学院、上海音乐学院、上海师范大学谢晋学院等艺术院校为代表，为上海市乃至全国的演艺市场源源不断地输出了一大批优秀的演艺人才。借助专业院校的优势，上海市政府与市教育委员会联手打造了一条艺术院校与院团联合办学、衔接学历的新路，如创建上海音乐学院－上海大剧院艺术中心联合“人才培养实践基地”、上海戏曲学院青年京昆剧团、麒派艺术研习班等，推动建立上海音乐学院青年歌剧团、上海舞蹈学院青年

---

① 贝兆健：《现代文化市场发展的上海实践及启示》，《中国文化报》2013年5月23日，第3版。

舞蹈团，重点培养艺术尖端后备人才[①]。依托上海戏剧学院、上海音乐学院举办各类艺术紧缺人才培训班。这一系列举措，为上海市演艺市场的繁荣发展奠定了坚实的基础。

三 上海演艺市场要素面临的问题

上海演艺市场的发展取得了一定的成绩，但也不可避免地遇到了一些发展瓶颈。找准当前上海演艺市场各要素存在的问题，能够为构建一个良好的演艺市场，助推上海演艺市场的繁荣发展提供参考。

（一）演艺场馆

1. 设施不足

一方面，截至2014年年底，上海市共有艺术表演场馆93个（剧院81个，书场4个）[②]。其中，专业性艺术表演场所中包括上海大剧院、上海音乐厅等10家市级场所，上海大光明电影院等10余家区级场所，建筑面积共计65.1万平方米，演（映）业务用房面积则不足建筑面积的1/3。上海全市演艺场馆面积单与北京市天坛演艺区近百万平方米的面积相比，就相差很远；另一方面，2014年，上海市所有艺术表演场馆演（映）共计50846场次[③]，每个艺术表演场所年均演（映）超过546场次，也即每天演映超过1场次；艺术表演场所日均演映观众人次为2.16万人，远远超出座席数量。由此可见，上海目前的艺术表演场馆无论从业务面积，还是座席数量上均不能满足实际演（映）的需要。

2. 分布不均

上海当前能够进行文化演出的场馆共计237个。演艺场馆主要集

---

① 金兰：《用音乐剧丰富上海文化市场》，《联合时报》2009年2月6日，第2版。

② 上海市统计局，中共上海市委宣传部：《上海文化统计概览（2015）》，2015年11月印行。

③ 上海市统计局，中共上海市委宣传部：《上海文化统计概览（2015）》，2015年11月印行。

中在黄浦区、静安区、徐汇区等部分中心城区和浦东新区，仅黄浦区就有 52 个，而崇明县最少仅有 1 个。从场馆服务人口数量来看，相差百倍；从场馆覆盖区域面积来看，差距则更为离谱。可见，上海全市用于演艺的设施场馆分布极为不均，这也与国际文化大都市的目标相去甚远。

3. 场地闲置浪费

通过上述统计及调研可以发现，一方面，上海市的演艺场馆目前场馆座席数量尚且不能满足公众需求。另有一些演出场馆由于建筑之初缺少规划理念，致使人气淡薄，如 1996 年投资 5000 万元建造的杨浦大剧院，虽硬件不错，但因位置不佳，大型演出团体很少光顾①；另一方面，上海市仍有许多机构的音乐厅、大礼堂等场馆、能够搭台演出的文化广场等公共空间并未被充分利用。同时，上海市百余所高校基本都有规模不等的文体场馆，部分中小学也都建有相应规模的场馆，再加之各科研单位、大型企业等机构的礼堂均属于机构内部产权所有，自身又缺乏充足的文体资源，出于安全、管理、各方利益等角度考虑，这些设施场馆所在单位并不愿花费更多的时间和精力对外开放，致使这些场馆被长期闲置，门庭冷落，社会效益未能得到最大限度地发挥。

（二）表演团体

1. 表演院团整体活力不足

《上海市第三次经济普查主要数据公报（第一号）》显示，截至 2013 年年底，上海市文化、体育、娱乐业法人单位共有 6000 家，占全国数量（23 万家）的 2.6%，上海市相关从业人数达 10.2 万人，占全

① 杨卫武：《2010 年上海世博会与长三角地区文化产业发展》，中国旅游出版社，2010，第 146～148 页。

国数量（309 万人）的 3.3%[①]，相对全国来说，总体数量仍偏少。上海艺术表演团体有 148 个，从业人数为 8497 人，其中，公有制表演团体中的高级职称 681 人，仅占从业总人数的 8.01%；事业单位营业收入近 11.48 亿元，演出收入仅为 4.15 亿元[②]，还不及北京市几个大型场馆 5 个多亿的演出收入[③]；上海市演出机构在国内演出 33910 场次，观众达 1175 万人次，平均每个院团每年演出 229 场次、服务国内观众 7.9 万人次。从数据看，无论从院团总数、高级职称人数，还是从演出场次和演出收入而言，并未彰显出上海演出市场应有的活力。

2. 民营院团仍有难题

上海市演艺市场目前处于不完全自由竞争的阶段，一方面，全国民营演出团体纷纷进驻；另一方面，资本进入演出市场导致民营院团出现两极分化。由于相关政策的限制，民营院团生存空间较之公有制院团依然受到限制。对讲求效益的民营院团来说，很难在好剧场中取得档期和场租的优惠，即便是“盗墓笔记”和“开心麻花”这样的演出团队也不能幸免[④]。同时，民营经济的最大特点就是尽可能地发挥市场活力，探索市场未被开发的角落。上海管理演艺市场的地方性法规赋予管理部门制订、实施有关文化行业发展规划的职责。从 2011 年起，上海设立了每年 500 万元的专项扶持资金，对民营院团在演出场租、专家座谈、展演活动、创作排演等方面给予帮助，但仍有不少民营院团不擅长利用这项优惠政策[⑤]。

---

① 上海市统计局：《上海市第三次经济普查主要数据公报（第一号）》。

② 上海市统计局，中共上海市委宣传部：《上海文化统计概览（2014）》，2015 年 11 月印行。

③ 搜狐娱乐：《2014 年北京市演出市场统计与分析报告》，网址：http：//yule. sohu. com/20150119/n407896473. shtml，最后访问日期：2016 年 10 月 8 日。

④ 施晨露、诸葛漪：《上海演出市场如何借势腾飞》，网址：http：//news. sina. com. cn/o/2014 ~08 ~24/035930734038. shtml，最后访问日期：2016 年 10 月 7 日。

⑤ 《解放日报》：《上海民营演出院团生存发展现状：资金缺乏是硬伤》，网址：http：//www. chinanews. com/sh/2013/09 ~17/5293155. shtml，最后访问日期：2016 年 10 月 7 日。

3. “草台班子”扰乱市场

目前，上海市一些大型的演出场馆在社会上的影响力不断扩大，但由于经营者法律意识、社会责任意识淡薄，不能从经济效益和社会效益的统一角度出发，在那些规模较小的剧场、书场里，演出团体鱼龙混杂、成分复杂的现象时有发生。虽然有些演出场所经营单位本身拥有演出团队，经常组织演出，演出经纪公司也偶尔加入，但不容忽视的是，还是有不少低层次文艺表演团体等“草台班子”的存在。特别是文化行政部门管理不严，“草台班子”往往花费几百元钱就能得到演出资格，这些演出团体为招揽观众，时常穿插带有色情艳舞性质的节目，演出质量十分低劣，极大地扰乱了上海市的演出市场秩序。同时，还存在一些无证照的杂技团、歌舞团等表演团体，这种演出团体“打一枪换一个地方”，演出节目内容严重危害社会，污染了文化环境，社会影响恶劣。

（三）经纪机构

1. 缺乏现代化理念的职业经纪机构

酒香也怕巷子深，中国文化产品走向世界的另一个短板是渠道。从20世纪80年代开始，文化艺术经纪队伍逐渐壮大。尽管当前上海市演艺总公司、上海城市演艺公司等实力较强的经纪机构，都在海外推广和营销方面铆足了劲，但其在国际市场上仍然缺乏竞争力，在经济实力、经营规模及市场意识诸多方面均存在一定差距。如现行的经纪机构多是以演出节目为核心的单一式“捆绑”状态，容易受表演团体的干扰和限制，这与国外著名的创新艺人经纪公司（Creative Artists Agency）等经纪公司把演员、导演、编辑等集结在一起打包出售的流水线式作业相比，还有很大差距，致使上海文化产品在海外市场的开拓有时不得不依靠国外经纪机构。

2. 营销策略运用不当

营销策略本无所谓优劣，关键在于运用是否得当。既要重视营销为演出市场带来的收益，又要防止营销被高度重视，将营销无限放大，本末倒置。对于目前的演艺市场而言，较为突出的问题就是病毒式营销的泛滥。许多病毒式营销利用互联网网民进行宣传，通过制造热点话题，把观众“骗”进剧院。上海的演艺市场也无一例外地存在这一问题，某些明星借助曝光隐私、整容等新闻进行炒作，直接或间接地影响到了演艺市场的发展。与之相反，上海的许多优秀演出剧目在国际上较之百老汇、伦敦西区等欧美地区的经典剧目，其影响力还相去甚远，甚至不及日韩演出。除了演出水平之外，这也与经纪机构能否通过营销策略和运营技巧为观众带来强烈的共鸣密不可分。

（四）市场观众

1. 票价偏高

近些年，全国许多剧院都在逐渐下调票价。2013 年，上海市就在其《政府工作报告》中明确指出，当年“营业性演出低票价受益面达到 5 万人次”。但由于高出场费、高场租和因为倒卖批文而增加的演出成本[①]，使得上海的文艺演出票价较高。以上海大剧院、上海音乐厅、上海文化广场剧院为例，这三家公益性剧院 2012 年的平均票价分别为 256 元、176 元和 287 元，相当于当年上海普通市民月收入（3500 元）的 7.6%、5%、8.2%[②]，远远高于欧美国家演出票价相当于市民收入 2% 以下的票价标准。另据东方艺术中心发布的第三次市场调查数据显示，高收入人群是演出票房的强有力保证，本研究

① 陈怡群：《上海文化市场管理面临的形势、问题和对策研究》，硕士学位论文，上海交通大学，2008，第 25～30 页。

② 刘昕璐：《上海大剧院 15 年来首次闭门大修今后将强化公益定位》，网址：http://sh.eastday.com/m/20130128/u1a7159937.html，最后访问日期：2016 年 11 月 9 日。

对上海大舞台、奔驰文化中心等场馆的采访也证实了这一点[①]。由此可见，对许多工薪阶层来说，到影剧院看演出仍然是件奢侈的事情。

2. 供需尚未有效对接

从统计数据可以看出，2014 年，一方面，上海市艺术表演主要集中在地方戏曲领域，但每场演出的观众在所有领域中数量最少，远不及小型剧场最低 300 个座席数的一半[②]，上座率不高；另一方面，最受观众欢迎的当属京剧、昆曲类演出，每场演出能达到 950 余人[③]。可见，供需未能有效对接在当前的上海演艺市场中还普遍存在。

3. 潜在观众群有待挖掘

2014 年，上海市艺术表演团体演出 27970 场，观众有 1017 万人次，与当年的常住人口相比较[④]，全市约超过四成的人口观看过艺术表演。相对美国华盛顿地区人均每年进入剧场 6 ~ 9 次的频率而言，如果上海市常住人口每人每年至少观看 1 次艺术表演，将为全市演艺市场带来巨大的潜力。同时，上海作为国际化大都市，逐年增加的庞大的旅游人群、通过区域联动发展带来的长三角地区居民，无疑都是上海演艺市场的重要观众来源。上海市演艺市场发展空间可谓巨大，但也要正视潜在观众群挖掘不足的问题。

四　上海演艺市场的发展建议

针对上海演艺市场出现的种种问题，国内外演艺市场的发展能够

---

① 《上海青年报》：《上海演出市场现状：票房贡献白领远超学生军》，网址：http：//www. chinanews. com/cul/2013/08 ~02/5116288. shtml，最后访问日期：2016 年 11 月 9 日。

② 根据《剧场建筑设计规范（JGJ57 ~2000）》，小型剧场观众容量为 300 ~800 座。

③ 《上海统计年鉴（2015）》，网址：http：//www. stats ~ sh. gov. cn/tjnj/nj15. htm？ d1 = 2015tjnj/C2306. htm，最后访问日期：2016 年 9 月 36 日。

④ 《上海统计年鉴（2015）》，网址：http：//www. stats ~ sh. gov. cn/tjnj/nj15. htm？ d1 = 2015tjnj/C2306. htm，最后访问日期：2016 年 9 月 36 日。

给予诸多的经验和启示。未来，上海演艺市场的发展应重点从以下方面着手。

（一）构建演艺场馆设施体系

1. 统筹各类社会场地，将之纳入设施体系

设施体系建设从总体上而言，需要对空间布局进行合理规划，国外文化服务圈层的理念能够带来较好的借鉴和参考。1962 年，英国的《布迪伦报告》（Bourdillon Report）中就提出了文化设施服务物理距离的概念；2001 年的《公共图书馆服务标准》也在第一条强调了 1～2 英里距离范围内公共图书馆的家庭覆盖率[1]；2005 年，澳大利亚墨尔本开始陆续出台阶段目标和需求目标明确的社区基础设施计划，为社区文化设施建设提供了持续保障[2]；纽约市政府在 2007 年发布的《纽约 2030》（PlaNYC 2030）城市规划中明确提出“开放空间步行十分钟可达性原则”[3]。借鉴上述做法，针对上海这一人口越来越多、越来越拥挤的城市，要努力通过为每一个片区居民提供综合性的解决方案，让观众能较为便捷地抵达演出场馆，确保全市每个人都拥有欣赏文化演出、陶冶情操、放松愉悦的权利。具体而言，就是要在节约人力、财力、空间成本的基础上，最大限度地为文化艺术表演提供展示空间和平台，通过多方协调沟通，尽可能地将全市大中专院校及部分中小学等教育机构的剧场、专门用于电影放映的百余个影剧院、企事业单位仅用来开会等的大礼堂、一些便于搭台演出的“上海优秀城市文化广场”和公园空地，以及部分公共图书馆、博物

---

① Moor, Nick, *Public Library Trends*, (London: Acumen, 2003).

② Community Infrastructure Implementation Framework，网址：http://www.melbourne. vic.gov.au/CommunityServices/CommunityFacilities/Pages/CommunityInfrastructureFramework.aspx，最后访问日期：2016 年 9 月 36 日。

③ Michael R. Bloomberg, *PlaNYC 2030: A Greener, Greater New York*. (New York: New York City's Office of Long Term Planning and Sustainability. 2007).

馆、文化馆、街道（社区）文化站等各类公共文化服务机构平时利用率不高的放映场所等纳入演艺场馆的设施体系框架内，并对这些设施场馆进行适当改造和利用。

2. 设施建设与观众需求相匹配

随着文化事业的日益繁荣，上海市的各类演艺场馆日渐兴起，包括上海文化广场、上海保利大剧院、梅赛德斯－奔驰文化中心等在内的场馆从设计到设施都达到了世界一流水平，成为城市标志性作品。但国内业已出台的《剧场建筑设计规范》（JGJ57－2000）并未涉及演艺场馆设施建设规模等标准。2015 年正式启动的《专业剧场建设标准》编制工作提出，要处理好当前与长远、个性与共性、一般与特殊、需求与可能、案头研究和实际调研、节约编制经费与效能等几对关系[①]。基于此，本报告以为，演艺场馆的建设应结合区域内人们的生活方式，借鉴已得到各方广泛认可和推广的文化设施建设标准，将服务人口数量作为主要依据，兼顾经济社会发展水平、社会需求、功能设计等因素综合确定，各有侧重、灵活多变。

一是建议将演艺场馆设施建设与服务人口相匹配。服务人口主要是指演艺场馆提供日常演出服务可能覆盖到的人口数量。依照目前按照行政管理级别设置和分级建设的演出场馆的要求，在确保特大型场馆适用于上海市级地区，大型场馆适用于各区（县）级地区，中、小型场馆适用于乡镇（社区）地区的基础上，应重点关注中心城区以外的区（县）演艺场馆建设。常住人口数量多、人口相对集聚的区（县）和大型居住区，可根据需要，新建、改扩建用于大型演出活动的特大型、大型演艺场馆；常住人口数量较少、土地面积广大的区（县），则可适当增加中、小型演艺场馆的建设。二是建议将演艺

① 周建辉：《〈专业剧场建设标准〉编制工作正式启动》，网址：http：//www. ceta. com. cn/webceta/NewsDetail. aspx？ArcileD＝16818，最后访问日期：2016 年 11 月 8 日。

场馆建设与表演类型相匹配。针对深受群众喜爱、上座率较高的歌舞和音乐类表演、地方戏曲、话剧、儿童剧、滑稽剧、杂技、魔术、马戏等演出，对部分场馆进行适当改造，并在全市层面统筹分布，确保所有区（县）、公众集聚区域均有与当地需求相适应的演艺场馆。

（二）创新文艺院团发展模式

1. 改革体制机制

一是推行“一团一策”的管理创新体制。推进上海文艺院团改革，既要遵循艺术的一般规律，也要遵循不同文艺样式的特殊规律，在着力解决各类院团共同问题的同时，分类化解个性化问题。根据《关于推进上海文艺院团深化改革加快发展的实施意见》将文艺院团分为讲世界语言、民族语言和本土语言三大类，在具体改革创新时再次细分，最终形成“一团一策”。二是探索社会化现代治理模式。在财政保障方式不变的基础上，组建歌剧院艺术基金会，募集社会资金，不改变社会资金所有权，用好生息资本，为创作演出、运行管理提供社会化支持。创新国际舞蹈中心管理运行机制，组建国际舞蹈中心基金会及理事会，以此为平台聘请专业机构统一实行物业管理和剧场专业化运作。三是强化上海舞台艺术专家委员会的作用。加大专家委员会在全市层面的行业统筹力度，按照不同演出类型设立各分委员会，负责监管和指导各文艺院团的艺术专家委员会及艺术总监。广泛吸纳外部专业人士、相关部门主管领导参加各艺术委员会，促进形成科学的艺术决策机制，大力推动各院团打造代表上海水平的优秀作品。四是加强对文艺院团的绩效考核。在“一团一策”的管理体制基础上，结合各院团特点和艺术特性，制定创作、演出和管理等方面的“一团一策”考核办法。考核结果以适当的形式向社会公开。五是职称改革指数向青年倾斜。各类院团建立面向艺术岗位的“艺衔”职务序列和面向除艺术表演之外技术岗位的“技衔”职务序列，建立与“艺衔”“技衔”序列相配套的薪酬体系、津贴和演出补贴等，设计保障基本生活与强化绩效激励相结合的薪酬分配制度。要特别注意的是，要对不同的艺术门类给予不同的定位，“艺衔”、“技衔”要向顶尖业务人才倾斜、向一线演职人员倾斜、向青年倾斜，将高级职称增量的部分主要用于青年骨干。

2. 培养并集聚优秀人才

一是要重视人才培养体系建设。为满足演艺市场发展对优秀人才的大力需求，通过“上海青年文艺家培养计划”，采用多渠道、多形式、多途径的立体化人才培养。首先是加强知名艺人和演艺团体与高等院校的合作。其次是为演艺团体独立培养提供支持。针对越剧、沪剧、淮剧、滑稽剧等具有本土文化特色的演出在高校专业相对匮乏的情况下，主要依靠院团内部言传身教、世代传承的方式培养接班人。再次是要重视演艺人才的继续教育培训。通过政府配套一点、上海市演出行业协会支持一点、培训者所在院团拿出一点、社会各方赞助一点的方式，设立上海市演出行业继续教育培训基金，为不断提升演艺行业人员专业技能和素养提供保障。二是完善优秀演艺人才集聚政策。一方面是吸引人才。在深入推进实施国家“千人计划”、上海市“千人计划”等面向国际人才的引进工程的基础上，与引进的国际知名大师开展长期或短期合作，聘请国际艺术大师担任艺术指导、驻团编导、驻团客席指挥、驻团演员等，合作开展剧目创作、参与演出、大师授课等项目。同时，加强国内优秀人才的引进，完善优秀演艺人才引进落户的评审机制。另一方面是留住现有的优秀人才。比如对院团引进的国内优秀人才，根据专业水平、业务能力、发展潜力等给予奖励资助，优先推荐其申报国家及本市重大人才项目；还要为优秀人才建立参加国际知名院团驻演期间保留国内基本待遇的保障机制，选送优秀演艺人才参加国内外名团的交换演出，鼓励和支持优秀演员跨剧团、跨剧种交流合作。

3. 加强优秀剧目的创作

推行优秀剧目题材、版本多样化机制被写进《关于推进上海文艺院团深化改革加快发展的实施意见》，这就要求文艺院团要拿出代表品牌的经典作品，通过改编、新编来融汇时代精神，并立足现实生活，紧接地气[①]。一是要为创作优秀作品找准题材。文艺创作要求找准不同艺术语言的规律，适应当下的市场和媒体环境，从而为作品创作找到合适的题材，为剧本的撰写找到适合的表演剧种的特色，有利于为不同演出条件变换不同的版本做准备。二是要依靠团队力量打造优秀作品。文艺院团每次展演不能单单凭借编剧、导演、演员等个体的力量，而是必须学会运用团队协作的力量，通过头脑风暴和“众筹”能力的方式，应对可能出现的各种问题。三是要完善优秀作品的创作激励机制。将文艺院团的创作考核与绩效酬薪奖励与岗位职称评定相挂钩，专门设立上海市舞台演出优秀作品奖励基金，加大对各类获奖作品的奖励力度，鼓励院团参加国内外的各大赛事，扩大院团原创作品的影响力，鼓励多出好戏，重点考核新剧目的创作质量、经典剧目的传承质量等，推动院团创作更多具有导向性、示范性的优秀作品。

（三）健全演艺市场中介服务

1. 推行艺术代理制度

伴随着国内高雅艺术持续有力的上升势头，越来越多的文化、广告、传播公司欲进入这一领域。而演出经纪机构在某一时段内为表演团体和个人策划、宣传、销售、安排场地，即可成为代理。上海的经纪机构要增强行业的敏感性和预见力，紧紧抓住这一机遇，与达到一定艺术水平和有市场潜力的艺术院团及艺术人才签约，主动帮助优秀

① 《文汇报》：《解读：上海推进文艺院团改革　24 条举措亮点颇多》，网址：http://culture.people.com.cn/n/2015/0530/c172318~27080009.html，最后访问日期：2016 年 12 月 3 日。

文艺作品走向市场，实现演出各方与观众的多赢。

2. 加强广告宣传和公共关系建设

经纪公司为营造自己的企业形象，吸引更多的优质演出商与之合作，必然要树立其良好的口碑。这就首先要求，经纪公司重点建立与观众、赞助商、同行、合作伙伴、新闻媒介及政府的关系，并通过报纸、广播、电视、杂志等传统四大媒介进行宣传，并利用印刷广告、户外广告、售点广告、企业广告、公益广告等形式，针对不同观众，进行多批次、大规模、立体化的宣传运作，以市场最容易获取和接受的方式将品牌直接推送给观众。其次，针对海外市场，经纪公司要建立与国外演出机构的长期合作，为上海的表演团体、演出商打造一张遍布全球的演艺网络，并重点选定欧、美、日等西方主流演艺市场，与国外院团、著名场馆中的佼佼者建立牢固合作关系。再次，畅通与国际演艺巨头的沟通渠道，逐步提升经纪机构在海外运营的经验和技巧，全面提升上海演艺事业在国际上的影响力。最后，为进行剧目推广，经纪公司要根据各个国家或地区的文化背景和市场条件，在宣传资料和技术资料的准备上各有区分，并根据不同剧场的技术条件，在具体剧目的制作过程中进行调整①。

3. 制定销售策略

一切市场运作的最终目的就是为了市场销售，对于演艺市场而言亦是如此。演艺经纪机构在争取到优秀资源之后，就要开始制定相应的销售策略。一是以成本导向为基础，为演出市场定价。演出成本应包括艺术家出场费、场租费、差旅费、接待费、制作费、宣传推广费用等，加上预期的利润指标，即可制定演出票价。随着商业合作伙伴中大财团的加入，也可通过多样化方式，确定更为亲民的演出

---

① 潘浩：《上海城市演艺：两把钥匙开启国际演艺市场之门》，《中国文化报》2012 年 2 月 6 日，第 3 版。

票价。二是制定售票方案。确定票价后，经纪公司要广开销售渠道，制定票务销售方案：进行网络售票、机场服务台、旅行社、大型连锁商场、俱乐部、宾馆饭店等各类消费场所的联网销售；进行年度套票、季度套票、学生票、老年票、双人票、假期套票、一次性团体优惠套票等组合票营销；发放能够享受长期优惠的会员卡，并努力减少赠票的比例。特别应当关注演出延伸产品的研发与销售，如录音录像制品、书籍、画册、展览、演出纪念品等。三是用票务分成方式吸引海外演出商来沪。针对来沪演出的海外演出商，适当降低基本演出费，并与海外演出商共同分享票务提成，以便与演出商共担风险、共享利润。

4. 注重多角化经营

美国80%的艺人都集中在CAA等3家经纪公司，横跨娱乐、演出等领域，掌握了众多经纪人、明星和场馆资源等[①]，在文艺经纪行业优势明显。而在日本，日本的所有艺人也都基本掌控在杰尼斯事务所等三家公司中，每家公司旗下至少有200个经纪人。这给上海经纪公司以启示，就是可以通过强强联合，并以一点为圆心辐射四周的方式，拓展产业发展的规模和领域。如主动策划和承办一些大型文艺活动，参与投资制作话剧、滑稽戏等舞台剧，尝试艺术生产“产销一体化”的新路子，在全球激烈的市场竞争中放眼全球、创新蜕变，从而取得更高的业界地位和影响力。

（四）推动全民参与文艺欣赏

1. 规范票务市场

演出票务市场是演出市场发展现状的风向标，甚至可以说，票房

① 《东方早报》：《好莱坞两大经纪公司合并 WME 叫板美国 CAA》，网址：http://ent.163.com/09/0429/10/582H43HJ00032DGD.html，最后访问日期：2016年12月3日。

收入决定了演出成败[①]。规范上海票务市场需要建立一套体现公平竞争的市场规则，以及建立在公平竞争条件下的优胜劣汰机制。一方面，要从演出产业的上游进行行业规范。建议由上海市演出行业协会牵头，制定出台“上海市演出市场票务公约”；联合行业内部加强演出商对市场保护意识的宣传和推广，监管和指导演出商处理尾票的行为；对通过团购、甩票等方式处理尾票的演出商予以规劝，从而抵制甩票行为的发生。另一方面，建立上海市演出市场票务监管系统。建立上海市演出市场票务监管系统，用以统计演出市场的票数及票务流向，对正常的工作票进行系统监控和锁定[②]，并及时向全行业进行发布，从而有效抵制赠票、黄牛票的产生。在有序的票务市场环境下，鼓励观众通过正当渠道购买各类演出票。

2. 开展全民文艺教育普及

随着社会文化氛围的总体营造，人民审美素质的整体提升，迫切需要加强和拓展艺术教育。一是宣传推广文化艺术演出。建议通过传统方式，在演出前或演出后以免费教学的讲座形式进行宣传、问答；同时，利用现代化的传播手段，将微信、微博等新媒体作为培训和陪伴公众学习文艺演出作品的空间，为文艺普及和演出宣传提供更多便利。二是将艺术鉴赏纳入基础教育课程。上海市应进一步将文化艺术鉴赏课程纳入全市九年制义务教育的基础课程中，聘请具有较高专业水准的老师开设相关课程，培养中小学生欣赏各类文艺作品的能力，为全面提升全市文化艺术素养水平奠定坚实的基础。三是加大各级政府创设文化节的力度和范围。目前，上海市创设了包括中国上海国际艺术节、“上海之春”国际音乐节、上海草莓音乐节、上海西岸音乐节等品牌文化节，但这些文化节多是在市级层面举办。未来，应在努力

① 王立元：《演艺票务营销水越来越深》，《中国文化报》2011 年 8 月 18 日，第 10 版。

② 孙维媛：《中国演出家协会召开北京票务公司座谈会》，《中国演出》2011 年第 9 期，第 11 ~ 13 页。

扩大原有文化艺术节辐射范围的基础上，以贯穿全年的“上海市民文化节”为平台，由各区（县）依托其各自资源优势，创设其各具特色的品牌文化艺术节，使得上海全市全年每个阶段都有不同主题内容的文化艺术节活动。四是持续加强滑稽戏活态传承。制定“上海市滑稽戏传承保护规划”，加大对老剧目的传承与新剧目的改编、建立人才培养基地、提高资料征集和理论研究等方面的整体水平，通过广播、电视、网络及大型展演等途径为滑稽戏提供展演平台，提高滑稽戏的社会认知度。

3. 了解市民文化需求

上海市应当建立符合实际的公众参与文化艺术活动的调查机制，通过调查公众参与艺术文化活动的经验、偏好与期待等意见，对演艺市场的发展方向不断进行调整，满足公众多样的文化需求。建议将调研内容分为五个部分：第一部分旨在询问文化艺术活动的参与情况，包括过去一年内曾参与（欣赏）文化艺术活动的类型和频率、获取文化艺术活动信息的途径等；第二部分是参与文化艺术活动的偏好与障碍调查，包括参与（欣赏）艺术文化活动的平均开销、参与文化艺术活动的偏好、无法参与（欣赏）喜欢的艺术文化活动的原因、影响参与（欣赏）文化艺术活动意愿的原因等；第三部分是艺术的社会化调查，包括曾经上过的艺术文化学习课程、时间，与家人参与（欣赏）的艺术文化活动的类型与频率；第四部分为受访者的基本资料调查，包括最高学历、年龄、家庭成员受教育程度、职业、家庭平均月收入、性别等；第四部分为公众对政府文化艺术事业支持的评价。公众参与文化艺术活动的调查可以采取电话抽样的方式，也可以将调查作为定期人口普查的一个附加项进行。调查结束后，委托权威机构对有效调查结果进行分析，并将分析结果反馈给相关部门机构，为未来演艺市场的发展重点指明方向，也为文化政策的不断调整提供依据。

4. 培育文化消费习惯

文化消费作为演艺市场的终端环节，其发展程度能够直接影响演艺产业上游的发展。因此，唤醒全社会的文化消费活力、培育全社会的文化消费习惯，使演出消费成为市民家庭和个人生活支出的有机组成部分，对于繁荣发展演艺市场至关重要。一是要扩大现有“文化惠民卡”的适用范围。在现有的“文化惠民卡”中适度增加满足中、高收入人群文化消费需求的演出。二是寻找文化消费热点和消费亮点，培育新的文化消费增长点。通过对演艺市场的调研等方式寻找上海市民在演艺市场上的消费热点和消费亮点，在集合各区县文化资源的基础上，进一步挖掘地方特色，拓展文化消费领域。三是建立观众会员积分激励制度。由上海市演出行业协会搭建各演出院团的线上、线下会员平台，制定出台相应的观众会员积分激励制度，观众会员每欣赏一场演出进行一次消费即可获得相应的积分，当对固定院团的消费积分达到一定数量后，即可用积分换取该院团的免费演出票一张。四是提前公布演出计划。为使观众能够有更大的选择余地，建议上海市所有大中型艺术机构、演出场馆团体以季度或半年为单位，尽早向社会公布其演出计划，方便观众合理安排自己的文化消费。

5. 发展旅游演出

艺术表演业与旅游业的融合过程能够逐渐放大产业间的协调效应，加快资本积累，共享市场及内部资源、降低交易费用，获得相对于其他地区的竞争优势。同时，未来的都市旅游、休闲旅游也需要旅游演艺的带动[①]。美国纽约的旅游收入中有2/3来自看百老汇音乐剧的游客。由此可以看出，旅游演出不仅能为演出市场带来不小的收益，还能够为旅游所在地经济的发展带来可观的经济效益。目前，上海已有

① 杨卫武：《2010年上海世博会与长三角地区文化产业发展》，中国旅游出版社，2010，第160～163页。

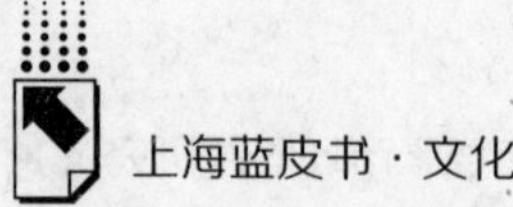

包括《时空之旅》《水乐堂·天顶上的一滴水》等旅游景点的演出，未来应进一步打造各大旅游集聚区的品牌特色演出，通过多种相对成熟的产业化模式，如实景演出模式、主题公园模式、旅游舞台表演等，着力提升旅游的品质，增强演出的内涵，为上海市的经济社会发展贡献力量。

B.15

公共艺术创作与城市文化精神

——以上海为例

王　韧*

摘　要：　公共艺术创作已经成为城市文化建设的重要组成部分，这种艺术形式，有效地表达了大众情感，发挥审美资源共享，与物质文明及精神文明的发展提高是同步的，直接影响到城市环境品质的提升。本文以公共艺术创作所表现的上海的人文历史、社会理想和价值观念为基础，结合上海新时代的城市精神和气质，以及为大众提供审美娱乐、增强文化氛围等特征，来阐释公共艺术、城市文化精神的概念及二者的关系，探讨公共艺术创作反映的上海城市文化意涵和文化精神，并对上海公共艺术未来的发展提出建议。

关键词：　公共艺术　城市文化　精神文明

公共艺术创作可以诠释一座城市的性格和精神文化。每一座城市文化艺术的发展都有自己独特的历史和传统。作为国际化移民大都市，上海本身就有集聚各类文化的功能。许纪霖先生曾在《上海文化的反思》一文中指出："上海今天的发展，海派文化成为一个很重

* 王韧，上海社会科学院文学研究所助理研究员。

要的资源。这里不是指海派文化中某一个文化传统，而是指海派文化中的多元文化传统。这种多元文化传统就有可能成为上海未来发展的很奇妙的张力。”[①] 海纳百川的文化精神孕育了上海城市文化艺术丰富多彩的形式和内容，体现在公共艺术创作上，即为形式以及主题的多元化和多样性。

一　公共艺术创作与城市文化精神

（一）公共艺术

公共艺术是以大众需求为前提的艺术创作活动，传统的理解是通过设置艺术品于公共空间，向大众传达特定的寓意，并使公共空间氛围得以改善和提升，艺术品多以静态的视觉艺术（尤其是雕塑）为主，体现为特定建筑空间、景观空间与城市雕塑的结合。但随着城市和艺术自身的不断发展，公共艺术的内涵和外延也在不断扩大。广义上，公共艺术泛指私人和机构空间之外，开放空间中可供人欣赏的艺术品、可参与的艺术活动、可使用的艺术设施等，如公共空间中作暂时呈现的展览、表演艺术、新媒体等艺术活动。

与传统的绘画、艺术展览相比，公共艺术具有公共性、开放性、服务性、从属性的特点。其中，“公共性”是公共艺术最重要的特性，主要从两方面理解：首先，空间环境的公共化，展示空间须直面公众，而公众也相应地不可避免地面对公共艺术；其次，公共艺术已进入广泛的社会交流中，它所承载的社会功能和文化精神及体现的审美情趣有着特定限制，表现为以美学、文化、艺术观点为指导，从整体上介入公众的生活方式，以引导和满足人们对生活美、艺术美的追

① 许纪霖：《上海文化的反思》，网址：http：//news. xinhuanet. com/comments/2003 ~ 11/12/content_ 1173918. htm，最后访问日期：2016 年 11 月 4 日。

求；传达人类社会基本的、核心的、主流的思想精神，引发公众对人生、对社会、对人类的关注和思考。[①] 此外，公共艺术除了作品本身具有的公共性外，它还将与周边诸多环境因素产生必然的关联，成为城市文化的有机组成部分。

因公共艺术的公共性、服务性等属性，其创作需从创作形式的公众化、互动要求、注重人文精神三方面考虑。第一，公共艺术创作不同于艺术家个人创作，它创作的对象是大众，大众所需是公共艺术的创作方向，了解和尊重大众的审美需求是创作的核心。第二，为艺术而艺术的创作心态在创作中需调整，应多考虑外在因素，才能有效实现人群互动的社会目标。第三，公共艺术创作需注重人文精神，作品应具有跨越时空、连接心灵关怀、塑造和谐社会、促进人类进步的社会学与生态学价值。此外，公共艺术创作还需打破传统的束缚，开拓新的视野，吸收和借鉴全球城市公共艺术方面的先进创作思想和制作方法，并结合我国传统艺术精华，创作反映民族精神、体现时代风貌的优秀公共艺术作品。

现代公共艺术诞生于20世纪60年代的美国，当时一批艺术家将创作场地搬到室外，渐而出现以雕塑为代表的室外艺术，“公共艺术”一词也应运而生[②]。由此，公共艺术在世界范围内开始发展，同时期，我国各大城市仅出现有革命历史意义的广场纪念性雕塑。严格而言，中国的公共艺术应从20世纪90年代算起，这与转型时期逐渐开辟的中国社会公共领域和逐步形成的市民社会有密切关系。如上海浦东的“东方之光”、人民公园内的“五卅运动纪念碑”、“世纪晨光”等公共艺术装置，这些公共艺术创作内涵与城市文化融合统一，是上海现代公共艺术精品。

---

① 宋薇：《公共艺术与城市文化》，《美术研究》2006年第6期，第92页。

② 据考证，“公共艺术”的概念出现在1973年。参见李建盛《公共艺术与城市文化》，北京大学出版社，2012，第42页。

（二）城市文化精神

城市是人类文明的重要象征，它的出现是人类得以集中并开展文化建设时代的开始。城市文化精神是对城市文化的总体的涵盖、提升与抽象，是人们在一定文化氛围与文化背景下的浓缩与升华，是城市赖以生存和传承的巨大的精神力量。[①] 同时，城市文化精神也是城市文化的内核，是一种深层次的社会意识，它凝聚了生活于其中的市民的理想与追求，表现他们的价值和目标，历经岁月积淀积极的文化构成，最终成为城市的精神支柱。作为历史和现实的产物，城市文化精神具有历史性、时代性、民族性和开放性的特点。

西方学者斯宾格勒说过，“将一个城市和一座乡村区别开来的不是它的范围和尺度，而是它与生俱来的城市精神”。[②] 各城市文化精神因文化构成及其内涵差异而独具特色，这除了有自身的文化积淀外，还有结合其他文化形态的元素。近代上海的“海派文化”，就是中西文化碰撞融合后形成的，它吸纳了西方文化关于秩序、法律、金融等精髓。一个世纪以来，上海的“海派文化”不断地在中西交融、传统与现代贯通、高雅与通俗互补的轨迹上发展，并由此彰显国际文化大都市的文化风格和文化魅力。而“海纳百川、追求卓越、开明睿智、大气谦和”的上海城市精神和“公正、包容、诚信、责任”的社会多元文化共存、互动发展的价值理念，就是对海派文化的最好诠释，是海派文化的内涵特质。作为中国现代城市文明的先行者和探索者，上海的文化精神是上海这座城市长期创造积淀而成的独特品质，它蕴涵于历史、体现于现实，并推动着未来。上海的每一次蜕变，都需要上海城市历史文脉的传承、物质空间的创造和培育，更需

---

① 田川流：《论艺术与城市文化精神的传承》，《山东社会科学》2010年第12期，第25～29页。

② Spengler，Oswaid. *The decline of the west*：*Form and actuality*，Charles Francis Atkinson translated（London：George Allen and Unwin，1926）. p. 86.

要上海文化精神的更新和创新。未来，在城市文化发展中，上海将通过“文化融合”的途径，将各种文化因素铸就为共同的文化价值观与文化精神，以呈现全新的、多元化的，具有明显上海特征的“新海派”文化风格和文化精神。

（三）城市文化精神与公共艺术的关系

艺术是城市核心影响力的文化构成，是整个城市文化的重要主体，它与社会发展、审美和娱乐活动及民众的精神陶冶相关，并以各种艺术形式为城市文化注入活力。在城市文化及其文化精神初始与建设的进程中，艺术对于城市文化精神具有特殊影响，并伴随始终成为城市文化精神的重要构成和形态显现。这与艺术的鲜活性、渗透力、持久的生命力及对城市公众的普及性相关。艺术是一切有关审美和娱乐的社会活动及其产品创制的基础。广义上，艺术是人类在艺术活动中所从事的美的创造与人类从事的所有社会化活动在其终极目标上获得完全的一致，可见，艺术作为社会文化的基本地位，以及在城市文化精神的传承和弘扬中所具有的重要意义。[①]

公共艺术在现代城市建设中是城市文化与精神的物质载体，作为城市文化建设中一项重要的内容，它体现了这座城市的综合实力，象征城市物质和精神文明。与一般的城市功能性的公共设施和建筑相比，公共艺术也更为直接地展示城市的公共精神、价值观念和文化情怀，反映城市的历史文脉、现实的诉求以及对未来的展望。它以有形的存在作用于无形的文化意识，通过对公共空间的改造、城市环境的改善来提升城市的文化品质和文化氛围，塑造城市的品牌形象，推动城市文化建设，成为城市软实力重要的构成要素。因此，公共艺术已

① 田川流：《论艺术与城市文化精神的传承》，《山东社会科学》2010 年第 12 期，第 25 ~ 29 页。

成为衡量一座城市先进程度的关键要素，其所达到的高度亦代表城市文明和发达程度。

二　公共艺术创作对上海城市文化精神营造的表现

每一座城市在其发展演变过程中，其所处的自然环境的不同，所经历的政治、经济、军事、宗教等各方面的状况也不同。城市会铭记人们在长久的岁月中，在共同的经验交流中所达成共识的思想、习俗、情感，会记载流传的动人故事和事件，它们形成城市的文脉、气质和个性，并通过生动鲜明、具象感人的城市公共艺术创作来表现。[①]

公共艺术创作在上海城市建设和城市文化氛围营造方面起到了改善城市景观环境、提升城市文化形象、彰显城市文化个性、美化市民生活的成效。有些集艺术性与思想性一体的优秀公共艺术创作，由于记述、承载着城市和社区的历史、市民意趣和社会理想，遂成为上海这座城市的标志。上海的公共艺术创作反映上海的城市文化内涵和精神，有的表现上海人文历史，有的昭示人类共同的社会理想和价值观念，有的反映上海新时代的城市精神和气质，还有的为大众提供审美娱乐、增强文化氛围……

（一）凸显上海城市人文历史

在 1949～1979 年的 30 年时间里，上海只建造了 40 余座室外雕塑。[②] 基于上海城市公共艺术的需要，1980 年后城市雕塑建设工作开

① 轩玉琴、张丽娟：《论公共艺术在城市化进程中的作用》，《现代装饰（理论）》2012 年第 1 期，第 142～143 页。

② 郭公民：《艺术公共性的建构：上海城市公共艺术史论》，博士学位论文，复旦大学，2009。

始在那些属于老城区的历史文化风貌区、具有历史纪念意义或者有一定历史传统的城市空间中展开。“人民英雄纪念碑”、“马克思、恩格斯像”、“陈毅市长”、龙华烈士陵园中的烈士纪念碑、“五卅运动纪念碑”等这类历史纪念性作品，通过在那些与历史保持着某种联系的公共空间中建造和树立雕塑的方式，以达到对城市历史文化的重构和对公共历史记忆的重建。这一时期，上海室外雕塑在主题、对象和形式的选择上比以往更开阔，这类作品已经开始注重作品的文化内涵，并向艺术本体回归，技法处理上虽然基本承袭写实风格，但不拘泥于细节，注重块面感。作品呈现的震撼力及对历史的再现，往往引起观众的共鸣。城市雕塑具有公共性的历史教育功能，这些作品彰显上海这座城市独特的历史文化传统，强调城市历史传统的公共记忆，让身处其所的民众都能感受到上海的历史文化底蕴和人文氛围。

（二）昭示人类共同的社会理想和价值观念

有些城市公共艺术作品是人类共同的社会理想和价值观念的反映，象征着人类精神文明，它们所蕴含的永恒的人文价值具有人类文明的普遍价值意义。它们颂扬人类所追求的自由、平等、博爱、幸福的精神和价值观念，与大众形成情感与精神的强烈共鸣，成为上海这座城市的一种象征。[①] 如 1955 年，在中苏友好大厦（现上海展览中心）前筑起的雕塑“中苏友好”是上海首座公共雕塑。作品塑造的是两位异国工人并肩挽手，其中苏联工人手擎一杆旗帜，中国工人则手持一卷蓝图，造型强劲有力，气势恢宏。这座雕塑当时是为了学习苏联在经济、文化、建设等方面所取得的辉煌成就而建，后来在广州的中苏友好大厦前又复制了一座。

---

① 欧阳华：《城市公共艺术在塑造城市文化和个性中的作用》，《中南林业科技大学学报（社会科学版）》2008 年第 3 期，第 124 ~ 126 页。

（三）反映上海新时代城市精神和气质

改革开放后，经济的市场化和开放化全面提升了中国文化软实力。随着世界多极化、经济全球化的发展，各种新思想、新观念、新科技、新创造都得以充分展示，多元文化交流的平台为上海公共艺术的发展提供了新的契机和空间，艺术创作也更能展现上海多元融合、海纳百川的文化精神。2004 年7 月，《上海市城市雕塑总体规划（2004～2020）》出台，提出要围绕艺术文化、历史文脉、民俗生活、国际文化交流四类题材，在中心区域、商务区、郊区景点、住宅区、世博园区等区域设置城市景观雕塑 100 座、城雕集中展示区域 50 片，以及包括居住区、工厂企业及街头雕塑小品在内的雕塑 5000 座，逐步形成若干座体现上海城市形象的标志性雕塑。[①] 2008 年，《中国 2010 年上海世博园区城市雕塑规划》向全球艺术家征集雕塑作品，首次提出雕塑本身要与空间周边环境乃至整个园区的基本特质密切配合，这体现了城市雕塑理念上的革新。这时期创作的“腾飞”“东方曙光”“世纪晨光”“浦江潮”等公共艺术作品，彰显着新时代上海锐意进取的城市发展建设主题，以及“海纳百川、追求卓越、开明睿智、大气谦和”的城市精神和气质。同时，这些作品还承担了塑造和展示上海改革开放以来取得的辉煌成就和向现代化、国际化发展的公共形象以及宣传城市新的发展理念的公共功能。作品与周边的林立的现代化高耸建筑及这一区域的空间性质、文化意向相呼应，反映了公共艺术作品的文化象征功能，以及对于作品本身具有的文化象征功能上的公共性的建构。

---

① 《上海市城市雕塑总体规划（2004～2020）》，网址：http：//www. shgtj. gov. cn/ghsp/ghsp/shj/200410/t20041001_ 181600. html，最后访问日期：2016 年 8 月 23 日。

（四）为大众提供审美娱乐、增强文化氛围

公共艺术能起到审美、休闲、娱乐的作用，激发人们的创造力和想象力，促进人与人之间的交流。创作的内容与上海城市景观环境和公共设施紧密结合，并融入大众的生活中，让公共艺术以最近距离的展示方式供大众欣赏参观，增加大众对环境的认同感和归属感，营造和谐文明、积极向上的良好城市社区文化氛围。2013 年，随着营造城市文化氛围工作的推进，轨道交通、商场等公共区域也逐渐成为公共艺术的新领地。曲阳新村作为 20 世纪 80 年代上海新型居民小区代表，是上海首次为居民区设计和绘制壁画作品。《和平》《幸福》《光明》三件巨幅壁画于 1985 年设于新村主干道六层居民楼侧墙，寓意希望中国长期和平发展，给人们带来光明、幸福和希望。壁画进入市民生活，体现了公共艺术的内涵，增加了社区的艺术文化氛围。

三　上海公共艺术发展的思考与建议

公共艺术是传递城市文化特色的载体，作品的创作与上海地域环境和海派文化彼此依存呼应。上海的公共艺术赋予了城市空间环境独有的美感，且因为海派文化的植入而具有了认同感和归属感。历经了三十余年的快速发展，上海已经到了城市更新发展的关键阶段。在未来公共艺术的创作中，上海应借鉴西方发达国家城市的成功发展经验，更充分考虑多元的社会构成和包容的文化内涵，体现城市地域和文化特点。同时，上海公共艺术的发展也须更好地思考以下几点问题。

（一）释放公共空间

针对不同空间的特点引入不同的公共艺术的介入方式，可以为上海公共艺术获取更多的发展空间。如选择在绿地、公园、广场、地

铁、居住集聚区等广阔场域，组织动态的公共艺术的视觉展览或互动活动[①]，这样可以较为直接而快速地呈现最新的公共艺术作品，节省观众的时间。这种方式从一定意义上可突破现有城市规划的局限，增加上海公共艺术的活力。但这需要政府的支持、社会资金的投入，也需要与企业文化宣传结合，设立相应的投入回报机制，从而最终发展成为一项社区艺术公益常态。

（二）举办公共艺术节

公共艺术需要广泛的公共性、深层次的观众参与和公共情感的群体宣泄。举办公共艺术节非常适合公共艺术的推广，在固定时段，各类公共艺术作品在特点空间区域集中呈现，实现公共艺术和城市文化有机互动与其他艺术形式的跨界碰撞合作，吸引民众并引起共鸣，这是公共艺术的理想愿景。

（三）构建公共艺术家与民众间良好的沟通机制

在现代主义观念中，艺术家与公众的利益是相互冲突的，如何将二者的表达和谐统一，这就需要在他们之间建构一个良好的沟通机制。目前很少有公众直接参与公共艺术作品的创作过程，为了便于沟通，作品从最初选定艺术家、商定作品安放位置和环境，到作品完成，整个过程都应有公众的参与。尤其要留有公众表达意见的时间，以应对可能出现的公众意见对艺术超前和颠覆性的滞后响应。

（四）注重保留海派建筑遗存

上海有丰富的近代历史建筑，同时又是中国旧城改造、现当代建

---

① 上海街头艺术表演是互动活动的一种新方式，目前根据《上海市街头艺术表演试点工作暂行办法》，在延中、陆家嘴、虹桥等公共绿地及旅游景点首先设立试点区域。

筑发展最为迅猛的地区。在上海公共艺术建筑艺术化过程中，对老建筑的保留和人文脉络的延续是不容忽视的一方面。从 20 世纪 90 年代起，上海历史建筑和历史风貌区的保护工作已从政府层面推进，但仍须不断深入细化，将拆建转化为深层次的功能性开发和求品质和求结构性发展。保留和合理利用海派风貌建筑，从公共艺术角度看，丰富了都市视觉空间的多样性和文化内涵，提升了城市的空间美感，与以环境协调为取向的新建筑将形成文化传统向公共艺术转化的合力。

（五）完善公共艺术管理体制

针对现行的城市公共艺术管理体制存在的弊端、政府缺少规范化的决策和评审机制、基层组织缺乏积极主动性等问题，亟待建立城市发展公共艺术办公室，负责组织管理协调工作；成立公共艺术管理审议委员会，承担规划、决策、招标、委托、审核、监督等职责，完善公共艺术决策和实施的流程规则。

（六）推进法规建设，保障公共艺术发展资金

公共艺术作为一种艺术福利，极大地丰富了民众的精神生活，因此，在政府公共设施建设和国家艺术基金上应该加大在公共艺术上的投入比重。上海可以参考国外城市实行的“公共艺术百分比”制度，以制度和法律的形式，保障公共艺术的建设基金，这实际是为公共艺术的持久发展提供经济基础。

（七）促进人才队伍的培育

上海公共艺术的发展虽然可以广纳世界人才和经验，但本土人才的匮乏仍将成为限制上海公共艺术自身发展和达到世界水平的因素之一。因而，通过设立艺术奖励基金和各类国际性展览赛事等形式，创造性地培育上海本土人才是推进公共艺术事业发展的必然途径。

当前，上海文化产业发展迅猛，公共艺术的发展还要防止产业化倾向。简单轻率地将其产业化运作，会对艺术家的思想和创作、对社会的审美态度和价值取向造成扭曲。此外，政治对公共艺术的重要作用和两者的复杂关系更是对上海公共艺术发展提出了挑战。如何解决公共艺术的种种内外矛盾，是政府、艺术家、理论家们所要面对的又一值得深思的问题。

上海公共艺术创作要抓住历史机遇，满足社会的迫切需要，积极服务于大众。同时，公共艺术也应该成为国民素质教育的组成部分，成为中国社会进步的助力，成为凝聚中华民族的精神家园。

比较与借鉴

Comparisons and Lessons

B.16

过去、现在、未来：建构城市认同的时态观点

于国华*

摘　要：城市建设必须建构以“本真”为内在的认同。“本真”并非一成不变，城市建设的关键在于经由认同的形成，建立面向未来的实践指导策略。在内部认同的基础上，透过对外沟通，形成他者对城市的认同。这种他者的认同，一方面确立个别城市的地方感，同时更加巩固城市的内部认同。实践上，必须发展城市学，保存文化资产并且深入研究，通过市民参与和公共论坛建立未来目标，为议题选择发展方向，并且经由最大共识，提出指向未来的发展计划。市民参与在发展计划之中，建构是市民认同的开始，也让城市可以被辨识。

* 于国华，台北艺术大学艺术行政与管理研究所助理教授。

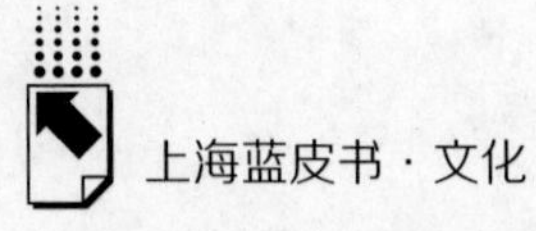

关键词： 城市认同 城市建设 城市学

城市认同是个抽象概念，却是城市建设重要的构件，它彰显城市的身份和个性。城市认同，可以依据“时态”（tense）概念，在时间参照向度上，区分为“过去式”“现在式”“未来式”，分别指向城市过去的经验，现在所需的行动，以及迎向未来的愿景和计划。城市认同可以再区分为内部城市居民的认同，以及外部非居民对于城市的认同；外部认同有助于内部行动者对目标再确认，有助于进一步的认同建构。“地方”是有意义的空间，其意义来自“地方感”。城市的地方感以“本真”为核心，建构出自过去、经由现在、指向未来的脉络。认同让城市成为“地方”。城市建设忽视认同基础，去“地方”脉络发展，难免在全球化之下，令城市退化为面目不清的空间。

一 城市是一个“地方”

如何认识一座城市？

城市第一要有一个区位（location），可以在地图上标示坐标。第二，城市的空间（space），包括面积以及城市地理条件。第三，城市必须是一个“地方”（place）。[①]

“地方”难以定义。Tim 整理关于“地方”定义系谱，指出经常被使用的定义是“有意义的区位”（a meaningful location）。阿格纽认为“有意义的区位”包含三个基本面向：区位（location），场所（local）和地方感（sense of place）。其中，“地方感”指“人类对于

① “地方”一词，在中文有不同的用法，例如相对于“中央”的所在，或是某个位置（例如，你老家在哪个地方?）。在本文中，以加入引号使用的“地方”，强调“有意义的空间及位置”；未加引号者，依其上下文，代表对地方一词的理解。

地方主观情感的依附。”[①] 这样的概括性说法，不能包括所有对于“地方”的理解，但可以明确区分出“地方”“空间”“地景”差异。其中，“空间”是三维领域，当人们将意义赋予空间，最简单的方式即命名，空间就成为一个地方。“地景”是“可以观看到的一部分地球表面”，观察者并不住在地景之中。[②]

认同[③]是“地方”的丈量尺度。如同长、宽、高是量度空间的基础，经度和纬度是标示位置的数据。“地方”的量度不在于城市硬件，而在于它所呈现或被认识的意义；“地方”同时（但非必要）兼有空间和位置特性，但必须加入被认同的心理维度。所以“地方”是有意义的空间、可被感知的对象、价值焦点的所在。段义孚认为，人体经由运动得到“空间感”，经由认同得到“地方感”[④]，母亲是婴儿体验世界最早经验到的“地方”。[⑤]

空间转变成“地方”的过程即“地方化”。“地方”向来不会完整，总在不断流变中；“地方”透过不断的社会实践而形成，在生活中不断被建造与重建。[⑥]“地方”有销蚀的可能，奥谷提出“地方”可能转变成“非地方”[⑦]（non-place）[⑧]，例如高速公路休息站，即使

---

① Cresswell，Tim：《地方：记忆、想象与认同》，王志弘、徐苔玲译，群学出版社，2006，第14～15页。

② Cresswell，Tim：《地方：记忆、想象与认同》，王志弘、徐苔玲译，群学出版社，2006，第20～21页。

③ 江宜桦指出，认同至少具有三种含义：第一是“同一、等同”；第二是“确认、归属”，第三是“赞成、同意”。在中文，“identity”很少用来指涉“同一”或“等同”，西方哲学中这种讨论的确存在。参见江宜桦《自由主义、民族主义与国家认同》，扬智文化，1998，第9页。

④ Tuan，Yi-Fu：《经验透视中的地方》，潘桂成译，台湾编译馆，1998，第17～29页。

⑤ Tuan，Yi-Fu：《经验透视中的地方》，潘桂成译，台湾编译馆，1998，第14页、25页。

⑥ Cresswell，Tim：《地方：记忆、想象与认同》，王志弘、徐苔玲译，群学出版社，2006，第63页。

⑦ 原译将non-place译为“非场所”，配合本文用法，改为“非地方”。依奥谷解释，“地方”指可以被定义为相对性的、历史性的，并且和认同有关；反之则为“非地方”（non-place）。参见Tomlinson，John：《文化与全球化的反思》，郑棨元、陈慧慈译，韦伯文化国际出版有限公司，2007，第109页。

⑧ 原译将non-place译为“非场所”，配合本文用法，改为“非地方”。依奥谷的解释，（接下页注）

它以所在地为名称，但来往旅客体验到的其实是该地名的“非地方”，因为高速公路休息站只是个“仿冒”的地方。瑞尔夫（Edward Relph）称全球化导致地方特色消失为“无地方性”（placelessness）；他从海德格尔的“栖居”（dwelling）概念发展出“本真”（authenticity）概念，即当地人对自己存在于当地形式的完整认知与接纳，反之则不具地方感，或未能表达地方深层文化与象征意涵，是一种未经批判即被接受的刻板印象或人云亦云的美学风尚①。

追求进步的现代城市，建设往往导致地方性的失去。“全球地方化”是地方化在全球化过程中的兴起，但由于城市领导者误解，“地方化”被简化为兴建地标物或大规模都市更新，导致城市与地方脉络断裂，失去本真。空间失去承继自历史和文化的地方意义，切断从过去延续到未来的脉络，空间也因而退化为“地皮”，不再具有“地方”的意义。

“地方”的意义来自“地方感”。“地方感”并非自然存在，是通过塑造而来的，是“地方化”的结果。“地方化”是创造地方意义的过程。不论是城市原本的传统或新增的硬件与软件，都必须编织进入城市脉络里，方能显现意义。任何可见对象，都只是“地方”的指标，如同街角指向车站的指标，它本身不是“地方”，但它因为指向车站而具有意义。因之，城市“地方化”并非兴建争奇斗艳的地标建筑，而是建立城市认同，包括城市内和城市外的人所认识的城市意义，亦即塑造“地方感”。唯有“地方感”，能让城市成为具有积极意义的“地方”。

（接上页注⑧）“地方”（place）指可以被定义为相对性的、历史性的，并且和认同有关；反之则为“非地方”（non-place）。〔美〕Tomlinson，John：《文化与全球化的反思》，郑棨元、陈慧慈译，韦伯文化国际出版有限公司，2007，第109页。

① Relph，Edard：*Place and Placelessness*，（London：Pion，1976），pp. 78–82.

二　城市即社区[①]：共同体生活的地方

城市“地方化”至少有两个向度：地方感，以及群体认同。前者来自空间的意义建构，后者来自“共同体”（community）[②] 的社群建构。在传统社会，个人能够交往的人就在邻近地区，社群和空间高度重叠，但现代人的社群关系远远超越空间限制。社群的认同感，成为较空间更重要的共同体构成条件。

20 世纪 90 年代影响台湾文化政策深远的“社区总体营造”[③]，“社区”同时包含“地方”和“社群”两层意义。“社群”强调人际网络关系，分散的一群人有共同关怀、行动目标和彼此认同；“地方”强调人对土地和空间的关联与认同；“社区”即认同某个地方的共同体。社区固然有界域，但社区存在的关键不在于边界，而是共同体，这种人与人、人与社会、人与生活环境与土地的联系，即“社区感”。“社区感”是被营造出来的认同，不会因为人与人比邻而居就自然生成。[④]

城市是包含许多小社区的大社区。城市认同建构，在于具有“地方感”的城市界域内，形成彼此分享“社区感”的社群。“地方感”和“社区感”都是来自个人主观判断，在认同建构过程中逐渐形成；一个人可以同时拥有多重认同，从邻里、村镇、城市到国家以及民族。

在心理过程中，“认同”和“区别”同时进行。一个人对某种事

① 两岸对于“社区”一词的使用，存在相当大的差异。台湾习惯使用“社区”，但大陆较常使用“小区”，但“社区”和“小区”两者并不完全相同。

② “community”在中文中的译法有许多种，其中“小区”和“社群”都是常见的用法。在台湾的使用习惯中，社群代表人的组织，小区则是在一定范围内的人群组织。

③ 1994 年开始的文化政策，透过多种政府补助计划协助乡村发展，但必须透过人民经由公共讨论最后得到决议的过程，并且要共同参与。社区总体营造初期以文化议题为主，包括环境空间美化、举办艺文活动等、振兴乡村产业等，后来拓展至不同的生活面向和领域。

④ 曾旭正：《台湾的社区营造》，远足文化事业股份有限公司，2013，第 13 页。

物的认同，同时在于发现自己与其他脉络的差异。石之瑜认为，认同是难以说清楚的深层心理现象，为了描述“认同”，必须区隔出一个不同的范围做对照，因为表述“认同”很困难，但表达“不属于某个范围”相对容易；而在“同”与“不同”之间，“界线”因而出现。认同与界线是不可分割的两个概念，同和不同之间存在界线，否则认同变得没有意义[①]。

城市的存在形成边界，而不是因为边界的存在造就城市。“边界”代表间隔，例如山川、河流形成的界线，或是行使权力与管辖的范围，例如“国界”。一般认为，在国界之内形成国家，“国界”代表国家行使权力的领域，是国家形成要素之一；但奥德嘉认为“国家”（或“民族国家”）并不是由血缘、语言、自然疆界所形成，而是“一群人的共同事业”，这个事业是面向未来的当下行动选择。[②]选择行动的过程，就是“认同”的建构。

在城市边界中，透过建立群体认同，可以同时完成“地方感”和“社群感”建构。安德森指出，人类“共同体”即使大到如民族层级，仍是透过文化认同所建立的“想象的共同体”。[③] 造成近代民族主义“想象”的主要因素是资本主义、印刷术和多元的语言。“想象”不是“虚构”，而是一种与历史文化相关，根植于人类深层意识的心理建构[④]。所以，地理空间可以帮助想象社区存在，但社区必须经由认同建构而成。

城市内外差异，在于认同的差异。边界内群体拥有较高的共同体意识，但这种“一致性”并非绝对均质。许多情况是，共同体内部

---

① 石之瑜：《政治心理学》，五南图书出版股份有限公司，1999，第175页。

② José Ortega Y Gasset：《群众的反叛》，蔡英文译，远流出版公司，1989，第207、216页。

③ Anderson，Benedict：《想象的共同体：民族主义的起源和散布》，吴叡人译，时报文化出版社，1999。

④ 吴叡人：《认同的重量》，《想象的共同体：民族主义的起源和散布》导读，时报文化出版社，1999，第10页。

有许多群体，对于不同议题存在对抗与冲突。

城市作为一个“地方”，认同也有内、外之别。城市内居民分享城市共同的过去，思考未来方案，在当下选择参与实践策略。但城市外民众，没有参与城市认同的义务，对城市认同来自对城市的“认识”。城市内、外的认同，截然不同。市民认同支持了城市计划；这些计划，同时构成外部人认识城市的方法。

三　建构认同的时态

所有认同都是建构的。[①] 奥德嘉认为国家建构必须先有共同计划，才能将分散的团体构成群体。国家是共同计划的策划者，个人是国家的一部分，支持着这项策划。生活在国家之中的不是昨日的我们，而是明日的我们，通过未来观点决定现在的活动与行为。[②] 一群人即使拥有共同的过去，不论语言、历史、记忆、文化，那只是不能再更改的传统或回忆，不能让人群成为共同行动的同志。必须有一个共同计划，才能凝聚众人，形成面向未来的力量；共同计划的选择，则是当下的使命。

柯司特认为，建构认同的形式与起源分成三类：正当性认同（legitimizing identity）、抵抗性认同（resistance identity）、计划性认同（project identity）。在全球化与网络化社会中，奠基于市民社会的正当性认同正在瓦解；促成社区或公社（commune）形成的抵抗性认同，是社会里最重要的认同建构。在计划性认同中，个人成为有意义的主体（subject），主体的建立是社区抵抗的延长。[③] 基于都市运动（urban movements）研究，柯司特主张，个人必须经历都市运动，并且

① Castells, Manuel:《认同的力量》，夏铸九、黄丽玲译，唐山书店，2002，第7页。

② José Ortega Y Gasset:《群众的反叛》，蔡英文译，远流出版公司，1989，第217页。

③ Castells, Manuel:《认同的力量》，夏铸九、黄丽玲译，唐山书店，2002，第69页。

在过程中守护群体共同利益、分享彼此生活，才能形成社区认同。[①]

Stepney 和 Popple 考察学者对于“社区”的不同定义，有三方面思考：第一是回顾，对于过去记忆的响应，带着怀旧色彩。第二是面向未来，对于未来愿景，是愿意共同去追寻的理想。第三则是当下，从社区现实问题着手。[②] 这些对于社区发展的理解，放在时间轴上，分别指向了过去、现在和未来。

建立认同，意味着对支配性意识形态的重组，必然是一个对抗或改变旧有意识型态的动员过程。泰尔朋举出三种改变意识型态的可能动员逻辑，[③] 列举如下。

1. 已存在的东西、过去的经验、价值、象征等基础上，可以动员。

2. 效法另一种范式的行动，或可称为“拿榜样动员”。例如法国大革命、十月革命、中国和古巴的革命，都产生涟漪般的影响。

3. 动员未来反对现在。例如，视未来为一种正义社会的目标，当作是眼前斗争最后胜利或者免于目前痛苦的保证。在剧烈的社会政治动员中，未来主要采取迫在眉睫的威胁的形式呈现，以未来为诉求的动员，可以称为“拿预期的恐惧动员”。

泰尔朋的动员逻辑以时间为坐标。动员基础，可以是存在于“过去”的事实或经验，对“现在”不满的改革动机[④]，或对“未来”的期望或恐惧，这三种逻辑并非独立，可以互相混合并用。

奥德嘉支持法国思想家雷南（Joseph Ernets Renan）的看法：“有着共同的历史荣耀，有着共同的现在意志，同心协力去完成某些伟大

---

① Castells，Manuel：《认同的力量》，夏铸九、黄丽玲译，唐山书店，2002，第 8～13 页。

② Stepney，Paul & Popple，Keith：《社会工作与社区：实践的批判性脉络》，邓湘漪、陈秋山译，心理出版社，2011，第 10～12 页。

③ Therborn，Göran：《政权的意识形态与意识形态的政权》，陈墇津译，远流出版公司，1994，第 121 页。

④ Therborn 指出的“拿榜样动员”，可视为对于现实不满；因为极思改变现状，才让另一个完全不相干的事件有了“榜样”的价值和意义。

的事情，共同期望更辉煌伟大的事迹，这即是造成一个民族国家的基本条件。"①，并且进一步说明指出，人的生活不断被将来的时刻所盘踞着，在一个确定的时刻，我们均关心此后的下一个时刻。"回忆过去"对生活而言没有意义，除非它导向未来。②

"认同"建构具有"时间性"。第一，存在于"过去"的事实或经验的认同，例如对于血统、语言、历史记忆，甚至共处地理环境和风土条件的承认，都是"情感式"认同建构。第二，对"现在"行动计划的认同，这是一种"行动式"的认同建构，它包括对于事件或危机的反应，或是基于立场与信念的主动行为。第三，对于未来的期望或恐惧，反应在一个理想的目标中，这是一种"愿景式"认同建构。③ 这三种认同的时间性关系，整理如表1。在这些认同动员之下，分散的居民建立共识，成为合作力量。共同体在不同时间性的认同中被召唤产生，在参与中形成紧密关系。

表1　认同的类型及建构方式

时间性	建构方式	内　容
过去式	情感式	• 以血源和经验的共同性作为认同号召的基础，例如出生地、家乡、血统、语言、祖籍、参与社群、历史记忆 • 以"共同拥有"或"相同经历"作为认同建构特征
现在式	行动式	• 以共同面对的处境、问题或理念的行动作为基础，例如社区危机、社区问题、面对压迫的反抗行动，或共同必须完成的任务，如社区庆典。另外的情形则是为了理念而行动，例如一些非营利机构的公益行动 • 以相互协调的行动作为认同建构特征。行动包括主动与被动，个人在其中建构认同，并以通向未来愿景为目标

① José Ortega Y Gasset：《群众的反叛》，蔡英文译，远流出版公司，1989，第218～219页。

② José Ortega Y Gasset：《群众的反叛》，蔡英文译，远流出版公司，1989，第220页。

③ 于国华：《"社区总体营造"的理念探讨：全球化趋势下的一种地方文化运动》，硕士学位论文，台北艺术大学，2002，第37～38页。

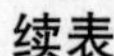

续表

时间性	建构方式	内容
未来式	愿景式	• 以未来共同理想作为认同号召基础，例如社区未来计划、长远理想、未来目标的达成 • 以共同营造未来社区梦想的行动作为认同建构特征，例如共同打造美丽乡村、追求可持续生活、发展新的社区产业等

完整的城市认同建构，是结合地方和社群的共同体塑造过程。它包含几个步骤：寻找城市共同的历史记忆或最具城市特色的资源，让民众重新认识、了解其中的内涵（建立对过去的认同）；从过去产生认同，对眼前城市问题寻求共识，在寻找解决方案的过程中，导致了指向未来的愿景（建立对未来的认同）；居民对未来愿景的认同，形成各种行动计划，在行动的参与中建立与共同体的关系（产生对于现在的认同）。例如对于城市举办大型活动的共同参与和支持，或是对于不当的都市计划开发的反抗。

在多元化、网络化的社会之中，人民意见分散而难以凝聚。建立过去、现在、未来这三种时态的认同时，未来认同的建立最为困难，但它可以引发动员力量。当个体和群体受到压迫或感受到共同危机，反抗危机和压迫会推动共同行动，并且在行动中建构主体和群体的现在式认同。对于过去的认同，可以诉诸传统、既有事实或透过共同记忆的唤起，牵系起感性力量，例如书写城市历史、建立博物馆、举办纪念节日活动等。对于未来愿景或当前行动的认同，除了民间自发行为或反抗行动，也可以透过正当性认同实践，由政府支持公民社会进行。台湾地区过去推动的“社区总体营造”，即是透过对于共同过去的唤醒，号召民众想象未来愿景，最后订下当前必须选择的计划，并且参与其中。日本“造町”[①] 经验也有

① “造町”名词译自日文“まちづくり”。造町运动最早是以保存文化资产或活络经济为目标，必须经由共识建立的过程之后全体动员，打造适合居住的环境。

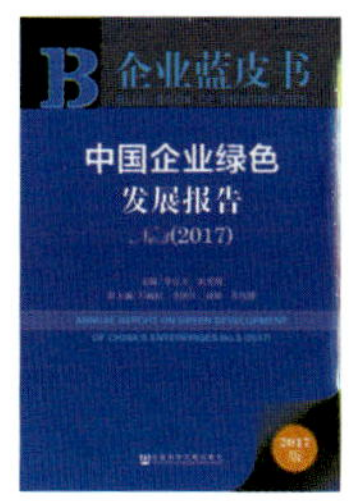

企业蓝皮书

中国企业绿色发展报告 No.2（2017）

李红玉　朱光辉 / 主编　　2017 年 8 月出版　　估价：89.00 元

◆ 本书深入分析中国企业能源消费、资源利用、绿色金融、绿色产品、绿色管理、信息化、绿色发展政策及绿色文化方面的现状，并对目前存在的问题进行研究，剖析因果，谋划对策。为企业绿色发展提供借鉴，为我国生态文明建设提供支撑。

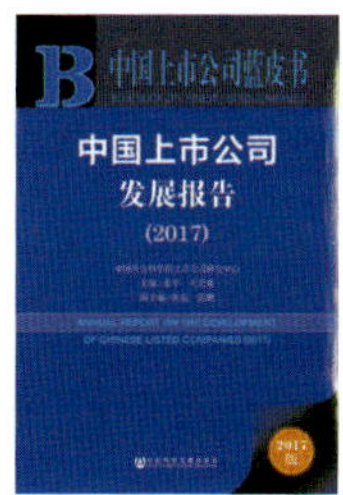

中国上市公司蓝皮书

中国上市公司发展报告（2017）

张平　王宏淼 / 主编　　2017 年 10 月出版　　估价：98.00 元

◆ 本书由中国社会科学院上市公司研究中心组织编写的，着力于全面、真实、客观反映当前中国上市公司财务状况和价值评估的综合性年度报告。本书详尽分析了 2016 年中国上市公司情况，特别是现实中暴露出的制度性、基础性问题，并对资本市场改革进行了探讨。

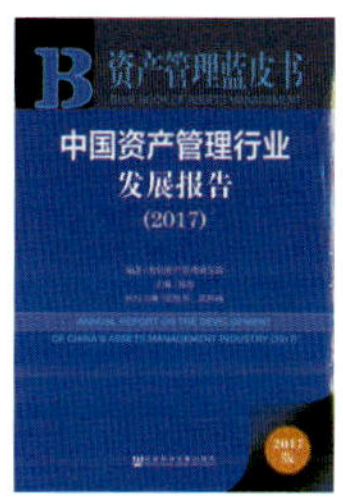

资产管理蓝皮书

中国资产管理行业发展报告（2017）

智信资产管理研究院 / 编著　　2017 年 6 月出版　　估价：89.00 元

◆ 中国资产管理行业刚刚兴起，未来将中国金融市场最有看点的行业。本书主要分析了 2016 年度资产管理行业的发展情况，同时对资产管理行业的未来发展做出科学的预测。

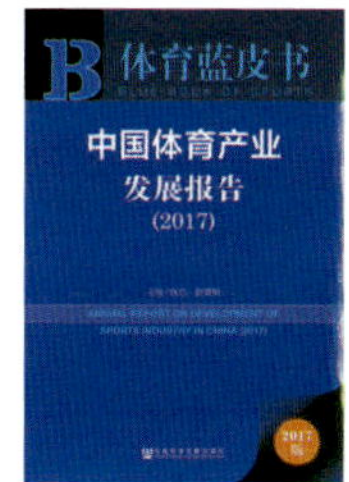

体育蓝皮书

中国体育产业发展报告（2017）

阮伟　钟秉枢 / 主编　　2017 年 12 月出版　　估价：89.00 元

◆ 本书运用多种研究方法，在对于体育竞赛业、体育用品业、体育场馆业、体育传媒业等传统产业研究的基础上，紧紧围绕 2016 年体育领域内的各种热点事件进行研究和梳理，进一步拓宽了研究的广度、提升了研究的高度、挖掘了研究的深度。

国别与地区类

国别与地区类皮书关注全球重点国家与地区，
提供全面、独特的解读与研究

美国蓝皮书

美国研究报告（2017）

郑秉文　黄平 / 主编　2017 年 6 月出版　估价：89.00 元

◆　本书是由中国社会科学院美国所主持完成的研究成果，它回顾了美国 2016 年的经济、政治形势与外交战略，对 2017 年以来美国内政外交发生的重大事件及重要政策进行了较为全面的回顾和梳理。

日本蓝皮书

日本研究报告（2017）

杨伯江 / 主编　2017 年 5 月出版　估价：89.00 元

◆　本书对 2016 年拉丁美洲和加勒比地区诸国的政治、经济、社会、外交等方面的发展情况做了系统介绍，对该地区相关国家的热点及焦点问题进行了总结和分析，并在此基础上对该地区各国 2017 年的发展前景做出预测。

亚太蓝皮书

亚太地区发展报告（2017）

李向阳 / 主编　2017 年 3 月出版　估价：89.00 元

◆　本书是中国社会科学院亚太与全球战略研究院的集体研究成果。2016 年的“亚太蓝皮书”继续关注中国周边环境的变化。该书盘点了 2016 年亚太地区的焦点和热点问题，为深入了解 2016 年及未来中国与周边环境的复杂形势提供了重要参考。

德国蓝皮书

德国发展报告（2017）

郑春荣 / 主编　2017 年 6 月出版　估价：89.00 元

◆　本报告由同济大学德国研究所组织编撰，由该领域的专家学者对德国的政治、经济、社会文化、外交等方面的形势发展情况，进行全面的阐述与分析。

日本经济蓝皮书

日本经济与中日经贸关系研究报告（2017）

王洛林　张季风 / 编著　2017 年 5 月出版　估价：89.00 元

◆　本书系统、详细地介绍了 2016 年日本经济以及中日经贸关系发展情况，在进行了大量数据分析的基础上，对 2017 年日本经济以及中日经贸关系的大致发展趋势进行了分析与预测。

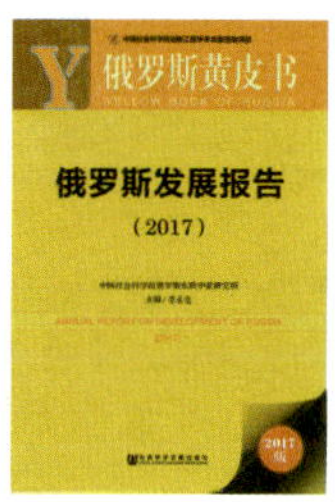

俄罗斯黄皮书

俄罗斯发展报告（2017）

李永全 / 编著　2017 年 7 月出版　估价：89.00 元

◆　本书系统介绍了 2016 年俄罗斯经济政治情况，并对 2016 年该地区发生的焦点、热点问题进行了分析与回顾；在此基础上，对该地区 2017 年的发展前景进行了预测。

非洲黄皮书

非洲发展报告 No.19（2016 ~ 2017）

张宏明 / 主编　2017 年 8 月出版　估价：89.00 元

◆　本书是由中国社会科学院西亚非洲研究所组织编撰的非洲形势年度报告，比较全面、系统地分析了 2016 年非洲政治形势和热点问题，探讨了非洲经济形势和市场走向，剖析了大国对非洲关系的新动向；此外，还介绍了国内非洲研究的新成果。

地方发展类

地方发展类皮书关注中国各省份、经济区域，
提供科学、多元的预判与资政信息

北京蓝皮书

北京公共服务发展报告（2016~2017）

施昌奎 / 主编　2017 年 2 月出版　估价：89.00 元

◆　本书是由北京市政府职能部门的领导、首都著名高校的教授、知名研究机构的专家共同完成的关于北京市公共服务发展与创新的研究成果。

河南蓝皮书

河南经济发展报告（2017）

张占仓 / 编著　2017 年 3 月出版　估价：89.00 元

◆　本书以国内外经济发展环境和走向为背景，主要分析当前河南经济形势，预测未来发展趋势，全面反映河南经济发展的最新动态、热点和问题，为地方经济发展和领导决策提供参考。

广州蓝皮书

2017 年中国广州经济形势分析与预测

庾建设　陈浩钿　谢博能 / 主编　2017 年 7 月出版　估价：85.00 元

◆　本书由广州大学与广州市委政策研究室、广州市统计局联合主编，汇集了广州科研团体、高等院校和政府部门诸多经济问题研究专家、学者和实际部门工作者的最新研究成果，是关于广州经济运行情况和相关专题分析、预测的重要参考资料。

文化传媒类

文化传媒类皮书透视文化领域、文化产业，
探索文化大繁荣、大发展的路径

新媒体蓝皮书

中国新媒体发展报告 No.8（2017）

唐绪军 / 主编　2017 年 6 月出版　估价：89.00 元

◆　本书是由中国社会科学院新闻与传播研究所组织编写的关于新媒体发展的最新年度报告，旨在全面分析中国新媒体的发展现状，解读新媒体的发展趋势，探析新媒体的深刻影响。

移动互联网蓝皮书

中国移动互联网发展报告（2017）

官建文 / 编著　2017 年 6 月出版　估价：89.00 元

◆　本书着眼于对中国移动互联网 2016 年度的发展情况做深入解析，对未来发展趋势进行预测，力求从不同视角、不同层面全面剖析中国移动互联网发展的现状、年度突破及热点趋势等。

传媒蓝皮书

中国传媒产业发展报告（2017）

崔保国 / 主编　2017 年 5 月出版　估价：98.00 元

◆　“传媒蓝皮书”连续十多年跟踪观察和系统研究中国传媒产业发展。本报告在对传媒产业总体以及各细分行业发展状况与趋势进行深入分析基础上，对年度发展热点进行跟踪，剖析新技术引领下的商业模式，对传媒各领域发展趋势、内体经营、传媒投资进行解析，为中国传媒产业正在发生的变革提供前瞻行参考。

经济类

"三农"互联网金融蓝皮书
中国"三农"互联网金融发展报告（2017）
著(编)者：李勇坚 王弢 2017年8月出版 / 估价：98.00元
PSN B-2016-561-1/1

G20国家创新竞争力黄皮书
二十国集团（G20）国家创新竞争力发展报告（2016~2017）
著(编)者：李建平 李闽榕 赵新力 周天勇
2017年8月出版 / 估价：158.00元
PSN Y-2011-229-1/1

产业蓝皮书
中国产业竞争力报告（2017）No.7
著(编)者：张其仔 2017年12月出版 / 估价：98.00元
PSN B-2010-175-1/1

城市创新蓝皮书
中国城市创新报告（2017）
著(编)者：周天勇 旷建伟 2017年11月出版 / 估价：89.00元
PSN B-2013-340-1/1

城市蓝皮书
中国城市发展报告 No.10
著(编)者：潘家华 单菁菁 2017年9月出版 / 估价：89.00元
PSN B-2007-091-1/1

城乡一体化蓝皮书
中国城乡一体化发展报告（2016～2017）
著(编)者：汝信 付崇兰 2017年7月出版 / 估价：85.00元
PSN B-2011-226-1/2

城镇化蓝皮书
中国新型城镇化健康发展报告（2017）
著(编)者：张占斌 2017年8月出版 / 估价：89.00元
PSN B-2014-396-1/1

创新蓝皮书
创新型国家建设报告（2016～2017）
著(编)者：詹正茂 2017年12月出版 / 估价：89.00元
PSN B-2009-140-1/1

创业蓝皮书
中国创业发展报告（2016～2017）
著(编)者：黄群慧 赵卫星 钟宏武等
2017年11月出版 / 估价：89.00元
PSN B-2016-578-1/1

低碳发展蓝皮书
中国低碳发展报告（2016~2017）
著(编)者：齐晔 张希良 2017年3月出版 / 估价：98.00元
PSN B-2011-223-1/1

低碳经济蓝皮书
中国低碳经济发展报告（2017）
著(编)者：薛进军 赵忠秀 2017年6月出版 / 估价：85.00元
PSN B-2011-194-1/1

东北蓝皮书
中国东北地区发展报告（2017）
著(编)者：朱宇 张新颖 2017年12月出版 / 估价：89.00元
PSN B-2006-067-1/1

发展与改革蓝皮书
中国经济发展和体制改革报告No.8
著(编)者：邹东涛 王再文 2017年1月出版 / 估价：98.00元
PSN B-2008-122-1/1

工业化蓝皮书
中国工业化进程报告（2017）
著(编)者：黄群慧 2017年12月出版 / 估价：158.00元
PSN B-2007-095-1/1

管理蓝皮书
中国管理发展报告（2017）
著(编)者：张晓东 2017年10月出版 / 估价：98.00元
PSN B-2014-416-1/1

国际城市蓝皮书
国际城市发展报告（2017）
著(编)者：屠启宇 2017年2月出版 / 估价：89.00元
PSN B-2012-260-1/1

国家创新蓝皮书
中国创新发展报告（2017）
著(编)者：陈劲 2017年12月出版 / 估价：89.00元
PSN B-2014-370-1/1

金融蓝皮书
中国金融发展报告（2017）
著(编)者：李杨 王国刚 2017年12月出版 / 估价：89.00元
PSN B-2004-031-1/6

京津冀金融蓝皮书
京津冀金融发展报告（2017）
著(编)者：王爱俭 李向前
2017年3月出版 / 估价：89.00元
PSN B-2016-528-1/1

京津冀蓝皮书
京津冀发展报告（2017）
著(编)者：文魁 祝尔娟 2017年4月出版 / 估价：89.00元
PSN B-2012-262-1/1

经济蓝皮书
2017年中国经济形势分析与预测
著(编)者：李扬 2016年12月出版 / 定价：89.00元
PSN B-1996-001-1/1

经济蓝皮书·春季号
2017年中国经济前景分析
著(编)者：李扬 2017年6月出版 / 估价：89.00元
PSN B-1999-008-1/1

经济蓝皮书·夏季号
中国经济增长报告（2016～2017）
著(编)者：李扬 2017年9月出版 / 估价：98.00元
PSN B-2010-176-1/1

经济信息绿皮书
中国与世界经济发展报告（2017）
著(编)者：杜平 2017年12月出版 / 估价：89.00元
PSN G-2003-023-1/1

就业蓝皮书
2017年中国本科生就业报告
著(编)者：麦可思研究院 2017年6月出版 / 估价：98.00元
PSN B-2009-146-1/2

就业蓝皮书
2017年中国高职高专生就业报告
著(编)者：麦可思研究院　2017年6月出版 / 估价：98.00元
PSN B-2015-472-2/2

科普能力蓝皮书
中国科普能力评价报告（2017）
著(编)者：李富 强李群　2017年8月出版 / 估价：89.00元
PSN B-2016-556-1/1

临空经济蓝皮书
中国临空经济发展报告（2017）
著(编)者：连玉明　2017年9月出版 / 估价：89.00元
PSN B-2014-421-1/1

农村绿皮书
中国农村经济形势分析与预测（2016～2017）
著(编)者：魏后凯 杜志雄 黄秉信
2017年4月出版 / 估价：89.00元
PSN G-1998-003-1/1

农业应对气候变化蓝皮书
气候变化对中国农业影响评估报告 No.3
著(编)者：矫梅燕　2017年8月出版 / 估价：98.00元
PSN B-2014-413-1/1

气候变化绿皮书
应对气候变化报告（2017）
著(编)者：王伟光 郑国光　2017年6月出版 / 估价：89.00元
PSN G-2009-144-1/1

区域蓝皮书
中国区域经济发展报告（2016～2017）
著(编)者：赵弘　2017年6月出版 / 估价：89.00元
PSN B-2004-034-1/1

全球环境竞争力绿皮书
全球环境竞争力报告（2017）
著(编)者：李建平 李闽榕 王金南
2017年12月出版 / 估价：198.00元
PSN G-2013-363-1/1

人口与劳动绿皮书
中国人口与劳动问题报告 No.18
著(编)者：蔡昉 张车伟　2017年11月出版 / 估价：89.00元
PSN G-2000-012-1/1

商务中心区蓝皮书
中国商务中心区发展报告 No.3（2016）
著(编)者：李国红 单菁菁　2017年1月出版 / 估价：89.00元
PSN B-2015-444-1/1

世界经济黄皮书
2017年世界经济形势分析与预测
著(编)者：张宇燕　2016年12月出版 / 定价：89.00元
PSN Y-1999-006-1/1

世界旅游城市绿皮书
世界旅游城市发展报告（2017）
著(编)者：宋宇　2017年1月出版 / 估价：128.00元
PSN G-2014-400-1/1

土地市场蓝皮书
中国农村土地市场发展报告（2016～2017）
著(编)者：李光荣　2017年3月出版 / 估价：89.00元
PSN B-2016-527-1/1

西北蓝皮书
中国西北发展报告（2017）
著(编)者：高建龙　2017年3月出版 / 估价：89.00元
PSN B-2012-261-1/1

西部蓝皮书
中国西部发展报告（2017）
著(编)者：姚慧琴 徐璋勇　2017年9月出版 / 估价：89.00元
PSN B-2005-039-1/1

新型城镇化蓝皮书
新型城镇化发展报告（2017）
著(编)者：李伟 宋敏 沈体雁　2017年3月出版 / 估价：98.00元
PSN B-2014-431-1/1

新兴经济体蓝皮书
金砖国家发展报告（2017）
著(编)者：林跃勤 周文　2017年12月出版 / 估价：89.00元
PSN B-2011-195-1/1

长三角蓝皮书
2017年新常态下深化一体化的长三角
著(编)者：王庆五　2017年12月出版 / 估价：88.00元
PSN B-2005-038-1/1

中部竞争力蓝皮书
中国中部经济社会竞争力报告（2017）
著(编)者：教育部人文社会科学重点研究基地
南昌大学中国中部经济社会发展研究中心
2017年12月出版 / 估价：89.00元
PSN B-2012-276-1/1

中部蓝皮书
中国中部地区发展报告（2017）
著(编)者：宋亚平　2017年12月出版 / 估价：88.00元
PSN B-2007-089-1/1

中国省域竞争力蓝皮书
中国省域经济综合竞争力发展报告（2017）
著(编)者：李建平 李闽榕 高燕京
2017年2月出版 / 估价：198.00元
PSN B-2007-088-1/1

中三角蓝皮书
长江中游城市群发展报告（2017）
著(编)者：秦尊文　2017年9月出版 / 估价：89.00元
PSN B-2014-417-1/1

中小城市绿皮书
中国中小城市发展报告（2017）
著(编)者：中国城市经济学会中小城市经济发展委员会
中国城镇化促进会中小城市发展委员会
《中国中小城市发展报告》编纂委员会
中小城市发展战略研究院
2017年11月出版 / 估价：128.00元
PSN G-2010-161-1/1

中原蓝皮书
中原经济区发展报告（2017）
著(编)者：李英杰　2017年6月出版 / 估价：88.00元
PSN B-2011-192-1/1

自贸区蓝皮书
中国自贸区发展报告（2017）
著(编)者：王力　2017年7月出版 / 估价：89.00元
PSN B-2016-559-1/1

社会政法类

北京蓝皮书
中国社区发展报告（2017）
著(编)者：于燕燕　　2017年2月出版 / 估价：89.00元
PSN B-2007-083-5/8

殡葬绿皮书
中国殡葬事业发展报告（2017）
著(编)者：李伯森　　2017年4月出版 / 估价：158.00元
PSN G-2010-180-1/1

城市管理蓝皮书
中国城市管理报告（2016~2017）
著(编)者：刘林　刘承水　2017年5月出版 / 估价：158.00元
PSN B-2013-336-1/1

城市生活质量蓝皮书
中国城市生活质量报告（2017）
著(编)者：中国经济实验研究院
2017年7月出版 / 估价：89.00元
PSN B-2013-326-1/1

城市政府能力蓝皮书
中国城市政府公共服务能力评估报告（2017）
著(编)者：何艳玲　　2017年4月出版 / 估价：89.00元
PSN B-2013-338-1/1

慈善蓝皮书
中国慈善发展报告（2017）
著(编)者：杨团　　2017年6月出版 / 估价：89.00元
PSN B-2009-142-1/1

党建蓝皮书
党的建设研究报告 No.2（2017）
著(编)者：崔建民　陈东平　　2017年2月出版 / 估价：89.00元
PSN B-2016-524-1/1

地方法治蓝皮书
中国地方法治发展报告 No.3（2017）
著(编)者：李林　田禾　2017年3出版 / 估价：108.00元
PSN B-2015-442-1/1

法治蓝皮书
中国法治发展报告 No.15（2017）
著(编)者：李林 田禾　　2017年3月出版 / 估价：118.00元
PSN B-2004-027-1/1

法治政府蓝皮书
中国法治政府发展报告（2017）
著(编)者：中国政法大学法治政府研究院
2017年2月出版 / 估价：98.00元
PSN B-2015-502-1/2

法治政府蓝皮书
中国法治政府评估报告（2017）
著(编)者：中国政法大学法治政府研究院
2016年11月出版 / 估价：98.00元
PSN B-2016-577-2/2

反腐倡廉蓝皮书
中国反腐倡廉建设报告 No.7
著(编)者：张英伟　　2017年12月出版 / 估价：89.00元
PSN B-2012-259-1/1

非传统安全蓝皮书
中国非传统安全研究报告（2016～2017）
著(编)者：余潇枫 魏志江　　2017年6月出版 / 估价：89.00元
PSN B-2012-273-1/1

妇女发展蓝皮书
中国妇女发展报告 No.7
著(编)者：王金玲　　2017年9月出版 / 估价：148.00元
PSN B-2006-069-1/1

妇女教育蓝皮书
中国妇女教育发展报告 No.4
著(编)者：张李玺　　2017年10月出版 / 估价：78.00元
PSN B-2008-121-1/1

妇女绿皮书
中国性别平等与妇女发展报告（2017）
著(编)者：谭琳　　2017年12月出版 / 估价：99.00元
PSN G-2006-073-1/1

公共服务蓝皮书
中国城市基本公共服务力评价（2017）
著(编)者：钟君 吴正杲　　2017年12月出版 / 估价：89.00元
PSN B-2011-214-1/1

公民科学素质蓝皮书
中国公民科学素质报告（2016～2017）
著(编)者：李群　陈雄　马宗文
2017年1月出版 / 估价：89.00元
PSN B-2014-379-1/1

公共关系蓝皮书
中国公共关系发展报告（2017）
著(编)者：柳斌杰　　2017年11月出版 / 估价：89.00元
PSN B-2016-580-1/1

公益蓝皮书
中国公益慈善发展报告（2017）
著(编)者：朱健刚　　2017年4月出版 / 估价：118.00元
PSN B-2012-283-1/1

国际人才蓝皮书
海外华侨华人专业人士报告（2017）
著(编)者：王辉耀 苗绿　　2017年8月出版 / 估价：89.00元
PSN B-2014-409-4/4

国际人才蓝皮书
中国国际移民报告（2017）
著(编)者：王辉耀　　2017年2月出版 / 估价：89.00元
PSN B-2012-304-3/4

国际人才蓝皮书
中国留学发展报告（2017）No.5
著(编)者：王辉耀 苗绿　　2017年10月出版 / 估价：89.00元
PSN B-2012-244-2/4

海洋社会蓝皮书
中国海洋社会发展报告（2017）
著(编)者：崔凤 宋宁而　　2017年7月出版 / 估价：89.00元
PSN B-2015-478-1/1

行政改革蓝皮书
中国行政体制改革报告（2017）No.6
著(编)者：魏礼群　2017年5月出版 / 估价：98.00元
PSN B-2011-231-1/1

华侨华人蓝皮书
华侨华人研究报告（2017）
著(编)者：贾益民　2017年12月出版 / 估价：128.00元
PSN B-2011-204-1/1

环境竞争力绿皮书
中国省域环境竞争力发展报告（2017）
著(编)者：李建平 李闽榕 王金南
2017年11月出版 / 估价：198.00元
PSN G-2010-165-1/1

环境绿皮书
中国环境发展报告（2017）
著(编)者：刘鉴强　2017年11月出版 / 估价：89.00元
PSN G-2006-048-1/1

基金会蓝皮书
中国基金会发展报告（2016~2017）
著(编)者：中国基金会发展报告课题组
2017年4月出版 / 估价：85.00元
PSN B-2013-368-1/1

基金会绿皮书
中国基金会发展独立研究报告（2017）
著(编)者：基金会中心网 中央民族大学基金会研究中心
2017年6月出版 / 估价：88.00元
PSN G-2011-213-1/1

基金会透明度蓝皮书
中国基金会透明度发展研究报告（2017）
著(编)者：基金会中心网 清华大学廉政与治理研究中心
2017年12月出版 / 估价：89.00元
PSN B-2015-509-1/1

家庭蓝皮书
中国“创建幸福家庭活动”评估报告（2017）
国务院发展研究中心“创建幸福家庭活动评估”课题组著
2017年8月出版 / 估价：89.00元
PSN B-2012-261-1/1

健康城市蓝皮书
中国健康城市建设研究报告（2017）
著(编)者：王鸿春 解树江 盛继洪
2017年9月出版 / 估价：89.00元
PSN B-2016-565-2/2

教师蓝皮书
中国中小学教师发展报告（2017）
著(编)者：曾晓东 鱼霞　2017年6月出版 / 估价：89.00元
PSN B-2012-289-1/1

教育蓝皮书
中国教育发展报告（2017）
著(编)者：杨东平　2017年4月出版 / 估价：89.00元
PSN B-2006-047-1/1

科普蓝皮书
中国基层科普发展报告（2016～2017）
著(编)者：赵立 新陈玲　2017年9月出版 / 估价：89.00元
PSN B-2016-569-3/3

科普蓝皮书
中国科普基础设施发展报告（2017）
著(编)者：任福君　2017年6月出版 / 估价：89.00元
PSN B-2010-174-1/3

科普蓝皮书
中国科普人才发展报告（2017）
著(编)者：郑念 任嵘嵘　2017年4月出版 / 估价：98.00元
PSN B-2015-513-2/3

科学教育蓝皮书
中国科学教育发展报告（2017）
著(编)者：罗晖 王康友　2017年10月出版 / 估价：89.00元
PSN B-2015-487-1/1

劳动保障蓝皮书
中国劳动保障发展报告（2017）
著(编)者：刘燕斌　2017年9月出版 / 估价：188.00元
PSN B-2014-415-1/1

老龄蓝皮书
中国老年宜居环境发展报告（2017）
著(编)者：党俊武 周燕珉　2017年1月出版 / 估价：89.00元
PSN B-2013-320-1/1

连片特困区蓝皮书
中国连片特困区发展报告（2017）
著(编)者：游俊 冷志明 丁建军
2017年3月出版 / 估价：98.00元
PSN B-2013-321-1/1

民间组织蓝皮书
中国民间组织报告（2017）
著(编)者：黄晓勇　2017年12月出版 / 估价：89.00元
PSN B-2008-118-1/1

民调蓝皮书
中国民生调查报告（2017）
著(编)者：谢耘耕　2017年12月出版 / 估价：98.00元
PSN B-2014-398-1/1

民族发展蓝皮书
中国民族发展报告（2017）
著(编)者：郝时远 王延中 王希恩
2017年4月出版 / 估价：98.00元
PSN B-2006-070-1/1

女性生活蓝皮书
中国女性生活状况报告 No.11（2017）
著(编)者：韩湘景　2017年10月出版 / 估价：98.00元
PSN B-2006-071-1/1

汽车社会蓝皮书
中国汽车社会发展报告（2017）
著(编)者：王俊秀　2017年1月出版 / 估价：89.00元
PSN B-2011-224-1/1

青年蓝皮书
中国青年发展报告（2017）No.3
著(编)者：廉思 等　2017年4月出版 / 估价：89.00元
PSN B-2013-333-1/1

青少年蓝皮书
中国未成年人互联网运用报告（2017）
著(编)者：李文革 沈杰 季为民
2017年11月出版 / 估价：89.00元
PSN B-2010-156-1/1

青少年体育蓝皮书
中国青少年体育发展报告（2017）
著(编)者：郭建军 杨桦　2017年9月出版 / 估价：89.00元
PSN B-2015-482-1/1

群众体育蓝皮书
中国群众体育发展报告（2017）
著(编)者：刘国永 杨桦　2017年12月出版 / 估价：89.00元
PSN B-2016-519-2/3

人权蓝皮书
中国人权事业发展报告 No.7（2017）
著(编)者：李君如　2017年9月出版 / 估价：98.00元
PSN B-2011-215-1/1

社会保障绿皮书
中国社会保障发展报告（2017）No.9
著(编)者：王延中　2017年4月出版 / 估价：89.00元
PSN G-2001-014-1/1

社会风险评估蓝皮书
风险评估与危机预警评估报告（2017）
著(编)者：唐钧　2017年8月出版 / 估价：85.00元
PSN B-2016-521-1/1

社会工作蓝皮书
中国社会工作发展报告（2017）
著(编)者：民政部社会工作研究中心
2017年8月出版 / 估价：89.00元
PSN B-2009-141-1/1

社会管理蓝皮书
中国社会管理创新报告 No.5
著(编)者：连玉明　2017年11月出版 / 估价：89.00元
PSN B-2012-300-1/1

社会蓝皮书
2017年中国社会形势分析与预测
著(编)者：李培林　陈光金　张翼
2016年12月出版 / 定价：89.00元
PSN B-1998-002-1/1

社会体制蓝皮书
中国社会体制改革报告No.5（2017）
著(编)者：龚维斌　2017年4月出版 / 估价：89.00元
PSN B-2013-330-1/1

社会心态蓝皮书
中国社会心态研究报告（2017）
著(编)者：王俊秀 杨宜音　2017年12月出版 / 估价：89.00元
PSN B-2011-199-1/1

社会组织蓝皮书
中国社会组织评估发展报告（2017）
著(编)者：徐家良 廖鸿　2017年12月出版 / 估价：89.00元
PSN B-2013-366-1/1

生态城市绿皮书
中国生态城市建设发展报告（2017）
著(编)者：刘举科 孙伟平 胡文臻
2017年9月出版 / 估价：118.00元
PSN G-2012-269-1/1

生态文明绿皮书
中国省域生态文明建设评价报告（ECI 2017）
著(编)者：严耕　2017年12月出版 / 估价：98.00元
PSN G-2010-170-1/1

体育蓝皮书
中国公共体育服务发展报告（2017）
著(编)者：戴健　2017年12月出版 / 估价：89.00元
PSN B-2013-367-2/4

土地整治蓝皮书
中国土地整治发展研究报告 No.4
著(编)者：国土资源部土地整治中心
2017年7月出版 / 估价：89.00元
PSN B-2014-401-1/1

土地政策蓝皮书
中国土地政策研究报告（2017）
著(编)者：高延利 李宪文
2017年12月出版 / 估价：89.00元
PSN B-2015-506-1/1

医改蓝皮书
中国医药卫生体制改革报告（2017）
著(编)者：文学国　房志武　2017年11月出版 / 估价：98.00元
PSN B-2014-432-1/1

医疗卫生绿皮书
中国医疗卫生发展报告 No.7（2017）
著(编)者：申宝忠 韩玉珍　2017年4月出版 / 估价：85.00元
PSN G-2004-033-1/1

应急管理蓝皮书
中国应急管理报告（2017）
著(编)者：宋英华　2017年9月出版 / 估价：98.00元
PSN B-2016-563-1/1

政治参与蓝皮书
中国政治参与报告（2017）
著(编)者：房宁　2017年9月出版 / 估价：118.00元
PSN B-2011-200-1/1

中国农村妇女发展蓝皮书
农村流动女性城市生活发展报告（2017）
著(编)者：谢丽华　2017年12月出版 / 估价：89.00元
PSN B-2014-434-1/1

宗教蓝皮书
中国宗教报告（2017）
著(编)者：邱永辉　2017年4月出版 / 估价：89.00元
PSN B-2008-117-1/1

行业报告类

SUV蓝皮书
中国SUV市场发展报告（2016~2017）
著(编)者：靳军　2017年9月出版 / 估价：89.00元
PSN B-2016-572-1/1

保健蓝皮书
中国保健服务产业发展报告 No.2
著(编)者：中国保健协会 中共中央党校
2017年7月出版 / 估价：198.00元
PSN B-2012-272-3/3

保健蓝皮书
中国保健食品产业发展报告 No.2
著(编)者：中国保健协会
中国社会科学院食品药品产业发展与监管研究中心
2017年7月出版 / 估价：198.00元
PSN B-2012-271-2/3

保健蓝皮书
中国保健用品产业发展报告 No.2
著(编)者：中国保健协会
国务院国有资产监督管理委员会研究中心
2017年3月出版 / 估价：198.00元
PSN B-2012-270-1/3

保险蓝皮书
中国保险业竞争力报告（2017）
著(编)者：项俊波　2017年12月出版 / 估价：99.00元
PSN B-2013-311-1/1

冰雪蓝皮书
中国滑雪产业发展报告（2017）
著(编)者：孙承华 伍斌 魏庆华 张鸿俊
2017年8月出版 / 估价：89.00元
PSN B-2016-560-1/1

彩票蓝皮书
中国彩票发展报告（2017）
著(编)者：益彩基金　2017年4月出版 / 估价：98.00元
PSN B-2015-462-1/1

餐饮产业蓝皮书
中国餐饮产业发展报告（2017）
著(编)者：邢颖　2017年6月出版 / 估价：98.00元
PSN B-2009-151-1/1

测绘地理信息蓝皮书
新常态下的测绘地理信息研究报告（2017）
著(编)者：库热西·买合苏提
2017年12月出版 / 估价：118.00元
PSN B-2009-145-1/1

茶业蓝皮书
中国茶产业发展报告（2017）
著(编)者：杨江帆 李闽榕　2017年10月出版 / 估价：88.00元
PSN B-2010-164-1/1

产权市场蓝皮书
中国产权市场发展报告（2016～2017）
著(编)者：曹和平　2017年5月出版 / 估价：89.00元
PSN B-2009-147-1/1

产业安全蓝皮书
中国出版传媒产业安全报告（2016~2017）
著(编)者：北京印刷学院文化产业安全研究院
2017年3月出版 / 估价：89.00元
PSN B-2014-384-13/14

产业安全蓝皮书
中国文化产业安全报告（2017）
著(编)者：北京印刷学院文化产业安全研究院
2017年12月出版 / 估价：89.00元
PSN B-2014-378-12/14

产业安全蓝皮书
中国新媒体产业安全报告（2017）
著(编)者：北京印刷学院文化产业安全研究院
2017年12月出版 / 估价：89.00元
PSN B-2015-500-14/14

城投蓝皮书
中国城投行业发展报告（2017）
著(编)者：王晨艳　丁伯康　2017年11月出版 / 估价：300.00元
PSN B-2016-514-1/1

电子政务蓝皮书
中国电子政务发展报告（2016~2017）
著(编)者：李季 杜平　2017年7月出版 / 估价：89.00元
PSN B-2003-022-1/1

杜仲产业绿皮书
中国杜仲橡胶资源与产业发展报告（2016～2017）
著(编)者：杜红岩 胡文臻 俞锐
2017年1月出版 / 估价：85.00元
PSN G-2013-350-1/1

房地产蓝皮书
中国房地产发展报告 No.14（2017）
著(编)者：李春华 王业强　2017年5月出版 / 估价：89.00元
PSN B-2004-028-1/1

服务外包蓝皮书
中国服务外包产业发展报告（2017）
著(编)者：王晓红 刘德军
2017年6月出版 / 估价：89.00元
PSN B-2013-331-2/2

服务外包蓝皮书
中国服务外包竞争力报告（2017）
著(编)者：王力 刘春生 黄育华
2017年11月出版 / 估价：85.00元
PSN B-2011-216-1/2

工业和信息化蓝皮书
世界网络安全发展报告（2016~2017）
著(编)者：洪京一　2017年4月出版 / 估价：89.00元
PSN B-2015-452-5/5

工业和信息化蓝皮书
世界信息化发展报告（2016~2017）
著(编)者：洪京一　2017年4月出版 / 估价：89.00元
PSN B-2015-451-4/5

工业和信息化蓝皮书
世界信息技术产业发展报告（2016~2017）
著(编)者：洪京一　2017年4月出版 / 估价：89.00元
PSN B-2015-449-2/5

工业和信息化蓝皮书
移动互联网产业发展报告（2016~2017）
著(编)者：洪京一　2017年4月出版 / 估价：89.00元
PSN B-2015-448-1/5

工业和信息化蓝皮书
战略性新兴产业发展报告（2016~2017）
著(编)者：洪京一　2017年4月出版 / 估价：89.00元
PSN B-2015-450-3/5

工业设计蓝皮书
中国工业设计发展报告（2017）
著(编)者：王晓红 于炜 张立群
2017年9月出版 / 估价：138.00元
PSN B-2014-420-1/1

黄金市场蓝皮书
中国商业银行黄金业务发展报告（2016~2017）
著(编)者：平安银行　2017年3月出版 / 估价：98.00元
PSN B-2016-525-1/1

互联网金融蓝皮书
中国互联网金融发展报告（2017）
著(编)者：李东荣　2017年9月出版 / 估价：128.00元
PSN B-2014-374-1/1

互联网医疗蓝皮书
中国互联网医疗发展报告（2017）
著(编)者：宫晓东　2017年9月出版 / 估价：89.00元
PSN B-2016-568-1/1

会展蓝皮书
中外会展业动态评估年度报告（2017）
著(编)者：张敏　2017年1月出版 / 估价：88.00元
PSN B-2013-327-1/1

金融监管蓝皮书
中国金融监管报告（2017）
著(编)者：胡滨　2017年6月出版 / 估价：89.00元
PSN B-2012-281-1/1

金融蓝皮书
中国金融中心发展报告（2017）
著(编)者：王力 黄育华　2017年11月出版 / 估价：85.00元
PSN B-2011-186-6/6

建筑装饰蓝皮书
中国建筑装饰行业发展报告（2017）
著(编)者：刘晓一 葛顺道　2017年7月出版 / 估价：198.00元
PSN B-2016-554-1/1

客车蓝皮书
中国客车产业发展报告（2016~2017）
著(编)者：姚蔚　2017年10月出版 / 估价：85.00元
PSN B-2013-361-1/1

旅游安全蓝皮书
中国旅游安全报告（2017）
著(编)者：郑向敏 谢朝武　2017年5月出版 / 估价：128.00元
PSN B-2012-280-1/1

旅游绿皮书
2016～2017年中国旅游发展分析与预测
著(编)者：张广瑞 刘德谦　2017年4月出版 / 估价：89.00元
PSN G-2002-018-1/1

煤炭蓝皮书
中国煤炭工业发展报告（2017）
著(编)者：岳福斌　2017年12月出版 / 估价：85.00元
PSN B-2008-123-1/1

民营企业社会责任蓝皮书
中国民营企业社会责任报告（2017）
著(编)者：中华全国工商业联合会
2017年12月出版 / 估价：89.00元
PSN B-2015-511-1/1

民营医院蓝皮书
中国民营医院发展报告（2017）
著(编)者：庄一强　2017年10月出版 / 估价：85.00元
PSN B-2012-299-1/1

闽商蓝皮书
闽商发展报告（2017）
著(编)者：李闽榕 王日根 林琛
2017年12月出版 / 估价：89.00元
PSN B-2012-298-1/1

能源蓝皮书
中国能源发展报告（2017）
著(编)者：崔民选 王军生 陈义和
2017年10月出版 / 估价：98.00元
PSN B-2006-049-1/1

农产品流通蓝皮书
中国农产品流通产业发展报告（2017）
著(编)者：贾敬敦 张东科 张玉玺 张鹏毅 周伟
2017年1月出版 / 估价：89.00元
PSN B-2012-288-1/1

企业公益蓝皮书
中国企业公益研究报告（2017）
著(编)者：钟宏武 汪杰 顾一 黄晓娟 等
2017年12月出版 / 估价：89.00元
PSN B-2015-501-1/1

企业国际化蓝皮书
中国企业国际化报告（2017）
著(编)者：王辉耀　2017年11月出版 / 估价：98.00元
PSN B-2014-427-1/1

企业蓝皮书
中国企业绿色发展报告 No.2（2017）
著(编)者：李红玉　朱光辉　2017年8月出版 / 估价：89.00元
PSN B-2015-481-2/2

企业社会责任蓝皮书
中国企业社会责任研究报告（2017）
著(编)者：黄群慧 钟宏武 张蒽 翟利峰
2017年11月出版 / 估价：89.00元
PSN B-2009-149-1/1

汽车安全蓝皮书
中国汽车安全发展报告（2017）
著(编)者：中国汽车技术研究中心
2017年7月出版 / 估价：89.00元
PSN B-2014-385-1/1

汽车电子商务蓝皮书
中国汽车电子商务发展报告（2017）
著(编)者：中华全国工商业联合会汽车经销商商会
北京易观智库网络科技有限公司
2017年10月出版 / 估价：128.00元
PSN B-2015-485-1/1

汽车工业蓝皮书
中国汽车工业发展年度报告（2017）
著(编)者：中国汽车工业协会 中国汽车技术研究中心
丰田汽车（中国）投资有限公司
2017年4月出版 / 估价：128.00元
PSN B-2015-463-1/2

汽车工业蓝皮书
中国汽车零部件产业发展报告（2017）
著(编)者：中国汽车工业协会 中国汽车工程研究院
2017年10月出版 / 估价：98.00元
PSN B-2016-515-2/2

汽车蓝皮书
中国汽车产业发展报告（2017）
著(编)者：国务院发展研究中心产业经济研究部
中国汽车工程学会 大众汽车集团（中国）
2017年8月出版 / 估价：98.00元
PSN B-2008-124-1/1

人力资源蓝皮书
中国人力资源发展报告（2017）
著(编)者：余兴安 2017年11月出版 / 估价：89.00元
PSN B-2012-287-1/1

融资租赁蓝皮书
中国融资租赁业发展报告（2016～2017）
著(编)者：李光荣 王力 2017年8月出版 / 估价：89.00元
PSN B-2015-443-1/1

商会蓝皮书
中国商会发展报告No.5（2017）
著(编)者：王钦敏 2017年7月出版 / 估价：89.00元
PSN B-2008-125-1/1

输血服务蓝皮书
中国输血行业发展报告（2017）
著(编)者：朱永明 耿鸿武 2016年8月出版 / 估价：89.00元
PSN B-2016-583-1/1

上市公司蓝皮书
中国上市公司社会责任信息披露报告（2017）
著(编)者：张旺 张杨 2017年11月出版 / 估价：89.00元
PSN B-2011-234-1/2

社会责任管理蓝皮书
中国上市公司社会责任能力成熟度报告（2017）No.2
著(编)者：肖红军 王晓光 李伟阳
2017年12月出版 / 估价：98.00元
PSN B-2015-507-2/2

社会责任管理蓝皮书
中国企业公众透明度报告(2017)No.3
著(编)者：黄速建 熊梦 王晓光 肖红军
2017年1月出版 / 估价：98.00元
PSN B-2015-440-1/2

食品药品蓝皮书
食品药品安全与监管政策研究报告（2016～2017）
著(编)者：唐民皓 2017年6月出版 / 估价：89.00元
PSN B-2009-129-1/1

世界能源蓝皮书
世界能源发展报告（2017）
著(编)者：黄晓勇 2017年6月出版 / 估价：99.00元
PSN B-2013-349-1/1

水利风景区蓝皮书
中国水利风景区发展报告（2017）
著(编)者：谢婵才 兰思仁 2017年5月出版 / 估价：89.00元
PSN B-2015-480-1/1

私募市场蓝皮书
中国私募股权市场发展报告（2017）
著(编)者：曹和平 2017年12月出版 / 估价：89.00元
PSN B-2010-162-1/1

碳市场蓝皮书
中国碳市场报告（2017）
著(编)者：定金彪 2017年11月出版 / 估价：89.00元
PSN B-2014-430-1/1

体育蓝皮书
中国体育产业发展报告（2017）
著(编)者：阮伟 钟秉枢 2017年12月出版 / 估价：89.00元
PSN B-2010-179-1/4

网络空间安全蓝皮书
中国网络空间安全发展报告（2017）
著(编)者：惠志斌 唐涛 2017年4月出版 / 估价：89.00元
PSN B-2015-466-1/1

西部金融蓝皮书
中国西部金融发展报告（2017）
著(编)者：李忠民 2017年8月出版 / 估价：85.00元
PSN B-2010-160-1/1

协会商会蓝皮书
中国行业协会商会发展报告（2017）
著(编)者：景朝阳 李勇 2017年4月出版 / 估价：99.00元
PSN B-2015-461-1/1

新能源汽车蓝皮书
中国新能源汽车产业发展报告（2017）
著(编)者：中国汽车技术研究中心
日产（中国）投资有限公司 东风汽车有限公司
2017年7月出版 / 估价：98.00元
PSN B-2013-347-1/1

新三板蓝皮书
中国新三板市场发展报告（2017）
著(编)者：王力 2017年6月出版 / 估价：89.00元
PSN B-2016-534-1/1

信托市场蓝皮书
中国信托业市场报告（2016～2017）
著(编)者：用益信托工作室
2017年1月出版 / 估价：198.00元
PSN B-2014-371-1/1

信息化蓝皮书
中国信息化形势分析与预测（2016~2017）
著(编)者：周宏仁　2017年8月出版 / 估价：98.00元
PSN B-2010-168-1/1

信用蓝皮书
中国信用发展报告（2017）
著(编)者：章政 田侃　2017年4月出版 / 估价：99.00元
PSN B-2013-328-1/1

休闲绿皮书
2017年中国休闲发展报告
著(编)者：宋瑞　2017年10月出版 / 估价：89.00元
PSN G-2010-158-1/1

休闲体育蓝皮书
中国休闲体育发展报告（2016～2017）
著(编)者：李相如　钟炳枢　2017年10月出版 / 估价：89.00元
PSN G-2016-516-1/1

养老金融蓝皮书
中国养老金融发展报告（2017）
著(编)者：董克用　姚余栋
2017年6月出版 / 估价：89.00元
PSN B-2016-584-1/1

药品流通蓝皮书
中国药品流通行业发展报告（2017）
著(编)者：佘鲁林 温再兴　2017年8月出版 / 估价：158.00元
PSN B-2014-429-1/1

医院蓝皮书
中国医院竞争力报告（2017）
著(编)者：庄一强　曾益新　2017年3月出版 / 估价：128.00元
PSN B-2016-529-1/1

医药蓝皮书
中国中医药产业园战略发展报告（2017）
著(编)者：裴长洪 房书亭 吴滁心
2017年8月出版 / 估价：89.00元
PSN B-2012-305-1/1

邮轮绿皮书
中国邮轮产业发展报告（2017）
著(编)者：汪泓　2017年10月出版 / 估价：89.00元
PSN G-2014-419-1/1

智能养老蓝皮书
中国智能养老产业发展报告（2017）
著(编)者：朱勇　2017年10月出版 / 估价：89.00元
PSN B-2015-488-1/1

债券市场蓝皮书
中国债券市场发展报告（2016～2017）
著(编)者：杨农　2017年10月出版 / 估价：89.00元
PSN B-2016-573-1/1

中国节能汽车蓝皮书
中国节能汽车发展报告（2016~2017）
著(编)者：中国汽车工程研究院股份有限公司
2017年9月出版 / 估价：98.00元
PSN B-2016-566-1/1

中国上市公司蓝皮书
中国上市公司发展报告（2017）
著(编)者：张平 王宏淼
2017年10月出版 / 估价：98.00元
PSN B-2014-414-1/1

中国陶瓷产业蓝皮书
中国陶瓷产业发展报告（2017）
著(编)者：左和平 黄速建　2017年10月出版 / 估价：98.00元
PSN B-2016-574-1/1

中国总部经济蓝皮书
中国总部经济发展报告（2016～2017）
著(编)者：赵弘　2017年9月出版 / 估价：89.00元
PSN B-2005-036-1/1

中医文化蓝皮书
中国中医药文化传播发展报告（2017）
著(编)者：毛嘉陵　2017年7月出版 / 估价：89.00元
PSN B-2015-468-1/1

装备制造业蓝皮书
中国装备制造业发展报告（2017）
著(编)者：徐东华　2017年12月出版 / 估价：148.00元
PSN B-2015-505-1/1

资本市场蓝皮书
中国场外交易市场发展报告（2016～2017）
著(编)者：高峦　2017年3月出版 / 估价：89.00元
PSN B-2009-153-1/1

资产管理蓝皮书
中国资产管理行业发展报告（2017）
著(编)者：智信资产管理研究院
2017年6月出版 / 估价：89.00元
PSN B-2014-407-2/2

文化传媒类

传媒竞争力蓝皮书
中国传媒国际竞争力研究报告（2017）
著(编)者：李本乾 刘强
2017年11月出版 / 估价：148.00元
PSN B-2013-356-1/1

传媒蓝皮书
中国传媒产业发展报告（2017）
著(编)者：崔保国　2017年5月出版 / 估价：98.00元
PSN B-2005-035-1/1

传媒投资蓝皮书
中国传媒投资发展报告（2017）
著(编)者：张向东 谭云明
2017年6月出版 / 估价：128.00元
PSN B-2015-474-1/1

动漫蓝皮书
中国动漫产业发展报告（2017）
著(编)者：卢斌 郑玉明 牛兴侦
2017年9月出版 / 估价：89.00元
PSN B-2011-198-1/1

非物质文化遗产蓝皮书
中国非物质文化遗产发展报告（2017）
著(编)者：陈平　2017年5月出版 / 估价：98.00元
PSN B-2015-469-1/1

广电蓝皮书
中国广播电影电视发展报告（2017）
著(编)者：国家新闻出版广电总局发展研究中心
2017年7月出版 / 估价：98.00元
PSN B-2006-072-1/1

广告主蓝皮书
中国广告主营销传播趋势报告 No.9
著(编)者：黄升民 杜国清 邵华冬 等
2017年10月出版 / 估价：148.00元
PSN B-2005-041-1/1

国际传播蓝皮书
中国国际传播发展报告（2017）
著(编)者：胡正荣 李继东 姬德强
2017年11月出版 / 估价：89.00元
PSN B-2014-408-1/1

纪录片蓝皮书
中国纪录片发展报告（2017）
著(编)者：何苏六　2017年9月出版 / 估价：89.00元
PSN B-2011-222-1/1

科学传播蓝皮书
中国科学传播报告（2017）
著(编)者：詹正茂　2017年7月出版 / 估价：89.00元
PSN B-2008-120-1/1

两岸创意经济蓝皮书
两岸创意经济研究报告（2017）
著(编)者：罗昌智 林咏能
2017年10月出版 / 估价：98.00元
PSN B-2014-437-1/1

两岸文化蓝皮书
两岸文化产业合作发展报告（2017）
著(编)者：胡惠林 李保宗　2017年7月出版 / 估价：89.00元
PSN B-2012-285-1/1

媒介与女性蓝皮书
中国媒介与女性发展报告(2016~2017)
著(编)者：刘利群　2017年9月出版 / 估价：118.00元
PSN B-2013-345-1/1

媒体融合蓝皮书
中国媒体融合发展报告（2017）
著(编)者：梅宁华 宋建武　2017年7月出版 / 估价：89.00元
PSN B-2015-479-1/1

全球传媒蓝皮书
全球传媒发展报告（2017）
著(编)者：胡正荣 李继东 唐晓芬
2017年11月出版 / 估价：89.00元
PSN B-2012-237-1/1

少数民族非遗蓝皮书
中国少数民族非物质文化遗产发展报告（2017）
著(编)者：肖远平（彝） 柴立（满）
2017年8月出版 / 估价：98.00元
PSN B-2015-467-1/1

视听新媒体蓝皮书
中国视听新媒体发展报告（2017）
著(编)者：国家新闻出版广电总局发展研究中心
2017年7月出版 / 估价：98.00元
PSN B-2011-184-1/1

文化创新蓝皮书
中国文化创新报告（2017）No.7
著(编)者：于平 傅才武　2017年7月出版 / 估价：98.00元
PSN B-2009-143-1/1

文化建设蓝皮书
中国文化发展报告（2016~2017）
著(编)者：江畅 孙伟平 戴茂堂
2017年6月出版 / 估价：116.00元
PSN B-2014-392-1/1

文化科技蓝皮书
文化科技创新发展报告（2017）
著(编)者：于平 李凤亮　2017年11月出版 / 估价：89.00元
PSN B-2013-342-1/1

文化蓝皮书
中国公共文化服务发展报告（2017）
著(编)者：刘新成 张永新 张旭
2017年12月出版 / 估价：98.00元
PSN B-2007-093-2/10

文化蓝皮书
中国公共文化投入增长测评报告（2017）
著(编)者：王亚南　2017年4月出版 / 估价：89.00元
PSN B-2014-435-10/10

文化蓝皮书
中国少数民族文化发展报告（2016~2017）
著(编)者：武翠英 张晓明 任乌晶
2017年9月出版 / 估价：89.00元
PSN B-2013-369-9/10

文化蓝皮书
中国文化产业发展报告（2016~2017）
著(编)者：张晓明 王家新 章建刚
2017年2月出版 / 估价：89.00元
PSN B-2002-019-1/10

文化蓝皮书
中国文化产业供需协调检测报告（2017）
著(编)者：王亚南　2017年2月出版 / 估价：89.00元
PSN B-2013-323-8/10

文化蓝皮书
中国文化消费需求景气评价报告（2017）
著(编)者：王亚南　2017年4月出版 / 估价：89.00元
PSN B-2011-236-4/10

文化品牌蓝皮书
中国文化品牌发展报告（2017）
著(编)者：欧阳友权　2017年5月出版 / 估价：98.00元
PSN B-2012-277-1/1

文化遗产蓝皮书
中国文化遗产事业发展报告（2017）
著(编)者：苏杨 张颖岚 王宇飞
2017年8月出版 / 估价：98.00元
PSN B-2008-119-1/1

文学蓝皮书
中国文情报告（2016～2017）
著(编)者：白烨　2017年5月出版 / 估价：49.00元
PSN B-2011-221-1/1

新媒体蓝皮书
中国新媒体发展报告No.8（2017）
著(编)者：唐绪军　2017年6月出版 / 估价：89.00元
PSN B-2010-169-1/1

新媒体社会责任蓝皮书
中国新媒体社会责任研究报告（2017）
著(编)者：钟瑛　2017年11月出版 / 估价：89.00元
PSN B-2014-423-1/1

移动互联网蓝皮书
中国移动互联网发展报告（2017）
著(编)者：官建文　2017年6月出版 / 估价：89.00元
PSN B-2012-282-1/1

舆情蓝皮书
中国社会舆情与危机管理报告（2017）
著(编)者：谢耘耕　2017年9月出版 / 估价：128.00元
PSN B-2011-235-1/1

影视风控蓝皮书
中国影视舆情与风控报告 （2017）
著(编)者：司若　2017年4月出版 / 估价：138.00元
PSN B-2016-530-1/1

地方发展类

安徽经济蓝皮书
合芜蚌国家自主创新综合示范区研究报告（2016～2017）
著(编)者：王开玉　2017年11月出版 / 估价：89.00元
PSN B-2014-383-1/1

安徽蓝皮书
安徽社会发展报告（2017）
著(编)者：程桦　2017年4月出版 / 估价：89.00元
PSN B-2013-325-1/1

安徽社会建设蓝皮书
安徽社会建设分析报告（2016～2017）
著(编)者：黄家海 王开玉 蔡宪
2016年4月出版 / 估价：89.00元
PSN B-2013-322-1/1

澳门蓝皮书
澳门经济社会发展报告（2016～2017）
著(编)者：吴志良 郝雨凡　2017年6月出版 / 估价：98.00元
PSN B-2009-138-1/1

北京蓝皮书
北京公共服务发展报告（2016～2017）
著(编)者：施昌奎　2017年2月出版 / 估价：89.00元
PSN B-2008-103-7/8

北京蓝皮书
北京经济发展报告（2016～2017）
著(编)者：杨松　2017年6月出版 / 估价：89.00元
PSN B-2006-054-2/8

北京蓝皮书
北京社会发展报告（2016～2017）
著(编)者：李伟东　2017年6月出版 / 估价：89.00元
PSN B-2006-055-3/8

北京蓝皮书
北京社会治理发展报告（2016～2017）
著(编)者：殷星辰　2017年5月出版 / 估价：89.00元
PSN B-2014-391-8/8

北京蓝皮书
北京文化发展报告（2016～2017）
著(编)者：李建盛　2017年4月出版 / 估价：89.00元
PSN B-2007-082-4/8

北京律师绿皮书
北京律师发展报告No.3（2017）
著(编)者：王隽　2017年7月出版 / 估价：88.00元
PSN G-2012-301-1/1

北京旅游蓝皮书
北京旅游发展报告（2017）
著(编)者：北京旅游学会　2017年1月出版 / 估价：88.00元
PSN B-2011-217-1/1

北京人才蓝皮书
北京人才发展报告（2017）
著(编)者：于淼　2017年12月出版 / 估价：128.00元
PSN B-2011-201-1/1

北京社会心态蓝皮书
北京社会心态分析报告（2016~2017）
著(编)者：北京社会心理研究所
2017年8月出版 / 估价：89.00元
PSN B-2014-422-1/1

北京社会组织管理蓝皮书
北京社会组织发展与管理（2016~2017）
著(编)者：黄江松　2017年4月出版 / 估价：88.00元
PSN B-2015-446-1/1

北京体育蓝皮书
北京体育产业发展报告（2016~2017）
著(编)者：钟秉枢 陈杰 杨铁黎
2017年9月出版 / 估价：89.00元
PSN B-2015-475-1/1

北京养老产业蓝皮书
北京养老产业发展报告（2017）
著(编)者：周明明 冯喜良　2017年8月出版 / 估价：89.00元
PSN B-2015-465-1/1

滨海金融蓝皮书
滨海新区金融发展报告（2017）
著(编)者：王爱俭 张锐钢　2017年12月出版 / 估价：89.00元
PSN B-2014-424-1/1

城乡一体化蓝皮书
中国城乡一体化发展报告•北京卷（2016~2017）
著(编)者：张宝秀 黄序　2017年5月出版 / 估价：89.00元
PSN B-2012-258-2/2

创意城市蓝皮书
北京文化创意产业发展报告（2017）
著(编)者：张京成 王国华　2017年10月出版 / 估价：89.00元
PSN B-2012-263-1/7

创意城市蓝皮书
青岛文化创意产业发展报告（2017）
著(编)者：马达 张丹妮　2017年8月出版 / 估价：89.00元
PSN B-2011-235-1/1

创意城市蓝皮书
天津文化创意产业发展报告（2016~2017）
著(编)者：谢思全　2017年6月出版 / 估价：89.00元
PSN B-2016-537-7/7

创意城市蓝皮书
无锡文化创意产业发展报告（2017）
著(编)者：谭军 张鸣年　2017年10月出版 / 估价：89.00元
PSN B-2013-346-3/7

创意城市蓝皮书
武汉文化创意产业发展报告（2017）
著(编)者：黄永林 陈汉桥　2017年9月出版 / 估价：99.00元
PSN B-2013-354-4/7

创意上海蓝皮书
上海文化创意产业发展报告（2016~2017）
著(编)者：王慧敏 王兴全　2017年8月出版 / 估价：89.00元
PSN B-2016-562-1/1

福建妇女发展蓝皮书
福建省妇女发展报告（2017）
著(编)者：刘群英　2017年11月出版 / 估价：88.00元
PSN B-2011-220-1/1

福建自贸区蓝皮书
中国（福建）自由贸易实验区发展报告（2016~2017）
著(编)者：黄茂兴　2017年4月出版 / 估价：108.00元
PSN B-2017-532-1/1

甘肃蓝皮书
甘肃经济发展分析与预测（2017）
著(编)者：朱智文 罗哲　2017年1月出版 / 估价：89.00元
PSN B-2013-312-1/6

甘肃蓝皮书
甘肃社会发展分析与预测（2017）
著(编)者：安文华 包晓霞 谢增虎
2017年1月出版 / 估价：89.00元
PSN B-2013-313-2/6

甘肃蓝皮书
甘肃文化发展分析与预测（2017）
著(编)者：安文华 周小华　2017年1月出版 / 估价：89.00元
PSN B-2013-314-3/6

甘肃蓝皮书
甘肃县域和农村发展报告（2017）
著(编)者：刘进军 柳民 王建兵
2017年1月出版 / 估价：89.00元
PSN B-2013-316-5/6

甘肃蓝皮书
甘肃舆情分析与预测（2017）
著(编)者：陈双梅 郝树声　2017年1月出版 / 估价：89.00元
PSN B-2013-315-4/6

甘肃蓝皮书
甘肃商贸流通发展报告（2017）
著(编)者：杨志武 王福生 王晓芳
2017年1月出版 / 估价：89.00元
PSN B-2016-523-6/6

广东蓝皮书
广东全面深化改革发展报告（2017）
著(编)者：周林生 涂成林　2017年12月出版 / 估价：89.00元
PSN B-2015-504-3/3

广东蓝皮书
广东社会工作发展报告（2017）
著(编)者：罗观翠　2017年6月出版 / 估价：89.00元
PSN B-2014-402-2/3

广东蓝皮书
广东省电子商务发展报告（2017）
著(编)者：程晓 邓顺国　2017年7月出版 / 估价：89.00元
PSN B-2013-360-1/3

广东社会建设蓝皮书
广东省社会建设发展报告（2017）
著(编)者：广东省社会工作委员会
2017年12月出版 / 估价：99.00元
PSN B-2014-436-1/1

广东外经贸蓝皮书
广东对外经济贸易发展研究报告（2016~2017）
著(编)者：陈万灵　2017年8月出版 / 估价：98.00元
PSN B-2012-286-1/1

广西北部湾经济区蓝皮书
广西北部湾经济区开放开发报告（2017）
著(编)者：广西北部湾经济区规划建设管理委员会办公室
广西社会科学院广西北部湾发展研究院
2017年2月出版 / 估价：89.00元
PSN B-2010-181-1/1

巩义蓝皮书
巩义经济社会发展报告（2017）
著(编)者：丁同民 朱军　2017年4月出版 / 估价：58.00元
PSN B-2016-533-1/1

广州蓝皮书
2017年中国广州经济形势分析与预测
著(编)者：庾建设 陈浩钿 谢博能
2017年7月出版 / 估价：85.00元
PSN B-2011-185-9/14

广州蓝皮书
2017年中国广州社会形势分析与预测
著(编)者：张强 陈怡霓 杨秦　2017年6月出版 / 估价：85.00元
PSN B-2008-110-5/14

广州蓝皮书
广州城市国际化发展报告（2017）
著(编)者：朱名宏　2017年8月出版 / 估价：79.00元
PSN B-2012-246-11/14

广州蓝皮书
广州创新型城市发展报告（2017）
著(编)者：尹涛　2017年7月出版 / 估价：79.00元
PSN B-2012-247-12/14

广州蓝皮书
广州经济发展报告（2017）
著(编)者：朱名宏　2017年7月出版 / 估价：79.00元
PSN B-2005-040-1/14

广州蓝皮书
广州农村发展报告（2017）
著(编)者：朱名宏　2017年8月出版 / 估价：79.00元
PSN B-2010-167-8/14

广州蓝皮书
广州汽车产业发展报告（2017）
著(编)者：杨再高 冯兴亚　2017年7月出版 / 估价：79.00元
PSN B-2006-066-3/14

广州蓝皮书
广州青年发展报告（2016～2017）
著(编)者：徐柳 张强　2017年9月出版 / 估价：79.00元
PSN B-2013-352-13/14

广州蓝皮书
广州商贸业发展报告（2017）
著(编)者：李江涛 肖振宇 荀振英
2017年7月出版 / 估价：79.00元
PSN B-2012-245-10/14

广州蓝皮书
广州社会保障发展报告（2017）
著(编)者：蔡国萱　2017年8月出版 / 估价：79.00元
PSN B-2014-425-14/14

广州蓝皮书
广州文化创意产业发展报告（2017）
著(编)者：徐咏虹　2017年7月出版 / 估价：79.00元
PSN B-2008-111-6/14

广州蓝皮书
中国广州城市建设与管理发展报告（2017）
著(编)者：董皞 陈小钢 李江涛
2017年7月出版 / 估价：85.00元
PSN B-2007-087-4/14

广州蓝皮书
中国广州科技创新发展报告（2017）
著(编)者：邹采荣 马正勇 陈爽
2017年7月出版 / 估价：79.00元
PSN B-2006-065-2/14

广州蓝皮书
中国广州文化发展报告（2017）
著(编)者：徐俊忠 陆志强 顾涧清
2017年7月出版 / 估价：79.00元
PSN B-2009-134-7/14

贵阳蓝皮书
贵阳城市创新发展报告No.2（白云篇）
著(编)者：连玉明　2017年10月出版 / 估价：89.00元
PSN B-2015-491-3/10

贵阳蓝皮书
贵阳城市创新发展报告No.2（观山湖篇）
著(编)者：连玉明　2017年10月出版 / 估价：89.00元
PSN B-2011-235-1/1

贵阳蓝皮书
贵阳城市创新发展报告No.2（花溪篇）
著(编)者：连玉明　2017年10月出版 / 估价：89.00元
PSN B-2015-490-2/10

贵阳蓝皮书
贵阳城市创新发展报告No.2（开阳篇）
著(编)者：连玉明　2017年10月出版 / 估价：89.00元
PSN B-2015-492-4/10

贵阳蓝皮书
贵阳城市创新发展报告No.2（南明篇）
著(编)者：连玉明　2017年10月出版 / 估价：89.00元
PSN B-2015-496-8/10

贵阳蓝皮书
贵阳城市创新发展报告No.2（清镇篇）
著(编)者：连玉明　2017年10月出版 / 估价：89.00元
PSN B-2015-489-1/10

贵阳蓝皮书
贵阳城市创新发展报告No.2（乌当篇）
著(编)者：连玉明　2017年10月出版 / 估价：89.00元
PSN B-2015-495-7/10

贵阳蓝皮书
贵阳城市创新发展报告No.2（息烽篇）
著(编)者：连玉明　2017年10月出版 / 估价：89.00元
PSN B-2015-493-5/10

贵阳蓝皮书
贵阳城市创新发展报告No.2（修文篇）
著(编)者：连玉明　2017年10月出版 / 估价：89.00元
PSN B-2015-494-6/10

贵阳蓝皮书
贵阳城市创新发展报告No.2（云岩篇）
著(编)者：连玉明　2017年10月出版 / 估价：89.00元
PSN B-2015-498-10/10

贵州房地产蓝皮书
贵州房地产发展报告No.4（2017）
著(编)者：武廷方　2017年7月出版 / 估价：89.00元
PSN B-2014-426-1/1

贵州蓝皮书
贵州册亨经济社会发展报告 (2017)
著(编)者：黄德林　2017年3月出版 / 估价：89.00元
PSN B-2016-526-8/9

贵州蓝皮书
贵安新区发展报告（2016~2017）
著(编)者：马长青 吴大华　2017年6月出版 / 估价：89.00元
PSN B-2015-459-4/9

贵州蓝皮书
贵州法治发展报告（2017）
著(编)者：吴大华　2017年5月出版 / 估价：89.00元
PSN B-2012-254-2/9

贵州蓝皮书
贵州国有企业社会责任发展报告（2016～2017）
著(编)者：郭丽 周航 万强
2017年12月出版 / 估价：89.00元
PSN B-2015-512-6/9

贵州蓝皮书
贵州民航业发展报告（2017）
著(编)者：申振东 吴大华　2017年10月出版 / 估价：89.00元
PSN B-2015-471-5/9

贵州蓝皮书
贵州民营经济发展报告（2017）
著(编)者：杨静 吴大华　2017年3月出版 / 估价：89.00元
PSN B-2016-531-9/9

贵州蓝皮书
贵州人才发展报告（2017）
著(编)者：于杰 吴大华　2017年9月出版 / 估价：89.00元
PSN B-2014-382-3/9

贵州蓝皮书
贵州社会发展报告（2017）
著(编)者：王兴骥　2017年6月出版 / 估价：89.00元
PSN B-2010-166-1/9

贵州蓝皮书
贵州国家级开放创新平台发展报告（2017）
著(编)者：申晓庆　吴大华　李泓
2017年6月出版 / 估价：89.00元
PSN B-2016-518-1/9

海淀蓝皮书
海淀区文化和科技融合发展报告（2017）
著(编)者：陈名杰 孟景伟　2017年5月出版 / 估价：85.00元
PSN B-2013-329-1/1

杭州都市圈蓝皮书
杭州都市圈发展报告（2017）
著(编)者：沈翔 戚建国　2017年5月出版 / 估价：128.00元
PSN B-2012-302-1/1

杭州蓝皮书
杭州妇女发展报告（2017）
著(编)者：魏颖　2017年6月出版 / 估价：89.00元
PSN B-2014-403-1/1

河北经济蓝皮书
河北省经济发展报告（2017）
著(编)者：马树强 金浩 张贵
2017年4月出版 / 估价：89.00元
PSN B-2014-380-1/1

河北蓝皮书
河北经济社会发展报告（2017）
著(编)者：郭金平　2017年1月出版 / 估价：89.00元
PSN B-2014-372-1/1

河北食品药品安全蓝皮书
河北食品药品安全研究报告（2017）
著(编)者：丁锦霞　2017年6月出版 / 估价：89.00元
PSN B-2015-473-1/1

河南经济蓝皮书
2017年河南经济形势分析与预测
著(编)者：胡五岳　2017年2月出版 / 估价：89.00元
PSN B-2007-086-1/1

河南蓝皮书
2017年河南社会形势分析与预测
著(编)者：刘道兴 牛苏林　2017年4月出版 / 估价89.00元
PSN B-2005-043-1/8

河南蓝皮书
河南城市发展报告（2017）
著(编)者：张占仓 王建国　2017年5月出版 / 估价：89.00元
PSN B-2009-131-3/8

河南蓝皮书
河南法治发展报告（2017）
著(编)者：丁同民 张林海　2017年5月出版 / 估价：89.00元
PSN B-2014-376-6/8

河南蓝皮书
河南工业发展报告（2017）
著(编)者：张占仓 丁同民　2017年5月出版 / 估价：89.00元
PSN B-2013-317-5/8

河南蓝皮书
河南金融发展报告（2017）
著(编)者：河南省社会科学院
2017年6月出版 / 估价：89.00元
PSN B-2014-390-7/8

河南蓝皮书
河南经济发展报告（2017）
著(编)者：张占仓　2017年3月出版 / 估价：89.00元
PSN B-2010-157-4/8

河南蓝皮书
河南农业农村发展报告（2017）
著(编)者：吴海峰　2017年4月出版 / 估价：89.00元
PSN B-2015-445-8/8

河南蓝皮书
河南文化发展报告（2017）
著(编)者：卫绍生　2017年3月出版 / 估价：88.00元
PSN B-2008-106-2/8

河南商务蓝皮书
河南商务发展报告（2017）
著(编)者：焦锦淼 穆荣国　2017年6月出版 / 估价：88.00元
PSN B-2014-399-1/1

黑龙江蓝皮书
黑龙江经济发展报告（2017）
著(编)者：朱宇　2017年1月出版 / 估价：89.00元
PSN B-2011-190-2/2

黑龙江蓝皮书
黑龙江社会发展报告（2017）
著(编)者：谢宝禄　2017年1月出版 / 估价：89.00元
PSN B-2011-189-1/2

湖北文化蓝皮书
湖北文化发展报告（2017）
著(编)者：吴成国　2017年10月出版 / 估价：95.00元
PSN B-2016-567-1/1

湖南城市蓝皮书
区域城市群整合
著(编)者：童中贤 韩未名
2017年12月出版 / 估价：89.00元
PSN B-2006-064-1/1

湖南蓝皮书
2017年湖南产业发展报告
著(编)者：梁志峰　2017年5月出版 / 估价：128.00元
PSN B-2011-207-2/8

湖南蓝皮书
2017年湖南电子政务发展报告
著(编)者：梁志峰　2017年5月出版 / 估价：128.00元
PSN B-2014-394-6/8

湖南蓝皮书
2017年湖南经济展望
著(编)者：梁志峰　2017年5月出版 / 估价：128.00元
PSN B-2011-206-1/8

湖南蓝皮书
2017年湖南两型社会与生态文明发展报告
著(编)者：梁志峰　2017年5月出版 / 估价：128.00元
PSN B-2011-208-3/8

湖南蓝皮书
2017年湖南社会发展报告
著(编)者：梁志峰　2017年5月出版 / 估价：128.00元
PSN B-2014-393-5/8

湖南蓝皮书
2017年湖南县域经济社会发展报告
著(编)者：梁志峰　2017年5月出版 / 估价：128.00元
PSN B-2014-395-7/8

湖南蓝皮书
湖南城乡一体化发展报告（2017）
著(编)者：陈文胜 王文强 陆福兴 邝奕轩
2017年6月出版 / 估价：89.00元
PSN B-2015-477-8/8

湖南县域绿皮书
湖南县域发展报告 No.3
著(编)者：袁准 周小毛　2017年9月出版 / 估价：89.00元
PSN G-2012-274-1/1

沪港蓝皮书
沪港发展报告（2017）
著(编)者：尤安山　2017年9月出版 / 估价：89.00元
PSN B-2013-362-1/1

吉林蓝皮书
2017年吉林经济社会形势分析与预测
著(编)者：马克　2015年12月出版 / 估价：89.00元
PSN B-2013-319-1/1

吉林省城市竞争力蓝皮书
吉林省城市竞争力报告（2017）
著(编)者：崔岳春 张磊　2017年3月出版 / 估价：89.00元
PSN B-2015-508-1/1

济源蓝皮书
济源经济社会发展报告（2017）
著(编)者：喻新安　2017年4月出版 / 估价：89.00元
PSN B-2014-387-1/1

健康城市蓝皮书
北京健康城市建设研究报告（2017）
著(编)者：王鸿春　2017年8月出版 / 估价：89.00元
PSN B-2015-460-1/2

江苏法治蓝皮书
江苏法治发展报告 No.6（2017）
著(编)者：蔡道通 龚廷泰　2017年8月出版 / 估价：98.00元
PSN B-2012-290-1/1

江西蓝皮书
江西经济社会发展报告（2017）
著(编)者：张勇 姜玮 梁勇　2017年10月出版 / 估价：89.00元
PSN B-2015-484-1/2

江西蓝皮书
江西设区市发展报告（2017）
著(编)者：姜玮 梁勇　2017年10月出版 / 估价：79.00元
PSN B-2016-517-2/2

江西文化蓝皮书
江西文化产业发展报告（2017）
著(编)者：张圣才 汪春翔
2017年10月出版 / 估价：128.00元
PSN B-2015-499-1/1

街道蓝皮书
北京街道发展报告No.2（白纸坊篇）
著(编)者：连玉明　2017年8月出版 / 估价：98.00元
PSN B-2016-544-7/15

街道蓝皮书
北京街道发展报告No.2（椿树篇）
著(编)者：连玉明　2017年8月出版 / 估价：98.00元
PSN B-2016-548-11/15

街道蓝皮书
北京街道发展报告No.2（大栅栏篇）
著(编)者：连玉明　2017年8月出版 / 估价：98.00元
PSN B-2016-552-15/15

街道蓝皮书
北京街道发展报告No.2（德胜篇）
著(编)者：连玉明　2017年8月出版 / 估价：98.00元
PSN B-2016-551-14/15

街道蓝皮书
北京街道发展报告No.2（广安门内篇）
著(编)者：连玉明　2017年8月出版 / 估价：98.00元
PSN B-2016-540-3/15

街道蓝皮书
北京街道发展报告No.2（广安门外篇）
著(编)者：连玉明　2017年8月出版 / 估价：98.00元
PSN B-2016-547-10/15

街道蓝皮书
北京街道发展报告No.2（金融街篇）
著(编)者：连玉明　2017年8月出版 / 估价：98.00元
PSN B-2016-538-1/15

街道蓝皮书
北京街道发展报告No.2（牛街篇）
著(编)者：连玉明　2017年8月出版 / 估价：98.00元
PSN B-2016-545-8/15

街道蓝皮书
北京街道发展报告No.2（什刹海篇）
著(编)者：连玉明　2017年8月出版 / 估价：98.00元
PSN B-2016-546-9/15

街道蓝皮书
北京街道发展报告No.2（陶然亭篇）
著(编)者：连玉明　2017年8月出版 / 估价：98.00元
PSN B-2016-542-5/15

街道蓝皮书
北京街道发展报告No.2（天桥篇）
著(编)者：连玉明　2017年8月出版 / 估价：98.00元
PSN B-2016-549-12/15

街道蓝皮书
北京街道发展报告No.2（西长安街篇）
著(编)者：连玉明　2017年8月出版 / 估价：98.00元
PSN B-2016-543-6/15

街道蓝皮书
北京街道发展报告No.2（新街口篇）
著(编)者：连玉明　2017年8月出版 / 估价：98.00元
PSN B-2016-541-4/15

街道蓝皮书
北京街道发展报告No.2（月坛篇）
著(编)者：连玉明　2017年8月出版 / 估价：98.00元
PSN B-2016-539-2/15

街道蓝皮书
北京街道发展报告No.2（展览路篇）
著(编)者：连玉明　2017年8月出版 / 估价：98.00元
PSN B-2016-550-13/15

经济特区蓝皮书
中国经济特区发展报告（2017）
著(编)者：陶一桃　2017年12月出版 / 估价：98.00元
PSN B-2009-139-1/1

辽宁蓝皮书
2017年辽宁经济社会形势分析与预测
著(编)者：曹晓峰　梁启东
2017年1月出版 / 估价：79.00元
PSN B-2006-053-1/1

洛阳蓝皮书
洛阳文化发展报告（2017）
著(编)者：刘福兴 陈启明　2017年7月出版 / 估价：89.00元
PSN B-2015-476-1/1

南京蓝皮书
南京文化发展报告（2017）
著(编)者：徐宁　2017年10月出版 / 估价：89.00元
PSN B-2014-439-1/1

南宁蓝皮书
南宁经济发展报告（2017）
著(编)者：胡建华　2017年9月出版 / 估价：79.00元
PSN B-2016-570-2/3

南宁蓝皮书
南宁社会发展报告（2017）
著(编)者：胡建华　2017年9月出版 / 估价：79.00元
PSN B-2016-571-3/3

内蒙古蓝皮书
内蒙古反腐倡廉建设报告 No.2
著(编)者：张志华 无极　2017年12月出版 / 估价：79.00元
PSN B-2013-365-1/1

浦东新区蓝皮书
上海浦东经济发展报告（2017）
著(编)者：沈开艳 周奇　2017年1月出版 / 估价：89.00元
PSN B-2011-225-1/1

青海蓝皮书
2017年青海经济社会形势分析与预测
著(编)者：陈玮　2015年12月出版 / 估价：79.00元
PSN B-2012-275-1/1

人口与健康蓝皮书
深圳人口与健康发展报告（2017）
著(编)者：陆杰华 罗乐宣 苏杨
2017年11月出版 / 估价：89.00元
PSN B-2011-228-1/1

山东蓝皮书
山东经济形势分析与预测（2017）
著(编)者：李广杰 2017年7月出版 / 估价：89.00元
PSN B-2014-404-1/4

山东蓝皮书
山东社会形势分析与预测（2017）
著(编)者：张华 唐洲雁 2017年6月出版 / 估价：89.00元
PSN B-2014-405-2/4

山东蓝皮书
山东文化发展报告（2017）
著(编)者：涂可国 2017年11月出版 / 估价：98.00元
PSN B-2014-406-3/4

山西蓝皮书
山西资源型经济转型发展报告（2017）
著(编)者：李志强 2017年7月出版 / 估价：89.00元
PSN B-2011-197-1/1

陕西蓝皮书
陕西经济发展报告（2017）
著(编)者：任宗哲 白宽犁 裴成荣
2015年12月出版 / 估价：89.00元
PSN B-2009-135-1/5

陕西蓝皮书
陕西社会发展报告（2017）
著(编)者：任宗哲 白宽犁 牛昉
2015年12月出版 / 估价：89.00元
PSN B-2009-136-2/5

陕西蓝皮书
陕西文化发展报告（2017）
著(编)者：任宗哲 白宽犁 王长寿
2015年12月出版 / 估价：89.00元
PSN B-2009-137-3/5

上海蓝皮书
上海传媒发展报告（2017）
著(编)者：强荧 焦雨虹 2017年1月出版 / 估价：89.00元
PSN B-2012-295-5/7

上海蓝皮书
上海法治发展报告（2017）
著(编)者：叶青 2017年6月出版 / 估价：89.00元
PSN B-2012-296-6/7

上海蓝皮书
上海经济发展报告（2017）
著(编)者：沈开艳 2017年1月出版 / 估价：89.00元
PSN B-2006-057-1/7

上海蓝皮书
上海社会发展报告（2017）
著(编)者：杨雄 周海旺 2017年1月出版 / 估价：89.00元
PSN B-2006-058-2/7

上海蓝皮书
上海文化发展报告（2017）
著(编)者：荣跃明 2017年1月出版 / 估价：89.00元
PSN B-2006-059-3/7

上海蓝皮书
上海文学发展报告（2017）
著(编)者：陈圣来 2017年6月出版 / 估价：89.00元
PSN B-2012-297-7/7

上海蓝皮书
上海资源环境发展报告（2017）
著(编)者：周冯琦 汤庆合 任文伟
2017年1月出版 / 估价：89.00元
PSN B-2006-060-4/7

社会建设蓝皮书
2017年北京社会建设分析报告
著(编)者：宋贵伦 冯虹 2017年10月出版 / 估价：89.00元
PSN B-2010-173-1/1

深圳蓝皮书
深圳法治发展报告（2017）
著(编)者：张骁儒 2017年6月出版 / 估价：89.00元
PSN B-2015-470-6/7

深圳蓝皮书
深圳经济发展报告（2017）
著(编)者：张骁儒 2017年7月出版 / 估价：89.00元
PSN B-2008-112-3/7

深圳蓝皮书
深圳劳动关系发展报告（2017）
著(编)者：汤庭芬 2017年6月出版 / 估价：89.00元
PSN B-2007-097-2/7

深圳蓝皮书
深圳社会建设与发展报告（2017）
著(编)者：张骁儒 陈东平 2017年7月出版 / 估价：89.00元
PSN B-2008-113-4/7

深圳蓝皮书
深圳文化发展报告(2017)
著(编)者：张骁儒 2017年7月出版 / 估价：89.00元
PSN B-2016-555-7/7

四川法治蓝皮书
丝绸之路经济带发展报告（2016～2017）
著(编)者：任宗哲 白宽犁 谷孟宾
2017年12月出版 / 估价：85.00元
PSN B-2014-410-1/1

四川法治蓝皮书
四川依法治省年度报告 No.3（2017）
著(编)者：李林 杨天宗 田禾
2017年3月出版 / 估价：108.00元
PSN B-2015-447-1/1

四川蓝皮书
2017年四川经济形势分析与预测
著(编)者：杨钢 2017年1月出版 / 估价：98.00元
PSN B-2007-098-2/7

四川蓝皮书
四川城镇化发展报告（2017）
著(编)者：侯水平 陈炜 2017年4月出版 / 估价：85.00元
PSN B-2015-456-7/7

四川蓝皮书
四川法治发展报告（2017）
著(编)者：郑泰安　2017年1月出版 / 估价：89.00元
PSN B-2015-441-5/7

四川蓝皮书
四川企业社会责任研究报告（2016～2017）
著(编)者：侯水平 盛毅 翟刚
2017年4月出版 / 估价：89.00元
PSN B-2014-386-4/7

四川蓝皮书
四川社会发展报告（2017）
著(编)者：李羚　2017年5月出版 / 估价：89.00元
PSN B-2008-127-3/7

四川蓝皮书
四川生态建设报告（2017）
著(编)者：李晟之　2017年4月出版 / 估价：85.00元
PSN B-2015-455-6/7

四川蓝皮书
四川文化产业发展报告（2017）
著(编)者：向宝云 张立伟
2017年4月出版 / 估价：89.00元
PSN B-2006-074-1/7

体育蓝皮书
上海体育产业发展报告（2016～2017）
著(编)者：张林 黄海燕
2017年10月出版 / 估价：89.00元
PSN B-2015-454-4/4

体育蓝皮书
长三角地区体育产业发展报告（2016～2017）
著(编)者：张林　2017年4月出版 / 估价：89.00元
PSN B-2015-453-3/4

天津金融蓝皮书
天津金融发展报告（2017）
著(编)者：王爱俭 孔德昌
2017年12月出版 / 估价：98.00元
PSN B-2014-418-1/1

图们江区域合作蓝皮书
图们江区域合作发展报告（2017）
著(编)者：李铁　2017年6月出版 / 估价：98.00元
PSN B-2015-464-1/1

温州蓝皮书
2017年温州经济社会形势分析与预测
著(编)者：潘忠强 王春光 金浩
2017年4月出版 / 估价：89.00元
PSN B-2008-105-1/1

西咸新区蓝皮书
西咸新区发展报告（2016~2017）
著(编)者：李扬 王军　2017年6月出版 / 估价：89.00元
PSN B-2016-535-1/1

扬州蓝皮书
扬州经济社会发展报告（2017）
著(编)者：丁纯　2017年12月出版 / 估价：98.00元
PSN B-2011-191-1/1

长株潭城市群蓝皮书
长株潭城市群发展报告（2017）
著(编)者：张萍　2017年12月出版 / 估价：89.00元
PSN B-2008-109-1/1

中医文化蓝皮书
北京中医文化传播发展报告（2017）
著(编)者：毛嘉陵　2017年5月出版 / 估价：79.00元
PSN B-2015-468-1/2

珠三角流通蓝皮书
珠三角商圈发展研究报告（2017）
著(编)者：王先庆 林至颖
2017年7月出版 / 估价：98.00元
PSN B-2012-292-1/1

遵义蓝皮书
遵义发展报告（2017）
著(编)者：曾征 龚永育 雍思强
2017年12月出版 / 估价：89.00元
PSN B-2014-433-1/1

国际问题类

“一带一路”跨境通道蓝皮书
“一带一路”跨境通道建设研究报告（2017）
著(编)者：郭业洲　2017年8月出版 / 估价：89.00元
PSN B-2016-558-1/1

“一带一路”蓝皮书
“一带一路”建设发展报告（2017）
著(编)者：孔丹 李永全　2017年7月出版 / 估价：89.00元
PSN B-2016-553-1/1

阿拉伯黄皮书
阿拉伯发展报告（2016～2017）
著(编)者：罗林　2017年11月出版 / 估价：89.00元
PSN Y-2014-381-1/1

北部湾蓝皮书
泛北部湾合作发展报告（2017）
著(编)者：吕余生　2017年12月出版 / 估价：85.00元
PSN B-2008-114-1/1

大湄公河次区域蓝皮书
大湄公河次区域合作发展报告（2017）
著(编)者：刘稚　2017年8月出版 / 估价：89.00元
PSN B-2011-196-1/1

大洋洲蓝皮书
大洋洲发展报告（2017）
著(编)者：喻常森　2017年10月出版 / 估价：89.00元
PSN B-2013-341-1/1

德国蓝皮书
德国发展报告（2017）
著(编)者：郑春荣　　2017年6月出版 / 估价：89.00元
PSN B-2012-278-1/1

东盟黄皮书
东盟发展报告（2017）
著(编)者：杨晓强 庄国土
2017年3月出版 / 估价：89.00元
PSN Y-2012-303-1/1

东南亚蓝皮书
东南亚地区发展报告（2016～2017）
著(编)者：厦门大学东南亚研究中心　王勤
2017年12月出版 / 估价：89.00元
PSN B-2012-240-1/1

俄罗斯黄皮书
俄罗斯发展报告（2017）
著(编)者：李永全　2017年7月出版 / 估价：89.00元
PSN Y-2006-061-1/1

非洲黄皮书
非洲发展报告 No.19（2016～2017）
著(编)者：张宏明　　2017年8月出版 / 估价：89.00元
PSN Y-2012-239-1/1

公共外交蓝皮书
中国公共外交发展报告（2017）
著(编)者：赵启正 雷蔚真
2017年4月出版 / 估价：89.00元
PSN B-2015-457-1/1

国际安全蓝皮书
中国国际安全研究报告(2017)
著(编)者：刘慧　　2017年7月出版 / 估价：98.00元
PSN B-2016-522-1/1

国际形势黄皮书
全球政治与安全报告（2017）
著(编)者：李慎明　张宇燕
2016年12月出版 / 估价：89.00元
PSN Y-2001-016-1/1

韩国蓝皮书
韩国发展报告（2017）
著(编)者：牛林杰 刘宝全
2017年11月出版 / 估价：89.00元
PSN B-2010-155-1/1

加拿大蓝皮书
加拿大发展报告（2017）
著(编)者：仲伟合　2017年9月出版 / 估价：89.00元
PSN B-2014-389-1/1

拉美黄皮书
拉丁美洲和加勒比发展报告（2016～2017）
著(编)者：吴白乙　　2017年6月出版 / 估价：89.00元
PSN Y-1999-007-1/1

美国蓝皮书
美国研究报告（2017）
著(编)者：郑秉文 黄平　2017年6月出版 / 估价：89.00元
PSN B-2011-210-1/1

缅甸蓝皮书
缅甸国情报告（2017）
著(编)者：李晨阳　　2017年12月出版 / 估价：86.00元
PSN B-2013-343-1/1

欧洲蓝皮书
欧洲发展报告（2016～2017）
著(编)者：黄平 周弘 江时学
2017年6月出版 / 估价：89.00元
PSN B-1999-009-1/1

葡语国家蓝皮书
葡语国家发展报告（2017）
著(编)者：王成安 张敏　　2017年12月出版 / 估价：89.00元
PSN B-2015-503-1/2

葡语国家蓝皮书
中国与葡语国家关系发展报告·巴西（2017）
著(编)者：张曙光　　2017年8月出版 / 估价：89.00元
PSN B-2016-564-2/2

日本经济蓝皮书
日本经济与中日经贸关系研究报告（2017）
著(编)者：张季风　　2017年5月出版 / 估价：89.00元
PSN B-2008-102-1/1

日本蓝皮书
日本研究报告（2017）
著(编)者：杨柏江　　2017年5月出版 / 估价：89.00元
PSN B-2002-020-1/1

上海合作组织黄皮书
上海合作组织发展报告（2017）
著(编)者：李进峰 吴宏伟 李少捷
2017年6月出版 / 估价：89.00元
PSN Y-2009-130-1/1

世界创新竞争力黄皮书
世界创新竞争力发展报告（2017）
著(编)者：李闽榕 李建平 赵新力
2017年1月出版 / 估价：148.00元
PSN Y-2013-318-1/1

泰国蓝皮书
泰国研究报告（2017）
著(编)者：庄国土 张禹东
2017年8月出版 / 估价：118.00元
PSN B-2016-557-1/1

土耳其蓝皮书
土耳其发展报告（2017）
著(编)者：郭长刚 刘义　　2017年9月出版 / 估价：89.00元
PSN B-2014-412-1/1

亚太蓝皮书
亚太地区发展报告（2017）
著(编)者：李向阳　　2017年3月出版 / 估价：89.00元
PSN B-2001-015-1/1

印度蓝皮书
印度国情报告（2017）
著(编)者：吕昭义　　2017年12月出版 / 估价：89.00元
PSN B-2012-241-1/1

印度洋地区蓝皮书
印度洋地区发展报告（2017）
著(编)者：汪戎　2017年6月出版 / 估价：89.00元
PSN B-2013-334-1/1

英国蓝皮书
英国发展报告（2016～2017）
著(编)者：王展鹏　2017年11月出版 / 估价：89.00元
PSN B-2015-486-1/1

越南蓝皮书
越南国情报告（2017）
著(编)者：广西社会科学院 罗梅 李碧华
2017年12月出版 / 估价：89.00元
PSN B-2006-056-1/1

以色列蓝皮书
以色列发展报告（2017）
著(编)者：张倩红　2017年8月出版 / 估价：89.00元
PSN B-2015-483-1/1

伊朗蓝皮书
伊朗发展报告（2017）
著(编)者：冀开远　2017年10月出版 / 估价：89.00元
PSN B-2016-575-1/1

中东黄皮书
中东发展报告 No.19（2016～2017）
著(编)者：杨光　2017年10月出版 / 估价：89.00元
PSN Y-1998-004-1/1

中亚黄皮书
中亚国家发展报告（2017）
著(编)者：孙力 吴宏伟　2017年7月出版 / 估价：98.00元
PSN Y-2012-238-1/1

皮书序列号是社会科学文献出版社专门为识别皮书、管理皮书而设计的编号。皮书序列号是出版皮书的许可证号，是区别皮书与其他图书的重要标志。

它由一个前缀和四部分构成。这四部分之间用连字符“-”连接。前缀和这四部分之间空半个汉字（见示例）。

《国际人才蓝皮书：中国留学发展报告》序列号示例

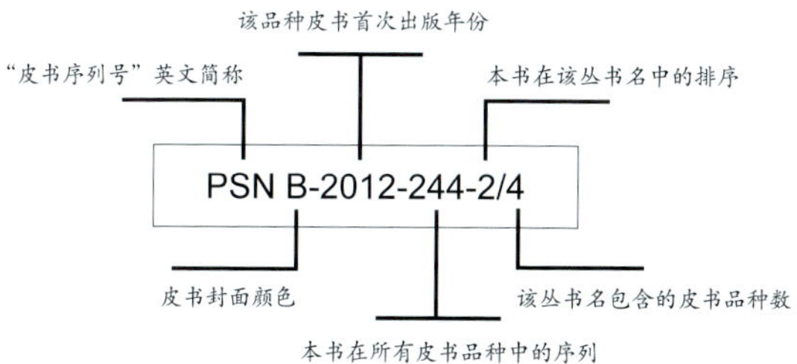

从示例中可以看出，《国际人才蓝皮书：中国留学发展报告》的首次出版年份是2012年，是社科文献出版社出版的第244个皮书品种，是“国际人才蓝皮书”系列的第2个品种（共4个品种）。

✣ 皮书起源 ✣

“皮书”起源于十七、十八世纪的英国，主要指官方或社会组织正式发表的重要文件或报告，多以“白皮书”命名。在中国，“皮书”这一概念被社会广泛接受，并被成功运作、发展成为一种全新的出版形态，则源于中国社会科学院社会科学文献出版社。

✣ 皮书定义 ✣

皮书是对中国与世界发展状况和热点问题进行年度监测，以专业的角度、专家的视野和实证研究方法，针对某一领域或区域现状与发展态势展开分析和预测，具备原创性、实证性、专业性、连续性、前沿性、时效性等特点的公开出版物，由一系列权威研究报告组成。

✣ 皮书作者 ✣

皮书系列的作者以中国社会科学院、著名高校、地方社会科学院的研究人员为主，多为国内一流研究机构的权威专家学者，他们的看法和观点代表了学界对中国与世界的现实和未来最高水平的解读与分析。

✣ 皮书荣誉 ✣

皮书系列已成为社会科学文献出版社的著名图书品牌和中国社会科学院的知名学术品牌。2016 年，皮书系列正式列入“十三五”国家重点出版规划项目；2012~2016 年，重点皮书列入中国社会科学院承担的国家哲学社会科学创新工程项目；2017 年，55 种院外皮书使用“中国社会科学院创新工程学术出版项目”标识。

中国皮书网

www.pishu.cn

发布皮书研创资讯，传播皮书精彩内容
引领皮书出版潮流，打造皮书服务平台

栏目设置

关于皮书：何谓皮书、皮书分类、皮书大事记、皮书荣誉、
皮书出版第一人、皮书编辑部

最新资讯：通知公告、新闻动态、媒体聚焦、网站专题、视频直播、下载专区

皮书研创：皮书规范、皮书选题、皮书出版、皮书研究、研创团队

皮书评奖评价：指标体系、皮书评价、皮书评奖

互动专区：皮书说、皮书智库、皮书微博、数据库微博

所获荣誉

2008年、2011年，中国皮书网均在全国新闻出版业网站荣誉评选中获得“最具商业价值网站”称号；

2012年，获得“出版业网站百强”称号。

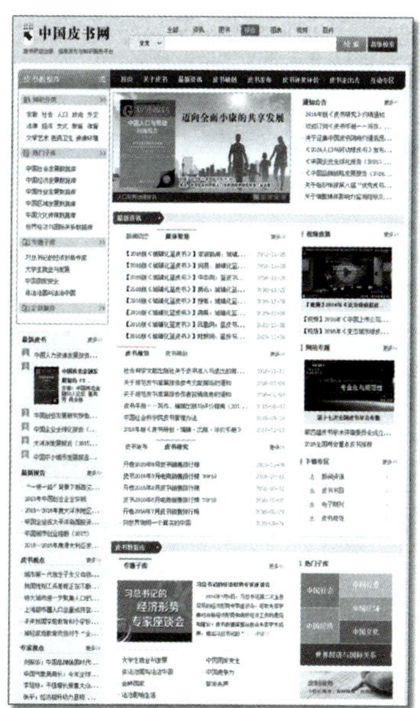

网库合一

2014年，中国皮书网与皮书数据库端口合一，实现资源共享。更多详情请登录www.pishu.cn。

权威报告·热点资讯·特色资源

皮书数据库

ANNUAL REPORT(YEARBOOK) DATABASE

当代中国与世界发展高端智库平台

所获荣誉

- 2016年，入选“国家‘十三五’电子出版物出版规划骨干工程”
- 2015年，荣获“搜索中国正能量 点赞2015”“创新中国科技创新奖”
- 2013年，荣获“中国出版政府奖·网络出版物奖”提名奖
- 连续多年荣获中国数字出版博览会“数字出版·优秀品牌”奖

成为会员

通过网址www.pishu.com.cn或使用手机扫描二维码进入皮书数据库网站，进行手机号码验证或邮箱验证即可成为皮书数据库会员（建议通过手机号码快速验证注册）。

会员福利

- 使用手机号码首次注册会员可直接获得100元体验金，不需充值即可购买和查看数据库内容（仅限使用手机号码快速注册）。
- 已注册用户购书后可免费获赠100元皮书数据库充值卡。刮开充值卡涂层获取充值密码，登录并进入“会员中心”—“在线充值”—“充值卡充值”，充值成功后即可购买和查看数据库内容。

数据库服务热线：400-008-6695
数据库服务QQ：2475522410
数据库服务邮箱：database@ssap.cn

图书销售热线：010-59367070/7028
图书服务QQ：1265056568
图书服务邮箱：duzhe@ssap.cn

皮书品牌20年

YEAR BOOKS

更多信息请登录

皮书数据库
http：//www.pishu.com.cn

中国皮书网
http：//www.pishu.cn

皮书微博
http：//weibo.com/pishu

皮书博客
http：//blog.sina.com.cn/pishu

皮书微信“皮书说”

咨询/邮购电话：010-59367028　59367070
邮　　箱：duzhe@ssap.cn
邮购地址：北京市西城区北三环中路甲29号院3号
楼华龙大厦13层读者服务中心
邮　　编：100029
银行户名：社会科学文献出版社
开户银行：中国工商银行北京北太平庄支行
账　　号：0200010019200365434

非常多的类似案例，社区为了共同的未来，采取当下的行动策略，例如签订“社区宪章”作为彼此共同的行为准则。这些具有约束力的“社区宪章”，作用在当下，却是为了社区共同的未来。

四　作为城市地方化的认同计划

地方感的认同建构，必须考虑内部和外部，即内部人认同地方的方式，以及外部人认识这个地方的方式。地方居民基于认同，参与实践共同的行动计划，“地方”因而得以被辨识。对于内部居民而言，地方感是地方经验和地方特征，是连接居民认同的行动。外部非居民对城市的认同，来自对于这个城市的“认知”。城市的地方感，不论透过何种媒介或亲身体验，让非居民得以了解城市，注意这个城市和其他城市的差别。对这个城市，非居民可以仅仅是知识层面的知道，亦可以与城市居民同样参与在当地的未来计划中。一旦他进入城市，接受并参与城市计划，已经展现对于这个城市的认同。

城市认同不能仅仅诉诸过去与传统、悲情或幸福的当下，必须有指向未来的蓝图。这个蓝图，不能放弃自身的过去或现实环境，与城市过往的发展脉络切断，导致认同的湮灭。朝向未来的计划，必须梳理与再现从过去指向未来的城市脉络，透过认同凝聚，成为当前号召行动的力量。这个计划，让居民重新设定自己参与在城市之中的角色，也是非居民认识城市的凭借。

未来愿景和计划并非空虚大话。西蒙·安浩谈及国家竞争优势识别系统（CI，Competitive Identity）时，提出建立“良性循环”策略。首先，必须有合适的竞争战略，并且建立在创造性文化之上；其次，由战略发展出一系列新观念，以及对应的执行计划，以最高标准执行这些计划；最后，向世界述说这个故事（如图1）。成功的经验和故事通过对外传播，经由外在的肯定，支持内部参与者凝聚更强大的自

豪感，推动以上循环不断发展[①]。事实上，他提出的竞争优势识别系统，就是从现在指向未来的认同计划。居民的认同，对外形成可被辨识的积极形象；非居民对于城市因而产生认同的回馈，加强居民的城市认同，形成正向的循环力量。

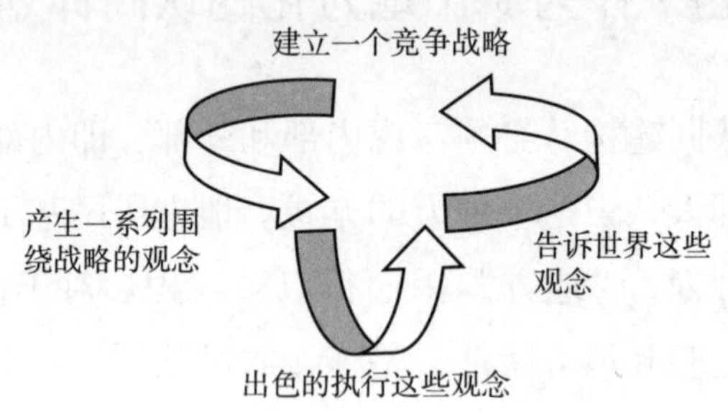

图 1　竞争优势识别系统循环

五　结论

城市需要认同，但认同必须建构形成。城市需要彰显个性，在世界坐标上证明自己存在，用各种手法强调自身特殊性，包括城市历史遗迹、文化特征与环境条件等。但这些来自历史地理或文化的特殊性，只是城市的过去。城市不能活在过去里，终于必须面对现在与未来。民族主义式的城市想象，用历史记忆与传统，唤起居民对于身在其中、成为一员的意识，但终究要拥有面向未来的计划，凝聚共识并且产生动员。

认同的过去式，只是联结情感的开始。城市必须有未来计划，在居民的参与中得到确认，让参与民众得到主体确认，对群体产生认同

① Anhole，Simon：《铸造国家、城市与地区的品牌：竞争优势识别系统》，葛岩、卢嘉杰、何俊涛译，上海交通大学出版社，2010，第 32 页。

的依归。并非所有的人的认同都完全一致，甚至已经定案的计划也可能在过程中改变，但是城市的未来计划，才是建立认同最重要的动员条件。在民众参与动员行动过程中，身份再一次确认，动员本身就是认同的建构过程。

非居民会因为城市的未来计划而认识这个城市。非居民除非特殊缘由，不会因为一个城市的过去而参与其中。城市的未来计划和目前条件，决定非居民是否参与其中。一旦非居民参与城市共同计划，非居民已经认同了这个城市。

城市可以用各种宣传和展示手段，彰显城市的伟大过去，宣扬光明灿烂的未来前景。透过官方宣传纪录片、出版物、教育、政治人物的承诺，或是文化展演（例如城市历史博物馆、城市愿景馆、大型演艺作品），很容易达成这些宣扬目标。但这只是“认识”层面，尚不具有认同的力量。城市认同必须有事件让民众“参与其中”，唯有如此，才足以展现城市的愿望和个性，让城市以外的非居民，看到城市面向未来的意志。非居民的认同，往往可以再形成正向回馈，加强城市居民彼此凝聚。

唯有民众对于城市未来计划的确认，并且主动或被动地“参与其中”，才能在当下形成认同，让一个城市从空间概念，成为有意义的“地方”与“社区”。

B.17 从创意城市视角评估香港文化政策

郑 洁*

摘 要： 本研究致力于对香港文化政策的评估，研究香港的文化政策在营造创意城市环境方面政策导向是否正确，绩效如何。文章首先常识性地建立一个评估框架，理论上根植于 John Howkins 提出的十二项原则和 Charles Landry 的九大评估标准。前者揭示对创意经济具有影响的政策领域，后者为政策领域给出具体的评价标准。研究的第二部分运用此框架，对香港文化政策进行评估，评估结果显示，香港的文化政策得分为 51 分（百分制），存在较大的改善空间。香港文化政策的优点是有一个基本的行政框架来支持政策的制定，以及施政；文化政策能够提供较为充足的文化设施，保障不同文化形式及内容的表达，有利于艺术家及多元文化背景人士的集聚。然而，香港的文化政策在树立及展示城市文化形象，提升文化产业带动效应等方面较为欠缺。此外，根据初步研究，本项目所提出的创意城市的评估框架，可

* 郑洁，香港中文大学文学院文化管理课程助理教授，研究方向为致力于文化与城市发展的政策、规划及设计。

以运用到文化政策的评估。

关键词: 文化政策 创意城市 香港

学术界的主流观点认为，香港尚未建立起系统的文化政策，即有明确政策目标、完整施政领域、系统施政措施的政策。针对文化的政策，从20世纪90年代制定的艺术政策发展而来，包括文化设施建设，资助艺术团体、艺术家及艺术活动，以及历史建筑及文化保育。官方所陈述的文化政策，包括艺术政策、文物政策、教育政策、语文政策、宗教政策。[①] 近十年，进入政策范围的施政领域有所扩展，除前数项，还包括语言及身份认同教育，小区文化发展，电影及媒体，创意产业以及文化区，将这些施政领域纳入考察的范围，可以较为全面地理解香港的文化政策。当然，这些并非影响文化的全部政策，影响文化的政策范围甚广，涉及教育政策、媒体政策、地产政策、知识产权政策、商业竞争政策等。

自2009年始，本报告启动对香港文化政策及城市创意环境的研究项目，从创意城市的角度出发，评估香港各类可能影响文化的政策绩效如何，是否有效辅助香港形成一个创意城市的环境，总共评估了十二项政策。本文为此项目中文化政策部分，包括两个部分：第一部分阐述评估及其研究的目的及方法；第二部分总结评估，并论述评估结果。

---

① 香港民政事务局:《香港文化艺术政策发展》，立法会CB（2）1686/05~06（01）号文件，网址：http://www.legco.gov.hk/yr05-06/chinese/panels/ha/papers/ha0407cb2-1686-1c.pdf，最后访问日期：2016年9月12日。

一　评估目的、价值和方法

（一）评估目的和价值

本研究项目评估的出发点是衡量香港社会经济文化政策体系在促成创意城市环境方面的效用，从而揭示问题所在，以期为改善或提出新的政策及措施，指明方向。这里的创意城市环境，指的是一个有利于培育和发挥每个公民创意的城市环境，而不是狭义地指培养文化人士和艺术家的系统。[①] 在实际操作中，由于缺少现存的创意城市政策评估工具[②]，本项工作面临评估理论框架的前沿探索和针对香港具体政策全面评估两大任务，因此，确定该项评估研究的主要目的为：根据创意城市环境政策评估系统的各项标准，对香港各相关政策的导向及实施效果进行评估。其中，评估政策导向为本研究的重点[③]，即发掘十二项政策在营造创意城市环境各方面特征上的盲点。同时，结合可获得的二手材料，初步评估政策的实施效果，为香港创意城市环境政策的提出和改进以及相关研究工作，做出前瞻性和导向性的探索。

本评估的重要价值是尝试改变传统的香港行政思维，突破局限于单一政策领域的狭隘视阈，全盘性地考虑如何通过所有相关政策的系统性的改善，以及组织机能的提高，营建一个影响到每个公民的创意城市环境。本研究一个附带的理论研究贡献是基于现有的创意经济和

---

① John Howkins. *The Creative Economy*：*Knowledge-driven Economic Growth*，Conference paper at Asia-Pacific Creative Communities：A Strategy for the 21st Century Senior Expert Symposium，（Jodhpur，India，22 – 26 February 2005）.

② 理论界有不少创意城市的评估工具，香港有“香港文化创意指数研究”，但多为对城市整体的创意水平进行评估，采用的指标如每人拥有的书籍数、每万人拥有的博物馆数等，但非针对具体政策影响的评估。因此，本研究尝试提出一个新的评估体系。

③ 以政策导向为重点的评估符合前瞻性研究的特性。一个实际的原因是政策实施效果的评估工程浩大，非本研究力所能及。

创意城市理论，提出一个评估框架，制定分政策评估标准，从而系统评估相关政策对创意城市环境效用的影响。

（二）评估及其研究的方法

1. 政策评估框架及分政策评估标准制定的方法

评估框架基于两大理论来源，包括 John Howkins 的十二项原则和 Charles Landry 的九大评估标准。采用 John Howkins 的原则，可以揭示出对创意经济具有影响的政策领域。采用 Charles Landry 的九大评估标准有两个原因：其一，John Howkins 虽然指明了十二个领域，但并没有给出评估的标准；其二，根据创意城市理论的简要回顾，有利于创意产业发展的环境不仅包含经济层面，而且包含社会、环境、文化层面，例如，地产政策不仅影响到经济，而且涉及小区文化、城市环境等。本报告希望了解，与创意经济相关的十二大政策如何全面地影响一个城市的创意环境。Charles Landry 的标准的一大优点是给出了明确的评价标准，并指明了这些标准在经济、环境、社会和文化四个方面的具体含义。因此，本研究将两大理论来源在横向和纵向列出，形成矩阵（evaluation matrix），阵内每一格为某一政策在某个标准上的表现，亦即针对每个政策的具体衡量标准。例如，“地产政策”和“多元化”的相交格，意为地产政策对城市多元化的影响。

这里需要解决的两个问题，首先是 Howkins 和 Charles 的两个理论来源是否一定能够产生交集；其次，如果有交集，交集又是什么，即具体的分政策标准是什么。例如，地产政策是否一定会对多元化产生影响，又如何产生影响。因此，采用 Howkins 和 Charles 的理论所形成的矩阵只是一个评估工具的理论假设，阵内每个分政策标准的拟定需要每个政策研究领域更多的理论进行支持。例如，Jane Jacobs 的理论指出地产政策会对城市多元经济产生影响，并给出几大指标，这样，这个交集便可以成立了，而且分政策标准也就可以制定了。由于各领域理论发展的程度不一，同时也由于研究者本身的知识面有限，最后，评估框架中分政策标准的制定和评估的实践，出现了以下四种情况。

其一，少数分政策评估标准，由于理论完备，发展出具体的衡量指标。例如“财产政策”，由于 Jane Jacobs 和 Kevin Lynch 等人的理论已对该政策如何影响关键质量等做出了经典论述，因此，可直接发展出明确的指标。

其二，多数分政策评估标准系基于一定的理论或根据政策本身的主旨发展而来，但仍期待学术界进一步的努力，完善衡量指标。本研究以香港为案例的评分及理据，为后继学术探索，尤其是发展明确的衡量指标，提供了线索。

其三，部分分政策衡量标准由于缺乏理论支持和指引，暂时空缺。例如，社会保障体系是否影响创意活动的关键质量，又如何影响，尚无相关学术论著。本框架为学术研究提出了新的课题。

其四，部分分政策评估虽有标准，但由于评估工作庞大，须设立专题研究项目，非本项工作所能完成，故评分空缺。比如，香港教育政策对全球优秀学生的吸引力的调研，需要设立专门的研究课题，非本项目力所能及。

2. 评分方法

本研究的政策评估包括两项内容，一为政策的导向（目标），二为政策实施的效果。政策产生影响有四种情况：

其一，政策导向正确，同时由于策略得当，效果良好；

其二，政策导向正确，但由于策略不当，效果不佳；

其三，政策导向不正确（例如，未将某件事项纳入政策视野），但不影响效果；[①]

① 例如，上海的创意产业园区在发展的初期，并未纳入政府的视野，然而，这种不受规管的状态恰恰有利于创意集聚区的发展。

其四，政策导向不正确（或导向根本错误），效果亦差。

本系统的评分，由低到高，分成1分到5分。上述的第一种情况，得分为5分；第二种为2分到3分；第三种为4分；第四种为1分。评点部分就具体的政策导向和效果，做出评述。

3. 评估调研方法

对于政策导向的评估，参阅法律文件、政府公布的导引、政府委托并采纳的研究报告、政府网站上公布的政策及措施。政策评估所采用的二手材料，包括报刊评论文章、研究报告、网站评论文章等。一手资料来自于采访及观察。

（三）创意城市环境的政策评估系统框架

创意城市环境政策的评估框架，基于两大理论来源，John Howkins的十二项原则和Charles Landry的九大评估标准，以期得以综合评估这些政策对于营造一个创意城市环境的作用。将John Howkins的十二个政策领域与Charles Landry的九个标准结合，形成一个假设的评估矩阵。每一项具体的分政策评估标准由相关理论或政策本身的属性支持，详见评估表下的注释。

1. John Howkins的十二项原则和Charles Landry的九大评估标准

John Howkins提出十二项原则，评估政府的政策体系是否有利于创意经济的发展，包括①教育/训练/孵化器、②研发及出版、③财政、④地产、⑤移民、⑥竞争政策、⑦雇用及社会保障、⑧专门行业、⑨文化遗产、⑩贸易、⑪数据、⑫知识产权。本报告将“教育/训练/孵化器”一项和“研发”一项合并，“研发及出版”变更为“媒体”，“专门行业”一项因与财经政策部分重叠，这里不作讨论。此外，一批包括Charles Landry在内的学者认为文化是发展创意城市的重要发酵剂，因此，我们将狭义的文化政策纳入观察的范围。这里的文化政策

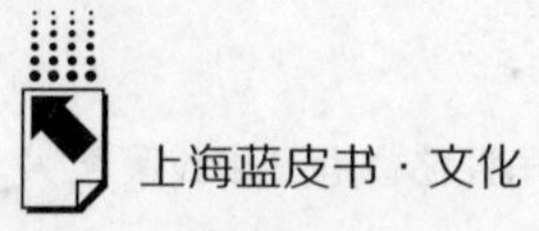

专指文化艺术，如音乐、戏剧、舞蹈、书画等，统称“精致文化”(fine arts)。Charles Landry 的九大评估标准，可整理列表如下：

表1　Charles Landry 九大评估标准

标准	衡量指标	含义
临界规模	经济临界规模	发展并聚集足够多的活动，从而确保规模经济，企业间合作和协同增效效应的实现
	社会临界规模	在不同时间段，城市区域范围内社会互动的密度
	环境临界规模	是否有足够的历史建筑用于形成具有较强吸引力和高度市场化的遗产保护区
	文化临界规模	有机会体验不同类型的文化服务，例如在同一个晚上光临一家拥有悠久历史的法式酒馆，欣赏一场莎士比亚戏剧，在一个酒吧享受一场深夜卡巴莱歌舞表演，最后漫步穿过一片静谧的历史老区
多样性	经济多样性	可增强城市恢复力的多样化的经济基础
	社会多样性	有机会参与城市生活； 多样化的社会基础意味着一个丰富多彩且生机勃勃的公民社会和志愿部门，它由充满自信的组织构成，在面对压力时有较强的适应能力
	文化多样性	鼓励为不同文化形式提供参与生产、消费和分配的机会，支持扩大和丰富本土文化的内涵
可及性	经济可及性（城市内部联系）	通过提供便利和晋升机会来改善经济生活
	环境可及性	鼓励参与； 人们可步行或搭乘公共交通参与文化活动
	文化可及性	强调组成城市的众多小区其文化认同是否合法，是否得到尊重和赞美
安全和安保	社会安全性	人们的人身安全和财产安全不受威胁，社会成员之间关系紧密，互信
身份和独特性	经济独特性	一个城市可以通过提供独一无二的产品和服务增强其吸引力和竞争力

续表

标准	衡量指标	含义
身份和独特性	独特的（社会）认同	为培育公民自豪感、小区精神和对城市环境的关怀创造条件
	文化认同和独特性	通过城市标志、食品和工业品突出地区特色
创新性	社会创新性	允许开展建设性关键讨论的机制和机会
联系和协同	文化联系	在城市中心和外围地区展示本地精华和特色
竞争力	经济竞争力	本土企业及其产品和服务在本地区、本国和国际上的等级和地位
	环境竞争力	一个城市的吸引力和独特性以及它的区位
组织能力	行政能力和公民组织	一个城市实施其既定政策的能力

二　文化政策评估

应用以上评估框架，获得评估结果如下。

表 2　香港各项文化政策评估得分情况

标准＼政策	文化政策	评分结果
关键质量	有利于广泛吸引文化及创意人士来港，繁荣本地文化艺术	2
	有助于促成文化及创意人士高度集中的文化艺术集聚区	3
多元化	鼓励艺术形式和内容的多元化	3
可及性	提供充分的文化设施，满足市民和艺术家的需求	4
	鼓励在正式与非正式系统中充分提供艺术教育	3
	有助于文化团体和个人可从多种渠道获得充分的艺术赞助	3
安稳性	保障各种内容的文化形式和文化表达	4
身份认同与独特性	从商品、活动到城市风貌，已形成不同于其他地方的鲜明的文化特征	R*
	已形成本地文化价值与身份认同	2

续表

标准 \ 政策	文化政策	评分结果
创新性	建立有效的政策创新机制,鼓励文化艺术的发展	3
多方联系及协同效应	促成多渠道多面向的文化交流	1
	有助于将文化引入其他相关产业,带动经济发展和城市形象的塑造	2
竞争力	有助于提高城市整体的竞争力	3
组织机能	已形成良好的行政构架,能有效地制定和实行政策	3
	已形成良好的民间组织及公民社会参与政策制定及实施的机制	2
总分	将得分加总,并转化成百分制	51/100

注：R 为 research，表示还需进一步研究。

评估显示，香港的文化政策在营造创意城市方面的得分为 51 分（百分制），以下为对每一项评估的论证及解释。

（一）关键质量

1. 人才集聚——得分2分

在香港整个城市范围内考察文化人才的关键质量，可以发现，创意的文化人才经历了一个从聚到散的过程。20 世纪 20 年代到 50 年代，在特定的历史条件下，香港迎来了文化的繁荣。一时，文人南下，名伶会集，大家辈出。20 世纪 60 年代，商业发展，地价上升，文化活动的经济压力日大，令某些形式的文化艺术得不到发展。严肃文化意识日渐薄弱，国学大师（如钱穆、牟宗三等人）纷纷迁居，本地文化人亦因思想和创作得不到大众共鸣也移居外国或出外游学。20 世纪 80 年代，本港服务业有较大的发展，令一部分具有邻近市场的文化产业，仍然集聚大批人才，例如，广告业、建筑业、影视业等。然而，文化全面繁荣的局面已不复存在。

香港文化的发展程度也反映在观众文化活动的参与程度上。根据相关研究，本地市民参与文化活动的程度非常低，接受访问的市民中，只有20%以下的市民在被采访前一年参与了文化活动，平均时间不超过12天，且多为观众，不参与的原因是没有时间或对文化活动欠缺兴趣和认识。教育程度较高，从事专业工作和收入较高人士，比较积极参与文化活动。文化设施用户在调查前参与文化活动，平均花费约为200港元到300港元。[①] 2004年调查发现，七成香港人不参与文化活动。近十年，观众的参与度有所提升，但距离文化繁荣尚有距离。

2. 文化区——得分3分

从西九龙文化区到石硖尾艺术工厂，再到对牛棚艺术村的关注，近年来香港特区政府对打造文化区，热情高涨。政策支持的方式包括政府资助启动资金，协助成立公营公司（如西九文化区）以及政府提供场地，保持一臂之距，协助发展（如赛马会创意艺术中心、PMQ等）。

香港的艺术区有两种类型，第一类是文化生产主导的文化区，多为一定条件下，在本地旧街区自然形成的文化艺术及文化商业高度集中区。这些艺术区具备Jane Jacobs所提出的（至少在初始阶段）有利于创意人才成长和集聚的城市环境要素，如高密度、混合多元用途、以大量廉价且普通的建筑为主体的街区、便于小区交流的空间形态。促成艺术区形成的条件包括邻近艺术消费市场、艺术人才市场等。它们是城市宝贵的财富、城市创意的发酵地、民间文化活力的孵化器，以及吸引创意人才的磁场。已经形成街区特色的文化区包括火炭、观塘、鸭脷洲、黄竹坑、长沙湾、柴湾等地。然而，现行政策对

① 罗祖添发展经济顾问及规划师及香港大学社会科学研究中心编《文化设施：需求及制定规划标准与准则的研究》，1999，网址：http://www.legco.gov.hk/yr04-05/chinese/hc/sub.com/hs02/papers/hs020316cb1-wkcd97-scan-c.pdf，最后访问日期：2016年9月7日。

这种艺术区有一定的破坏作用：首先，香港的高地价政策使大量旧区遭拆（包括已经形成艺术区的中环旧街区），使能够培育艺术萌发成长的都市范围大大缩小；其次，对于这类艺术区的维护和建设未能采用顺应创意环境发展所需的要求，往往将原本普通的旧建筑提升为带有文化历史元素的商业地产奢侈品，牺牲旧建筑的独特而低廉经济价值。《文化设施：需求及制定规划标准与准则的研究》（以下简称《文化设施》）建议以兰桂坊及荷里活道为例，通过推广文化娱乐场地的基地，令这些设施和相关的商业设施能够增值。根据纽约 Soho 及其他事例证明，用文化元素提高地产价值的做法，必抑制文化的发展，破坏中环的文化。政府以一臂之距扶持的文化区，取决于民间文化经营方的能力，赛马会创意集聚区经营颇为成功，PMQ 则似乎面临不少问题。如是观之，政府一臂之距的文化扶持方式不失为香港文化政策的经验，当然，如何选择适当的人选，从事营运，乃成败之关键。

第二类为文化艺术设施集中的区域，即文化中心区。《文化设施：需求及制定规划标准与准则的研究》称之为“文化娱乐发展区”，定义为“聚集多种不同类型的正式和非正式的文化娱乐设施于一个步行范围内的地区”，“例如西九龙填海区和湾仔至中环海旁。”① 湾仔至中环海旁的文化设施以及尖沙咀文化中心区，可取之处在于较好地服务于“全港性需求”。然而，这类文化区的建设容易与需求脱节，造成供给过剩。目前文化设施的供需状况值得研究②。

① 罗祖添发展经济顾问及规划师及香港大学社会科学研究中心：《文化设施：需求及制定规划标准与准则的研究》“行政摘要”，香港大学出版社，1999，第 16 页。

② 关于这些设施能否满足需求，“文化设施”研究报告的前后说法略有不一。该报告第 8 页表示“艺术界人士认为设在交通便利的地点高质素为艺术界精英而设的设施供应不足”，第 16 页则强调“全港性的需求大致上已经得到满足”。有人认为，香港在文化设施的供应上（包括公共图书馆、博物馆和表演场地），仍少于世界级文化大都会（如纽约和伦敦）；但也有报告指出现有的文化设施使用率尚不满六成。笔者的理解是全港性的文化设施已经能够满足市民的需求，尤其是在数量上、设施使用的时间安排上尚欠合理；设计上未能满足艺术界精英的需求。至于香港新建文化设施，需要弥补哪些缺口，需要展开专题研究。

各种材料反映出来的初步印像是文化设施的数量已较为充沛。甚至有人认为目前的演出场所已经过剩。周凡夫指出，以演艺观众人口 34 万计算，平均每人每年要观赏 6 场，方能“填满”现有场馆六成的使用率。[①] 然而，政府采用《文化设施》报告中提到的通过文化设施供给为主导的方式，令商业增值的措施[②]。这一政策的相关产物是西九龙文化区。本报告认为，首先，建设旗舰式文化设施集中的文化区具有一定的合理程度，但以供给为主导的发展模式容易造成供给过剩而大众需求或政策配套不足的局面，造成城市无序发展（urban sprawl），“数码港”和“中药港”即是典型例子。因此，必须综合考虑供给与需求，即对市民参与文化活动的需求、政策推动下增加的市民对艺术教育的需求，旅游重新定位后访客对文化设施的需求等做出预计，从而决定需要新建的文化设施的数量和质素。其次，目前的政策对文化区推广文化功能的期望过高，忽略了这种模式具有不可克服的弱点，应制定全盘性的文化政策。

（二）多元化——得分3分

在不同的历史时期，香港特区政府不干预也不支持的文化政策传统对文化的多元化发展分别起到了促进和抑制的作用。[③] 20 年代到 50 年代，文人墨客纷纷南下，艺术团体自由演出，一时各类学社活跃，电影、戏剧兴起，报纸、杂志众多。批评社会、鼓吹中华文化、抨击港英政府的言论，亦时见报端。港府采取中立、平衡，任其发

① 周凡夫：《观众与资源拓展的困难与契机》，载林聰主编《艺术发展十年》，香港艺术发展局，2006，第 34 页。

② 供给为主导的理论是：发展新的文化设施，不仅仅用观众的参与程度来量度，而主要以政策带动，包括艺术推广、艺术教育、艺术发展、旅游发展。因此，主要以供给为主导。

③ 虽然回归以后的文化政策强调多元化和平衡发展，但并没有真正有效的政策措施。参见 Home Affairs Bureau, *Cultural Policy Statement*, 2009。

展，"积极不干预"的态度[①]，对开创香港本地风格形成前的多元文化环境有一定帮助。[②] 20世纪60年代，香港经济发展起步，楼价飙升，百物腾贵。政府对严肃文学、视觉艺术、粤剧不支持也不干预的政策，令这些并非以大众消费为对象的艺术不堪经济压力，更得不到发展和提升，为商业大潮所吞噬，逐渐凋零。而表演艺术虽得到政府支持，但含有前卫、实验性质的表演艺术则多为政府所驯化。大众媒体趋于商业利益，节目大有媚俗、商业化之流弊，消费文化充斥市场，排斥高雅文化，对高文化程度人士带来一定文化上的压迫。国学大师以及本地的文化人多因知音寥落，纷纷弃港而去，香港"文化沙漠"之名由是而起。陈云根指出"严肃文化的消退使香港的文化生态失去健康的上下交流，这也许令致某些通俗文化产品得不到提掣而走上媚俗、鄙陋和反智之路，而进口的西方精致艺术（如歌剧、古典音乐）因与本地群众的生活脱节，也很难融合出本地特色。"[③] 因此，在这一时期，所谓"不干预"的文化政策对消减文化多元化颇有助纣之嫌。回归以后，文化政策的本质并无明显改变，对传统艺术、另类、小众艺术和严肃批判性文化的支持仍然不够充分。

此外，带有局限性的艺术教育对培育文化多元化也有一定的消极影响。文委会就曾指出，小学和初中的艺术课程局限于音乐和艺术课，和其他国家相比，课程范围较窄。

（三）可及性

1. 文化设施——得分4分

本研究采用《文化设施：需求及制定规划标准与准则的研究》

---

① 香港在50年代经历过一段"消极不干预"的政策时期，60年代，大会堂的兴建标志着港府的文化政策进入了"积极不干预"时代。不干预也不支持的内容是只要不干涉及暴力，港英政府尽量保障各方的言论和结社自由，对文化艺术则任其发展。

② 陈云根：《香港文化艺术政策研究报告》，《文化信息动态》1999年第一期。

③ 陈云根：《香港文化艺术政策研究报告》，《文化信息动态》1999年第一期。

对“文化设施”的定义：专门用作艺术活动的场所，包括舞蹈、音乐、剧艺。[①] 以电影及媒体艺术、商业性及娱乐为主的场所，政府康乐及文化事务署下属现有表演场地共有 16 个，包括 2012 年启用的油麻地戏院以及于 2014 年 10 月开幕的高山剧场新翼；博物馆 14 个，博物馆和图书馆范围里包含艺术博物馆和艺术图书馆。[②] 根据《文化设施》研究，香港 23 个主要的文化设施定期举办文化活动，某些非为文化而建的设施偶然也会被用来举办文化活动。[③]

港英政府于 1962 年兴建了香港大会堂，堪为其“积极不干预”文化政策的开端。政府常以表演场地的兴建，象征其推动文化艺术的具体成果，文化部门和公共组织的法定权力范围，也以设立和维护场地为立法的出发点，文化设施兴建的积极效果为表演艺术等提供了发展所需的必要的硬件，一定程度上提升了文化的可及性。对于现有文化设施的数量、质素、交通便利程度和提供辅助设施，大多数被访者都感到满意。大型场馆（设 1000 座位或以上）大多已被充分利用，尤以位于市中心的场馆[④]和小型表演场馆的使用率为高。而且，文化设施政策考虑到了经济上相对弱势的文化团体，以优惠方式提供场地。1994 年起，市政局为非牟利团体租用该局辖下场地举办文化、科学普及或公共健康教育活动，提供“租金自主计划”。大型场地可获减免 65% 的租场费，小型场地可获半费优待，而举办有关艺术发展的公开论坛，场租全免，兼提供免费场地服务。原区域市政局的演

① 音乐和剧艺是最受欢迎的文化活动。

② 罗祖添发展经济顾问及规划师及香港大学社会科学研究中心编《文化设施：需求及制定规划标准与准则的研究》“行政摘要”，1999。

③ 这类空间包括香港会议展览中心、休憩场地、购物广场、办公楼宇的大堂，以及私人和公共屋、商业性的美术展览馆。参见罗祖添发展经济顾问及规划师及香港大学社会科学研究中心编《文化设施：需求及制定规划标准与准则的研究》“行政摘要”，1999，第 24 页。

④ 香港大会堂和香港文化中心被认为是最主要的文化场地。

艺节目编排，兼重精致艺术与大众娱乐，场租合理。[①] 香港艺术中心为小众、精致艺术或另类艺术提供演出机会。康乐及文化事务署下属香港艺术中心为陶瓷、雕塑及版画提供专业艺术研究场所。

然而，香港的文化设施的供给也存在不少缺陷。首先，作为一种社会资源，文化设施的分布略欠平均。陈清侨教授指出，港九新界的演艺场地分布极不平均，一些新发展市镇（如新界西的屯门、元朗和天水围）资源不足。[②] 演出活动也未平均安排在各小区内。[③] 同时，现有的小区设施又多因质素较差，且管理不善，使用率甚低。有调查发现，小区中心或小区会堂甚少用于文化活动的举办。

其次，设施的使用策略，部分设施的设计及其艺术效果，并未获得充分注意。全港性文娱中心（大会堂和文化中心）商业性使用过于频密，挤走了大量本地艺团的订场申请。同时，文化活动的辅助空间配套不尽合理。彩排室和舞蹈室需求较大，未能完全满足需要；而音乐练习室、演讲室和会议室使用率又低，却有部分闲置。2000 年以前，部分 600 ~ 1000 座多功能场馆在规模和设计上不能满足艺术团体的需要，为专业艺团和半专业艺团提供的常住设施十分有限，而高素质、为艺术界精英而设的设施供应不足[④]，宣传及推广支持亦则被指欠佳。另外，建筑风格与文化设施所在区的文化定位有欠协调，亦是一大问题。

再次，文化设施未能满足多元需求。有评论认为，用作实验艺术和当代艺术的“另类空间”供不应求，且落差仍在加剧。演艺团体提出，为专业艺团和半专业艺团提供的常驻设施十分有限，不利于建

---

① 罗祖添发展经济顾问及规划师及香港大学社会科学研究中心编《文化设施：需求及制定规划标准与准则的研究》“行政摘要”，1999。

② 陈清侨：《文化政策：观察香港的一个角度》（讨论大纲），2009。

③ 市政局问卷调查，文件号：USPENT15/5/21V。

④ 艺术界人士认为设在交通便利地点、高质素、为艺术精英而设的设施供应不足。

立艺团本身形象和培养观众的归属感。另外，目前的文化设施还不能满足小区层面对非正式、灵活性的文化空间的需要。现存的文化设施多为正式的艺术空间，规章严密，束缚较多，缺少自由性与灵活性，除艺术活动外，禁止其他任何活动，不得携入收音、录音、激光、录像等影音物品。[①] 虽然，作为服务全港的文化设施，制定使用条款是必要的，但缺少灵活性的使用规范无以充分激发市民的创意。这就说明全港性的正式文化设施难以满足市民对小区灵活的文化空间的需求。在意大利米兰，大型展览厅及小型陈列室林立，设计院校员生及专业设计者皆有机会展出作品。[②] 香港大量缺少的正是非正式的表演、展览和小型灵活的陈列室，以及画家的展出场地。非为文化活动而设，但能服务于文化活动的公共场所也有较大不足（如公园、街道、商场等）。此外，艺术教育设施短缺，对传统文化节目的需求也未能充分满足，尤其是小区和商业活动需要不同的文化设施，而目前适应这两类设施的规划不足，设计也未到位。[③]

图书馆和博物馆方面，香港现有 76 家图书馆，2006 年以来，政府接受了文委会的建议，将大学图书馆资源的水平进一步提升。大学图书馆藏书量及服务居国际先进水平，但公共图书馆主要提供休闲阅读，不能充分适应知识经济时代图书馆的教育功能。小型的主题性的博物馆不仅能灵活地反映小区的特征，还能辅助和鼓励小区参与。近年来，这类博物馆有所增加，如海事博物馆、香港教育博物馆等，但仍有较大的发展空间。

最后，政府当在文化设施集聚式文化区的建设问题上持审慎态度。新加坡、悉尼、曼彻斯特和波士顿的主要场馆和艺术区位于市中心，其集中程度远远高过香港，但这些例子皆非城市设计的典范。香

① 参见《艺术推广办事处香港视觉艺术中心租用条款》，2004。

② 梁天培：《西方近代设计教育的启示》，《信报》2002 年 8 月，第 34 页。

③ 参见《文化设施：需求及制定规划标准与准则的研究》“行政摘要”，第 14 页。

港文化设施的建设未必需要照搬其他国家和地区的模式，而放弃将文化设施融入小区的计划。如果建设文化设施集中式的文化区，须配合旅游业的发展，而香港尚未制定周详的计划，旅协提出相关艺术馆的入场人数中的30%是访港旅客，建议本地文化设施的兴建配合香港旅游业的发展，鼓励筹办国际级大型活动，此当为西九龙项目所参考。

2. 艺术教育——得分3分

香港艺术教育侧重于发展正规教育系统中的艺术教育。教育局规定，艺术课程须占到小学所有课时的10%～15%，初中所有课时的8%～10%，高中则无规定，约有30%的高中并不提供艺术课程。这个比例相对于其他发达国家，有所不足。例如，在美国，艺术教育为小学和初中的四大核心课程之一。香港专上教育设有音乐、美术、设计和创意媒体课程，演艺学院提供表演艺术的专业训练，中大和港大都有艺术专业，几家职业训练学校、艺术组织（如香港艺术中心）提供视觉艺术课程（多为业余）。为加强艺术及设计教育，民政事务局与教育统筹局成立专责小组，跟进主要建议，于2006年成立了香港兆基创意书院。同年，政府顺应几轮咨询的意见，开设了浸会大学视觉艺术学院；又将教育学院属下四个艺术系合并，建成香港专业设计学院（Hong Kong Design Institute）。政府部门和公共机构还以推广学校艺术教育为目的，举办了不少活动。例如，以鼓励推动正规教育，扩大艺术接触面为目的，艺术发展局实施了艺术教育政策、小学视觉艺术教育计划、分教室培训和教学单元设计试教以及初中戏剧教育计划。2000年，开展“学校艺术培训计划”“学校文化日计划”[①] 等。关于学校艺术教育是否已经充足，还须另立课题，作深入调研。

① 学校文化日计划组织学生参与学校的艺术教育活动，许多活动专为学生所设。

近年来，文化教育的研究已注意到学校以外非正式教育系统的重要性。文委会2003年的报告建议在家庭、学校、小区层面组织一定数量的艺术推广活动，以推广艺术教育。[①] 基于这一建议，康乐及文化事务署在小区层面组织了艺术推广活动。其中，Arts Animateur Scheme 通过与专业表演艺术家的合作，来提高学生对表演艺术的欣赏能力。该计划邀请当地艺术家在小区表演，与小区互动，以期推广小区对表演艺术的接触面。康乐及文化事务署与房屋署合办了首个公共屋邨大型公共艺术计划，即“沧海新城——东涌逸东村公众艺术计划”。District Cantonese Opera Parade 为业余艺术家提供了表演的机会。艺术推广办事处策划了两年一届的“公众艺术计划”，在小区艺术中心展出七件艺术作品。此外，政府还资助了免费或廉价的艺术兴趣班，各区区议会则举办了以家庭为服务单位的艺术活动。[②] 这些政策措施在一定程度上有利于艺术教育的推广，但以文化活动的形式推广艺术教育，也有其局限性。有人认为邀请艺术家在小区居住或表演的活动，未必能够引起公众对艺术的兴趣。1996 年市政局推行“艺团驻场计划”，被指只是做到推广工作，谈不上小区艺术教育。因此，我们认为在学校建制以外的非正式教育系统中推广艺术教育，需“点、线、面”结合，通过媒体、小区艺术空间、私人艺术教学、家庭全面铺开，缺一不可。

对比这一标准，文委会的建议算得上是洞明艺术教育之道的箴言，而现实是学校建制以外的非正式教育系统在艺术教育中的重要性，尚未引起政府的足够重视，[③] 值得重申。例如，大众媒体（包括

---

① 香港文化创意及产业创新委员会编《文化委员会政策建议报告》，2003，第 19 ~ 20 页。

② 香港特别行政区民政局康乐及文化事务署艺术推广处，网址：http：//www. lcsd. gov. hk/ce/Museum/Apo/b5/index. html，最后访问日期：2016 年 6 月 7 日。

③ 正如陈玉兰、苏志义指出的十年教育改革中，艺术教育建制以内的发展谈得多，而在教育建制以外，则未有相应热烈的推动和讨论。参见陈玉兰、苏志义《教育改革牵引下的艺术教育发展》，载林骢主编《艺术发展十年》，2006，第 65 页。

电视、广播、报纸和杂志）在反映和形成社会文化环境中起重要作用，也是文化和艺术教育的重要渠道，但媒体远远没有担负起文化教育的责任。1993 年文属科委托 SRH 市场调查公司，了解公众对香港表演艺术的意见，结果发现不少观众希望从电视台获得更多的艺术咨询和详细的艺术节目介绍，① 然而至今没有太多改善。文委会 2003 年的调查显示，四家免费频道只提供余约 4% 的文化节目，13 家当地电台只有一家提供文化频道。在响应文委会的书信中，政府表示赞同媒体在文化教育中的重要性，并承诺鼓励媒体增加文化教育节目，而具体措施仍拭目以待。非正式的艺术学校、艺术辅导班对于艺术教育的推广，作用显著，尤其对于国粹艺术，如国画、古文、诗词、书法等，亟须私人文化教育环境。有调查发现，只有少量的机构为学生提供艺术训练课程和活动，艺术教育机构仍然不足。我们认为缺少的正是政府对于优秀的艺术家私人艺术教学空间的重视。

3. 艺术赞助——得分3分

政府于 2008 ~ 2009 财政年度拨款 27 亿港元，用于文化艺术发展，相当于政府总开支的 1%，与西方国家大致相当。然而，2013 年以来，这个比重有所下降，2015/2016 财政年度拨款 35 亿港元［不包括艺术及体育发展基金（艺术部分）、粤剧发展基金、基本建设工程开支］，占政府预算的 0.9%。比重的下降反映出政府对文化事业重视程度的下降，民间对此颇有微词。

各部分开支情况，见图 1。市政局于 1995 年订立“资助计划”支持非牟利艺团和地区举办地区性的文娱活动、训练班、研讨会和比赛等，最高数额为 10 万港元。90 年代，“同额资助计划”鼓励艺团

① Leisure and Cultural Services Department. *Survey on population's attitude to the performing arts in Hong Kong*, 1993.

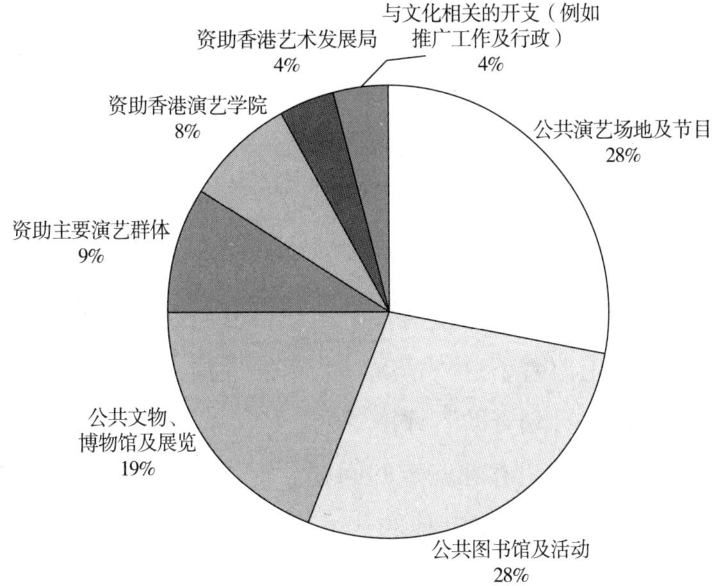

图1　为文化艺术提供的资源（2014～2015年度预算）

寻求私人赞助。“香港赛马会音乐及舞蹈信托基金”用以推广和发展音乐和舞蹈教学，文康广播局文化事务部替它制定政策，设立“商艺荟萃”致力支持艺术计划和节目。[①]

艺术发展局审批活动项目的拨款，该局赞助艺术有三种方式：“通常性经费资助”和“新苗资助”分别资助特定的职业和半职业艺团，“计划资助”则以短期计划方式支持个别的艺术活动。艺术发展局向外寻求资源拓展和商业机构赞助获得成功的例子不少，如“商艺教育”、2000～2003年“巴士动感艺廊”、2002年动感艺术旅程、2003年众议坊、2003年创意列车等。曾有报告指“通常性资助”方面有三点可以改进：①延长资助期，由1年延长至3年；②审批模糊

① 英国商业艺术赞助协会总监杜克林（Colin Tweedy）指出，政府应加强本地艺团的专业管理和可信度，政府亦应宣传商业赞助的好处和对出色的商户授奖。Broadcasting，*Culture and Sports Branch*“*Business Sponsorship for the Arts in Hong Kong-A Consulting Repor*，1991，pp.9－11.

不利于引入投标式的竞争制度；③建立严谨和独立的检查和评审制度。此后数几年，艺术发展局在这三方面都做出了一定改革的尝试，例如，“通常性资助”的资助期由1年改为3年。艺术发展局建议设立一个艺术行政支持中心，使不愿接受监管的艺团在平时得到支持，如巡回演出的额外人手、技术员或会计员等。艺术发展局还尝试扮演为中介人角色，联系艺术界和赞助者。为避免评审资助中因自身利益而掺入的小圈子互惠作风，该局将申请项目交由委员和外聘专家进行审定，一定程度上改善了这一情况。艺术发展局也对所批项目，建立监督机制，检讨“计划资助”评审条件。

香港的艺术赞助也存在一定的问题。首先，官方的文化赞助资源过度集中于表演艺术①，对其他的艺术形式照顾不够。政府每年举办约4000场文化艺术节目，近八成用作康乐及文化事务署管理场地、举办活动、员工及行政开支，近两成为艺术发展局、演艺学院及艺团资助，其余为资助文化交流活动。每年对表演艺术的资助为1.3亿港元，达到政府文化艺术总开支的一半，其中有相当部分给予旗舰艺术公司。其次，经常性资助的剧团在拓展观众、市场推广、票房收入和演出量等方面表现不佳。行政人员与艺员的薪酬失衡。再次，政策鼓励私营商业部门对艺术赞助，措施不足。香港没有采用西方国家常用的对赞助艺术的公司进行媒体宣传的方式，从而让公司将艺术赞助纳入公司形象推广。香港亦未如日本、韩国，对艺术品的捐赠予以免税，因此，官方鼓励商业部门赞助艺术品，措施不足。此外，还有目前的资助制度只看个别案例，而不理会整体的艺术主题等。

4. 小区认同感的形成——得分3分

从部门的权责制定到具体活动的举办，都显示出香港特区政府对

---

① 陈清侨：《文化政策：观察香港的一个角度》（讨论大纲），2009。

于推广小区文化的重视。例如，康乐及文化事务署职权包括推广及支持区内的文娱及康体活动，就管理与设施提出建议，关注市民的意见，提供服务，联络各团体，就区议会拨款提出意见，就如何策动居民参与小区发展活动提出意见，促进及培养居民及工作人士之小区精神及归属感，鼓励赞助，监察区报印制分发，推广公民教育、评估社会服务需求与供应并对服务状况提出意见。同时，区议会制度也有利于促进小区参与文化事务。官方举办过不少以促进小区认同感为目的的活动，如康乐及文化事务署和艺术发展局2000年以后举办过一系列文化推广活动，如“小区文化大使”“艺术家驻场计划”“小区粤剧巡礼”。2002年，艺术发展局“全港小区剧场计划”资助社团在不同小区推行艺术教育。[①] 这些措施有一定的文化推广作用，至于是否促成小区认同感的形成，有待研究。

然而，除却主导性的文化活动，政府对于艺术家自发的小区文化活动却支持不足。如香港艺术家开放画室的活动，并未得到媒体和其他文化部门的支持。在德国，政府资助该计划，在内容宣传及公告方面做得更好。又如，“无墙美术馆”运动，主张将废置建筑物改造使用，并将城市街道、商店橱窗或邻里小区都变成“随时可见，随地可触的美术馆”，亦为有益的尝试，但得到的支持有限。[②] 此外，澳大利亚较多采用的“文化规划”，发动小区居民为其所在小区策划文化主题，为激发小区认同感的有效方法之一，可为本港参考。

（四）安稳性

香港的文化政策经历过“消极不干预”和“积极不干预”时期，

① 陈玉兰、苏志义：《教育改革牵引下的艺术教育发展》，载林骢主编《艺术发展十年》，2006，第64页。

② 樊婉贞：《无墙美术馆走进生活》，《信报》2001年9月28日。

目前延续“积极不干预”的精神，强调政府的角色是支持环境和创造条件（包括地点、资金、教育和管理），以创造一个艺术表达和创作自由的环境，包括尊重创作与表达，并提供参与的机会。作为一个辅助者，政府并不对文化艺术提出一个官方的定义。相反，政府支持文化和艺术的创作和表达，并且提供一个环境，支持文化和艺术的发展。因此，理论上，政府既支持具有传统价值的精致文化，也支持前卫艺术的表达。

（五）身份认同与独特性——得分2分

香港是否需要建立本身的文化性格，是维持国际化与自由放任，还是大力推动中华文化和“中国心”？虽有激烈的讨论，却无定论。回归以前，港英政府的文化政策是“没有政策的文化政策”，没有用政治或行政手段推广某种意识形态，高明之处是隐藏的“不干预的干预”，而文化艺术只被视为康乐娱民的手段。① 虽然容许言论新闻与表达自由，但也不欲提倡中国文化或国家意识。回归以后的特区政府有推广“爱国主义”教育，但没有推广中国传统的价值观念，如亲情、孝义等，并未形成共同的社会价值观念。与此相对应，形成本港文化特性：20 世纪 80 年代开始，行政主导官方输入的精致文化缺乏本土性格，商办的流行文化，如电影、流行歌曲等缺乏深度和创意，基层味重的实验艺术多处于萌芽阶段，且职业水平不高。

香港对外形象推广亦不利，缺少以对外文化交流活动为手段，提升展现城市形象的措施。1998 年，政府动用 1 亿港元，设立“国际盛事基金”，提供贷款，推广在本港举行国际盛事，偏重旅游推广的

① 周凡夫：《没有政策的文化政策》，载《香港文化艺术评论集》，科华图书出版公司，1998。

经济和实际效益，因此，具有娱乐性和大众倾向性，但缺乏文化的深度。

（六）创新性——得分3分

香港自20世纪80年代以来，不断出现新的关于文化政策措施的建议，被采纳实施的亦有不少。区域市政局也曾建议抽取局新建设施建筑费中的1%为计划基金，以购买、委约或比赛形式添置雕塑、绘画等艺术品，在区局管理的公众场所展示，基金中不少于50%的款项用来购入本地艺术家的作品。民政局康乐及文化事务署已支持了3000多个本地中小型艺团和个人艺术家，服务了100多万观众。2000年艺术发展局尝试“中介计划”，让艺术发展局以外的一些组织分担拨款职责，有利于文化民主和扶植多元文化。

然而，在某些方面，思维的藩篱始终难以打破，例如，全盘性地制定香港文化政策。又如，跨界别制定和改革文化政策的机制也始终难以形成。政府民政局以外的其他部门亦较少能与文化部门协同合作，发展文化事务。

（七）多方联系与综合效应

1. 文化交流——得分1分

政府从未制定有利于文化交流的政策，也未设置负责这方面工作的部门。文化交流难以突破单一思维，缺乏多流向、多面向的文化交流模式。

2. 文化和经济及城市形象的联系——得分2分

20世纪70年代开始的城市建设，已经注意到通过文化设施的建设，来推进都市形象的塑造和改善。缺陷是建筑形象不够鲜明，不能突出旗舰式的文化设施项目。香港的文化政策对艺术、文化遗产和大众传媒等领域的经济面，向来没有多少干预。2002年，政府开始关注文化创意产业的经济带动功能，然而尚在起步阶段。近年出台的政策对电影、数码影视的支持可以视通过文化带动经济发展的尝试，但政策措施尚未产生关联作用。其他如信息自由如何形成知识经济，尚欠研究。

（八）竞争力——得分3分

香港的文化政策对香港城市竞争力的影响可以从文化消费和文化生产两个方面进行探讨。首先，虽然香港的文化和城市发展的整体关系，具有较为典型的文化消费主导的特征，以文化提升地产价值，以商业文化充实城市形象，但在实施策略上有较多的失误，例如，旗舰类文化设施的建筑形象有欠鲜明（如尖东文化设施群，西九龙原定天蓬方案亦有较多设计上的问题），限制了此类建筑提升城市形象的功能。其次，对于历史建筑保护的漠视，同样削弱了城市形象和个性。此外，用文化元素构筑香港品牌，对外形象推广也存在较多问题①。从文化生产的角度探讨，考虑文化作为一种软实力，则暴露出更多问题，如前文在“文化多元化”“可及性”“文化交流”“身份认同和价值”中探讨的。总之，以文化提升城市竞争力方面，香港尚有较大的改善空间，可以就此展开一项专题研究。

（九）组织机能

1. 行政构架——得分3分

目前，文化行政构架中几个重要的政府部门和公共组织分别有限度地负责处理和执行政府的文化艺术事务，包括民政局康乐及文化事

① 香港品牌发展协会（Hong Kong Brand Development Council）可以负担香港品牌推广工作，但目前只局限于工业制造。参见智经研究中心《创意都在香港》，2007，第33页。

务署、艺术发展局、区议会、教统会、信息科技与广播局。2000 年，康乐及文化事务署接管两个临时市政局的艺术、文化、体育和康乐的服务，负责绝大多数文化设施和资源的管理，下辖图书馆委员会、博物馆委员会。博物馆委员会负责公共博物馆的管理与资源发展，提高小区参与，加强博物馆部门与当地收藏者、私人企业、学院，以及其他博物馆的联合。2004 年，成立博物馆咨询委员会，就公共博物馆服务向民政事务局局长提供意见，共管理 15 所博物馆及一所电影数据馆。2004 年成立图书馆咨询委员会，就公共图书馆设施及服务研究发展策略，共管理 66 所固定图书馆及 10 辆流动图书车。2004 年，又成立表演艺术咨询委员会与粤剧发展基金。民政事务局负责发展及推广本港艺术的政策，保存本港文物古迹，艺术发展局和演艺学院负责本地及海外组织，就文化及文物事宜联络领事馆及其他机构。2000 年成立文化委员会，为政府提供文化政策和资金上的政策建议，该会于 2003 年提交文化政策建议报告，被采纳为文化政策的蓝图。政府每年拨款于康乐及文化事务署、香港演艺学院和艺术发展局，文委会建议进一步强化教统局、康乐及文化事务署、区议会及其他文化机构和区组织在提高艺术教育方面的作用。①

对于文化行政构架的问题，艺术发展局 1999 年文化艺术政策研究报告中有一段精辟的评述，认为“作为最高文化事务决策的民政事务局无法制定和执行总体文化政策，不能实施‘行政主导’；艺术发展局有政策研究和建议，并向艺术界别直接拨款，但欠缺足够的行政权力和资源，无法发挥‘专业领导’；两个市政局的文化服务由非专业的议员制定，议员也不能支配市政总署的公务员执行或协助政策研究，专业的学术顾问只属荣誉职，没有实权，专业意见不备强制力，这三组人（议员、公务员和顾问）的权责关系不清，难以向选

① 香港文化创意及产业创新委员会：《文化委员会政策建议报告》，2003。

民间责”[①] 此外，文化行政构架采用无法定实权的咨询组织，辅助政府部门管理公共文化，即所谓的“政府部门加咨询组织”被认为是逆世界潮流的做法。

20 世纪 90 年代，香港文化艺术政策的制定，以及文化架构的改革被正式带进政府的政策议程。文化政策的行政构架经历两个阶段的改革，第一阶段大幅度提高民间艺术界参与艺术发展局的工作，并使两个前市政局各自制定本身的五年计划书。第二阶段，政府解散两局，将文化艺术职权完全统一并集中于民政局手中，减少了两个部门不能协调管理职能的问题，加强了“行政主导”，但反而削弱了“专业领导”。表现在新成立的康乐及文化事务署不再编制跨年度计划书，以接受公众问责。[②]

艺术发展局成立于 1995 年，是一个由政府指定的行政人员与从十个艺术领域选出的专业人士构成的法定团体，旨在支持中小型文化组织、成长中的艺术家，并培育潜在的艺术才能和观众。艺术发展局实行两层构架，由 3 个委员会和 6 各小组委员会组成。艺术发展局行政独立，其角色由早年的拨款支持艺术团为主的“资助机构”转型为如今推动整体艺术发展的“发展机构”。艺术发展局资源和职能都很有限，难以彻底理顺整个艺术行政架构，且只能在一定程度上增强服务的民间和提升艺术发展的多元性。艺术发展局自 1998 年开始，经历了多项改革（包括一年及三年资助、独立评审员制度及评分制度），使局方及推选委员在艺术资助拨款上能够保持中立，并尽可能公正。2001 ~ 2004 年，局方编写新的《三年计划书》，继续完善对艺术的资助，并推出百余项“主导性计划”，令艺术发展局不仅完善拨

① 香港艺术发展局：《香港文化艺术政策厘定，推行与资源开拓》，1999。

② 阮启耀：《十年长征：文化艺术体制改革》，载林聰主编《艺术发展十年》，2006，第 7 ~ 20 页。

款制度，而且全面有效地发展组织功能。[①]“中介计划”的模式加强拨款的稳定性，目的是让获授权作为中介机构的主办。2000 年，艺术发展局尝试以团体更灵活的方式资助艺团，形成多元的艺术风气。[②]

有评论认为艺术发展局为香港艺术的发展做出了较大的贡献，但获得的资助不足，只占康乐及文化事务署的 5% ~6%，艺术发展局拨款制度资源不足，令其资源调配欠缺弹性，尤其是主导性计划的资金来源长期不稳定，“艺术及体育发展基金”结余行将枯竭。同时，因为授权不足，艺术发展局也缺少实权。艺术发展局尝试“寻求伙伴合作”，以此为手段，推广艺术，但多年实施，效果有限。阮启耀指出，“伙伴合作”以及“发挥艺术的社会的功能”，并未能提升公众对艺术的认同。艺术发展未能与艺术界产生良好的互动，做到让社会介入。此外，有文化人士质疑艺术发展局节目的整体规划，没有考虑到艺术推广的纵深度，训练独立思考、创造力与身份认同的艺术创作、评论与研究工作。

另一个问题是自港英政府至今，一直缺乏专属部门统筹文化交流的具体事宜。陈国慧指出，官员普遍对本地文化和交流意义缺乏了解。政务司司长属下的“推广香港小组”就曾为文化界所诟病，以其只在港府商务外访时间提供文娱点缀，无法促进严肃意义的文化交流和推广。香港驻海外的经贸办事处虽也安排本地艺团在海外公开演出，但对文化交流的深化作用亦不明显。[③] 康乐及文化事务署谨守其“文康服务提供商”的角色，文化交流观点仍超越不出以往单向的交

---

① 周凡夫：《应制定前瞻性的策略与目标》，载《香港文化艺术论集》，科华图书出版公司，1998。

② 阮启耀：《艺术拨款制度改革与艺发局的组织经验》，载林聰主编《艺术发展十年》，2006，第 7 页。

③ 《Involvement of international exchange of the ADC, SAR Governmental Other Players》，载《国际艺术交流：研究报告与综合摘要结集》，香港艺术发展局，2000，第 20 页。

流模式，交流政策一直停滞不前。[①] 特区政府 2001 年把“艺术发展基金”主要用作支持文化交流，属民政事务局管辖，但资助的准则和项目的限制令艺团在开展长远的文化交流时仍然困难重重，可见文化交流不能由政府机构来领导。如由艺术发展局主要负责文化交流活动，尽管不能包揽全部活动组织事宜，但效果将优于政府机构。然而，目前艺术发展局在文化交流上也未制定有效的措施。

2. 民间参与——得分2分

香港社会的民间文化极有活力。在文化交流政策悬空的情况下，香港民间策划的交流活动一直持续活跃，例如 1997 年香港艺术中心与东京小爱丽斯剧场，台北皇冠艺文中心发起的“小亚细亚小剧场网络”、“亚洲艺术网络”、艺穗会“乙城节”，显示民间组织多年来的交流经验已趋成熟。香港 1999 年促进中国甚至亚洲艺术与其他地区交流的中介角色从民间机构身上体现出来。问题是目前的文化行政构架没有能够确立以民间为主体的机制，从而充分发挥出民间文化的活力。以下列举几个比较明显的问题。

其一，文化设施的建设与管理未能充分调动商界的积极性。香港现有的文化设施提供模式是公共业权模式，私营机构提供文化设施不足。目前，对发展商在其混合发展项目中加入文化设施的鼓励不足。由于绝大部分文化设施由政府部门管理，不利于激发小区管理的积极性。

其二，艺术发展局委员的推选委任面仍不够广。艺术发展局的“中介计划”调解个别及整体的发展，结合了民间性与主导之间的权利，实现了让业界积极参与政策制定和计划的设想。1997 年除团体的个别会员有选举权外，新增团体可自行登记，艺术工作者亦可用个人独立名义参选。但问题是政府委任的委员仍占大多数，民选委员工

---

① 陈国慧:《突破文化交流的功利及单向思维》，2006，第 72 页。

作繁重而无薪金报酬。陈云根指出应为民选委员提供部分薪酬，并增加民选委员的数量。

其三，在区议会层面，议员出席文化事务委员会的成绩不够理想。而且，区议会属于地区性咨询组织，可在区内进行康乐及文娱活动，但没有行政权，拨款亦不能保证，选民无法在自己的选区，就文化事务发挥具体的影响，弱势群体的艺术需求未能满足。

其四，界别之间的多元化活动基本没有出现。各个利益组群皆为各自利益，文化部门与其他界别的“伙伴计划”大都是杂乱、零碎及点缀式的合作计划，无助于打破固有的思想藩篱。文化艺术体制问题严重的原因是除政府及民间艺术界外，没有其他政策组群积极参与政策讨论和制定，因为其他界别对艺术改革不感兴趣。“配对基金”和“行政更新”如何达致多元化是最大的盲点，整个文化艺术体制从曾经的凌乱分散发展到目前的事权统一，但无法引发社会各界的多元互动。

三　结论

从创意城市的角度为香港的文化政策评分，其得分为百分制中的51分。其中，得分较高的是“可及性”中的“安稳性”，即以文化政策保障不同的文化形式及表达，得分4分；同样获得4分的是“可及性”中“提供充分的文化设施，满足市民和艺术家的需求”的指标。得分一般者为“关键质量”中的文化集聚形成文化区、“多元化”中鼓励文化内容和形式的多元性、“可及性”中“在正式及非正式的系统中引入艺术教育”，和“协助团体及个人获得艺术赞助”的两项指标，以及“竞争力”所代表的用文化提高城市竞争力，“组织机能”中“形成良好的行政构架”的指标。得分最低的是“多方联系及协同效应”中“促成多渠道多面向交流”的指标。

本研究显示，从通过文化政策营造创意城市环境的角度来看，香港的文化政策仍有较大的改善空间。香港文化政策的优点是有一个机制较为健全的行政框架，制定并实施政策，文化政策长期为香港市民提供较为充足的文化设施，保障不同文化形式及内容的表达，有利于艺术家及多元文化背景人士的集聚。然而，香港的文化政策在提升文化产业带动效应，推动社会进步等方面，较为欠缺。特别值得注意的是，香港特区政府主导的文化交流只注重引入西方或中国大陆的精致文化，却缺乏树立及展现香港自身的文化形象的意识，从而使得文化软实力的运用受限，影响了城市的竞争力。

此外，根据初步研究，本研究所提出以 John Howkins 的十二项原则和 Charles Landry 的九大评估标准为理论基础构建的创意城市评估框架，可以运用到文化政策的评估，考察文化政策对于创意城市环境形成的功效及作用。进一步完善这一评估体系，有赖于吸纳更多的理论，并实证研究加以证明。

B.18

香港的艺术资助政策及实践*

任　珺**

摘　要：用民间参与的方法整合多元社会力量支援艺术，是当前香港艺术资助政策最显著的特征。本文梳理了香港艺术资助政策的发展逻辑与核心理念、政府价值选择的社会文化语境，以及政府艺术资助的组织架构与整合民间资源的操作方法；分析了香港艺术赞助实践的基本情况及面临的问题。香港的艺术资助机制对上海正在发展的艺术资助政策有一定的借鉴意义。

关键词：文化政策　艺术资助　艺术赞助

一　香港艺术资助政策历史变迁

艺术资助（arts funding）即为艺术作品、艺术家及其相关的艺术机构提供财物帮助。原香港民政事务局局长何志平认为，香港是在1962年大会堂成立之际，才开始正式资助公共文化的；后来香港实施的艺术政策则是以1977年政府内部工作为指引，以1981年原行政局公布的发展艺术的七点政策为基础，并根据两个市政局的艺术资

* 本研究是国家社科基金艺术学一般项目“文化艺术资助机制及政策研究”（编号：15BH111）阶段性成果。

** 任珺，深圳市社会科学院文化研究所研究员，研究领域为文化政策、文化研究。

助，即场地管理经验、艺术发展局的拨款制度研究及发展方向，结合文化委员会在2003年发表的《政策建议报告》综合而成。可见，香港艺术资助政策的成形是在发展中逐步汲取经验的过程。梳理香港艺术资助政策的历史变迁，可大致了解香港特区政府制定艺术资助政策背后的核心理念和发展逻辑、政府价值选择的社会文化语境，以及政府资助艺术活动的组织架构及操作方法、行政实践的构建过程等，这些将有助于我们认识香港艺术资助政策的特征及现实困境。

香港艺术界通常将20世纪50年代香港大会堂的筹建作为艺术政策的开端，市政局开始主办和资助以西方品味为主的各类演艺节目，此前政府一直采取消极不干预的态度。1967年后，政府开始大量增加大众文化娱乐活动。1977年在文化艺术推广工作方面，政府正式确立了作为“统筹者及催化者、所需基本设施的供应者及推动者，并于有需要时提供财政或其他资助”[①] 的角色，以科层组织管理公共文化服务。随后重要的专业艺团相继成立，大型文化场馆建设热潮一直持续到九十年代初。香港回归前夕，港英政府加强了政策研究和政策的公众咨询，兴起了关于艺术政策的讨论。郑新文认为，20世纪90年代艺术工作者和支持者通过游说、公众辩论等方式，表达了业界对艺术建制和管理的意见，同时也促使公共文化艺术机构的政策制定和资源运用原则更加透明。[②] 这为此后文化行政架构大改革及公共资源配置调整做了前期准备。1995年支援艺术及艺术教育发展的香港艺术发展局成立，1999年原负责文化及艺术活动的市政局与区域市政局组织架构解散，2000年民政事务局成立了康乐及文化事务署，负责监察文化及艺术活动的计划和执行有关工作。2004年运行至今的香港文化艺术行政体系由民政事务局和康乐及文化事务署、三个咨询

① 《艺术政策检讨报告咨询文件》，香港特区政府文康广播科，1993。

② 郑新文：《艺术管理概论：香港地区经验及国内外案例》，上海音乐出版社，2009，第215～218页。

委员会（表演艺术委员会、博物馆委员会及图书馆委员会）、艺术发展局组成，分别负责统筹、决策与执行文化艺术方面的公共事务。总体来看，港英政府的艺术支持倾向于以直接管理和高资助率为方法，有报告估计那段时期香港的文化经费大约超过95%来自公帑；香港回归后，政府在不同时期都有提出：艺术资助的效率审计，公共服务外判、私有化的可能性及文化艺术融资、公私伙伴资助等资源开拓。

20世纪60年代港英政府市政局及其他有关部门的赞助和推广艺术工作，倾向于将艺术理解为“恢复精神与体力”（recreation）的闲娱活动，受资助的表演艺术以西方高雅艺术为主。港英政府将少数特权阶层的文化修养及品味向下阶层传送，令下阶层民众能够习得上流社会的若干文化风尚。港英政府因袭英国文化艺术行政的作风，实施类似“反应式”的艺术政策（reactive policies），即政府设立一些被动式的、反应市场需求的机制，当艺术界有明显要求时，才给予援助或咨询，资助以短期为主，双方无强迫性的义务。政府对于艺术资助采取委托公共组织（地方议会）执行。20世纪80年代开始，新的理念开始融入政府制订的艺术政策目标当中，但获得支援的艺术领域仍以表演艺术为主。九十年代以后美国的新自由主义思潮与英语国家的新公共管理措施在香港也产生了影响。当文化艺术事务逐步纳入现代政府科层管理后，文化或艺术政策开始成为一项社会政策。一般制定社会政策时需要考虑的基本问题，如理想中的社会图景，有组织的资源配置，促进效率和公平的分配模式等，在民政事务局对文化政策的愿景、目标、基本原则、文化艺术资助模式等内容的具体描述中均得到了体现。

二　政府艺术资助机制及模式

目前香港特别行政区政府的艺术资助政策并未对资助对象作详细

的界定，依据实际获得资助的情况来看，主要涉及艺术种类包括表演艺术、文学艺术、视觉艺术，以及新兴的媒体艺术及跨界艺术等艺术门类。而政府艺术资助模式则包括公共财政投资于基础设施或艺术机构、专业院校，给予艺术项目直接经济补助，为艺术家或艺术社群提供物料或薪水、津贴，为艺术活动提供免费或补贴的（政府拥有的）艺术场地等。

（一）政府艺术资助部门及机构

民政事务局是香港特区政府统筹文化艺术事务的政策局，管理架构上民政事务局下设文化科，专责文化及艺术政策、香港艺术发展局及香港演艺学院的资助及发展、表演艺术的资助及发展等。2014～2015年度，政府在文化艺术方面的公共开支超过35亿港元（不包括基本建设工程开支、艺术及体育发展基金艺术部分资金、粤剧发展基金），政府对文化艺术的公共开支约占政府总支出的0.88%。这些公共资源主要用于为艺术活动提供场地支援、资助艺术团体、艺术教育和推广，以及支付相关的行政费用。香港特区政府还通过兴建及营运各种文化场地、策略性投资西九文化区，来支持香港文化艺术发展。

香港康乐及文化事务署是香港特区政府文化及艺术政策的执行部门，该署的文化事务部负责规划和管理辖下各表演场地，举办和推广各类文娱节目，在学校和社区推广艺术。康乐及文化事务署采用资助表演场地和节目制作等方式支持香港艺术发展。资助表演场地一般有两种模式，一种是推出场地赞助计划，让地区艺术团体免费使用康乐及文化事务署管辖的设施；另一种则为“场地伙伴计划”，鼓励演艺场地与演艺团体建立伙伴关系。资助节目制作则是由文化节目组和艺术节办事处负责支持艺术节协会举办的活动及举办经常性的演艺节目。主要资助模式有两种，其一，通过主办节目的方式，委托艺术家、艺术团体提供节目。康乐及文化事务署支付演出费用、提供场地及制作支持，提出活动相关计划及要求，并负责宣传。演出门票最终归康乐及文化事务署所有，并上交给香港库务署。其二，通过赞助节目的方式，与艺术团体合作。艺术团体自行策划节目，负责节目制作费，节目纳入康乐及文化事务署活动计划后，康乐及文化事务署提供免费场地、售票服务和宣传协助，演出门票收益归艺术团体所有。此外，区议会则从社区层面支持本地区节庆和社区文化活动，承担区内文化艺术发展的推动者及赞助者角色。

香港艺术发展局是于1995年根据香港艺术发展局条例（香港法例第472章）成立的，是政府指定全方位发展香港艺术的法定机构。其近80%的经费来自政府的经常资助金，其余20%的经费来自艺术及体育发展基金拨款以及利息收入等。艺术发展局的角色包括资助、政策及策划、推广及支持包括文学、表演、视觉艺术、电影及媒体艺术的发展。艺术发展局通过“邀约”“自行管理”“邀约/或自行管理”的形式，支持、推动及策划配合艺术发展局发展策略的艺术活动。艺术发展局常设的资助模式包括“一年/二年/三年资助”“计划资助”“艺术空间资助”“奖学金/实习资助”，同时为回应艺术界的需求变化，艺术发展局正在进行资助改革，包括增加“计划资助”的包容度、合并多项资助、调整文化交流计划资助申请期及引入场地资助计划新安排，以减省业界的资助申请行政工作。

（二）政府对艺术团体的资助

推动及鼓励艺术团体的发展是香港特区政府一项重要的工作。这是因为《中华人民共和国香港特别行政区基本法》第一百四十四条规定：“香港特别行政区政府保持原在香港实行的对教育、医疗卫生、文化、艺术、康乐、体育、社会福利、社会工作等方面的民间团体机构的资助政策。”在此项法律政策的保障下，香港九个主要演艺团体获得了来自民政事务局直接提供的财政支持。民政事务局每年向政府提出拨款申请，以确定每个主要演艺团体年度可获得的资助额，每年总共3亿余港元。艺术发展咨询委员会（成立于2010年）则就各主要艺团的资助额分配向民政事务局局长提供意见。为改善资助方式的公平性，自2012年起，民政事务局专为主要演艺团体设立了具有竞争性的资助试验计划，鼓励九个演艺团体推出有助于在财务和艺术方面持续发展的新计划。尽管九大演艺团体均获得来自政府较为稳固的差额资助，但不同演艺团体运营资金来源比例是不一样的，政府资助占比较大的演艺团体受政府资助政策变化的影响也会较大。香港特区政府大力扶持演艺团体发展有历史原因，也有现实的考虑。对政府艺术支持倾向于表演艺术的批评也一直不断，香港艺术发展局的设立即寄托了艺术多元均衡发展的期望，通过多种资助计划促成小型多元专业艺团的形成。然而当前的资助模式仍未能有效促进艺术的多元化发展。有学者批评民政事务局对旗舰艺团的常年稳固资助，助长了低度竞争的现象；同时短期、零碎的资助计划又形成下层艺团过度竞争的现象。

（三）政府对民间资源的整合

民政事务局辖下用以资助文化艺术类的公益基金有艺术发展基金（1993年成立）、艺术及体育发展基金（1997年成立），两者均为戴麟趾爵士康乐基金下的子基金。艺术发展基金设立的主要目的是促进香港与其他地方的文化交流，推广香港的文化艺术。以上公益基金资助模式上并非完全采用直接资助模式。在艺术发展基金《申请拨款须知》中规定：艺术发展基金的资助上限为申请预算总开支的三分之二。这说明了艺术发展基金只提供部分资助，鼓励项目争取其他渠道的资助、赞助或收入。而艺术及体育发展基金所支持的“艺能发展资助计划”则采用项目计划资助（直接资助）及跃进资助（配对资助）两种模式，通过配对拨款方法培养社会和私营企业支持艺术的文化环境，促进政府、艺团、社会三方的伙伴关系，共同推动香港的文化艺术发展。此外，由民政事务局管理的慈善信托基金中，香港赛马会音乐及舞蹈信托基金（1980 年成立）是以推动和发展香港的音乐及舞蹈为宗旨的。基金通过奖助金的形式资助本地年轻艺术家赴海外知名院校修读综合性音乐或舞蹈进修课程、深造课程或接受音乐或舞蹈方面的专业训练。由民政事务局监管的慈善基金——粤剧发展基金（2005 年成立）则是根据《民政事务局局长法团条例》（第 1044 章）运作的。该基金主要资助粤剧研究、推广和延续发展的计划和活动。

以配对资助的方式撬动社会各界对香港文化艺术的支持，是香港在艺术资助政策领域内最重要的发展趋势。从以上项目资助模式可以发现，自 2011 年开始这一发展趋势越发明显。立法会民政事务委员会在 2016 年施政报告中也明确提出：香港特区政府已预留 3 亿元将推行“艺术发展配对资助试验计划”，为较具规模的艺术团体/机构所筹募的捐款和赞助提供配对资助。一方面可以增加艺术团体/机构的财政来源，另一方面也是要通过这一举措推广社会捐助文化艺术界发展的风气。这一新资助试验计划是在“跃进资助”基础上的进一步延伸。政府对民间资源的整合，不仅通过将慈善基金纳入管理，而且还依靠各类文化艺术基金的“配对资助”鼓励更多的社会资金赞助艺术发展；同时市民被鼓励捐款港币一百元或以上，可获正式收据作扣税之用。但目前来看，艺术赞助及捐款在各类文化艺术机构/团体收入中的占比并不理想，仍未成气候，其中的原因既有香港特殊的税制因素，又与整体社会氛围密切相关。[①] 郑新文曾分析，由于香港的税制简单而税率甚低（利得税 15%），政府推行的税务优惠措施未

---

① 2001 年香港政府中央政策组曾委约进行慈善机构的研究——《香港第三部门的角色及其发展》。调查显示：只有 11% 的访问对象有意赞助文化和体育活动，而 58% 的被访者则选择支持教育活动。赞助艺术活动并非工商机构从事慈善活动的优先考虑。

能有效刺激香港商界赞助文化艺术活动。[①] 陈云也曾指出，香港民营公益机构成长的法律和经营环境已经成熟，政府很早就为各种法定组织和官方注资的民营组织提供公共和社会服务；香港有明确的私有产权保护和公司法，公益事业也有良好声誉，但社会人士为促进艺术发展而捐献的风气仍不蓬勃。[②] 国际上广为通行的经验——通过税惠政策对艺术进行间接资助，在香港并不能成为有效的方法，对艺术支持的社会氛围仍十分重要。

三　艺术市场及商业赞助实践

香港市场活跃着近百家本地及国际当代与现代艺术画廊，中环集中了香港最重要的画廊，其中荷里活道是中环画廊最集中的地区。一级市场的完善吸引了二级市场的参与，不仅大批国际拍卖行及内地拍卖行业巨头驻扎香港，而且吸引了中国内地藏家、投资者们蜂拥而至。近年来由于全球顶级艺术博览会品牌巴塞尔的介入，更是促成了香港层次丰富、生态多元的市场结构，使香港成为名副其实的亚洲艺术品交易中心。从《2015 年度全球艺术市场报告》对亚洲市场板块分析来看，香港是中国唯一成交额上涨的城市，市场份额上调 8.6%。[③] 香港已成为西方艺术引进地及国外开拓内地市场的“中转站”。香港在艺术品市场中的优势主要得益于低税率、简单税制及完善的保险，国际自由港的贸易环境，国际金融中心，国际会展中心，完善的法治系统，高效率的营商环境，多元开放的文化氛围，等等。

---

① 郑新文：《艺术管理概论：香港地区经验及国内外案例》，上海音乐出版社，2009，第200、227 页。

② 陈云：《香港有文化——香港的文化政策（上卷）》，花千树出版有限公司，2009，第546 页。

③ Artprice 和雅昌艺术市场监测中心（AMMA）：《2015 年度全球艺术市场报告》，2016 年 3 月 1 日。

与此同时，香港本土艺术品市场并不发达，居高不下的房价与日渐狭窄的艺术空间之间的矛盾，重商主义环境，极大抑制了本土艺术生发场所的生长。

自律型艺术的非功利目标与商业机构追求利益最大化的功利目标是存在分歧的。目前商业艺术机构和公营艺术机构之间，针对香港本土艺术培育的空间还或多或少需要政府支持或社会赞助。譬如作为当代艺术空间的“艺穗会”，其运营经费来源大约有30%来自康乐及文化事务署和艺术发展局的项目资助。香港艺术中心2014～2015年度从政府部门获得节目资助金额占总收入的20.95%。[①] 牛棚艺术村（前身为北角油街艺术村）作为艺术原创基地，没有引入商业机制，由香港发展局管理，日常维护经费来源于艺术发展局的资助。赛马会创意艺术中心（JCCAC艺术村）也是通过自上而下的方式将石硖尾一家废弃工厂改造成集中式管理的艺术空间。香港特区政府以期限七年托管协议形式将经营权交予香港浸会大学，以自负盈亏及非牟利机构的模式运作；艺术空间以补助形式租给文艺界人士，为驻场艺术家及团体提供艺术工作室和展示场地的支持。2014～2015年度艺术中心获得了香港艺术发展局及深水埗区议会给予的节目赞助及资助约占总收入的7.8%，赛马会慈善信托基金予以场地计划项目的捐助约占总收入的2.8%。

其他更为倾向民间自发性质的艺术空间，并没有被单一运营模式所局限，资金来源具有一定的独立性，或引入多方资金相互制衡，或以教育等作为副业支持运营，或尝试以共筹经济模式维持。如由艺术家自营的空间“Para/Site”和“1a space”等，也曾有过香港艺术发展局的支持，目前更倾向艺术社群的支持；火炭当代艺术工作室群聚及湾仔富德楼艺术创作社群，则是通过自下而上的方式自发聚集的。

① 《香港艺术中心2014～15年报》，香港艺术中心，2016年4月。

前者面临着房租不断上涨的困扰，发展期间政府机构及信和集团对工作室的开放计划提供过赞助，火炭艺术家在举办展览时可向政府（香港艺术发展局、康乐及文化事务署）申请资金和场地支持；后者则依靠富德楼大业主以低租金（约周边房屋租价的两成左右）予以艺术空间支援，帮助艺术社群独立自治发展。香港置地及太古公司、新世界、新鸿基地产、信和等商业地产集团以及香港地铁公司、新世界第一巴士公司等公共运输系统，也都以不同的方式赞助或开展过一些公共艺术项目。然而很多私人机构主持的项目优先选择海外知名艺术家，对本地艺术家支持有限。有研究报告指出：这些私人机构赞助仅支持可作装饰用途的艺术作品，其市场策略并不包括提升社区参与，因此较少涉及环境的整合。除了商业机构以外，一些私人基金会、企业设立的基金也为香港文化艺术发展提供赞助，如李嘉诚基金会、夏利豪基金会、奥沙艺术基金会、K11 艺术基金会等。

香港岭南大学受香港艺术发展局委托，曾于 2011 年发布《香港文化艺术赞助调查报告》（以下简称《报告》），描述了香港商业机构及基金在文化艺术赞助方面的基本情况。《报告》指出直接拨款是最常采用的赞助形式，其次是赞助活动广告及推广、免费提供或赞助场地等。获赞助最多的活动形式是“表演”，其次是“节日/综合活动”；从文化艺术类型来看，获赞助最多的是音乐及戏剧，两项超过一半的总赞助次数，最少的是文学及电影。对如何争取商业或基金赞助的能力，赞助者大都认为需要增加活动的受众及接触面、建立艺术团体正面形象。《报告》也调查了艺术团体寻求赞助时遇到的困难。譬如，寻求赞助需要不少行政资源，而这正是很多小型艺术团体所缺乏的；商界的艺术赞助意识不浓；某些艺术类型，社会认识不多，小型艺术团体也难获得高知名度；某些艺术类型比较难与赞助商的时代形象配合；很多艺术团体的活动都比较小众，受众人数和层面不广，对赞助机构来说未能将赞助达到最大的效益，等等。

事实上，艺术赞助要想获得持续发展必须在赞助者和被赞助方之间形成双赢的互动关系，相互了解彼此的诉求是促成合作伙伴关系的前提。当前香港商业赞助大都认同艺术赞助的目的是履行社会责任，但将艺术赞助作为行之有效的营销手段还尚未成为普遍接受的理念，这制约了大量中小企业参与艺术赞助的可能性。此外，专业赞助中介机构的存在，也可以帮助艺术团体处理不擅长领域，专注于创作。譬如在火炭工作室开放计划中，非营利机构“Pep!”就发挥了重要作用，它代表火炭艺术村与外界沟通联系，获取来自政府及商界的赞助。但这类中介机构在香港艺术生态中也是比较匮乏的，其自身的成长也存在诸多制约。香港文化艺术赞助调查呈现出的问题，可促进政府部门检讨艺术资助政策，思考以怎样的支援方式才能帮助艺术团体获得支撑其可持续发展的多元资源。对此，政府的艺术资助政策所涉及的不应只是公共财政在多元艺术领域内的公平配置问题，艺术生态的完善还亟须政府对其外部发展环境进行整备，为中小艺团提供行政援助，扶持艺术赞助中介机构的成长与发展。

四　香港艺术资助政策的反思及启示

基于公共资源支持艺术的公平与效率问题，及对艺术可持续发展的反思，如何完善艺术资助机制，在香港艺术政策发展史上始终是一项重要的政策议题。其中探讨的重点涉及政府的角色，艺术资助对象的规管原则，艺术管理理念与管理体制、机制相互作用所形成的艺术资助制度等。陈云根、何志平作为直接参与文化行政制度改革议程的学者及官员针对以上争论焦点曾动议：其一，政府在艺术资助议题上应从过去的资助人的角色转变为赞助人的角色，支援有社会效益的卓越艺术活动，并有限度地监管艺团的营运和艺术水平。其二，适度放宽管理规定，确立资助对象时不预设艺团规格门槛，从财政资金通过资助与否、资助方式和资助比率调节艺术环境，允许艺团自行筹措经费，发展不受政府资助的项目和路线，以确保艺术自由和创造艺术发展的环境。其三，确立最基本的资助理念，增强资助制度的灵活性、适用性和稳定性。按照艺术创作者成长历程，将资助分为培育新进及鼓励可持续发展；减低资助制度与市场生态的脱节；同时回应艺术界的需求变化，使资助制度有广泛的适用性和稳定性。扩大“财政资助”单一概念为“艺术支援”综合概念，即除了财政资助以外，政府还应在基础建设、市场推广、对外交流等方面，综合支援艺术界。修订差额资助的管制，让艺团可以保留盈利，鼓励艺团寻找多元资金来源、社会支援（驻场、义工等合作伙伴）以及发展香港以外的市场。①

从香港近些年艺术资助制度改革发展的整体趋势来看，这些动议正在发生一定的作用。政府对文化艺术发展的财政支持基本稳固在一定比例，但资助方式正谋求新的方向，更为强调由下而上的方法及整合多元社会力量，借助公私合作伙伴关系增进社会凝聚力。早在2003年，文化委员会（临时咨询组织）在政策检讨报告中即提出“民间主导”的长远策略，建议政府应逐步减少在文化设施及活动管理中的直接参与；但鉴于私人机构未必具有相关的专业知识和诱因去接替政府角色，因此提出“民间参与”作为由政府主导至民间主导的过渡性策略。此后，“民间参与”的概念在香港艺术政策中获得了发展。②“民间参与”的形式不仅体现于将更多的活动及节目举办放权于民间艺团，而且在艺术政策制订及资源分配过程中充分重视相关专业委员会的咨询作用，及重视对艺术界需求的回应。譬如香港艺术

① 何志平、陈云根：《文化政策与香港传承》，中华书局，2008，第127～128页；陈云：《香港有文化——香港的文化政策（上卷）》，花千树出版有限公司，2009，第512～514页。

② 郑新文：《艺术管理概论：香港地区经验及国内外案例》，上海音乐出版社，2009，第220页。

发展局的资助改革：注重拓展艺术观众、培育赞助者，通过新的艺术资助制度设计引入社会资源的支持，使有限的公共资源提质增效。可持续发展的艺术生态环境仅依靠单一领域的支持是不够的，需要多元的社会支持，包括来自政府的间接艺术扶持政策、多渠道的公共机构资助、众多观众和市场支持、民众的志愿参与、慈善捐助及商业赞助等。当前香港艺术资助政策发展中的困境，既有普遍性的影响因素，又有特殊的历史成因。譬如香港一贯采用的补贴性质的艺术资助，在某种程度上削弱了艺团的竞争力和自立能力，容易导致艺团只回应“资助者市场”，而没有积极开发“消费者市场”。[①] 艺术与社会良性互动不足，公众艺术参与通常仅限于鉴赏及教育层面，造成尽管香港商业氛围浓厚，但社会支持艺术发展的整体氛围还不够，商业赞助及捐献也未成气候，艺术发展所需的多元资金渠道受限，等等。

香港艺术资助政策发展过程中，一些运作机制还是值得我们学习的。首先，香港的法治环境不仅限制和规范了政府权力和行政行为，而且对社会主体、市场主体也有严格的法律约束，政府不用担心“民间参与”会违约或投机。其次，艺术资助建立了较为完善的程序规则，资助项目申请、审核及评估等环节的操作规程，保证了每期资助有效运作。同时所有信息公开，业界对不公开透明的申请、审核有监督、质询的权力。再次，艺术资助对象注重区分扶持主要艺团可持续发展及培育新生成长中的艺团，对待两种不同发展阶段的艺团采用不同的资助方式。尽管香港重点资助的主要艺团还仅限于表演艺术院团，但不同类别的表演艺术院团也是采用不同的管理及运作方式，或侧重市场手段，或侧重政府手段，抑或两种兼顾，每个艺团资金来源渠道都是多元化的，政府不直接控制艺团对资源的使用。[②] 最后，通

---

① 何志平、陈云根：《文化政策与香港传承》，中华书局，2008，第126页。

② 邓泽宏、董志汉：《香港艺术团体分类管理体制特点及启示》，《人民论坛》2015年第1期。

过决策层民主选举，公开招募同侪评量，审批员、利益申报及廉政公署、审计署、香港媒体第三方监督等方式，保证公共资源开放，艺术资助的申请可获得公平对待，极力避免公共资源被利益团体或小圈子所占用，失去艺术多元发展的初衷。其中430名审批员是艺术发展局定期主动提名和登报公开征聘选出的具有专业知识的艺术界人士，审批员委任期间，每年向办事处登记利益、提交个人最新履历，这些信息均需对社会公开。在每次审批过程中，通常采取抽签方式随机调配审批员；同时审批员还必须通过审批表申报他与申请者或获资助者没有利益冲突，以此规避审批员的偏私行为。[①] 从全球范围看，当代西方国家都有在范围上扩大艺术使用权的导向，建构了政府津贴结合慈善捐助、商业赞助的艺术资助体系，香港也在谋求建构“民间参与”多元化的艺术资助体系。怎样的模式最适合艺术的可持续发展及艺术与社会的互动，其实并没有定论，各个国家或地区的地方性经验仍值得深入观察与探讨。

① 晏婵婵：《香港文艺基金分配为何相对透明?》，《南方都市报》2013年1月29日。

B.19

从文化到政治

——欧盟的叙事建构与德国文化政策

周睿睿*

摘　要：　本文致力于以德国当代文化政策转型和欧盟叙事构建的新模式为契机探讨文化政策与社会、政治的关系。本文始于一种观察：传统理论认为政治共同体的成功在于它提供了一种社会的共同身份建构，而欧盟并无传统理论假设的叙事“尽头”。这似与当代德国文化政策有某种相通之处。20世纪70年代末开始的新文化政策带来了由被动向主动的转型，单个的公民首次以主要活动者的身份出现，并通过文化活动积极参与社会空间的构建。这种新机制已从社会的微观和中观层面慢慢向上渗透，开始在宏观层面上获得了政治表达。本文认为，德国在欧盟的“领导”作用，并不仅仅与其经济实力的领先有关。本文也试图展示，这是一个由文化实力过渡到政治实力的范例。

关键词：　欧盟　德国　文化政策

* 周睿睿，德国汉堡大学社会与经济学院讲师，全球化管理中心研究员，主要研究方向为文化政策、文化发展、全球化、欧盟和福利政策。感谢汉堡大学的 Birgit Pfau-Effinger 教授在此文的构思、撰写和报告中给笔者很多支持和启发。

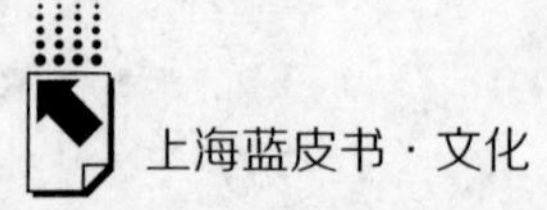

一　引言

本文有两个初衷，它们分别出自于两方面的观察：一方面，欧盟作为迄今为止唯一成功的跨国政治共同体吸引了很多人的兴趣，这些兴趣有出自对欧盟的单纯好奇，也有出自国际政治的考量。而德国在欧盟内部的核心地位几乎已经不可撼动。一个相对普遍存在的认知是，德国的这个地位并非仅仅依靠其经济力量的强大。二战结束不到一个世纪，给欧洲国家留下惨痛记忆的德国就不再以战后一二十年那种谨小慎微的姿态出现，而是成为欧盟——世界上最大的经济共同体和最有话语权的政治共同体之一的颇具分量的领导者之一；另一方面，文化政策尽管逐渐成为一个独立领域，但所获的重视依然不够。这部分是因为人们对文化以及文化政策的理解还停留在相对传统的层面，部分也是因为学界对这个话题依然未能给出足够兼具说服力和影响力的论据。尽管已有学者意识并指出，文化可以被当成某种社会调控以及管理手段来看待，但这些研究绝大多数都把注意力放在微观和中级层面，而缺少对宏观层面的把握。这篇文章，既出于本报告对欧盟、德国、文化政策等的兴趣，也希望抛砖引玉，填补研究上的空白。

二　欧盟政治的叙事新形态及其制度化

与传统和常见的叙事相比，欧盟政治的叙事有其特有形态。毋庸置疑，欧盟如今的政治管理形态脱胎于传统的联邦制——今日的德国和美国都是这种制度的经典代表——而后者又由中古时代欧洲领主分封的雏形演变而来。但欧盟如今的制度与德国或美国的联邦制有根本不同：除了并不意在因此建立一个民族国家之外，更深刻的不同在于欧盟政治的叙事有别于传统的叙事。

（一）传统政治叙事的机制

叙事并非自然产生，而是人为的后果。正如一本小说由人创作、要有头有尾有宗旨一样，社会和政治领域的叙事产生在于人为从历史和现实的无数个事件当中挑选出部分事件，构成某种“叙事链”，使其成为某个完整的故事，并赋予该故事特定含义。“叙事即观察者使社会现象变得有意义。”观察及研究叙事构建过程的文献不可谓不多，对于叙事的组成部分，各位学者亦自有主张。此文并非旨在做理论探讨，因此不加详述，暂且粗浅地总结为三个部分：定义了政治共同体为何诞生、怎样诞生的原基础神话；从其历史中选择性提炼、为其成员提供忠诚度依据并为其当下存在正名的神圣品质；揭示其终极理想的终极神话。

所有的构建过程都指向一个明确的结尾，也就是第三步，即这个故事的组成变得神圣而不可侵犯，而其中所体现出来的“品质”则成为某个政治共同体——无论是今日的国家和跨国界组织，还是封建时代的诸侯王国或者帝国——赖以存在的价值基础。其中的意义在于，虽然这些神圣或宏大的品质或不能于短期内达到，但它们却为叙事提供了明确的终极目标，并因此成为共同体中成员的身份认同的组成部分、提高忠诚度和凝聚力、敦促整体的努力。它为理解某个政治共同体（political community）为何而生及其作为提供了一种“官方”的指南，不仅解释其来源，也为其存在和行为的意义正名。

直到现当代，这些叙事服务的对象一直是传统的政治共同体，即民族国家以及有行政权力的城镇或联邦州。它不仅可使一个政治共同体的诞生和存在合理化，也可以保证其制度在将来的延续。这也为其成员提供了某种“本体安全”。后者指的是“大多数人对其身份认同将会延续、对其行为所面对的社会和物质环境将会稳定的信心”[①]。而这种信心是叙事得以继续的基础动力。

（二）欧盟叙事的特性

自第二次世界大战及冷战结束以来，“终极目标”变得越来越不重要。利奥塔德将其形容为“宏大叙事的终结”。忒尔邦也指出，战后东西方看似在追求不同的“现代性”，然而作为过程的“现代化”道路的前进模式却是相同的：重要的不再是处于道路尽头的“现代性”，而是确保“现代化”的过程处于某种既定轨道上。

但尽管如此，叙事中的“终极目标”是传统民族国家和政治共同体存在的主要形式。直到欧盟诞生，唯一的超国际组织是联合国。虽然有学者指出，全球化带来了“民族国家的消解”，但无论是世界贸易组织还是北约都至多只是有共同的行政纲领，却既没有政治叙事，也不涉及身份认同。联合国虽有一定的政治叙事，却既无实质的行政权力，至今也未给其成员提供身份认同。因此，欧盟之前出现的联合国、世界贸易组织、北约等泛国际或国际组织都不能被称为政治共同体。而政治共同体却随着欧盟的出现被赋予了新的形式。不仅是欧盟频频以“欧洲共同体”来表达对自己的定位以及该共同体有相对完整的行政组织架构，而且它还有上至公元纪年前、下至冷战，以古希腊罗马、基督教的诞生及改良、文艺复兴和启蒙运动为重要标记，以“理性”“人权”“法制”等为核心价值的宏大叙事结构，为其成员提供身份认同和“本体安全”。

与传统的政治叙事相比，欧盟叙事的最大不同之处在于它没有清晰的终极目标。无论在欧盟宪法还是在其他文献当中，都找不到叙事所想表达的终极“品质”。“融合”是欧盟作为政治共同体的叙事的

① Giddens, Anthony, *Modernity and Self ~ Identity*, (Polity Press, Cambridge, 1990).

开始，也是其标志特性。它始于欧洲国家对两次世界大战的回忆和被纳粹的“国家社会主义”玷污了的“民族国家主义”的认识。在冷战后期和冷战结束后，为了在美国的单边霸权主义中保持一定独立，“融合”又得到了进一步发展。“融合”被当作克服带来战争的民族国家主义以及保证和平与繁荣的唯一途径。在一次又一次的条约和会议中，“融合”从政治上被制度化了，成了欧盟政治的首要组成部分。与此同时，“融合”也在社会中获得认可，成为普遍共识。2012年的欧洲调查显示，60%的人认为欧洲的繁荣和稳定主要归功于融合。

但是，在各种文件中反复出现的“促进融合”只是表明了叙事的渐进式方向，却并没有明确表述“融合”这个方向最终意在达到什么“终点”。试对比若干以民族国家为形式的传统政治共同体的政治叙事：

> 国家的根本任务是，沿着中国特色社会主义道路，集中力量进行社会主义现代化建设。……坚持人民民主专政，坚持社会主义道路，坚持改革开放……实现工业、农业、国防和科学技术的现代化……把我国建设成为富强、民主、文明的社会主义国家。……完成统一祖国的大业是包括台湾同胞在内的全中国人民的神圣职责。(《中华人民共和国宪法》序言)
>
> “我德意志人民，认识到对上帝与人类所承担之责任，志在维护民族和国家统一，并受此志鼓舞，愿以联合欧洲中平等一员之身份服务于世界和平，特以立法之权力立此宪法。”[①]（《德意志联邦共和国宪法》1949年初版序言）
>
> 巴登-符腾堡、拜仁、柏林、勃兰登堡、不来梅、汉堡、黑

① Glaser:《德意志文化1945～2000》，周睿睿译，社会科学文献出版社，2016。

森、梅克伦堡－前波美拉尼亚、下萨克森、北莱茵－威斯特法伦、莱茵兰－普法尔茨、萨兰、萨克森、萨克森－安哈特、石勒苏益格－荷尔斯泰因和图林根的德国人民凭借自由自主精神完成德国的统一和自由。（《德意志联邦共和国宪法》2010 年版序言）

我们合众国人民，为建立更完善的联邦，树立正义，保障国内安宁，提供共同防务，促进公共福利，并使我们自己和后代得享自由的幸福，特为美利坚合众国制定本宪法。（《美利坚合众国宪法》序言）

我们认为下面这些真理是不言而喻的：造物者创造了平等的个人，并赋予他们若干不可剥夺的权利，其中包括生命权、自由权和追求幸福的权利。（《独立宣言》序文及前言）

而无论是在《马斯特里赫条约》还是在当今欧盟运作方式范本的《里斯本条约》中，都没有出现这样的定性和终极目标，而仅仅表示要从政治上扩大欧共体超国家机构的权力和从经济上实现统一市场。

从意识形态的角度上来说，人们可以说中国是“社会主义国家”，德国和美国是“资本主义国家”，但不能说欧盟是“社会主义”或者“资本主义”，因为有关这方面的“品质”并不存在。也就是说，传统意义上的“政治叙事”的建构过程在此并未完成。比照之前总结的叙事构建的三个组成部分，不难看出，对欧盟这个政治共同体来说，“原基础神话”是有的，“神圣特质”也是有的，而对于“终极神话”却在欧盟成立业已 20 多年后，既始终语焉不详，又在短期内似乎也无意树立。

三　德国现当代公共文化政策的兴起和制度化转型

本报告首先要说明的是，“兴起”和“制度化”是两个不同的概念：“兴起”仅仅表明某种机制开始有了思想和结构上的雏形，而“制度化”则表示某种渐进的过程，并且其过程中的一环和下一环很难做精准的切割。虽然人们倾向于给某种行为或措施“定性”，但实际上应该更多地考虑行为者的具体位置以及角色。制度化并非非黑即白的存在，而是在到达最终“定型”之前，有许多步骤使其渐渐地从无到有。

“文化政策”这个概念的从无到有本身就说明了认识的转变。法国外交家和人文学者多洛说过，20 世纪世界范围内文化有三大革命，其中之一就是国家作为行为者有意识地领导和利用文化。这种“作风的转变”归结为理论就是：文化政策正如其他社会政策，是功能性的。它是基于某种对公共道德的理解、由公共讨论而产生、致力于实现生活在某个政治共同体内的所有成员的共同福利、带有某种强制性的、以文化活动为对象的规范和准则。“文化政策的合理性在于民众，而不在文化。”① 由此可见，文化政策的落脚点在“政策”二字上，而非文化本身。

德国学者克莱因在分析文化政策时，曾把政策做“广义政策”和“狭义政策”二解：“狭义政策”指的是仅仅由国家政府颁布的条文和指令，而“广义政策”指的是国家和社会的共同行为。至于是什么行为，由于克莱因并非政治学家，所以在此并未给出更精确的定义。但从其他学者的研究和若干文献中，不难概括出他说的“行为”

① Vestheim, Geir,: *Cultural Policy and Democracy*, (Routledge, 2014).

就是政策的目的和方式。克莱因的论断高明之处在于，他拓宽了政策的决定者和执行者的领域，使其从国家拓展到社会的范畴，而这正是现当代德国文化政策自兴起之日起的发展方向。

在开始论述前，还要强调的是，德国的“文化政策”（Kulturpolitik）这个概念中的“政策”（Politik）实则在英语中对应三个概念：“politics”、“polity”和“policy”。虽然前两个单词在中文中常常被翻译为“政治”，但“polity”指代的是结构和制度层面，也就是说，它回答的问题类似于“某政治共同体的使命和任务是什么”，而“politics”指代的是政治的过程层面，也就是说，它回答的问题类似于“某种政治制度如何运行”“如何做出决定”。而“policy”在中文中常被译为政策，即内容层面，它回答的问题类似于“政府做了什么”“某项措施的内涵是什么”。而德语的“Politik”这个概念是以上三个概念的总和。也就是说，虽然德国的“Kulturpolitik”在绝大多数讨论中指代“文化政策”，但其概念本身包括了关于文化活动的政治/政策的结构、制度、过程和内涵。

（一）转型前的德国文化政策

如上文所述，文化政策的主要特征是政策，是以文化活动为主体实践对象的政策。正如每个国家对政策、政治有不同理解一样，各国各民族对文化的理解也不同——即怎样定义文化，何为文化的宗旨，如何理解文化与诸如社会、政治、经济等其他因素的关系。德国文化政策学者也认为，文化政策的目标和任务是什么，取决于人们怎样理解文化。

虽然同属西方文明体系，但德国对于文化的理解与英、法等其他国家有很大不同。这首先是由其历史决定的。直到 19 世纪末期普鲁士宰相俾斯麦统一全德，德国在自罗马帝国后期、中世纪直至欧洲相继逐渐进入现代化工业社会的漫长时间内都是分裂的诸侯国。“德意志”仅仅是一个文化概念。但正因为如此，德国对文化有一种执念：替代了传统氏族、村落等生活共同体的民族国家的概念随着现代化的开始诞生，目睹了“邻居”诸如英、法早已建立了统一的国家，对“德意志文化”的认同成为很长时间内德意志知识分子们对于“统一国家”的想象。在此，文化有一种替代了政治、把社会这个共同体中的成员牢牢抓在一起的作用。

当代德国文化始于二战结束。对二战以及极权的反思贯穿了从1945年至今的整个德国文化史。战后时期的德国文化一言以蔽之就是重回轨道，其中起到重要作用的一是对古典文化的复兴，二是现代艺术对纳粹极权的揭发。在这个时期，相较而言更为重要的是对古典文化的复兴。因为，虽然盟国的再教育计划面对所有德国公民，但德国自身忙于重建，对纳粹极权真正彻底且系统的反思则要在相当数量的积累上，才能取得质量的突破。在战后时期，以贝多芬、歌德等大师为代表的德国古典文化的复兴在德意志民族重新找回定位的努力中，扮演了至关重要的角色。所以，今日德国文化政策的兴起也就是在战后时光。尽管人们当时对“文化政策”这个概念没有认识，但奠定其基调甚至客观上也为了以后的文化政策转型做了前期准备的框架在此时逐渐形成：意识到文化对社会的作用、有意识地利用文化活动达到某种共同目标以及去中心化的趋势等——虽然最后一项从很大程度上来说来自于德国在分裂时期的历史。

以被炸成废墟的德累斯顿为例，战争结束后一星期，人们就开始聚集在教堂里演奏贝多芬。“在废墟年代，严肃的古典音乐在人们的愿望和价值中有崇高地位。人们希望——“绝对战争”曾经削弱了文化——能再度感受古典音乐，作为一种慰藉以及抵御残忍现实的屏障，作为一种现实生活中的平衡和鼓励。不久，不仅在大城市出现许多杰出的乐团和合唱团，高素质的音乐家也随着难民一起来到西德并在此寻找工作的机会了”。①

固然，对“真善美”的纯粹欣赏在艰难的战后时光帮助德国人民以最快的速度从“罪犯和凶手的民族”回归“诗人和思想家的民族”。然而它也并不能被免除接受随后对历史和社会的反思。物质化的文化理解被称为“肯定性文化”，用以批评文化被当作一成不变的纯客观物质，并且缺少反思能力，而这种态度则是“对彻头彻尾的自私自利的美化行为”。在稍后为文化政策转型奠定理论基础的思潮中，它被形容为“传统文化遵循的是一种古旧的、只唱赞歌的美学”。

（二）文化政策的转型

20 世纪 60 年代的各种“叛逆”潮流实际上是以二战和极权为契机，对整个西方世界的现代化的一个集体反思。20 世纪 50 年代的重建和 60 年代的反思为 70 年代的转变打下了经济和精神基础。从 1973 年开始，德国城市议会一直为拓宽文化政策而提供平台。“新文化政策”对文化政策给出了新的定义，其来源就是对好几次德国城市议会的总结：“文化政策应有如下特征：文化政策首先是社区的文化政策；它服务于人的解放；它从本质上来说是社会文化；它是对工业社会产生的需求与压力的平衡；在它对自己的理解里，放在第一位的是教育政策，而教育政策的核心是公民们的社会、交流和审美的需求以及上述能力的发展甚至进化。”②

此定义并非空穴来风。正如上文所说，对文化政策的定义和理解来源于对当下社会的观察和认识。“新文化政策”是德国历史上第一次系统阐述文化政策与其他社会领域的关系。一般认为，1973 年的

① Glaser：《德意志文化 1945 ~2000》，周睿睿译，社会科学文献出版社，2016。

② Heinrichs, Werner Klein Armin. *Kulturmanagement von A-Z*, *Deutscher Taschenbuch Verlag*, (München, 2001).

《多特蒙德宣言》和当时的社会学家约翰·葛布瑞斯对城市生活的批评互为表里：葛布瑞斯认为，美国式的城市发展受到全世界各地的效仿，城市成了工业发展的竞技场，利益最大化成了一切准则。“在经济化的城市里，我们可以找到几乎所有问题的源头。而正是这源头成为今天的摩登都市的标志。”[①] 葛布瑞斯指出，利益驱动的特大城市最终会走向灭亡，并提出“有组织的城市”作为解决问题的方案。

葛布瑞斯以及其他社会学家并非反对经济，而是将反对利益最大化作为城市发展的唯一准则。他所提出的“有组织的城市”倡导的是一种反对城市在市场追求利益的天性下无序发展，而将诸如社区、团结、人文等概念有意识地嵌入城市发展规划，使其在经济发展之外成为城市生活的脉络的理念。这种理念的建立基于对当下欧美社会的一种观察：当社会发展达到一定水平，人们的基本生活得到保障，就会转而追求一种物质之外的身份认同。

同之前备受批评的“肯定性文化”相比，新的文化政策概念有很多立场的改变。试对比一下 1952 年德国城市议会的《斯图加特纲领》：“对各个城市来说，文化的维护是一项重要而且急迫的任务。其重要性和急迫性既在于文化本身值得维护的价值及通过维护体现出来的精神面貌，也在于维护本身对社会生活所带来的意义。”以“新文化政策”对比 1952 年纲领，改变主要在以下三个方面。

第一是作为政治主体的文化从纯物质性到超越物质性：在 1952 年的文化政策概念里，文化是纯物质性的存在。在这样的文化政策概念里，文化作为“维护”的宾语出现，而需要被维护的，当然是已有的、具象的东西。事实上，熟悉德国文化史的人不难看出，“文化维护”这个概念，灵感得自于“纪念碑维护”。而在新文化政策里，文化的概念似乎被大大地“抽象化”了。它更多地被理解为某种带

① Glaser：《德意志文化 1945～2000》，周睿睿译，社会科学文献出版社，2016。

有审美和交流特质的精神规范的存在。第二是文化从被动变为主动。作为纯物质性理解的文化，在 1952 年纲领中，始终处于被动的地位。而在“新文化政策”的定义中，文化以主动的姿态，成为改变和构建的主体。在此，文化不再是需要被投资、被维护的对象，而是如同经济和政治一样，成为推动社会生活的积极因素。第三是文化从独立于社会生活之外变为成为社会生活的组成部分。在 1952 年纲领中，文化还是如同纪念碑一样，不仅需要被维护，而且是一成不变的。而“新文化政策”定义的宗旨就是明确了文化参与社会构建，并随时对不同的社会状况做出反应和调节。

（三）“被解构”的文化政策

一方面，文化政策作为一个独立的社会政策领域，其意义越来越大；另一方面，在某种程度上，它的意义却又恰好体现在传统的文化、社会、政治的疆域变得模糊。新文化政策重新定义了文化和政治的关系。在新的语境下，文化不再仅仅是独立于社会生活之外、赞颂真善美的“为了艺术的艺术”，而是人们必须一再在流动的社会环境中，不断重新追问它与社会的关联及它对社会的影响。在这种定义下的文化不仅具有了社会性，也获得了政治意义。相应的，由于环境不断变化，自顶层而下的决策未免后知后觉，文化的权力不得不被一级级“下放”。这就导致了在新文化政策里，作为文化活动参与者的公民的自我责任和能力培养成为政策实施的落脚点。

这次转型的两个主要方面——当事人由被动变为主动和文化权力的“被解构”——是相辅相成的。

先说第一个方面。“新文化政策”中的当事人是许多个个体的公民。直到转型完成，公民一向被当作文化活动的接收者。也就是说，政府或者抽象的社会负责提供文化产品以及文化活动，而公民只需要被动接收即可。而“新文化政策”在把主动权交给公民的同时也赋予了公民更多责任。它要求公民积极参与到文化活动中，并以文化活动作为构建社会的契机。

“文化公民权”和“文化为所有人”这两个概念是“新文化政策”的实践理论基石。前者把文化能力和文化表达同“公民权”的概念联系起来，指的是个体的公民是国家政策的基准点，同时认为，国家不仅有义务对公民的文化表达提供法律以及结构上的支持，同样有义务在具体操作上保证每位公民不仅有机会、更有能力进行文化表达。在这个意义上，公民在文化能力教育上的平等被视为实现机会平等的出发点。这解释了新文化政策中“在它对自己的理解里，放在第一位的是教育政策，而教育政策的核心是公民们的社会、交流和审美的需求以及上述能力的发展甚至进化”。而“文化为所有人”同“文化从所有人”是文化民主的一体两面。“文化为所有人”着重强调所有人接触文化活动的途径应不受阻碍，意指“不仅仅在于普及和传播‘经典文化遗产’，也不仅仅在于单纯地介绍孤立于受众和社会现实以外、需要受众花费足够时间以及拥有足够智力才能理解的专业艺术。而是每个公民都必须切实地可以接受所有艺术分类、不同专业程度的文化产品，而他们为此付出的时间和财力必须要计算到任何收入的人都不会受到限制”。而“文化从所有人”则以广义文化概念为出发点，认为因其生活方式的不同，所有社会阶层、所有社会团体都自有文化，因而其表现都是值得支持的。

再说第二个方面。如上文所述，“新文化政策”的核心在于把建构的能力交给民众。这并非国家完全放权，而是有意识地使民众参与到社会建构过程中，从而在赋予民众能力和权利的同时亦能减轻国家压力。有关于此，对“新文化政策”的定义也说得很清楚：“文化政策首先是社区的文化政策”。根据德国联邦统计局 2015 年发布的报告，2011 年，德国境内对文化的支出主要由联邦州和地方社区承担，分别以 39 亿欧元和 42 亿欧元占总支出的 41.9% 和 44.8%。与之相较，中央的支出仅有 12 亿欧元，占总支出的 13.3%。2012 年，联邦州和地方社区分别以 38 亿欧元和 44 亿欧元承担总支出的 40.3% 和 45.9%。同样值得一提的是，从 2000 ~ 2012 年，德国中央政府专门用于文化管理的支出从 4.92 亿欧元缩减至 2.26 亿欧元。

然而，“社区的文化政策”的意义远远不止于经济。根据德国联邦宪法法院的意见，“那些植根于当地，或者同当地风土有特定联系、并可以由当地社区自主完成、承担后果的活动”，都应由社区主导完成。而社区自主组织的最大意义在于调动当地民众、增加他们对小家乡的责任感，并且学会为了公共目标团结起来、发挥积极性、承担责任。而这样做也是为了“促进当地民众的满意度、保护当地历史人文特色”。在这样的大框架下，社区文化政策的主要任务有：资助和维持当地文化机构、组织文化活动、促进（尤其是在经济上帮助）文化团体的活跃、保持当地的文化独创性。

伴随着权力的“下放”的是文化与政治界限的模糊。以往，固然一切由“上层”决定，但权责也在“上层”。如今，对地方社区来说，权利伴随着义务而来，由设计到具体实施，都需要“自负盈亏”。这样一种建构模式不仅是一种自下而上、贴近现实的模式，更需要建构的参与者——也就是个体公民不仅有足够的意识、更有足够的能力。这一切，都是以往那种只是单纯重复“真善美”或者举办各种“节庆活动”的文化政策所不需要、也不能激发的。文化政策的转型实际上跟随着文化观念的转型：文化，对国家不再意味着需要被动接受投资的“阳春白雪”，而是推动社会发展的一大板块；对个人不再意味着仅仅单纯是个人情绪的表达和体验的抒发，而是从审美、交流能力演化成的一种对个人生活空间的构建能力；对社会不再意味着它附属于政治或者经济之下，而是一个独立的政策领域，并通过它对于个体公民能力的激发，上升到对于社会空间的建构，最终转而作用于宏观层面的政治和经济领域。

四　对德国文化政策和欧盟政治叙事建构的过程机制追踪

与类似的“路径依赖”理论相比，“过程追踪”更像是一种方法论。从“过程追踪”的角度去研究社会机制，首要是找出能为 A 和 B 之间的联系提供可靠解读的观点体系。然而，无论是从横向还是纵向的角度，都同时存在许许多多的“事件”。仅仅是任意事件的“发生”并不能保证变量产生改变。“过程追踪”意在寻找因果关系，因此本文在“过程追踪”的时候引入“机制”。它可以解释“过程”本身为何会发生。从研究方法上来说，研究社会关系中的机制并不追踪和描述由事件形成的“线索链”，而是着重寻找把各个事件联结在一起的逻辑。研究者在对机制进行“过程追踪”时需要从整个“链条”中抽象出某些为所有方面共有的原则，正是这些原则构成了制度。也就是说，那些共有的原则应该在结构的每一层都得到体现。对于机制分层，众多政治及社会学者已有许多高论。本文不意在社会机制理论的探讨，因此略过不表。仅以此方法，分析德国的文化政策同欧盟政治叙事建构的关系。以较为公认的机制分层为例。[①]

如图 1 所示，连线 1 表示社会结构约束个人的行为，文化环境则决定人们的诉求和信念，连线 2 表示这些诉求和信念转化为行动，连线 3 表示无数个人的行为通过行动本身或人与人之间的互动产生的社会效应，连线 4 表示所有的宏观机构之间亦有联系和互动。图 1 清晰地表明，各个层面并非独立存在，它们之间都有互相渗透和转化的过程。在本案例里，处于最底层的“决定个人行为的机制”可以理解

① Hedstroem, Peter Swedberg, *R*, *Social Mechanisms*, *an Analytical Approach to Social Theory*, (Cambridge: Cambridge University Press, 1998) .

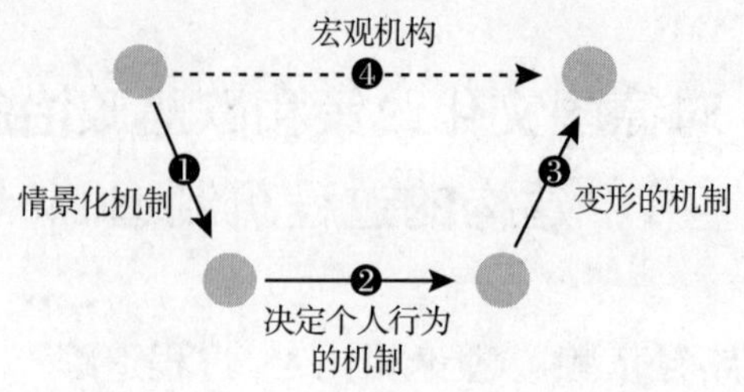

图1　社会机制分层示意

为个人的认知及个人从社会获得的经验，中间层的“情景化机制”和“变形的机制”可以理解为人际之间出于类同诉求和认知创造出来并有传播效果的社会“场域”，最高层的“宏观机构”可以理解为最终形成某种相对固定的模式、并影响到同一社会结构里的所有成员的“官方”制度范式。如果我们把制度理解为一整套融汇自洽、规定了个人以及人际社会行为的规则，那么，那些构成了规则的原则可以在同一个社会结构内的不同分层之间产生、重复、交流、循环甚至成为某种定式。

其中最明显、影响最大的原则就是权力的被解构——然而此处的权力绝不可以简单地理解为行政的权力。德国的“新文化政策”旨在从最底层调动公民并赋予公民建构自己生活空间的权力。当“新文化政策”声称自己的核心是教育政策时，它所指的也绝不是单纯地教授公民以知识，而是授以他们能力——此处的能力由传统的“文化”、即审美能力开始，最终意在反思和创新的能力。此种能力指向的“社会建构”并不会随着某一类知识的习得或某一项社会工程的完成结束。在中层，它意在在文化和政治/社会之间搭建起一座双向的桥梁，而并非使文化活动/审美仅仅只是鹦鹉学舌地反映社会现状而已。城市——而不是联邦州或者国家——作为生活空间和地方社区的集合成为文化政策的具体实践单位。许多个个体公民主动参与的社会空间建构使它成为某种情景化的社会效应。像前文提到过的那样，如果我们把“政治”理解为不仅仅是国家权力机关发布的、“命令式”的规范，而广义地理解为为了构建社会生活共同体、对社会所有成员的行为均具有一定约束力、成文或不成文的范式的话，那么，“新文化政策”里面强调的“文化能力”，当它被用于社会空间构建的时候，就已经不再仅仅是传统的文化能力，而是一种政治能力。被解构的重点也就不是政府自上而下“命令式”的行政权，而是在传统中属于“政治、政策”那一领域的决定权。最后，在最高的宏观层面，当文化脱离于“重建”现实，而是积极地反应和构建现实的时候，传统的用于决定社会现状的政治的权力也就被解构了——并不是完全解构，但在传统模式里依赖于政治决策自上而下决定的某部分现在变成被自下而上地、渐进式地、讨论式地建构了。传统的政治共同体叙事中那种预先设置、带有命令式意味、清晰明确、一口咬定的“终极神话”因此在欧盟的叙事里不再存在，取而代之的是那种通过所谓的“文化能力”建构社会空间、层层递进、讨论式、交流式的叙事过程了。

值得强调的是，这种看似“行政权力部分缺失”的叙事方式并未导致欧盟公民对其缺少政治忠诚度。本报告认为这有两个原因：一是尽管叙事尽头的“终极神话”似是而非，但“原基础神话”和“神圣品质”从未缺席。正如《里斯本条约》宣称的那样，欧盟的诞生和发展是“从创造了不可侵犯的人权、民主、自由、平等和法律精神的欧洲文化、宗教和人类遗产中获得灵感”。“故事”所需要传递出来的信息依然非常明确。二是“行政权力的部分缺失”并不等于行政权力被架空。事实上，德国文化政策推行的这种调动公民构建社会生活空间的做法，很有些中国话里的“还政于民”的意味。正是这种积极的参与交融过程巩固了公民与国家的联系，从而对国家更加有认同感。诸如“21 世纪欧洲城市”这样的项目也证明了这种理念在欧盟的通行。试见学者论欧盟：

> 欧洲主义不仅意味着国家的抽身及权力机构与国家之间的联系减弱，更意味着对国家、公民和爱国主义的新理解。这种理解背后有一种世界主义政治的理想支撑，即所有人均属同一个超越了国家领土界限和民族国家身份认同的道德共同体。[①]

五　结语

本文是对欧盟以及对德国文化政策的研究结果，也是试图理清两者之间的关系的初步尝试。本文亦旨在通过观察后者对前者的影响，引入一种新的文化及文化政策的观念。

本文第二部分通过分析得出，欧盟的政治叙事建构有别于传统的政治共同体的叙事建构。至少到目前为止，我们看到欧盟的叙事建构有意或无意地采取了一种新模式，即尽管欧盟作为政治共同体需要给其公民提供身份认同和本体安全，但叙事中的“终极神话”却是缺失的。本文第三部分阐述并分析了德国的文化政策转型，并指出其意义超过“文化的政策”本身。本文第四部分希望证明，两者之间看似互不相干，但其实遵循了某些共同的逻辑：德国的文化政策转型导致了传统理解中的“政治”权力的被解构以及文化、政治、社会间的疆域分界变得模糊，这一点亦可以在欧盟的宏观叙事结构上有所体现。而这不是偶然。

当然，如果仅以此推论，德国的文化政策转型就是欧盟这种叙事方式的成因，未免过于简单。本报告也认为，欧盟的这种特殊的叙事方式有许多原因值得探讨。但两者之间理念的相通以及前者对后者的影响却是可见的。正如前文表明，本文只是一个初步尝试，这种影响

① Mc Cormick, John: *Europeanism* (Oxford: Oxford University Press, 2010).

值得做更多细节上的深挖。

除了这些具体到案例分析的“显而易见”的结论之外，本报告也认为——并且也希望进一步表明，这不仅是一个关于欧盟、德国、文化政策的案例，也是一个可以体现由文化权力转化为政治权力的案例，并且具有某种理论价值。

B.20
后　记

本书是上海社会科学院新智库建设的重大研究项目。这一项目每年以上海文化发展过程中的重大问题作为研究主题，以年度研究报告的形式发表成果，从 2000 年以来，已连续出版 17 本，本书为第 18 本。

《上海文化发展报告（2017）》以“文化创新的上海实践”为主题，聚焦 2016 年乃至更长时段上海文化发展的诸多层面，在准确把握 2016 年上海文化发展最新态势的基础上，系统梳理当前上海文化建设面临的新背景，预测展望上海文化发展的新趋势，进而指出未来上海加快国际文化大都市建设，进一步提升上海城市文化软实力的主要路径和具体举措。全书内容分为总报告、宏观视野、公共文化与文化产业、比较与借鉴四个部分。

上海市委宣传部、上海社会科学院、上海市文化广播影视管理局、德国汉堡大学、香港中文大学、上海交通大学、同济大学、上海戏剧学院、上海艺术研究所、云南省社会科学院、深圳市社会科学院的有关专家和研究人员参加了《上海文化发展报告（2017）》的研究和编撰工作。上海社会科学院文学所研究生赵青和陈涵承担了本书部分文稿的编辑工作。本书目录及中文提要由上海社会科学院文学所袁雁悦英译。

编委会

2016 年 11 月 24 日

皮书起源

“皮书”起源于十七、十八世纪的英国，主要指官方或社会组织正式发表的重要文件或报告，多以“白皮书”命名。在中国，“皮书”这一概念被社会广泛接受，并被成功运作、发展成为一种全新的出版形态，则源于中国社会科学院社会科学文献出版社。

皮书定义

皮书是对中国与世界发展状况和热点问题进行年度监测，以专业的角度、专家的视野和实证研究方法，针对某一领域或区域现状与发展态势展开分析和预测，具备原创性、实证性、专业性、连续性、前沿性、时效性等特点的公开出版物，由一系列权威研究报告组成。

皮书作者

皮书系列的作者以中国社会科学院、著名高校、地方社会科学院的研究人员为主，多为国内一流研究机构的权威专家学者，他们的看法和观点代表了学界对中国与世界的现实和未来最高水平的解读与分析。

皮书荣誉

皮书系列已成为社会科学文献出版社的著名图书品牌和中国社会科学院的知名学术品牌。2016 年，皮书系列正式列入“十三五”国家重点出版规划项目；2012~2016 年，重点皮书列入中国社会科学院承担的国家哲学社会科学创新工程项目;2017 年,55 种院外皮书使用“中国社会科学院创新工程学术出版项目”标识。

权威报告·热点资讯·特色资源

皮书数据库

ANNUAL REPORT(YEARBOOK) DATABASE

当代中国与世界发展高端智库平台

所获荣誉

- 2016年，入选“国家‘十三五’电子出版物出版规划骨干工程”
- 2015年，荣获“搜索中国正能量 点赞2015”“创新中国科技创新奖”
- 2013年，荣获“中国出版政府奖·网络出版物奖”提名奖
- 连续多年荣获中国数字出版博览会“数字出版·优秀品牌”奖

成为会员

通过网址www.pishu.com.cn或使用手机扫描二维码进入皮书数据库网站，进行手机号码验证或邮箱验证即可成为皮书数据库会员（建议通过手机号码快速验证注册）。

会员福利

- 使用手机号码首次注册会员可直接获得100元体验金，不需充值即可购买和查看数据库内容（仅限使用手机号码快速注册）。
- 已注册用户购书后可免费获赠100元皮书数据库充值卡。刮开充值卡涂层获取充值密码，登录并进入“会员中心”—“在线充值”—“充值卡充值”，充值成功后即可购买和查看数据库内容。

社会科学文献出版社 SOCIAL SCIENCES ACADEMIC PRESS (CHINA) 皮书系列

卡号：6901161949660800

密码：

数据库服务热线：400-008-6695

数据库服务QQ：2475522410

数据库服务邮箱：database@ssap.cn

图书销售热线：010-59367070/7028

图书服务QQ：1265056568

图书服务邮箱：duzhe@ssap.cn

S 子库介绍
Sub-Database Introduction

中国经济发展数据库

涵盖宏观经济、农业经济、工业经济、产业经济、财政金融、交通旅游、商业贸易、劳动经济、企业经济、房地产经济、城市经济、区域经济等领域，为用户实时了解经济运行态势、 把握经济发展规律、 洞察经济形势、 做出经济决策提供参考和依据。

中国社会发展数据库

全面整合国内外有关中国社会发展的统计数据、 深度分析报告、 专家解读和热点资讯构建而成的专业学术数据库。涉及宗教、社会、人口、政治、外交、法律、文化、教育、体育、文学艺术、医药卫生、资源环境等多个领域。

中国行业发展数据库

以中国国民经济行业分类为依据，跟踪分析国民经济各行业市场运行状况和政策导向，提供行业发展最前沿的资讯，为用户投资、从业及各种经济决策提供理论基础和实践指导。内容涵盖农业，能源与矿产业，交通运输业，制造业，金融业，房地产业，租赁和商务服务业，科学研究，环境和公共设施管理，居民服务业，教育，卫生和社会保障，文化、体育和娱乐业等 100 余个行业。

中国区域发展数据库

对特定区域内的经济、社会、文化、法治、资源环境等领域的现状与发展情况进行分析和预测。涵盖中部、西部、东北、西北等地区，长三角、珠三角、黄三角、京津冀、环渤海、合肥经济圈、长株潭城市群、关中—天水经济区、海峡经济区等区域经济体和城市圈，北京、上海、浙江、河南、陕西等 34 个省份及中国台湾地区 。

中国文化传媒数据库

包括文化事业、文化产业、宗教、群众文化、图书馆事业、博物馆事业、档案事业、语言文字、文学、历史地理、新闻传播、广播电视、出版事业、艺术、电影、娱乐等多个子库。

世界经济与国际关系数据库

以皮书系列中涉及世界经济与国际关系的研究成果为基础，全面整合国内外有关世界经济与国际关系的统计数据、深度分析报告、专家解读和热点资讯构建而成的专业学术数据库。包括世界经济、国际政治、世界文化与科技、全球性问题、国际组织与国际法、区域研究等多个子库。

法律声明